상품의
시대

상품의 시대

출세·교양·건강·섹스·애국

다섯 가지 키워드로 본
한국 소비 사회의 기원

권창규

민음사

상품과 사람들, 그 최전선

책을 쓰면서 책 제목을 숱하게 뽑았더랬다. 주변 사람들에게 책 제목을 묻고 다니다 보니 책의 요지를 늘어놓게 된다. 상품이 처음으로 나타나고 사람들은 소비자로 변신했다고 설명하는 중이었는데 동생이 되묻는다. "근데 상품이라니, 옛날엔 상품이 없었나?" '아……' 했다. 그렇다. 물론 상품은 인간 역사와 함께해 왔고 시장의 유래도 유구하다. 하지만 상품의 범위와 규모가 달라지면서 삶의 양태는 극적으로 변했다.

이 책은 상품과 사람들에 대한 이야기이다. 가정이 생산과 소비의 기능을 함께 갖고 있고 생산도 소비도 그 규모가 작았던 상황에서 상품은 많지도 않았고 생산 과정도 대체로 단순했다. 하지만 생산과 소비가 분리되는 자본주의 체제에서 사람들은 '밖으로 나가' 생산 활동을 해야 했고 그 대가로 상품을 구입할 수 있었다. (상품을) 생산하는 활동이든, (상품을) 소비하는 활동이든 그 중심에는 상품이 있다. 사실 시장에서 자신을 생산력으로 자리매김하는 일부터가 스스로 상품화하는 행위다. 돈은 상품 유통의 수단이겠는데 오늘날에는 그 자체로 막강한 상품이 됐다. 상품의 힘도, 범위도 몰라보게 커졌다. 인간 탄생에 필요한 의료 상품(산부인과와 산후 조리원)부터 장례 상품(상조업체와 제사 대행업체)까지 생의 전 과정에는 상품이 빼곡히 들어차 있다.

하지만 상품화된 삶은, 따라서 '돈으로 살 수 없는 것들'이 희박해진 오늘날은 오래되지 않는다. 기껏해야 인간의 한 평생이 될까 말까 한 시간이다. 지금으로부터 100여 년 전 사람들은 물 건너온 상품에 열광하고 돈의 힘을 체감하기 시작했다. 상품 앞에 누구나 동등한 소비자로 규정되면서 사람들은 토지와 신분에 예속되어 있던 전근대의 질서에서 해방될 수 있었다. 동시에 이 해방은 새로운 소비력의 위계와 질서로 강제로 편입된 근대적인 해방이었다.

근대성과 현대성, 이는 일상에서 온다. 근대를 규명하는 일은 출세, 교양, 건강, 섹스, 심지어 애국에 이르기까지 우리 일상을 구성하는 핵심 가치들이 얼마나 '소비'로 채워져 있는지를 발견하는 일이다. 이 발견 과정에서 마주치는 것은 일제(日帝)이자 일제(日製, 일본에서 제조된 상품이나 일본이 수입·중개한 상품)이며, 농촌 사회이면서 소비 사회였던 식민지 시기 한반도이며, 세계 자본주의의 소모전이 치러졌던 1, 2차 대전의 격동기이다. 무엇보다 근대적 일상을 살피는 일은 우리네 할머니, 할아버지들의 역사를 돌이켜보는 일이고 우리가 딛고 서 있는 오늘날 소비 사회의 주소를 묻는 일이다.

책에는 광고를 많이 실었다. 신문과 잡지의 기사, 사진, 문예물을 두루 실었지만 광고가 많다. 오늘날 우리는 광고의 홍수 속에 살지만, 그때도 그랬다. 광고 전단지가 골칫거리라는 말이 1910년대 서울 사람의 입에서 나온다. 기업은 새 시대의 가부장으로 등극하고 광고는 기업의 이해를 직접 대변했다. 옛 광고는 오늘날보다 더 적나라하고 촌스러울지 모르지만 기본 도식은 꼭 같다. 당신이 추구하는 모든 가치는 이 상품으로 해결할 수 있다는 것이다. 책을 쓰면서 광고를 푸지게 봤다. 봐도 봐도 못 본 광고가 많다. 자본주의의 시(詩)라는 광고가 어찌 과묵할 수 있을까마는.

광고에 처음 눈이 간 건 2008년 여름께다. 친구들과 함께 1930년대 잡지《조광》을 읽다가 좀 놀랐다. 《조광》은 조선일보사 출판부가 1930년대 후반부터 1940년대 전반까지 발행했던 종합 잡지다. 종합 잡지이며 대중 잡지라는 이름에 걸맞게 별의별 기사가 실려 있었고 광고도 참 많았다. 오늘날 잡지나 신문처럼 광고가 지면을 점령하고 있었다. 책부터 성병약에 이르기까지 광고 품목도 다양했는데 당시 신문에는 잡지보다 광고가 더 많이 실렸다. '대체 너는 누구냐(누구라고 말해야 타당한가)'라는 질문에서 시작된 일이 커졌고 학위 논문을 쓰기에 이르렀다.

한국 문학 분과에서 광고로 첫 박사 논문을 쓴 후 나는 시를 공부하다 광고 연구로 변절한, 혹은 문학 연구 지형에서 꽤나 이탈한 연구자가 되었다. 생은 참 알 수가 없다. 2007년 종종걸음을 치다 향했던 일본에서 나는 생각지도 못했던 자전거 타기를 배웠고 귀국해서는 나의 잡스러움과 맞닥뜨렸던 것 같다. 이후 학위 논문을 쓰고 이 책을 만들면서 관심사는 보다 잡스러워졌는데 광고에서 출발해서 소비와 상품, 화폐와 자본으로 옮겨 가는 수확을 얻고 있다. 어쩌면 이 변신의 과정에서 스스로 더욱 시적일 수 있어 은밀하게 즐겁다.

인사드리고 싶은 분들이 많다. 먼저 박사 논문의 지도 교수를 맡아

주셨던 정과리 선생님께 감사드린다. 정과리, 신형기, 이경훈, 김동식, 김예란 이 다섯 선생님의 인내와 조언 덕분에 논문을 완성할 수 있었다. 여전히 부족하지만 튼실하게 인사드리고 싶다. 유종호, 정현종 두 오랜 스승께 절 올린다. 연세대학교 비교사회문화연구소의 선생님들께도 감사드린다.

단국대학교 유헌식 선생님, 일본 구마모토 가쿠엔(熊本學園) 대학교 신명직 선생님, 선완규 천년의상상 대표님께 묵은 인사를 드리고 싶다. 함께 글을 쓰고 싸웠던 시간이 책 쓰기의 좋은 거름이 되었다. 송태욱, 장세진, 박진영 선생님은 집필의 경험을 나누어 주었다. 한 끼의 밥과 이 책의 독해를 교환해 주었던 김인숙, 이승희, 김성연, 최강미, 권민정, 윤동구 여섯 동학과 선배, 친구들에게 우정을 전한다. 함께 수다를 나누었던 많은 이들에게도 인사를 전하고 싶다.

이 책은 여러 선학에게 빚지고 있다. 책에서 만난 많은 선학들은 나를 깜짝 놀라게 했고 초라하게 만들었다. 졸고로나마 인사를 대신하려 한다. 집필 과정에서는 민음사 편집부의 조언 덕분에 방향타를 잡을 수 있었고 또 즐거운 배움의 시간이 되었다. 앞으로도 학습의 근력을 키워 나갈 것을 약속드린다. 부모님과 가족들에게 사랑을 고백하고 싶다. 생의 더움부터 김장 나눠 먹기까지 앞으로도 은혜와 우정을 나누고 싶다.

이 책은 거리의 사람들에게 바친다. 이 책은 곳곳에서 성공을 고민하고 건강을 염려하는 사람들, 교양과 성을 누리고픈 우리네 이야기이다. 비판에 앞서 이해를, 당신네들의 이야기에 앞서 나의 이야기, 나아가 우리의 발화를 연습해 나가고 싶다. 자본의 폭풍 속에서도 함께 살이를 모색하는 곳곳의 기운은 덥다. 작은 마음을 전한다. 즐거움은 힘이 쎄다고 어릴 적부터 고집해 왔다. 고집은 틈틈 게으르고 왜소한데 요즈음 함께 살기를 도모하는 즐거움까지 학습 중이다. 기꺼웁다.

2014년 봄빛
규 드림

일러두기

1   인용한 자료는 이해하기 쉽도록 현대어로 풀어 쓰고 띄어쓰기에
      맞게 수정했다. 필요한 경우 괄호 안에 원문을 부기하고 문장
      부호를 넣었다. 고딕으로 강조한 구문은 필자가 표시한 것이다.

2   인·지명 및 고유 명사는 외래어 표기법을 따랐으며 일부 관례로
      굳어진 것은 예외로 두었다.

3   본문에 사용된 문장 부호의 의미는 다음과 같다.

      『 』: 전집이나 총서 또는 단행본

      「 」: 단행본에 수록된 개별 작품 또는 논문

      《 》: 신문 또는 잡지

차례

상품 행진곡,
광고 전쟁

현대 문화는 승리의 획득에 급급하며 또 능률상으로 보더라도 될 수 있도록 사람을 적게 써서 몹시 바쁘고 번거롭게 집무(執務)하고자 한다.
—「신문과 광고」, 《개벽》(1935. 3), 95쪽

상품, 인간 정체성의 중심에 서다

한 해의 히트 상품이란 것이 있다. 최근 몇 년간 어느 경제 연구소에서 선정한 히트 상품에는 '스티브 잡스', 'LTE 서비스', '런던 올림픽 스타', '걸 그룹', '도보 체험 관광' 등이 있었다. 화제를 모았던 상품은 기업가와 휴대전화, 텔레비전 프로그램부터 스포츠 행사에 이르기까지 다양하다. 상품의 범위는 무한대다.

자본주의 사회에서 상품화할 수 있는 능력과 상품을 살 수 있는 능력은 인간을 정의하는 데 핵심적이다. 상품화할 수 있는 능력은 생산력이요, 상품을 살 수 있는 능력은 소비력이다. 자본주의 체제의 생산과 소비는 상품을 중심으로 돌아간다. 상품이 사람들의 일상을 채워 나가고 사람들 스스로가 상품이 된다.

자본주의는 이전의 소규모 경제와는 비교되지 않는 규모로 막대한 물자들을 생산해 냈다. 많은 물자를 생산하기 위해서는 값싼 원료와 값싼 노동력이 필요했다. 그리고 늘어나는 생산을 감당하기 위해서는 소비 시장이 중요했다. 영국을 필두로 한 프랑스, 독일, 미국은 자본주의의 '중심부'를 형성하면서 주변부의 원료와 노동력, 소비 시장을 개척해 나갔다. 한반도는 일본의 식민지라는 형태로 자본주의의 '주변부'로 편입했다. 일본 식민 행정 권력의 주도하에 한국의 자본주의는 전개되었다.

자본주의 사회는 이전의 신분 사회와는 다른 새로운 질서를 형성했다. 조선 시대 후기부터 요동했던 신분 질서는 강력한 자본의 침입을 맞아 무너졌고 사람들은 개별화되면서 새로이 집단화되어 갔다. 신분 질서로부터는 해방되었지만 다시 소비력에 따라 재정렬된 새로운 위계로 급속히 편입되었다. 부를 축적하는 것이 무엇보다 중요해졌고, 상품과 화폐는 부의 단위가 되었다. 상품을 구입할 수 있는 능력은 스스로를 상품화할 수 있는 능력과 직결되어 있었다. 자신의 능력을 개발하고 잘 상품화할수록 더 많은 상품을 구입할 수 있었다.

이때부터 너도나도 '양반'이 될 수 있다고 했다. 누구나 양반이 될 수 있고 누구나 성공할 수 있다는 말은 곧 누구나 성공해야 한다는 뜻이다. 능력주의와 민주주의는 새로운 경쟁의 장을 열었다. 사람들은 가문과 신분 대신 사회 변화에 걸맞은 기능을 갖추어야 했다. 새로운 경쟁의 장에서 사람들은 '학력 자본'과 같은 '문화 자본'을 비롯해서 '육체 자본', '경제 자본'을 개발해 갔다. 이때 자본은 경제적인 데 국한되어 있지 않고 사회적인 경쟁에서 활용할 수 있는 모든 에너지를 가리킨다.[1]

무엇이든 경쟁 에너지가 된다는 말은 모든 것이 시장의 범위로 들어옴을 뜻한다. 기능과 기술, 지식과 사상, 문화와 시간, 영혼까지 모두 상품이 될 수 있다. 종전까지 시장을 거치지 않고 처리되었던 것들은 이제 매매의 대상이 된다. 시장이 중심 역할을 하는 산업 사회는 가내 수공업과 소규모 생산 체제로 움직였던 이전 사회와는 다르다. 소규모 생산 체제하에서는 식량이나 일용품, 갖가지 서비스 대부분을 스스로 생산하고 소비했다. 시장에 나오는 물품은 소수였고 그나마 특정 물품은 상류층이 독점적으로 소비했다.

하지만 장기간 식량을 저장할 수 있게 되고, 식량을 시장으로 운반할 수 있는 도로가 놓이면서 사정은 달라진다. 자본주의 사회에서 생산의 목적은 자가 소비에서 교환으로 바뀐다. 시장은 교환을 하는 기구로서 중심적인 역할을 한다. 이는 앨빈 토플러가 '제2물결', 즉 농업 혁명이라는 제1물결과 전자 혁명이라는 제3물결 사이에 끼인 산업 혁명이 가져온 변화로 정리한 바다.[2]

시장에서 교환의 수단은 돈, 바로 화폐다. 화폐는 상품 유통의 최후의 산물이자 자본의 최초 형태다. 화폐가 몸을 불려 자본이 된다. 모든 것은 화폐를 통해 비교되고 계산될 수 있다. 빵은 먹는 것이고 자동차는 탈 것이지만 가격의 높고 낮음으로 비교의 대상이 된다. 삶을 규정하는 시간과 공간 역시 돈으로 환산되어 가늠될 수 있다. 시간은 금이고 돈이다. 빠르면 빠를수록 좋다. 시공간을 압축하는 정도인 '속도'는 현대의 제왕으로 군림하고 있다.

계산하는 삶은 편리하다. 앞일을 예측하고 변화에 대처하며 효율성을 꾀할 수 있기 때문이다. 편리한 삶은 보다 진보적이고 보다 합리적인 삶이다. 인간 삶의 양태 역시 보다 합리적인 가치를 지향한다. 이전 사회를 지배하던 주인과 종의 예속 관계, 양반과 상놈의 위계는 더 이상 유효하지 않았다. 신분의 질서만큼이나 굳건했던 물품의 질서도 흔들렸다. 임금께 진상할 먹을거리며, 양반네들이 입는 복식은 따로 정해져 있지 않았다. 누구나 양반을 꿈꿀 수 있게 되었다. 너도 나도 배우면 양반이 될 수 있다는 민주주의의 가치는 폭발했다. 굳건했던 성(젠더)의 질서도 흔들렸다. 19세기 말이 되자 여성도 배움이 필요한 인간 존재로 조명되었다. 여성에게 허용된 가외(家外) 직업이 기생이나 무당 정도였던 시절과는 달리 직업 세계도 조금씩 개방되기 시작했다.

근대(modern)는 대개 2차 대전 이전 시기를 가리키지만 1920년대 이후에도 '근대', '현대'라는 말이 섞어 쓰였다. 근대에는 흔들리는 질서에 힘입은 자유로운 개인들이 탄생했다. 연애라는 개인 대 개인의 결합, 이를 기초로 한 가계 경제(사실 가계 대표자로서의 남성이 시장의 중심 '플레이어'였다.)는 자본주의 경제의 기초 단위가 되었다. 자본과 국가가 성공적으로 결합한 형태로서의 제국은 식민지를 개척했다. 전 세계 90퍼센트 이상이 식민지가 되었고 나머지는 제국이 되었다. 국민이 되지 못한 민족은 무력했고 약소 민족은 강한 국민이 되고자 분투했다. 민족·국가주의를 비롯해 자본주의, 민주주의는 모두 근대를 특징짓는 가치가 되었다.

근대의 민주주의는 상품의 민주주의요, 소비의 민주주의를 가리킨다. 소비의 세계는 평등하다. 식민지에서의 일본인이나 조선인과 같은 민족의 구별, 성의 구별, 연령과 계급, 지역의 구별이 소비의 세계에는 존재하지 않는다. 비누 한 장 앞에서는 부자든 가난한 자든 똑같은 사용자다. 사람들은 상품 주위로 몰려들었다. 이전에 빈곤이 사람들을 한 무리로 규정했다면 시장은 이제 특정한 계급에 속하지 않는 거대한 무리를 양산해 냈다. 소비자는 인종이나 민족, 계급, 성에 따른 무리와는 다른 새로운 무리다. 상품의 민주주의는 실제로 계층 간 큰 격차를 '희생할 필요 없이'

평등한 민주주의가 도래하는 것을 가능케 했다.[3]

근대에 폭발적으로 일어난 경제 성장은 사람들이 보다 많은 재화와 소득에 접근할 수 있게 만들었다. 성장은 풍부함, 민주주의로 연결되기 쉽다. 문제는 풍부함의 구조다. "구조적 과잉과 구조적 궁핍"은 성장 사회를 특징짓는다. 성장 사회는 재화를 생산하는 사회이기 이전에 특권을 생산하는 사회이며 빈곤을 수반하지 않는 특권은 존재하지 않는다. 장 보드리야르는 불평등한 사회 질서, 즉 특권 계급을 만들어 내는 사회 구조를 유지할 필요성이 전략적인 요소로서의 성장을 생산한다고 말한다. 기술의 진보가 성장 사회를 만드는 것이 아니라 민주주의의 평등 원칙과 지배 질서의 유지라고 하는 이중의 모순적 규정이 기술이 진보할 가능성을 가져온다는 뜻이다.[4]

보드리야르에 따르면 오늘날 소비 훈련은 19세기 내내 농촌 인구가 대대적으로 산업 노동 인구로 훈련되었던 연장선상에 있다. 그가 말하는 소비 사회는 소비를 학습하고 소비에 대해 사회적인 훈련을 하는 사회다. 한반도에서 근대적 상품이 등장한 때는 1870년대 후반 부산, 원산, 인천과 같은 개항지를 중심으로 박래품(舶來品), 양품(洋品)이 유입된 이후다. 이는 단순 상품 생산 및 소상품 생산 체제가 아닌 '상품으로서의 상품 생산' 체제하에서 유통된 상품이다. 대가족과 그 일가로 이루어진 마을 공동체는 풍부한 노동력을 바탕으로 자급자족 체제에서 생산된 나머지를 팔아 상품화했다. 그러나 근대적 상품은 노동력을 팔고 상품을 사는 내적 강제 형태인 자본주의적 시장 체제에서 양산되었다.

물 건너온 박래품이란 값싼 자원을 바탕으로 기계를 써서 근접 지역에서는 다 소비할 수 없을 만큼의 많은 양을 생산해 해외 시장을 공략하고자 한 산물이다. 생산자와 생산물의 정체가 알려져 있지 않은 낯선 박래품을 팔기 위해서는 소개하는 역할이 중요했다. 이 지점에서 바로 상업 광고가 등장한다. 산업 혁명의 핵심, 즉 생산에 기계를 도입하기 시작했다는 점이 시사하는 바가 있는데 내가 생산한 제품이 다른 사람이 생산한 제품과 별 차이가 없다는 사실이다.[5] 엇비슷한 유사품이지만 내 제품이 더 특별하게 보이도록 하는 것이 광고에 맡겨진 임무였다.

무엇보다 상품을 소유하지 못함을 사람들이 문제로 느끼게끔 만드는 것이 중요했다. 그러기 위해서는 이전의 공동체적 관습과 윤리를 적으로 돌려세워야 했다. 초기 광고에 맡겨진 기본 소임은 물건 하나 파는 데 있지 않았다. 광고는 전통적 가족 구조와 농경 생활의 방식, 소규모 생산-소비 체제가 담보한 공동체 의식, 지방색 있는 문화와 대적했다. 광고는 소비자를 만들어 내야 했다. 광고는 새로운 생산자와 생산물을 소개하는 일종의 '알림' 역할로 출발했지만 이는 상품의 세계를 신화화하고 욕구를 만들어 내는 일과 떨어져 있지 않았다. 광고라는 신화는 상류층의 생활을 표준으로 제시하며 사람들의 계층 상승 욕망을 자극했다.

세계적으로 보았을 때 국가 간 생산력의 차이는 컸지만 구매력은 대체로 낮았다. 1920년을 전후로 포드식 대량 생산 체제를 출범했던 미국의 경우 생산량은 증대되었으나 노동자들의 임금은 그만큼 늘어나지 않아 소비를 활성화하는 데 난항을 겪었다. "대물림해 온 빈곤으로 점철된 전통 경제의 개척자", "전통 경제에 대항할 수 있는 힘"[6]을 요구하는 목소리는 1920년대 초 미국에서 나온 광고론의 일부였다.

한국의 소비력도 낮았다. 일본 식민 행정의 주도로 자본주의가 제도화되기 시작한 이후에도 사람들의 생활 수준은 크게 나아지지 않았다. 조선 총독부는 양적 성장을 수치화해 통계로 만들었는데 이러한 성장 수치는 식민지 초기와 말기를 제외한 1920, 1930년대에 집중되어 있다. 그러나 실제 생활이 개선되었느냐 하는 문제는 영양 상태와 교육의 정도, 소득과 지출 이외에도 민족과 계급에 따른 경험의 양상을 따져야 할 복합적인 문제다.[7] 사람들은 도시를 중심으로 소비자로 변모해 갔다. 토지에 종속된 삶에서 떨어져 나온 도시 인구를 주된 소비 인구로 본다면 한국의 도시화율이 가장 높았던 때는 1941~1942년 태평양 전쟁 시기로 총인구의 24.2퍼센트가 도시 인구였다.(1920년에는 4.86퍼센트 규모였다.)[8]

식민지 시기의 한국은 인구의 대부분이 농촌에 거주하는 농촌 사회였지만 동시에 소비 사회로 진입했다. 실제 소비층의 규모는 적었으나 소비 훈련과 감각의 정도를 따질 필요가 있다. 생산도 소비도 소규모였지만 소비 이데올로기, 즉 소비의 상징체계가 만들어지는 사회적 지식 체계는 확립되어 갔다. 상품이 화폐로 가치 환산되는 이상 소비 행위는 많은 것을 지시했다. 상품은 구매자의 지위, 연령, 계급, 성을 담고 있는 의미 단위가 되었다.

소비의 위계에 따라 도시 사람과 시골 사람, 요즘 사람과 옛날 사람, 문명인과 비문명인의 대립 구도가 형성되기 시작했다. 도시인의 의례가 되어 버린 스포츠와 여행, 영화 관람, 신체의 건강과 환경 위생, 성적 쾌락과 유희는 문명적이고 문화적인 행위로 조명되었다.

근대 문명을 뿌리내리는 데는 학교, 공장, 군대, 경찰, 병원과 같은 제도뿐 아니라 영화, 신문, 잡지, 소설과 같은 미디어가 큰 역할을 했다. 광고도 근대 미디어 중 하나다. 광고는 일상생활의 감각과 의식을 재생산하는 경제 사회적이며 문화적인 제도다. 다양한 근대 가치는 소비를 통해 일상화, 감각화된다. 신문과 잡지, 소설도 끊임없이 근대 담론을 생산해 냈지만 광고는 근대성과 소비를 직결해 버렸다. 광고는 근대적 가치를 이용해 소비를 꾀한다. 광고는 성공, 인격, 건강, 섹스, 지식과 교양, 민족과 국민까지 모든 것이 상품화되는 현장을 적나라하게 보여 준다.

상품 광고의 역사는 도·소매상보다 생산자가 시장 지배력을 가지고자 한 데서 비롯되었다. 생산자가 소비자에게 직접 광고를 하면 도·소매상이 확보한 물품을 소비자가 사게 되는 것이 아니라 소비자가 직접 상표를 선택하여 구입할 수 있게 되기 때문이다.[9] 이전에 가내 수공업 규모로 생산된 상품들 대개는 제조자 표시나 가격표, 혹은 특별한 포장 없이 판매되고 유통되었다. 반면 상표(brand, trademark)를 내건 상품은 일정한 자본을 확보한 기업이 홍보하는 경우가 많았고 이러한 형태의 광고가 주를 이루었다.

물건을 만드는 것만큼 물건을 파는 일이 중요해지자 사람들의 심리에 대한 연구가 필요했고 광고로써 사람들의 욕망을 만들어 내고자 했다. 근대 광고가 소비 대중을 호출했을 때는 두 차례에 걸친 세계 대전의 선전전이 뜨거웠던 시기였다. 인간의 심리, 대중의 심리가 중요한 문제로 대두되었고 광고는 선전이라는 말과 함께 쓰였다. 근대 광고는 상업 전쟁의 무기(「상전(商戰)의 포탄」,《동아일보》(1921. 6. 20))로 시장을 개척하는 데 첨병 역할을 했다.

실제로 물자도 흔치 않고 구매력도 낮았지만 사람들은 소비자로 탈바꿈하기 시작했다. 소비 인간(Homo consumus)이 처음 만들어졌던 때를 들여다보는 일은 익숙하고도 낯설다. 오늘날 우리의 일상은 상표 상품들로 채워져 있고 삶의 감각은 소비 행위와 결부되어 있다. 따라서 지극히 익숙하지만 이 익숙한 감각이 불과 100여 년밖에 되지 않았다는 사실이 낯설다. 상품도, 상품 소비도 충분히 낯설었을 때 광고는 새로운 가부장으로 등장한 기업의 목소리를 대변하며 의식주를 공급하고 삶의 윤리와 철학까지 가르치고 있었다.

신문에 광고는 어떻게 나타났을까: 1880~1919년

소비는 물자가 많이 생산되기 시작했을 때 두드러지는 단어일 수밖에 없다. 일터와 집의 분리, 생산과 소비의 분리가 나타나는 자본주의 체제의 등장과 함께 소비 행위가 부각되었다. 옛 신문에서 소비자라는 말을 검색해 보면 일찍이 《한성순보》(1884. 6. 14)가 보도한 외신에서 처음 등장한다. 중국(청나라) 행정부가 군비를 확보하고자 "상인에게서 (소금 값을 올려) 거두면 비교적 많은 것 같으나 소비자에게 흩어지면 매우 경미한 편이니 매년에 증가된 세금"을 확보할 수 있으리란 기사에서 소비자는 상인과 짝지어 쓰였다. 이후 물건을 만들어 내는 생산자나 판매하는 상인과 대비해서 물건을 소모하는 소비자로서의 용례는 계속 이어진다. '소비'라는 말은 일찍부터 확인할 수 있다. '한국 역사 정보 통합 시스템'에서 제공하는 『고종 시대사』(국사편찬위원회 편)와 『국역 승정원일기』(한국고전번역원 편)에서 1833~1834년경 소비라는 말이 등장한다. 신문에서도 1883년경 비슷한 시기에 이 말이 쓰였다.[10]

소비가 자연을 활용하는 기본적 행위인 만큼 광고의 유래도 오래되었다. 광고의 유래는 대체로 간판에서 찾는다. 간판은 물건을 교환하고 거래하는 시장에서 등장했다. 시장(market)에서 유래된 마케팅

(marketing)이라는 용어는 오늘날 따로 번역되지 않고 생산자가 소비자에게 제품 및 서비스를 제공하는 데 관련된 활동을 가리키는 말로 쓰이고 있다. 상업적 거래와 소통은 인간의 역사와 함께해 왔다. 상호를 적은 간판이나 누호(樓號), 편액은 물론이고 취급하는 물품을 높이 매달거나 표식을 내거는 등 다양한 형태의 광고가 고려 시대에도 등장한다.[11]

상업적 광고만 있는 것은 아니다. 공문을 게재하는 알림(고지)이나 의견 표현의 수단으로서 오늘날 대자보와 같은 방(榜) 역시 광고에 해당한다.[12] 오히려 광고는 처음에 알림, 공고라는 의미로 쓰였다. 이 말은 『고종시대사』 2집(음력 1883. 8. 30) 중에 조계지(租界地) 경매를 '광고', 즉 널리 알려야 한다는 대목에서 처음 등장한다.[13] 신문 지면에서도 비슷한 시기에 등장했다. 회사가 무엇인지 설명하는 기사에서 광고라는 말이 쓰였다. "처음으로 회사를 설립하고자 하는 자는 요지를 세상 사람들에게 광고해서 동지를 얻는다.(第一款 議 刱設會社者, 廣告主旨於世人, 求其同志.)"(《한성순보》 3호(1883. 11. 20))[14] 비영리 광고의 전통은 근대 신문에서도 이어져서 1900년대 초 신문의 광고란에는 억울한 사정을 호소하는 광고라든가 개명(改名) 광고, 부고(訃告) 광고, 분실 광고가 많이 실렸다.

광고의 오랜 역사 속에서 근대 광고는 인쇄 광고라는 매스 커뮤니케이션(대중 의사소통)의 산물이라는 특징을 지닌다. 인쇄 광고는 신문, 잡지와 같은 인쇄물에 실린 광고를 가리킨다. 오늘날 광고라 하면 사람들은 텔레비전이나 인터넷에서 늘 마주치는 화면들, 전자 우편이나 휴대 전화로 날아드는 스팸(무차별적 상업 메시지)을 떠올릴 것이다. 길거리 어디서나 마주치는 광고판도 빼놓을 수 없다.

오늘날 전통 매체로 분류되는 텔레비전, 라디오, 신문, 잡지 중 20세

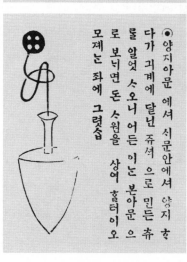

분실 광고의 사례 왼쪽부터 순서대로 무관 학교 교관이 제복의 견장(표장)을 잃었다는 광고(《황성신문》(1899. 11. 18)), 양지아문(量地衙門)에서 토지 측량 기계에 달린 추를 잃어버렸다는 광고(《황성신문》(1899. 5. 5)), 한성 재판소 검사가 도장을 분실했다는 광고(《황성신문》(1899. 12. 7))이다. 세 광고 모두 물건을 찾아 주면 후사하겠다고 했고, 양지아문은 거금 4원을 내걸었다.

기 전반부터 존재하던 매체는 신문과 잡지뿐이다. 텔레비전은 1950년대 들어서야 등장했고, 라디오 방송은 1920년대 후반에 시작됐지만 그나마도 광고는 없었다. 잡지 광고보다는 신문 광고가 훨씬 많았고, 인쇄 광고보다는 옥외 광고가 사람들에게 친숙했다. 그래서 당시에는 광고라 하면 옥외 광고를 가리켰다. 도시를 중심으로 간판이나 점창(店窓, 점포 창문), 거리 악대, 포스터, 전광판 등속이 많았고 우편 홍보(다이렉트 메일)도 흔했다. 옥외 광고는 신문이나 잡지가 보급되기 전 정기적으로 정보 매체를 읽는 습관이 없던 사람들에게 호소한 홍보 수단이었다.[15]

인쇄 광고는 인쇄술이 발달한 이후에야 가능한 형태다. 문자 해독력이 있는 독자를 상대로 발행되는 신문은 첨단의 광고 매체였다. 인쇄 매체의 발달은 민중어로서의 구어가 '활자어'로 정착되는 과정과 함께한다.[16] 인쇄 기계를 활용한 활자본으로서의 서적과 신문은 "근대식으로 대량 생산된 첫 공산품"이라 할 수 있다. 그중에서도 신문은 지식의 일상화와 파편화를 예고하는 "1일 베스트셀러 책"이다. 신문은 많은 사람들이 동시에 인쇄물을 소비하는 대중 의례를 낳았다.[17]

신문의 초기 형태는 관보(官報)였고 광고가 드물었다. 근대 신문 역사의 첫머리에는 《한성순보(漢城旬報)》(1호(1883. 10. 31)~36호(1884. 10. 9)로 확인됨)가 있다. 열흘에 한 번씩 간행되었던 《한성순보》는 정부가 발행한 한문으로 된 관보였고 광고도 싣지 않았다. 광고가 처음 실린 신문은 뒤이어 발간된 《한성주보(漢城週報)》(1호(1886. 1. 25)~106호(1888. 3. 12)로 확인됨)[18]였다. 《한성주보》는 1주일 간격으로 발간됐으며 한문으로 된 관보였으나 초기에 한글을 섞어 쓰기도 했다.[19]

한국의 첫 광고는 외국 회사가 냈다. 독일 무역상인 세창양행(世昌洋

行, Edward Meyer & Co.)이 1886년《한성주보》에 낸 광고였는데, 모두 한 자로 쓰여 있었다. 세창양행은 광고 대신에 '고백'이라는 말을 써서 '덕상 세창양행 고백(德商世昌洋行告白)'이라는 표제를 내걸었다. 고백도 흔히 쓰인 말이었는데, 광고는 일본, 고백은 중국에서 영향을 받은 말로 풀이 하기도 한다. 광고라는 말은 일본 상점이 낸 광고(《한성주보》22호(1886. 6. 28))에서 처음 쓰였다.[20]

세창양행의 광고는 초창기 광고 지형을 단적으로 보여 준다. 초기 광고 시장은 외국계 회사들이 주도하고 있었으며, 세창양행은 대한제국의 광산, 해운, 철도, 차관에 이르는 사업에 두루 개입했던 회사들 중 하나였다.[21] 무역 상회였던 세창양행이 내놓은 광고 품목도 흥미로운데 한국에서 구입하겠다는 물품이 가공되지 않은 자연물인 것에 비해, 세창양행이 판매 물품으로 내놓은 것들은 기성 상품이었다. 한반도에서 수출했던 상품은 자연물 형태에 가까웠던 데 반해, 수입했던 상품은 기계로 생산된 가공품인 경우가 많았던 탓이다. 세창양행 광고를 보면 한국에서 구입하겠다는 물품은 소나 말, 개, 호랑이, 담비, 수달피와 같은 동물의 가죽과 꼬리, 털, 뿔 등이었다. 반면 판매 물품은 자명종, 시계, 뮤직 박스, 유리, 램프, 단추, 직물, 천, 성냥 등속의 상품들이었다.

상업 광고가 활발해진 때는 민간 신문이 발간된 이후부터다. 최초의 민간지《독립신문》(1896. 4. 7~1899. 12. 4)의 창간은 상업 광고가 정착된 계기로 꼽는다.《한성주보》가 폐간된 후로 8년의 공백기를 지나 다시 등장한 신문이《독립신문》이었다.《독립신문》을 발행한 서재필은 광고 수입으로 재정을 보충하지 않고서는 신문이 오래갈 수 없다고 판단했다.[22] 증기가 기계를 돌아가게 만드는 것처럼 "광고도 또한 모든 사업의 증기와

德商世昌洋行告白

啓者本行今開在朝鮮專收虎嶺貂鼠牛馬狐狗各種皮貨並人髮牛馬鬃尾㕔鰾螺烟紙五棓子

古銅錢等物片蒙　貴客商賈有此貨物不拘多寡概行取買即將貨携至本行公平交易可也特此

啓聞

신문에 실린 한국 최초의 상업 광고　세창양행은 《한성주보》 4호(1886. 2. 22) 17면과 18면(전면 광고)에 걸쳐 광고를 냈다. "덕상 세창양행 고백"이라는 말이 적힌 쪽이 17면이고, 18면에는 갖가지 거래 품목을 소개했다. 광고가 실렸던 신문의 표지도 실어 보았다.

일체"라 할 수 있으며, "광고가 제반 사업이 흥왕(興旺)하는 데 대단히 관계"가 있다는 안내문도 신문에 실었다.(1899. 6. 2) 이런 생각에 따라 《독립신문》은 《한성주보》와 달리 광고란을 따로 마련했다. 발간 초기에는 한글판과 영문판으로 이루어진 총 4면 중에서 제3면을 광고란으로 운영했다. 1897년 1월 5일자로 한글판과 영문판을 분리한 후에는 한글판은 제3면이나 4면에, 영문판은 모든 지면에 광고를 게재했으며 특히 영문판의 제4면은 모두 광고란으로 운영했다.[23]

이로써 《독립신문》은 광고료를 수입원의 일부로 삼아 신문을 독립적 사업으로 운영하고자 했던 첫 사례가 되었다. 광고를 수입원으로 개척하고 한글을 전용했던 《독립신문》의 선례를 이어 이후 《제국신문》이나 《황성신문》과 같은 여러 민간 신문들이 창간되었다. 하지만 실제로 《독립신문》의 광고 수입은 변변치 않았다. 창간 이듬해인 1897년에 광고 수입은 총수입의 10퍼센트 정도였다. 구독료 수입(62.8퍼센트)이 가장 컸고, 기타 부대사업(서적 인쇄 및 판매, 뉴스 통신 중계, 명함 인쇄)으로 운영 자금을 마련하고자 했다.[24] 더욱이 발행 기간 동안 광고는 오히려 줄어들었는데 광고주가 한정되어 있던 데다 1898년 이후에는 다른 일간지도 등장했던 탓이다.

《독립신문》의 한글판보다 영문판에 더 많은 광고가 실렸다는 점, 그리고 영문판이 분리된 후 국문판 광고는 줄어들고 영문판 광고는 늘어났다는 점은[25] 초기 광고 시장에서 광고주로서나 소비자로서 외국인의 역할이 컸다는 사실을 말해 준다. 한국에서 최초의 상업 광고를 냈던 독일 세창양행도 한글판의 큰 광고주였다. 일본 가메야 상회(K. Kameya)도 광고를 많이 냈는데, 세창양행과 가메야 상회는 외국에서 수입한 상품을

ADVERTISEMENTS.

RECEIVED A SMALL CONSIGNMENT

OF

REMINGTON STANDARD BICYCLES.

Highest grade, material and workmanship. Spare parts always kept on hand and repairs done at moderate charges. Catalogues can be seen at THE INDEPENDENT office or same can be obtained from the undersigned who will also quote prices and give particulars.

E. Meyer and Co., Chemulpo.

《독립신문》의 한글판과 영문판에 실린 광고 한글판은 총 4면이었는데, 광고는 마지막 4면에 실렸다. 영문판은 1면부터 광고로 채워졌다. 신문의 한글판은 131호(1898. 9. 5), 1면과 4면이고, 독일 세창양행이 낸 자전거 광고가 크게 실린 영문판은 104호(1898. 9. 6), 1면이다.

판매하는 잡화상이었다. 광고 품목으로는 서적 광고와 자사(《독립신문》)를 포함한 다른 민간 신문 광고가 많았고, 그 외 은행, 임대 주택, 수입 직물 광고가 실렸다.[26]

《독립신문》이 본격적으로 광고를 싣기 시작한 이후에도 신문의 광고 게재 양상은 다양했다. 대한제국 시기에 신문 지면에서 광고가 차지하는 비율은 10~50퍼센트로 폭넓었다. 이를테면 《제국신문》에는 광고가 적었지만 《황성신문》에는 광고가 많이 실렸다. 《황성신문》의 경우 지면에서 광고가 차지하는 비율은 45퍼센트까지 헤아려지는데, 전체 수입에서 광고 수입이 차지하는 비율은 22퍼센트가량이었다.[27] 《황성신문》에 광고가 많이 실린 데에는 독자층의 구매력도 작용한 듯싶다. 한글 전용인 《제국신문》은 부녀자와 중류층 이하 서민들이 많이 읽었고, 한자와 한글을 섞어 쓴 《황성신문》은 지식층과 상류층 독자가 많았다고 한다. 하지만 두 신문 모두 구독료를 걷는 데 어려움이 많아 사정이 곤란하기는 마찬가지였다.

대한제국 시기 신문에 실린 상업 광고는 열강의 침투상을 고스란히 반영하고 있다. '개항기', '개화기', '구한말(대한제국 말기)'로 불렸던 이때는 일본을 비롯해 미국, 프랑스의 외국 자본으로 철도가 개통되었고 수도와 전신이 침투했다. 신문의 대규모 광고주들 가운데에도 외국인 회사와 기업이 많았다. 잉여 자본을 만들고 소비 시장을 적극적으로 개척할 필요가 있는 해외의 규모 있는 기업들이 광고 지면에 두각을 드러낸 것이다. 《대한매일신보》는 영문판(*The Korea Daily News*)과 달리 한글판에는 1년 단위 광고료를 제시하지 않았다고 하는데 한국인 광고주가 적었던 데다 장기간 광고하는 경우가 드물었던 탓이다.[28] 광고에 등장했던 인기 있는 수입품으로는 표백제, 염색약, 담배 등속이 있었다.

인기 많았던 외제 담배, 보다 빠르고 간편해지다

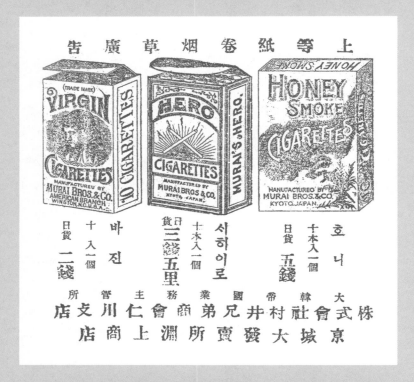

　　인기 있는 수입품 중에 담배는 빠지지 않았다. 이때 담배는 오늘날 흡연의 형태를 지배하는 궐련(지궐련(紙卷煙))이다. 파이프에 해당하는 곰방대나 긴 담뱃대(장죽) 없이 종이에 말아 판매하는 궐련은 신식 문명을 상징했다. 흡연의 역사 속에서 담뱃잎을 썰어 팔았던 여송연(엽궐련)은 19세기에 등장했고 궐련은 19세기 후반에 등장했다. 흡연을 준비하는 시간은 점점 짧아졌고 도구는 간편해졌다. 흡연의 관습도 보다 감각적이고 간단하게 변하면서 근대 문명의 속도를 반영해 갔다.(볼프강 쉬벨부쉬, 『기호품의 역사』, 132~137쪽)

　　상투를 자른다는 단발이나 양복, 구두가 문명의 상징인 것처럼 궐련도 문명적인 기호 중 하나로 여겨졌다. 따라서 담배 광고에도 신식 남성이나 신식 여성이 자주 등장했다. 특히 담배 시장을 넓히기 위해 미국 시장에서 흔히 썼던 전략, 즉 여성 해방의 의미나 체중 감소의 효과를 노렸던 전략은 여성 소비자를 대상으로 했다. 신문에는 살 내린다고 담배를 피우는 여자들이 꼴 보기 싫다는 촌평이 실리기도 했다.("뚱뚱해지는 것이 싫어서 살 내리라고" 담배를 먹는다는데 "늙은이 축은 그 꼴이 보기 싫어서 살이 내리겠지." 「신식 여자와 담배」, 《동아일보》(1927. 4. 29))

인용한 광고에는 대한제국 시기에 유명했던 담배들이 보인다. 《황성신문》(1900. 4. 10)에 실린 광고인데 여기에 소개된 'Virgin(바진)', 'Hero(히이로)', 'Honey(호니)' 담배는 최신식 궐련 제품에다 모두 일제 담배다. 광고는 일본 촌정형제상회(村井兄弟商會, 1894~1904)의 인천 지점에서 게재한 것이고 서울 판매소("경성대발매소")도 소개되어 있다. 고급 궐련("상등지권연초(上等紙卷煙草)")임을 내세운 이 광고에서 담뱃갑은 온통 영어로 채워져 있고, 광고 문안은 한자로 쓰였다. 영어와 한자의 물결 속에서 한글은 상표 명의 독음을 알리는 역할 정도를 맡고 있다.

일본의 촌정형제상회 말고도 일본 목촌합명회사(木村合名會社), 영미 합작 자본의 영미연초회사(英美煙草會社, BAT)가 광고를 많이 했다. 영미연초회사는 1899년 인천에 공장을 준공하고 담배를 생산했다. 영미연초회사는 '담배 광고의 전성기'라고 일컬어지는 중국의 근대 광고계에서도 가장 큰 광고주로 손꼽혔던 회사였다.

외국인 광고주의 강세 속에 한국인 광고주의 비율도 늘어나고 있었다. 1900년대 후반《대한매일신보》의 한글판에 한국인 광고주의 비율이 급증했다는 연구도 있고,《황성신문》에 광고를 냈던 광고주들의 국적을 따져 한국인 광고주를 70퍼센트 이상 추정한 연구도 있다.[29]

업종별로 보면 약품·약국과 서적·서점의 광고가 많았다. 서적은 대량으로 생산되기 시작한 공업 생산물의 최초 형태다. 서적 유통은 지식의 사유화, 상품화를 대변한다.《대한매일신보》에는 정치 소설이나 전기(傳記), 역사서와 같은 계몽서, 사전(『국한문 신옥편』)과 같은 실용서 광고가 실렸다.[30] 국채 보상 운동의 광고도 실렸는데,《대한매일신보》와《황성신문》이 운동의 본부와 같은 역할을 했다고 하니 초기 신문의 구국 계몽적인 성격을 짐작할 수 있다.

신문 광고란을 가장 많이 차지했던 품목은 의약품이었다. 근대 의학의 성과가 집약된 의약품은 광고 산업의 선두 주자였다. 미국에서는 의약품 광고주가 19세기 중반 광고 시장의 초창기를 주도했는데 이 시기를 이른바 '특허 약품(patent medicine)의 시대'라 한다. 영국제 특허약이 범람했으며 과장·허위 광고가 원성을 샀다. 특히 페스트나 천연두와 같은 전염병의 위협이 컸고 의학 지식이 보급되지 않은 상황에서 만병통치약 광고가 쏟아졌다. 일본 역시 약 광고가 많았다. 일본에서는 약방을 두고 "신문의 알짜배기 광고 지면을 몽땅 사들이는 업자"[31]로 풍자하기도 했다.

한국에서 광고된 약은 매약(賣藥)의 형태가 많았다. 매약은 의사 처방 없이 미리 만들어 놓고 파는, 즉 레디메이드(ready-made) 상품이었다. 매약은 한약 제조술과 신약의 형태를 혼방한 형태였다. 한국에서도 제약회사는 대한제국 시기부터 1970년대까지 최고의 광고주로 꼽혔다. 그 이후에는 식품 및 음료 광고가 의약품을 앞질렀다. 참고로 오늘날 광고를 가장 많이 하는 품목은 금융·보험·증권이다. 컴퓨터 및 정보 통신, 식품 부문이 그 뒤를 잇는다.[32]

한국인이 광고를 낸 의약품은 화평당약방(和平堂藥房)의 팔보단(八寶丹), 태양조경환(胎養調經丸)이나 제생당약방(濟生堂藥房)의 청심보명단(淸心保命丹), 천일약방(天一藥房)의 조고약(趙膏藥), 조선매약 주식회사(朝鮮賣藥株式會社)의 영신환(靈神丸)이 대표적이다. 이들 약포는 1910년을 전후로 평양, 인천 등지에 있다가 서울로 진출해서 매약업을 신고하고 허가를 받아 출발한 업체들이었다. 모두 근대 한국 약업사(藥業史)의 첫머리를 장식하는 이들이다. 화평당이나 제생당은 광고 도안을 위한 부서나 영업부 내 광고 부서를 두고 광고를 자체 제작했다. 제생당은 1909년 최초의 의약 전문지인《중외의약신보(中外醫藥申報)》를 창간하기도 했다.[33]

동화약방(同和藥房)은 활명수(活命水)로 유명한 동화약품의 전신으로 1897년 민병호가 평양에 설립했다. 동화약방은 1910년대 들어 광고를 시작했으며 당시부터 '부채표' 로고를 썼다. 유한양행(柳韓洋行)은 유일한이 1926년 미국 수학 후 창립했다. 유한양행은 '버드나무표'를 회사 로고로 내세웠고 대대적으로 광고했다. 유한양행은 1920년대 후반, 1930년대 초에 잇따라 히트 상품(네오톤, 안도린(멘소래담), 안티푸라민)을 내놓으면서 성공을 거두었다.[34] 유한양행의 광고는 한국 광고사에서 독창적 광고의 선구로 꼽힌다.

광고사에서 1880년대부터 1910년까지의 시기는 '광고 정착기'로 불린다. 이 시기에 민간 신문이 여럿 등장하고 광고가 실리면서 다양한 광고 형식도 나타났다. 신문의 전면 광고나 경품 광고, 할인 광고, 전단지 광고,

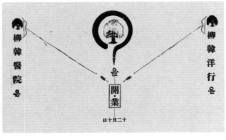

의약품 광고 사례 동화약방의 광고(《매일신보》(1913. 1. 1))와 유한양행의 광고(《조선일보》(1927. 12. 8). 각각 부채표와 버드나무표 로고가 선명하다. 동화약방이 《매일신보》에 낸 1월 1일자 전면 광고에는 "근영신년(謹迎新年, 근하신년)" 문구와 함께 약품명과 가격이 빼곡히 적혀 있다. 유한양행이 1927년 《조선일보》에 낸 광고는 개업 소식을 알리는 광고다.

통신 판매 광고가 생겨났다. 문안뿐 아니라 도안도 광고에 등장했다. 신문에 사진과 화보가 적었을 때라 광고의 도안은 더욱 눈길을 끌었다. 드물지만 광고를 중개, 제작하는 광고 대행사나 광고를 제작하는 담당자의 존재도 확인할 수 있다.[35]

1910년 이후 《매일신보》는 한글 독자를 상대로 한 유일한 광고 매체가 되었다. 《매일신보》에서 광고가 차지하는 지면 비율은 1차 대전 기간을 제외하고는 40~50퍼센트를 유지했다.[36] 1920년 《동아일보》와 《조선일보》가 등장한 이후에 《매일신보》의 광고량은 줄어들었다. 하지만 《매일신보》가 총독부 기관지의 성격을 띠었던 만큼 관공서에 관련된 알림 광고를 많이 실었다.

1910년대 들어 "도쿄와 오사카가 광고의 중심지"[37]로 부상했고 식민지 시기 내내 한국의 광고 시장을 좌지우지했다. 1910년대 《매일신보》를

보면 라이온(ライオン, Lion) 치약, 인단(仁丹), 아지노모도(味の素), 대학목약(大學目藥), 중장탕(中將湯), 일본 맥주(기린, 아사히, 삿포로) 등 굵직한 일본 상품들이 광고 지면을 차지하고 있다. 한국의 화평당이나 조선매약, 모범매약, 동화약품의 광고도 찾아볼 수 있지만, 일본 광고의 비중이 크게 늘어났다. 광고도 화려해졌다. 기법이 다양해져 광고를 여러 개 묶은 기획 광고라든가 제품 사용자의 편지를 게재한 증언식 광고도 나왔다. 광고 면이 다채로워지고 보도 사진도 늘어나면서 《매일신보》는 읽는 신문에서 보는 신문으로의 신호탄을 쏘아 올렸다.[38]

광고 요금 제도도 일본식으로 정착되어 갔다. 《독립신문》이나 《대한매일신보》는 빈도나 게재량에 따른 할인 제도, 즉 광고를 자주 많이 내면 단가가 내려가는 서구식 광고 요금 제도를 채택했었다. 하지만 1913년이 되면 일본식 제도로 바뀌어 이른바 비밀 단가제가 생겨났다. 광고주마다 광고 단가가 다 달랐던 이 관례는 1970년대까지도 계속되었다고 한다.[39]

민간 신문과 광고의 전성시대: 1920~1930년대

1920~1930년대에 광고가 많았다는 증언은 자주 눈에 띈다. 서울에 광고지가 난무해서 골칫거리라는 말은 벌써 1910년대 후반에 나오며 1920년대에는 더욱 흔해진다. "근래에 경성 시가같이 광고를 함부로 붙이는 곳은 다시없을 것이다." "담쟁이가 무성한 남대문의 석벽에다 일본인 요리업자 대회를 이용한 맥주의 광고판을 굉장히 크게 만들어 세워 놓았을 뿐 아니라, 추악한 채색을 뒤발라 보기에도 끔찍끔찍한 인단(仁丹) 광고를 빈틈마다 넉 장이나 붙여 놓았다." 인단은 은단의 전신인데 만병통

치약처럼 통했으며 대대적으로 광고되었다. "시가(市街) 체면을 오손(汚損)하는 추악한 광고지는 더욱 증가"하니 이를 단속하겠다는 기사도 나왔다.[40]

1930년대 서울 종로의 풍경에도 간판이 들어차 있다. "누구든지 종로 거리를 돌아보면 '삽뽀로 비루(삿포로 맥주)' 혹은 '기린 비루(기린 맥주)'라고 대서(大書)한 음식점 혹은 식료품점 간판을 무수히 볼 수 있을 것이다. 이러한 간판은 대개 맥주 회사에서 기증받은 것이니 그 대가로는 선전상에 가장 중요한 자기 상점의 명의(名義)를 한 모퉁이에 자그마하게 쓰고 맥주만을 굉장하게 광고하여 주는 것이다."[41] 한국인 상점들은 일본 맥주 회사에서 간판을 찬조받아 맥주 상표가 크게 적힌 간판에다 자기 상점의 상호를 조그맣게 기입했다. 거리에 난립하는 간판이며 전단지, 포스터는 무질서한 자본의 침투상을 일러 준다.

사람들은 광고 속에 둘러싸이기 시작했다. "나는 굳이 버스의 뒤를 보지 않으려, 그 얄미운 버스 뒤에다 광고를 낸 어떤 상품의 이름 하나를 기억해야 할 의무를 가지지 않으려 다른 데로 눈을 피한다."[42] 이태준의 자전적 단편 소설 「장마」(1937)에 나오는 구절이다. 소설 속에 나타난 광고 홍수는 서울 도심부의 풍경이지만, 도시를 필두로 해서 상품과 상업주의는 전 지역으로 확산되었다. 사람들은 거리나 상점의 포스터를 비롯해 백화점, 박람회 구경, 영화 관람과 같은 각종 볼거리의 형태로 조직된 유희와 감각의 이벤트에 노출되어 있었다.[43]

신문과 잡지에도 볼거리들이 넘쳐났다. 인쇄 기술이 발달하고 신문사나 잡지사가 전문 인력을 확보하게 되면서 매체에 보도 사진과 화보가 많이 실렸다. 광고도 늘어났다. "요사이 우리의 눈을 현혹케 하는 신문 잡지의 광고는 참으로 근대 자본주의가 만들어 낸 반갑지 않은 아들"이며, "요금만 받으면 그만이라는 뜻인지 독자로 하여금 사망(詐網, 사기의 그물)에 걸리게 하는 광고, 추악하고 불쾌한 감을 주는 광고가 일일이 많아가는 현상"[44]이 요지경이라고 했다. 신문이 "기사 절반, 광고 절반"이고, "광고가 3분의 2쯤이나 되어 보이는 조간"[45]도 있다고 했다.

발행 부수가 많은 매체일수록 광고가 많고 광고 수입도 많기 마련이었다. 따라서 신문에 비해 잡지는 대체로 광고가 적었다. 1920년대 최고의 종합지인《개벽》(1920. 6~1926. 8)에 뒤이은《삼천리》(1929. 6~1942. 1)는 식민지 시기에 가장 성공한 대중지로 꼽힌다.《삼천리》는 3만 부까지 발행되었다고 전해진다. 도쿄와 오사카에 광고 취급소도 두었다고 하는데[46] 실제로 광고가 많이 실리지는 않았다.

잡지 중에서는《조광》(1935. 11~1944. 12)에 광고가 많이 실린 편이다.《조광》은 조선일보사가 발행했던 종합 잡지다.《조광》은 30전 가격에 400쪽이 넘는 부피를 자랑했다. 1930년대는 이른바 신문사 잡지의 시대로《조광》은 동아일보사의《신동아》(1931. 11~1936. 9), 조선중앙일보사의《중앙》(1933. 11~1936. 9)과 함께 대표적 신문사 잡지로 꼽힌다. 그중《조광》에는 잡지의 뒤표지에 전면 광고를 싣는 관행이 나타났다. 1930년대 중반에《조광》의 뒤표지는 한동안 일본 조미료 아지노모도가 장식했다. 대개 광고 지면은 쪽수에 포함하지 않았는데《조광》은 광고면에도 쪽수를 매긴 선례를 남겼다.[47]

신문별 광고량은 일본전보통신사(덴츠(電通)의 전신)가 발행한 『신문 총람(新聞總攬)』(1910~1942)을 참고해 살필 수 있다. 『신문 총람』에는 일본뿐 아니라 한국, 대만, '만주', 중국의 주요 신문이 조사되어 있는데 한국의 경우에는 총독부가 발행했던 《경성일보》와 《매일신보》를 비롯해 《동아일보》, 《조선일보》, 《부산일보》의 자료가 실려 있다. 『신문 총람』을 참조하면 식민지 시기 가장 광고량이 많았던 매체는 총독부의 일본어 기관지였던 《경성일보》(1906. 9. 1~1945. 10. 31)다. 대한제국 시기부터 《경성일보》와 쌍벽을 이루었다는 일본어 신문인 《조선신문(朝鮮新聞)》도 광고량이 많았으나 《경성일보》는 1923년 이후 광고량이 가장 많아져 부동의 광고 매체로 자리 잡았다.[48]

《경성일보》는 관보였음에도 가장 광고량이 많았고, 일본 상품 광고가 압도적이었다. 한국 내 일본인들(재조 일본인)과 일본어를 읽을 수 있는 한국인들을 상대했던 만큼 광고도 번역되지 않고 일본어 그대로 실렸다. 기초 일본어(기초 독해 및 일상 회화)를 할 수 있었던 사람들의 비율은 1933년에 7.81퍼센트에서 1941년 16.61퍼센트로 두 배가량 늘어났다.[49] 그에 따라 1930년대 후반기가 되면 《경성일보》의 구독자 수도 늘어났고 《킹구(King, キング)》나 《슈후노도모(主婦之友)》와 같은 일본 잡지도 많이 팔렸다.

특히 1940년 《조선일보》, 《동아일보》 같은 한글 민간지가 강제 폐간된 이후에 《경성일보》는 서울과 경기도를 대표하는 신문으로 남았다. 신문을 한 도에 하나만 허용한다는 1도(道) 1지(紙)의 원칙에 따라 《경성일보》는 경기도를 대표하고, 일본어 신문이었던 《부산일보》는 경상도를 대표하는 신문으로 남았다. 일제 말기에 《경성일보》가 40만 부나 팔려 나갔다고도 하는데 이는 확인이 필요하지만, 《경성일보》가 식민지 시기 최대의 신문임에는 틀림없다.

《매일신보》는 1937년까지 《경성일보》 산하에 있었는데 광고량이 《동아일보》나 《조선일보》보다 적었다. 하지만 기관지 성격을 띠었던 《매일신보》는 다른 신문에 비해 관보나 등기 광고가 많이 실렸다. 등기 광고는 조선 총독부의 경무국이 알선해서 지방 법원에서 냈던 광고다. 《매일신보》는 등기 광고를 독점적으로 유치하여 광고 수입에 보탰다.[50] 『신문 총람』을 참조하면 《매일신보》에 등기, 관보 광고가 다른 신문들보다 많아지는 시기는 1930년부터이고 이는 1930년대 말까지 지속된다. 반면 《동아일보》와 《조선일보》에는 관공서 광고나 등기 광고가 거의 실리지 않아 행정 광고를 총독부의 기관지나 일본어 신문에만 퍼 준다고 불만이 나왔다.

1930년대 후반에 일본어 해독 인구가 늘어날 때까지 《동아일보》와 《조선일보》는 한글 가능 인구를 상대로 폭넓은 독자층을 확보하고 있었다. 《동아일보》와 《조선일보》가 1940년 8월 폐간되기 전까지 1920 ~ 1930년대 민간 신문의 시대가 펼쳐졌다. 민간 신문은 《경성일보》, 《매일신보》와 같은 총독부의 기관지와 대립적으로 쓰인 말이다. 구독료를 포함한 신문 판매 대금과 광고 수익은 신문사의 중요한 수입원이 되었다. 하지만 신문은 발행 부수를 늘리기도 쉽지 않았지만 발행 부수가 늘어났대도 구독료를 징수하기가 어려웠다. 1930년대 1원가량 했던 구독료는 헐한 값이 아니었다. 설렁탕 한 그릇이나 다방 커피 한 잔이 10전씩 하던 시절이었다. 각 지방에 있는 신문사의 지국은 본사의 신문 대금 독촉에 늘 시달리는 형편이었다. 따라서 신문사들은 광고 수입을 확대하는 데 적극적으로 매달렸다.[51]

동아일보사, 조선일보사, 조선중앙일보사는 1930년대에 모두 주식회사 체제로 정비했다. 이들이 비교적 큰 자본금을 지닌 주식회사 체제로 정비했다는 사실은 신문이 일종의 기업으로 성장하게 되었다는 점을 말해 준다.[52] 1920년대에는 동아일보사만이 주식회사 체제였다. 동아일보사는 1921년에 70만 원 규모의 자본금(공칭 자본금)으로 주식회사로 출범했다. 동아일보사의 설립자인 김성수는 '호남의 재벌'로 일컬어진 인물로 1919년 경성방직 주식회사를 설립했으며 1932년 보성전문학교(고려대학교의 전신)를 인수하여 경영하기도 했다. 조선일보사와 조선중앙일보사는 각각 1933, 1934년에 주식회사를 설립해 동아일보에 견줄 만한 자본금을 확보했다. 《조선일보》는 그 자본부터 조선문(朝鮮文) 민간지의 최고봉"[53]으로 불렸다.

주식회사 체제를 갖춘 세 신문은 치열하게 경쟁했다. 1933년 이후 세 신문이 발행 부수를 늘리고 적극적으로 일본 상품 광고를 유치할 수 있었던 점이 경영 상태를 개선하는 데 주된 동인이 되었다.[54] 일본 상품 광고는 헐값에 게재되는 경우가 많았기 때문에 광고료를 조정하고 유치하는 데 신문사들은 많은 노력을 기울였다. 언론계의 대부로 일컬어지던 이상협도 광고료 조정과 신문 경영의 합리화에 빠지지 않는 이름이다.[55] 대개 대지주나 자본가들이 사회적 명망을 얻고자 신문사에 투자하는 경우가 많았는데 사정이 달라졌다. "돈 있고 할 일 없는 사람은 해 볼 일"(1931)[56]로 세평에 오르내리던 신문사가 영리 기업으로 변모하기 시작한 것이다.

신문의 기업화 추세는 도마에 올랐다. 신문은 초기에 "정치적 지향을 가진 지식 분자의 진영으로 자처하던 것"이 "영리 기관의 사무인을 모아 놓은 곳"이 되었다고 했다. 신문의 사설은 "한담(閑談)이 아니면 꼬집(가십)"이 되었다고 비판받았다. 신문은 초기에 "민족과 사회를 위하여 양성하는 한 개의 소비 사업"이자 "사회의 어떠한 통제 의식을 보급시키기에 필요 불가결의 경영"[57]이었다. 하지만 기업화한 후 신문사는 자본주의적 가치를 유통하는 통제 기관의 성격을 띠었던 셈이다.

특히 《조선일보》는 신문을 일종의 기업으로 확대해 나가는 데 전환점을 마련했다.[58] 방응모는 평안북도 정주 출생으로 《동아일보》 정주 지국장을 맡기도 했다. 이후 그는 금광에 손을 대 거부(巨富)가 되어 조선일보사를 인수했고 그 후손인 방일영, 방우영, 방상훈이 사장을 이어 맡아 오늘날까지 운영하고 있다.

《조선일보》는 1936년 이른바 일장기 말소 사건 이후 발행 부수나 광고량 면에서 《동아일보》를 능가하게 되었고 경영 상태도 좋아졌다. 잘 알려진 대로 일장기 말소 사건은 《동아일보》와 《조선중앙일보》가 1936년 베를린 올림픽 마라톤 금메달리스트 손기정의 시상식 사진에서 가슴에 달린 일장기를 지워 지면에 게재한 일을 빌미로 일제의 탄압을 받았던 사건이다. 두 경쟁지가 정간된 사이 《조선일보》는 발행 부수가 6만 부로 급증하는 어부지리를 얻었다.[59]

1930년대 중반 이후 크게 늘어났던 《동아일보》와 《조선일보》의 발행 부수는 1930년대 말에 가서는 정체되었다. 한국인 발행 신문과 《매일신보》의 논조에 차이가 없어졌고 일본어 해독률도 늘어났던 탓이다. 반면 《매일신보》와 《경성일보》는 1930년대 후반에 들어 발행 부수가 급증해서 각각 9만 부, 6만 부 이상 발행했다. 일본에서 발행되었던 《오사카 마이니치(大阪每日)》와 《오사카 아사히(大阪朝日)》도 많이 읽혔다. 《오사카 마이니치》와 《오사카 아사히》는 1929년 4만여 부에서 1939년 7만, 8만여 부로 늘어났는데 한국인 독자의 수가 급증했다.[60]

신문의 발행 부수가 늘어난 만큼 광고 시장도 팽창했다. 민간 신문의 시대와 더불어 근대 광고의 전성기도 1930년대로 꼽히는데 이는 경제 팽창과 사회 경제적인 변화를 반영한다. 1920년대까지 농업에 집중했던 식민지 경제 정책이 공업화 정책으로 전환된 것은 1931년 우가키 가즈시게 총독이 부임한 이후다. 이 시기 일본의 대규모 자본을 적극적으로 유치할 수 있는 법적, 제도적 개선을 비롯해서 전력업을 중심으로 공업화의 기초 사업이 진행되었다. 1930년대 후반에 이르면 전시 통제 경제로 돌입하면서 중화학과 군수 공업을 중심으로 공업 개발이 이루어졌다.[61]

식민지 시기에 소득 증가를 포함해서 경제 성장이 집중된 시기는 1930년대로 평가된다. 산업 부문을 보면 농산, 수산, 임산물보다 공산물과 광산물의 성장이 두드러졌고 공업 생산액이나 종업원 수, 공장 수도 증가했다. 몇몇 수량적인 경제 성장이 생활의 질적 개선으로 이어졌는지는 따져 봐야 할 문제이지만, 자본주의 전개 과정에서 일반적으로 나타나는 평균 소득과 평균 소비의 증가가 나타났다. 일례로 1인당 실질 소비 지출의 증가율은 1910년부터 1930년대 초까지 정체되어 있다시피 하다가 1930년대 후반에 크게 늘어났다.[62] 이 외에도 초등학교 취학률이나 문자 해독률과 같은 교육 수준의 변화나 수명 연장, 여가 환경의 변화도 눈에 띈다. 영화, 라디오, 음반, 신문, 서적, 스포츠 상품도 인기를 끌었다. 도시를 중심으로 다양한 상품을 소비하는 무리들이 생겨나면서 1930년대 대중 소비의 시대가 열렸다.

광고는 1920년대 성장기, 1930년대 전성기를 지나 1930년대 말부터 쇠퇴기에 접어들었다. 1937년 중일 전쟁이 발발하고 1938년경부터 신문용지가 통제되면서부터 신문 광고가 줄어들었다. 광고의 표현 영역도 줄어 전쟁의 색채가 농후한 전시(戰時) 광고가 주를 이루었다. 광고의 암흑기였던 일제 말기를 지나 해방 이후에 광고가 활기를 띠기 시작한 것은 1970년대를 넘기면서부터다. 1970년대는 '한강의 기적'으로 불리는 경제 팽창이 일어났던 때다. 광고 산업은 경제 동향은 물론 언론·방송 환경의 영향 아래에 있다. 1980년에는 전두환 정권이 신문을 통폐합하고 민간 방송을 강제로 공영화했으며, 1981년부터는 컬러텔레비전 방송이 시작되었다.

'광고 제국주의'나 '정보 제국주의'라는 말은 1980년대 후반에 통신 시장과 광고 시장을 개방하기 시작한 때부터 나왔다.[63] 1987년 말 언론 자유화와 함께 신문과 방송은 춘추 전국 시대를 맞이했지만, 미국을 필두로 광고 시장을 개방하라는 국제적인 압력이 거세졌다. 오늘날 광고 시장은 신자유주의의 거친 물결 속에 있다. 국내의 형편을 보면 최근의 가장 큰 화두는 2011년 '미디어계의 빅뱅'이라 불리는 종편(종합 편성 채널)의 탄생이었다. 종편은 언론·방송 환경은 물론 광고계에 큰 변화를 예고하고 있다.

매체와 광고의 결탁: 일본 상품 광고는 왜 문제가 되었나

식민지 시기 대규모 광고주들 가운데는 일본 광고주가 많았다. 1920년대 중반이 되면 신문사가 광고의 효용을 적극적으로 홍보했으며, 신문사의 총수익 중 30퍼센트 후반대의 광고 수익이 이어졌다. 또한 신문사들이 일본 광고를 적극적으로 유치하고 일본 광고주가 늘어나면서 도안 중심의 광고가 많아졌다.

식민지 시기 신문을 보다 보면 대번 눈에 들어오는 광고들 중에는 일본 상품 광고가 많다. 일본의 대규모 광고주들은 지면을 넓게 확보해 그림과 사진을 적극적으로 활용했다. 광고의 도안은 문안보다 사람들의 시선을 먼저 끈다. 이미지는 문자처럼 지정적이고 설명적이지 않아 수용자

일본 상품 광고량은 얼마나 됐을까

식민지 시기 일본 상품 광고의 비율을 따질 때 문제가 되는 것은 한글-민간-신문사이다. 한글 신문이었지만 조선 총독부의 기관지 성격을 띠고 있었다거나 일본어 기관지였던 경우는 관심의 대상이 안 된다. 따라서 이러한 논의에서는 《매일신보》나 《경성일보》는 제외되고 주로 《동아일보》와 《조선일보》가 도마에 오른다. 흔히 이 시기 《동아일보》와 《조선일보》의 일본 상품의 광고량은 '대폭' 늘어났다고 언급된다. "1923년의 지면 점유율은 국내 광고가 64퍼센트, 일본 광고가 36퍼센트인 데 반하여 1925년에는 국내 40퍼센트, 일본 60퍼센트, 그리고 1931년에는 국내 36퍼센트, 일본 64퍼센트로 갈수록 일본 광고의 비율이 월등히 증가하였다."(국사편찬위원회, 『광고, 시대를 읽다』, 177쪽)라는 진술이 단적인 예다. 그런데 이 말은 문제가 있다. 1923년은 《동아일보》의 국내 광고량이 특히 높았던 때라 증가 폭이 과장되기 쉽기 때문이다. 따라서 이례적인 증감이 있던 때를 제외하고 살펴보면 1924년 《동아일보》에 실린 조선 제품의 광고량은 51.2퍼센트(《조선일보》는 50.8퍼센트)이고, 1933년에는 42퍼센트(《조선일보》는 52.9퍼센트), 1938년에는 38.4퍼센트(《조선일보》는 37.7퍼센트) 정도로 가늠할 수 있다.

광고량을 살필 때 참고하는 자료는 덴츠가 펴낸 『신문 총람』이다. 『신문 총람』의 광고 통계는 식민지 시기에 관한 가장 지속적이고 광범위한 자료지만 미심쩍은 구석이 있다. 모든 광고를 일본 광고(도쿄, 오사카) 아니면 한국(현내(縣內))의 광고로 분류하는 제국주의적 접근법을 쓰고 있기 때문이다.(그 외 '높은 일본 제품 광고량'을 '일본 제품의 조선 시장 독점'으로 해석할 때 유의할 점에 대해서는 권창규, 「근대 한국에서 전개된 '덴츠'의 정보 제국주의와 광고 제국주의」, 250~256쪽 참고.)

광고량 대신에 제품이나 광고주의 국적을 가늠한 논의도 있다. 광고주의 국적을 분석하여 전체 광고량의 75퍼센트가 한국인 광고주이고, 영국인은 14퍼센트, 일본인은 8퍼센트, 미국인은 3퍼센트라고 한 진술도 있으나(한국광고단체연합회, 『한국 광고 100년(상)』, 50쪽) 기준과 범위가 나와 있지 않아 신빙성이 떨어지는 자료다. 또한 광고에 나타난 상품 국적이 한국은 1848건, 일본 713건이었다는 진술은 출처 없이 인용되고 있다.(『광고, 시대를 읽다』, 141쪽. 『한국 광고 100년(상)』, 50쪽) 제품의 국적을 따진 실증적 연구(서범석 외, 「근대 인쇄 광고를 통해 본 근대적 주체 형성에 관한 연구」, 241~242쪽)도 있었는데, 이 연구에서 신문 광고는 한국 국적 57.2퍼센트, 일본 국적 22.1퍼센트, 잡지 광고는 한국 국적 39.9퍼센트, 일본 국적 28퍼센트로 통계를 냈다. 물론 제품의 국적과 광고량은 일치하지 않는다. 광고의 가짓수는 많아도 광고량은 적을 수 있기 때문이다. 문안 중심의 소규모 광고는 가짓수로 따지면 훨씬 많지만 광고량(광고 행수)으로 따지면 많지 않을 것이다.

의 해석 가능성을 넓힌다. 상품은 이미지로 표현되면서 손쉽게 판타지를 만들어 낸다. 특히 문자 해독률이 낮았던 상황을 감안하면 '보는' 광고는 '읽는' 광고에 비해 영향력이 컸을 것이다.

일본 광고는 압도적이었다. 조미료 아지노모도(味の素), 모리나가(森永) 캐러멜, 구중 청결제 인단(仁丹, 진단), 안약 대학목약(大學目藥, 다이가쿠 메쿠스리), 강장제 에비오스(エビオス), 여성 강장제 중장탕(中將湯, 주조토), 두통약 와카모토(わかもと), 라이온(ライオン, Lion) 치약, 카오(花王) 비누, 캎피(Copy) 백분, 시세이도(資生堂) 크림, 구라부(クラブ) 크림, 마스터(マスタ, Master) 크림, 오리지나루(オリヂナル, Original) 향수 등. 세계적 규모의 기업도 한국 지면에 등장했다. 미국 자동차 포드와 제너럴 모터스, 영국의 싱거 미싱, 프랑스의 코티 백분이 한국 신문에 출현했다. 이들을 비롯해 1929년 공황 이전에 해외 확장을 꾀했던 많은 기업들 중에는 오늘날 국제적인 과점 체제의 주역으로 성장한 기업이 많다.[64] 안정적인 한국 광고주는 적었지만 몇몇이 있다. 대한제국 때부터 광고를 했던 제생당, 화평당을 비롯해서 유한양행, 박가분(朴家粉), 조고약(趙膏藥), 화신백화점, 경성방직 등은 신문에 광고를 많이 했다.

한국인을 독자이자 소비자로 하는 정기 인쇄물에 일본 상품의 광고가 압도적으로 많이 실린 것은 식민지의 특성을 보여 준다. 식민지라는 국가 없는 자본주의 체제에서 일본 자본은 독점적으로 우세했으며, 한반도는 일본 상품의 소비 시장 역할을 했다. 한국인들은 일본 제품(일본이 만들거나 중개한 제품)을 소비하는 과정을 거치면서 근대적 소비자로 변모해 나갔다. 사람들의 옷과 먹을거리, 전차나 자동차나 자전거 같은 탈것, 얼굴에 바르고 머리에 바르는 미용품들은 일본제로 채워져 있었다. 그럼에도 일본 광고로 채워진 한글 신문들은 도마에 올랐다. "조선의 신문이 동경, 대판(오사카) 물건만 광고해서 조선 사람의 주머니를 가볍게 하니 죄악"[65]이라고 했다.

광고주와 매체의 결탁에 대한 우려도 나왔다. 신문이 광고주에게 불리한 기사는 보도하지 않고 아첨하는 기사는 게재한다고 쓴소리를 했다. 광고를 싣지 않는 상인에게 위협적인 기사를 실어 수입을 꾀한다고도 했다.[66] 이는 식민지 시기뿐 아니라 언론이 존재하고 광고가 생산되는 한 고민해야 할 문제다. 일본 광고에 대한 불만은 속출했다.

인용 1 한 손에 경전(經典)을 들고 한 손에 칼을 든 것이 회회교(回回敎, 이슬람교)라 하면 한 손에 조선 민족을 들고 한 손에 동경, 대판의 상품을 들고 나가는 것이 《동아일보》, 아니 조선의 제(諸) 신문이다. 다만 그 마술(魔術)에 가장 잘 성취한 것이 《동아일보》이다. 신문지의 판매를 위하야는 조선 민족을 팔아야겠고 광고의 수입을 위하야는 동경, 대판 등지의 상품을 팔아야 하는 것이 조선 신문계의 듸렘마(딜레마)이다. (중략) 화폐가 주인을 찾더냐. 이윤이 민족을 가리더냐. 이 《동아일보》의 성공에 대하야 악을 쓰고 덤비는 것이 뒤를 쫓는(後馳) 《조선(조선일보)》과 《중앙(조선중앙일보)》이다.

황태욱(黃泰旭), 「조선 민간 신문계 총평」, 《개벽》(1935. 3), 16쪽

인용 2 조선 각 신문에 향토 광고가 적은 것은 일본 내지(內地) 광고주한테는 광고료를 싸게 받고 조선 내 광고주에게는 폭리를 탐(貪)하기 때문이라는 이야기를 일찍이 들었는데 현실에 있어서 그것은 사실이다. 그러나 일

본 내지의 광고주에게서 받는 광고료는 계속적으로 대대적(大大的)하게 출고하는 대광고주에게 한할 것이며, 조선 내 광고주라도 그와 같이 대량을 출고하면 동률의 대우는 하여 줄 것이다.

임경일(林耕一), 『신문』(1938), 24쪽

인용 3 물론 대판에 만 원을 뿌리면 그 대신으로 대판서는 수만 원의 광고료가 들어온다고 그들은 말한다. 이것이 사실임도 부인치 않는 바다. 그러나 《××신보》(《매일신보》를 가리킴)의 돈을 먹느냐고 문사(文士)에게 호령하는 그들이 대판서 광고를 얻기 위해서는 별별 추태를 다 부린다. 대판서 광고료로 만 원이 조선으로 건너오면 그 광고의 덕으로 조선인의 주머니에서 10만 원이 도로 대판으로 건너가는 것을 그들은 뻔히 안다. 알면서도 별별 간악한 경쟁을 다해 가면서 광고 흡수(吸收)를 꾀하는 그들이야말로 조선 대중을 파는 것이 아니고 무엇이랴. (중략) 작년 여름 모(某) 사(社)에서 대판 광고주를 조선에 초대해서 '기생 오입'을 시키고 금강산 유람을 시킨 그 비용이 2만 원이라는 것을 대개의 독자는 의심하리라. 그리고 부절(不絶)히 왕래하는 광고주들을 향접(饗接, 향응, 접대)하는 그 비용이 매월 수천 원이며, 모모의 2대 신문사 사장의 기밀비는 제한이 없으며, 그 기밀비의 99퍼센트가 광고주 대접에 있다면 독자는 좀체 그 말을 믿지 않으리라. (중략) 조선의 부는 이 신문들의 탓으로 대판 등지로 모두 건너가 버리고 가뜩이나 가난한 살림이 더욱 빈약해지는 것이다.

금동(琴童), 「상구독고(孀嫗獨孤, 늙고 외로운 과부) 현 민간 신문: 한 문예가가 본 민간 신문의 죄악」, 《개벽》(1935. 3), 41~42쪽 민간 신문사는 "한 손에 조선 민족을 들고 한 손에 동경, 대판의 상품을 들고"(인용 1) 있다. 동아일보사, 조선일보사, 조선중앙일보사 모두 마찬가지다. "화폐가 주인을 찾더냐. 이윤이 민족을 가리더냐. 이《동아일보》의 성공에 대하야 악을 쓰고 덤비는 것이 뒤를 쫓는《조선》과《중앙》이다."(인용 1) 이 말은 신문이라는 상품과 자본주의 체제의 온갖 상품화 현상에 대해 날리는 일갈이다. '조선문 신문', '민간 신문', '민족지'라고 불렸던 한글 신문이 일본 광고에 의존하는 딜레마를 타박하는 고발도 이어진다. "일본 내지 광고주한테는 광고료를 싸게 받고 조선 내 광고주에게는 폭리를"(인용 2) 취한다고 했다. 광고료 지불 방식도 달라 조선인 광고주들은 바로바로 현금으로 결제해야 된단다.[67]

같은 민족에게는 바가지를 씌우고 일본인에게는 서비스한다는 이 어불성설은 결과적으로 맞는 부분이 있다. 광고를 자주 많이 내는 광고주는 더 할인을 받을 터이고, 그러한 대광고주는 일본인이 많았기 때문이다. 하지만 "조선 내 광고주라도 그와 같이 대량을 출고하면 동률의 대우는 하여 줄 것"(인용 2)이라는 부연 설명은 일견 타당하나 그렇지 않다. 신문 광고료에 대한 비판을 두고 "민족 감정으로서는 올바를지 모르나, 상거래라는 입장에서 보면 형평을 잃은 것이다."[68]라는 오늘날의 평가도 일면적이다. 상거래 관례로는 타당하지만 중소 기업에 몰려 있었던 식민지인들에게는 부당한 이야기가 되기 때문이다. 억울하면 출세하라는 말은 출셋길을 막아 놓고 할 말은 아니지 않나.

식민지에서 일본 기업은 선전했지만 많은 한국인들은 군소 상인으로 내몰렸다. 대한제국이 일본에 강제 병합된 후 화폐 주권과 금융 주권은 박탈당했다. 화폐 정리 사업을 비롯한 금융 체제의 식민지적 재편은 인위적인 화폐 공황과 금융 공황을 가져왔다. 이전까지 자본 축적을 모색하던 상인들은 대거 파산했다. 많은 중소 상공업자들이 제도권 금융 밖으로 밀려났고 고이자, 고위험의 제2금융권과 사채 시장(고리대나 전당포)으로 몰렸다.[69]

일본의 대규모 자본은 1930년대 들어 한국으로 활발하게 진출했으며 우가키 총독(1931~1936) 때보다 미나미 총독(1936~1941) 시기에 조선 경제에 대한 일본인 자본의 지배력은 강화되었다.[70] 이는 식민지 체제에서 기인한 독점 현상이었다. 일본인 대자본에게 유리한 독점적 지위가 보장되었기 때문이다. 국가 권력과 연계해서 자본이 확대, 강화되는 독점 자본주의는 세계적으로 힘을 발휘하고 있었는데, 국가가 없는 식민지에서는 일본 자본이 우월한 힘을 바탕으로 시장을 전유할 수 있었다. "조선인의 국가가 있었다면 이런 현상은 쉽게 일어나지 못했을 것이다."[71]라는 지적은 타당하다.

그렇다고 많은 한국인들이 시장에서 밀렸던 배경을 일본 기업의 우세만으로 설명할 수는 없는데 광고 시장을 보아도 그렇다. 많은 제조업자나 상인들은 '돈 들여 광고한다'는 발상에 익숙하지 않았다. 신문에 광고란이 정착된 후에도 광고의 필요성은 계속 홍보되어야 했다. 광고가 상공업에 필요하다는 이야기는 1920~1930년대 신문에 실렸던 광고 해설에서도 흔했다. 한국에만 한정된 이야기가 아니다. 소비 대국으로 나섰던 미국의 광고 시장에서도 1920년대의 흔한 슬로건은 "It pays to advertise.(돈 들여 광고한다.)"[72]였다.

많은 한국 기업들은 홍보나 서비스, 경영 합리화에 밝지 않았다. 상공업에 대한 천시는 뿌리 깊었으며, 장사를 한몫 잡기 정도로 여기는 이들도 많았다. 일정하게 자본을 투자하고 서비스를 개선하며 지속적인 경영을 꾀하는 자본주의 방식은 낯설었다. "대자본적 독점 경영의 틈입" 앞에 조선인 상공업은 어떻게 살 길을 모색해야 했을까? "각국 상인들이 모여들어서 경쟁하고 있는 경성에서 재래식의 경영 방법을 고수하여서는 도저히 승리자가 될 수 없는 것"이라는 자가 진단도 나왔다. 흔한 전단지 광고 말고 신문 광고도 많이 해야 한다는 말도 나왔다. "이익은 자본과 봉사(서비스)의 부산물"이라는 발상이 필요했다. "조선의 상업술이 일반 소비자의 생활 정도의 향상과 구매 심리의 변동을 따라가지 못하고 있는 것"[73]이라는 당시의 지적도 타당해 보인다.

하지만 광고 행위 자체부터 미심쩍게 여겨졌다. 과장된 수사를 써서 자기를 내세우고 웅변하는 광고는 거부감을 주기 일쑤였다. 더구나 돈만 내면 뭐라도 실어 주는 신문, 돈 벌자고 뭐든 갖다 쓰는 광고는 애초부터 불평과 불만을 몰고 왔다. 생각해 보면 자본이 부족한 기업이나 상점에 신문 광고가 합리적인 선택지였을까 하는 의문이 든다. 흔한 옥외 광고가 훨씬 값싸고 홍보 범위가 불필요하게 크지 않았을 터이다. 대개의 자영업자에게는 신문 광고보다는 옥외 광고가 더 합리적인 방식이었을지 모른다.

일본 광고 일색이었던 한글 민간 신문에 대한 비판과 관련해 밝혀 둘 점이 있다. 분명 한글 민간 신문은 일본 상품 광고를 많이 실었지만 기본적으로 한국 상품의 홍보 매체가 되었다. 《경성일보》나 《매일신보》에 비해 《동아일보》,《조선일보》에는 일본 상품의 광고량이 상대적으로 낮다. 대표적으로 약품과 서적을 보면 《경성일보》는 1930년대 후반이 되면 조선 제품의 광고량이 1~2퍼센트대까지 떨어지지만 《동아일보》와 《조선일보》에서 전체 약품 광고는 30퍼센트대, 서적 광고는 20~30퍼센트대 이상을 보인다. 한글 민간지를 다른 식민지나 점령 지역의 신문과도 비교해 볼 만하다. 《동아일보》와 《조선일보》는 대만이나 만주의 신문에 비해 현지 광고량이 높은 비율을 보인다.[74] 무어라 해도 일본 제품 광고 비율 대 한국 제품 광고 비율로 따진다면 한글 민간지는 한국 광고가 많이 실렸던 매체였다.

일본의 대광고주들에게 조선의 신문사는 '봉'이었을 확률이 높다. 대체로 매체 가치가 낮을수록 광고 요금이 싸게 매겨진다. 신문의 매체 가치는 발행 부수나 독자층으로 가늠된다. 일본어 가능 인구는 1930년대 전반기만 해도 전체 인구 백분율로 한 자릿수에 머물렀으므로 한글 민간 신문은 민중을 공략할 수 있는 매체였다. 한글 신문은 발행 부수를 늘려갔지만 그렇다고 안정적인 매체라 할 수는 없었다. 총독부의 검열로 인한 빈번한 판매 금지나 압수, 정간과 같은 행정 처분은 신문의 경영을 어렵게 만들었다. 많은 신문과 잡지가 "원고난, 경영난, 검열난"에 시달렸다. 1926년부터 1929년까지 판금 및 압수 처분 상황을 보면 《조선일보》는 150회, 《동아일보》는 129회, 《중외일보》는 89회에 이른다.[75]

광고 관례를 보면 한글 신문사의 사정은 더욱 열악하다. 당시 일본의 광고 관례가 식민지에 그대로 적용되었을 확률이 높은데 일본의 광고 관례에서 광고료는 기준가에서 10퍼센트를 할인하는 게 보통이었다. 나아가 매체 가치가 낮은 지방지의 광고료는 30~40퍼센트, 많게는 50퍼센트 이상을 할인하는 경우도 적잖았는데 식민지의 민간 신문사의 사정도 이와 비슷했을 것이다. 신인섭·서범석에 따르면 "광고 요금표상의 광고 단가와 실지 거래 단가의 차이"[76]는 상당했다. 신문에 기재된 광고료와 실제 광고 수입 및 광고량 사이에 차이가 크다는 뜻이다. 일본 광고주들이 헐값에 때리는 광고 관행을 시정하고자 1920년대 초 이상협이 일본에 건너갔던 일 역시 이를 뒷받침한다.

광고 대행사의 존재 역시 부당한 광고 관례에 한몫했다. 대체로 일본의 대규모 광고주들은 일일이 신문사와 거래하지 않고 대행사를 통해 광고를 내는 게 일반적이었다. 광고 대행사는 광고물을 제작하고 유통하는 업종을 가리키는데 당시에는 광고 유통의 역할이 더 컸다. 일본의 유력한 광고 대행사였던 덴츠(電通, 일본전보통신사(日本電報通信社))는 한국에서 강력한 영향력을 행사했다. 《동아일보》에 실리는 일본 광고의 8할이 덴츠로부터 나왔다는 증언도 참고할 수 있다. 게다가 덴츠가 마진(중간 이익)을 너무 많이 챙겼다는 정황까지 보태 보면 한국의 광고 시장이 열악했음을 알 수 있다.[77]

덴츠는 강력한 광고 대행사이자 뉴스 통신사였다. 신문의 물주인 광고, 신문의 정보원인 통신, 이 두 가지를 좌지우지했던 덴츠는 식민지 시기 한국의 미디어 환경을 논할 때 빼놓을 수 없는 존재다.[78] 덴츠는 1906년 일본에서 주식회사로 출범한 이듬해인 1907년에 발 빠르게 한국에 지사를 냈다. 오늘날 덴츠는 세계 5위에 랭크된 광고 대행사이며 중국, 태국, 인도네시아, 싱가포르를 비롯한 아시아 각지에 미디어 네트워크를 구축하고 있다. 광고 대행사는 "안정된 광고주들을 확보하려는 매체 자본가"와 "과잉 상품의 처분에 주력하는 산업 자본가의 욕구를 매개"[79]하는 기관이다. 광고 대행사는 그저 광고 만드는 회사로 그치지 않는다. 광고가 사람들의 생활 양식을 만들어 내는 이상 광고 대행사는 대중문화에 강력한 영향력을 행사하는 실세 중의 실세다.[80]

식민지 시기에 한글 신문사는 부당한 광고 관례까지 감안하면 여러

모로 어려운 사정에 있었다. 하지만 욕먹을 만한 작태도 뚜렷하다. "작년 여름 모(某) 사(社)에서 오사카 광고주를 조선에 초대해서 '기생 오입'을 시키고 금강산 유람을 시킨 그 비용이 2만 원이라는"(인용 3) 김동인의 고발은 사실이다. 「배따라기」의 작가 김동인이 《개벽》에 기고한 이 글은 《매일신보》에 글을 판다고 문인들을 욕하는 당신들은 고작 이 작태냐 하는 빈정거림을 담고 있다.

동아일보사, 조선일보사, 조선중앙일보사는 광고 업무를 위해 일본에 지국을 설치해서 광고를 따오는 데 열심이었다. 1934년 동아일보사는 일본 제약과 제과, 화장품 회사의 간부 20여 명을 초청했다. 조선일보사도 일본 광고주를 초청해 관광을 시켜 주기에 바빴고, 1937년에는 일본의 광고계 인사를 초청해 광고학 강좌를 열기도 했다.[81] 식민지 시기 자본과 결탁하는 신문사들을 보면서 어디까지 팔고, 얼마나 팔 것인지 다시금 질문하게 된다. 무엇을 가치로 삼을 것이며, 또 그것을 어떻게 지켜나가야 하는가? 여전히 어려운 숙제다.

광고하고 보는 사람들, 그보다 더 많은 소비자들

광고는 기본적으로 광고주와 광고 제작자가 사람들에게 보내는 메시지다. 이들 발신자의 민족적, 계급적, 성적 특성에 따라 광고 메시지는 달라질 수밖에 없다. 규모 있는 광고주 중에는 일본인이 많았다. 광고의 가짓수로만 따지자면 한국인 광고주가 많았으나 광고 지면을 차지하는 비율로는 일본인 광고주가 압도적이었다. 앞서 밝혔듯 규모 있는 광고를 냈던 이들 중에는 일본인 대자본 이외에도 해외의 대기업과 몇몇 손꼽히는 한국인 자본(제생당, 화평당, 유한양행, 화신백화점, 경성방직 등)이 있었다. 신문에 작게 광고를 냈던 광고주들은 대기업가는 아니라도 상공업이나 광업, 건축업, 기타 서비스업에 종사했던 자영업자들이다. 광고를 홍보 수단으로 인식하고 비싼 신문 지면을 사들였던 이러한 광고주들은 도시에 거주하는 중간층 이상의 사람들에 속했다. 또한 사업을 비롯한 가외(家外) 영역의 활동 주체들이 남성들이었던 만큼 남성 광고주가 대부분이었다.

광고주와 함께 광고 제작자도 메시지에 영향을 미친다. 광고 제작자는 광고주의 요청에 따라 광고를 만들어 내는 이들이다. 1920~1930년대 미국 광고계에서 문안가(文案家, 카피라이터)는 백인-남성-엘리트가 주를 이루었다. 동시대 한국 광고 제작자들의 이력을 살피면 비교적 학력 자본 및 문화 자본이 높은 남성 엘리트들이 많았다. 하지만 이들은 전문적인 직업군이 아니었으며 경제 자본도 넉넉했다고 볼 수 없다. 광고 제작자들은 신문사의 광고부에서 문안과 도안을 제작했거나 규모 있는 회사의 광고부에서 근무했던 이들이었다. 동시대의 일본에서도 문안가나 도안가(圖案家, 일러스트레이터)는 전문적인 직업군으로 확립되어 있지 않았다.

소규모 광고는 광고주가 문안을 직접 썼을 확률이 높다. 규모 있는 회사는 광고부를 따로 두기도 했지만 대체로는 신문사의 광고부가 광고를 만들었다. 신문사의 광고부는 광고 섭외 담당(외무, 외교)과 광고 작성 담당(문안계, 도안계, 의장계)이 나뉘어 있었다. 하지만 외무과 사원(외근)이 광고주 쪽과 아이디어를 짜내 광고 카피를 쓰기도 했다고 한다. 도안 담당자는 "사원 중에서 손재주가 있는 사람"을 비롯해 인쇄공이나 화가 출신 도안공들로 이루어져 있었다.[82] 도안 담당은 문안 담당자만큼 엘리트 계급까지는 아니어도 기본적으로 상당한 식자층에 속했다. 특히 인쇄공

은 공장 노동자 가운데서도 비교적 임금이 높았고 작업 특성상 문맹도 거의 없었다.[83]

실제로 광고를 제작했던 이들을 몇몇 확인할 수 있다. 화평당 광고부에는 『추월색(秋月色)』의 작가 최찬식이 근무했다. 화평당은 태양조경환, 자양환(滋養丸)을 판매했던 한국의 제약 회사였다. 최찬식은 광고 도안과 문안의 일인자였다고 전해진다.[84] 화평당의 광고는 당대의 광고술을 죄다 진열해 보여 준다고 할 만큼 지면을 꽉꽉 채워 광고를 냈다. 유한양행은 선구적인 광고술을 선보였는데 유일한 사장의 아이디어는 광고 제작에 원천이 되었다고 알려져 있다.[85] 유한양행의 사원 모집 광고를 보면 자격 요건이 까다롭고 광고 담당자의 이력도 화려하다. 1940년에 유한양행에서 광고 문안을 담당했던 강한인(姜漢仁)은 일본 와세다 대학교 영문과를 졸업했고 해방 후에는 경무대에서 이승만 대통령의 공보비서로 근무했다.[86]

일본 광고가 많았으므로 번역하는 인력도 필요했다. 일본 광고를 한글 매체에 실을 때는 번역해서 내보내는 경우가 많았다. 도안은 그대로 쓰고 문안을 번역하는 경우도 있었고, 도안을 '현지화'하는 경우도 있었다. 일본의 일부 기업들은 한국에 지점을 내고 한글 문장에 능숙한 문안가를 따로 모집하기도 했다.

번역 인력 중에는 유명 문인들의 이름이 눈에 띈다. 유명한 일본제 두통약 와카모토의 한국 지사에서 광고 담당자로 일했던 장상홍은 김동환, 박계주, 조용만에게 광고 번역이나 교정을 문의하기도 했다고 한다. 나중에 와카모토에서는 문안 작성가를 따로 모집했는데 방인근과 오장환의 이름이 오르내린다. 오장환은 「성씨보」, 「성벽」과 같은 개성적인 시를 발표했던 시인이다. 장상홍의 증언을 빌리면 "오장환은 자기 생각이 너무 문장에 나타나기 때문에 다른 데 취직을 알선하기로"[87] 했다고 한다. 광고 문안가로 일했던 이들은 모두 전문학교 졸업과 같은 고학력을 지니고 있거나 새로운 문학의 장에서 문화 자본을 획득한 이들로 묶을 수 있다.

이들 남성 엘리트 발신자들과 수신자 대중의 관계를 보면 문화 자본의 격차는 컸다. 사람들의 교육의 정도가 낮고 문자 해독률이 낮았기 때문이었다. 하지만 엘리트 발신자들 역시 불안정한 중간층에 속해 있는 경우가 많았으므로 경제 자본의 격차가 컸다고 보이진 않는다. 남성 엘리트 제작자의 생산물로서 근대 광고가 대변하는 바는 기업이라는 새로운 가부장의 목소리다. 근대 광고는 전통적인 소비 시장과 구매 습관을 비합리적인 것으로 만들고 자본주의적인 생활 가치를 주입했다. 소규모의 생산과 소비, 공동체적인 관습에 '젖어 있는' 이들은 감정적이고 비합리적인 무리로 규정되었다. 이성적인 남성 엘리트의 발화 형식은 사람들을 '여성화', 다시 말해 감정적이고 무지한 일군의 무리로 묶어 냈다. 실제로 소비 영역으로 분리된 여성이 집중 공략의 대상이 되었다는 점에서, 그리고 남성 발화자가 미숙한 대중을 상대로 훈육자 역할을 했다는 점에서 소비자는 '여성화'되었다.

광고는 많았고 소비자는 더 많았다. 광고 수신자들은 소비자의 일부다. 신문에는 광고가 널려 있었고 사람들은 광고 속에 있었다. '광고 속에 있었던 사람들' 중에는 신문이나 잡지를 사 보는 사람들, 돌려 보고 전해 듣는 윤독(輪讀)과 청문예(聽文藝)의 전통에 있던 사람들, 나아가 신문은 못 읽지만 광고 그림은 볼 수 있는 사람들이 있었다. 인쇄물에 실린 광고만이 전부가 아니다. 신문에 광고를 크게 냈던 이들은 길거리나

'현지화'된 광고 사례 같은 날짜에 실린 일본 화장품 구라부 광고로 일본어 신문인《경성일보》
(1925. 8. 5)와 한글 신문인《동아일보》(1925. 8. 5)에 실린 형태이다. 일본어 신문에 실린 광고는
일본어 문안에 기모노 입은 여성 도안이, 한글 신문에는 한글로 번역된 문안에 한복 입은 여성 도안
이 그려져 있다.

상점 간판, 전봇대, 전차, 기차역도 광고물로 채워 나갔다. 광고가 호출하
는 사람들은 도시를 중심으로 확산되었고 소비 자본주의적 가치가 퍼
져 나갔다.

광고 수신자로는 우선 신문을 구독하던 사람들을 꼽을 수 있는데 이
들은 경제적으로 상층이었다. 이들 독자는 문자를 해독할 수 있고 신문
을 정기 구독할 수 있는 경제력을 지니고 있었다. 빈곤과 문맹이 일반화
된 사회에서 미디어를 소비하는 비용은 높다. 미디어의 주요 향유 계층
은 교육 수준이 높고 경제적 능력이 뒷받침되는 소수 엘리트층이 된다.[88]
신문의 한 달 구독료는 1원가량(한 부는 5전 안팎)이었다. 당시에 잡지는
20~40전, 영화는 10전부터 40~50전까지 했다.

여성 소비자와 소비자의 '여성화'

근대의 광고 제작 과정을 보면 실제로 광고 발신자가 되는 광고주와 광고 제작자 대부분이 남성들로 중상층 계급이거나 엘리트층이 많았다. 이들은 광고를 통해 소비자가 되어야 할 무리, 그러니까 아직까지 소비에 대한 욕망과 자유, 쾌락을 습득하지 못한 무리들을 소비 윤리를 습득해야 할 대상으로 호출해 냈다. '여성화되는' 소비자들이란 사람들을 미숙하고 감정적인 무리로 간주하는 남성-엘리트적인 관점을 반영한 말이다.

'여성화'라는 수사는 모호해 보이지만, 소비자로서의 여성의 등장은 오히려 명백하다. 자본주의 사회에서 안팎의 분리가 이루어지면서 가정은 생산의 기능을 잃었다. 자본주의 체제에서 구분되는 생산과 소비의 단위는 '일터의 남편'과 '가정의 아내'이다. 시장에서 탄생하는 자유로운 개인이란 대부분 가계 수입의 대표자로서의 남성이며, 여성은 가계 소비의 대표자로 부각된다.

아래 김기림의 수필은 부부 단위의 쇼핑객과 여성 소비자의 출현을 잘 보여 준다.

백화점에서는 어느새 봄 차림을 할 대로 하고도 오히려 부족하여 절기에 맞는 물건을 찾느라고 움직이는 손님의 어깨와 어깨들이 휘황한 전등불 밑에서 고기 떼처럼 흔들리운다. 나는 이윽고 우리의 누님들과 아내가 자못 노골(露骨)하게 '코티' 회사나 '캔피(캅피)' 회사나 자생당(시세이도)의 충실한 고객인 것을 뽐낼 때가 왔구나 하고 속으로 뭉클해졌다. 사실 오늘의 백화점을 번영하게 만드는 유력한 지지자는 그 절대 다수가 마님들이나 아가씨들일 것이다. 이 점은 각국의 상공성이나 자본가 연맹에서 크게 일반 여성들에게 감사해야 할 것이어늘 불란서 같은 나라에서조차 최근에 와서 그 나라의 여자들에게 참정권을 주었다고 하는 일은 기괴한 일이다.

그들은 실로 현대 문명의 모든 소비 면(消費面)을 유지하기 위하여서는 물도 새지 아니할 듯하던 그들의 '가정의 평화'조차를 용감하게 깨트리기도 한다. "저어 화신(백화점)에 악어 껍질 '핸드백'이 왔는데 그거 사 주어요. 네에." 이러한 청탁을 받으면 보통으로 남편들은 "응." 하고 입안에서 가볍게 대답해 버린다. 대체 이 대답이 좋다는 것인지, 궂다는 것인지 분명치 아니하여 언제든지 일쑤인 남편의 이러한 몽롱성(朦朧性)에 대하여 매우 불만인 부인은 다시 다져 본다. (중략)

그래서 그다음 일요일에는 우리는 백화점의 양품부(洋品部) 진열장에 마주서서 '핸드백'을 고르고 있는 여러 쌍의 '동반(同伴)'을 발견할 것이다. 그러나 마침내 그들이 사고 마는 것은 100여 원짜리 악어가죽이 아니고 7, 8원짜리 화제품(和製品, 일본제)인 것도 구경할 것이다. 만약에 그것이 겨우 2, 3원 정도의 대용품(代用品)일 때에는 우리는 그 경우에 그 남편은 아마 일찍(이) '마라톤' 선수였으리라고 추측해도 좋을 것이다.

— 김기림, 「그 봄의 전리품」, 《조선일보》(1935. 3. 18).(모호한 표기는 『김기림 전집(5)』 (심설당, 1988), 339~341쪽을 참고해 옮겼다.)

백화점에서 남편은 아내를 따라다니느라 "마라톤 선수"가 되었다. 백화점은 붐빈다. 백화점의 봄은 이미 "봄 차림을 할 대로 하고도 부족하여 절기에 맞는 물건을 찾느라고 움직이는 손님의 어깨와 어깨들"로 가득 차 있다. 백화점이라는 이름의 대형 소매점은 1906년경 한국에 처음 나타났다. "누님들과 아내", "마님들이나 아가씨들", 부부 "동반"의 소비자들은 "오늘의 백화점을 번영하게 만드는 유력한 지지자"로 제시되어 있다.

수필 속에는 "화신에 악어 껍질 핸드백"을 사 달라는 아내와 이를 청탁받는 남편이 등장한다. 하지만 악어가죽은 비싸다. 백도 다른 상품처럼 위계 구조를 이룬다. "100여 원짜리 악어가죽" 핸드백부터 "7, 8원짜리 화제" 핸드백, "겨우 2, 3원 정도의 대용품"까지. '100원'이 넘는 사치재를 '2, 3원'짜리의 보급품으로 대체함으로써 사람들은 유행에 동참할 수 있다.

상품은 '상표'에 충성하는 인간들을 갈망한다. "우리의 누님들과 아내가 자못 노골하게 '코티' 회사나 '캔피' 회사나 자생당의 충실한 고객인 것을 뽐낼 때가 왔구나." 프랑스의 코티, 일본의 캄피나 시세이도 화장품은 모두 신문과 잡지를 화려하게 장식했던 대광고주들이었다. 광고는 상표를 각인하는 데에서 나아가 사람들이 상품 대신에 상표를 선택할 것을 유도한다. 사람들은 상표의 "충실한 고객"이 되어 자신의 존재 가치를 과시할 것이다.

김영희에 따르면 "신문을 구독할 수 있는 경제적 능력"이 있는 사람들은 서울과 지방의 주요 도시에 거주하는 중산층 이상의 사람들이나 농촌의 지주 계층으로 추정된다. 여성보다 문자 해독률이 훨씬 높았던 남성이 주를 이루었을 것이다. 신문을 두고 "농촌 사정은 모르쇠한 채 도시 소식만을 보도한다.", "일부 상공업자와 지주, 자본가의 의사를 대변한다."라는 당시의 비판[89]은 일리가 있었다. 신문의 주요 독자층이 도시에 거주하는 중상층이었기 때문이다. 대표적으로 사무직과 전문직에 종사하는 사람들, 즉 은행원, 의사, 교수, 고급 관리, 회사원, 상급 기술직이나 관리직, 사업가, 일정한 규모 이상의 상공업 경영자, 교사 등을 꼽을 수 있다.

그래도 상층의 규모는 작았다. 길인성의 연구를 참고하면 1930년 상층(대지주, 고급 관리, 경영인 계급)은 총 직업 인구의 0.3퍼센트 규모였다. 봉급생활자와 전문직, 상급 기술직, 관공리, 교원은 총 직업 인구의 0.7퍼센트, 자영업자는 폭넓게 잡았을 때 4퍼센트 규모에 지나지 않았다.[90] 이들 소수의 중상층 가운데 정기 간행물의 정기 구독자가 있었다. 이들 경제 자본과 학력 자본을 갖춘 소수의 사람들은 채 정착되지 않았던 각종 생활용품을 구입할 수 있었던 사람들이다. 더 큰 부자는 자전거나 축음기 혹은 자동차와 같은 사치재를 구매할 수 있는 사람들이었다. 축음기는 보급형이 40원, 자동차는 3000원을 호가했다. 상류층에 속했던 의사나 은행원의 월급이 1930년대 초에 70원, 75원 하던 때였다.

소수의 중상층은 광고가 겨냥하는 일차적인 표적 소비자(target consumer)들이기도 하다. 상품이 공장에서 생산되기 시작했을 때, 소득 수준도 낮고 소비력도 형편없었을 때, 소비의 위계는 보다 뚜렷했다. 오늘날처럼 소비문화가 뿌리내린 곳에서는 고급과 저급, A급과 B급, 엘리트와 대중의 구분은 진부해진다. 하위문화 역시 빠르게 상품화되고 주류 문화로 편입된다. 대체로 상층 계급은 유행의 선도자이며 새로운 표현 양식이나 행동 양식의 알림이 역할을 한다. 이들은 일종의 취향 생산자(taste makers)로 "새로운 경제에 의해 요구되는 윤리적 전환을 선도하는 사람"[91]들이다. 자본주의 체제가 진행되면서 기존의 절제와 검소의 윤리, 생산과 축적에 대한 금욕적인 윤리는 바뀌어야 했다. 대신 신용과 지출, 향유, 쾌락을 추구하는 소비 윤리가 요구되었다.

중간층(프티(小) 부르주아지)은 취향 생산자인 상층(부르주아지)의 라이프 스타일을 표본으로 삼고 따르고자 하는 경우가 많다. 이들 중에는 "물건들을 살 만한 여유는 없지만 기꺼이 (물건을 파는) 말에는 만족하는 사람"[92]의 부류도 있어 이상적인 고객층을 이룬다. 식민지 시기에 중간층은 실제 생활이 빈한한 경우가 많았고 계층 상승의 가능성은 제한되어 있었다. 하지만 결혼이나 승진을 통한 계층 상승의 욕망은 컸다.[93] 천정환은 1940년 2000만 인구 중 도시 중간층의 규모를 약 100만 명으로 추산하기도 했다.[94] 중간층이 처해 있던 복잡다단한 현실, 개인과 사회의 분화는 식민지 근대성을 살필 때 민족주의 담론과 함께 고려해야 할 사항이다. 윤해동은 '회색 지대'라는 말로써 민족주의론과 식민지 근대화론 어느 쪽에서도 포착되지 못했던 식민지의 일상성을 강조하기도 했다.[95]

도시의 중간층은 안정적인 신문 구독층은 아니었을지라도 신문을 읽을 수 있었던 한글 해독층과 겹친다. 한글 해독률은 1920년대에는 인구의 10~20퍼센트, 1930년대 초에는 25퍼센트, 1930년대 말에는 30퍼센트 규모였다. 언어가 혼재되어 있던 식민지 상황에서 한자와 가나, 한글 중 어떤 언어로 된 읽을거리냐에 따라 문자 해독층의 비율은 달라진다. 일본어 보통 회화 가능자는 1913년 0.61퍼센트에서 1923년 4.08퍼센트, 1933년 7.81퍼센트, 1941년 16.61퍼센트로 늘어났다. 1930년대 후반부터 일본어 가능 인구가 부쩍 늘어나면서 일본 신문이나 일본 잡지를 구독하는 사람들도 많이 늘어났다. 1930년대 말~1940년대 초에는 인구의 20퍼센트 이상이 신문을 읽을 수 있었던 것으로 추정된다.[96]

보통학교(초등학교) 정도의 학력이면 한글을 해독할 수 있었다. 이들이 도시에서 생활할 경우 전차나 버스의 차장, 운전수, 순경, 백화점 여자 점원을 비롯한 각종 점원, 가정 교사, 일부 공장 노동자 등속의 직업인을 이루었을 것이다. 이들은 경제력도 자유 시간도 부족하여 소비력은 낮았으며 살림살이는 대개 팍팍했다. 일례로 운전기사는 "생활이 안정되지 않고 노동 시간은 과해서 죽을 지경"이라고 했고, 여점원은 직장에서 요구하는 치레를 차리자면 월급이 "다 들어가도 모자라는 때"가 있다고 했다.[97]

소비력은 경제 자본과 여가, 그리고 문화 자본에 의해 좌우된다. 돈이 많다고 반드시 많이 쓰는 건 아니다. 시간이 없대도 살 건 사 쓴다. 돈이나 시간 외에 교육의 정도나 취향과 같은 문화 자본은 소비 행태를 결정짓는 중요한 요소가 된다. 취향이 구조화되는 데는 기업 자본이 영향을 미치고 광고와 영화, 신문과 같은 미디어에 노출되는 정도 역시 영향을 미친다.[98]

식민지 시기에 도시의 많은 직업인들은 경제 자본이나 문화 자본, 여유 시간이 부족했던 이른바 서민들, '피지배 계급'에 속했다. 이들 서민들은 값싼 대체재의 소비자들이었다. 이들에게는 사치스러운 재화가 없는 만큼이나 사치재에 대한 값싼 대체재가 많았다. 값비싼 재화를 대량의 저급 품목으로 소비하는 행태는 "소유할 만한 가치가 있는 재화에 대한

정의"를 받아들이는 행위다. 이는 정치 경제적인 "박탈"을 "승인"하는 행위라 할 수 있다.[99] 구조적인 불합리와 억압은 사소한 소비를 통해 해소될 수 있다. 광고가 소비의 욕망과 꿈을 판다면 많은 피지배 계급은 광고의 '말'을 귀담아듣는 사람들에 속했다.

가난한 서민 소비자들은 박태원의 소설 『천변 풍경』(1936)이 펼쳐 놓는 인간 군상 가운데서도 만나볼 수 있다. 이 소설은 1930년대 서울 청계천 주변의 다양한 인간 군상을 형상화해 낸 걸작이다. 그중에 약국 점원 창수가 있다. 창수는 시골 가평에서 상경해 약국에서 식사와 잠자리를 해결하며 한 달에 고작 3원을 번다. 결국 약국을 때려치운 창수는 만년필과 금시곗줄, 학생모, 거울 등속으로 무장한 차림으로 귀향길에 오른다. 이들 품목은 창수가 동대문의 야시장이나 고물상에서 모방품이나 저가품의 형태로 구입한 유행 품목들이다. 야시장은 "오래 못 쓸 물건인 줄 알고 있으면서도 돈이 모자라 싼 것을 사러 모여드는"[100] 곳이었다. 상설 시장을 대신해서 일용품을 공급하는 곳, 정품들을 대신하는 모방품과 대체품을 헐값에 살 수 있는 곳이 야시장이었다.

창수가 구입한 물품은 싸구려지만 '서울 사람'의 표식을 톡톡히 한다. 반년도 채 되지 않은 서울 생활 끝에 창수는 정말 서울 아이가 다 된다. 갓 상경했을 때 "시구라(시골 아이)"적 창수는 자전거만 찌르렁거려도 허둥대는 소년이었다. "'가평'이 아니라 '서울'이라는 이유만으로 창수는 '천변 풍경'이, 오직 이곳이 서울이라는 그 까닭만으로, 그렇게도 아름다웠고, 또 신기하였"다. 서울에서 창수는 돈 셈법을 익히고 "우미관"에서 "활동사진 구경"을 한다. 1931년에 우미관 영화 구경은 10전 균일가였다.[101] 귀향길에 오른 창수는 "목구두"에 "새 셔츠"를 걸치고 "고물상에서

50전에 샀다든가 60전에 샀다든가" 했던 "제법 큰 학생 가방"을 각종 상품으로 불룩하게 채워 또래 아이들에게 으스댄다.

가난한 창수가 상품으로 치장할 수 있었던 이 치레는 빈자나 부자나 똑같이 필요하다. 도회인에게는 "오늘 아침밥을 굶어도 옷치레와 얼굴치레와 신발치레와 말치레"[102]가 필요하다. 도시는 많은 사람들이 모여든 익명의 시공간이다. 각종 소비 품목으로 구성된 사람들의 외양은 복잡한 도시에서 쉽게 서로를 식별할 수 있게 한다.

상품은 부의 단위가 되고 신체의 계급성을 표현한다. 서울 사람과 교양, 문명, 고상함과 세련됨의 가치가 연결되려면 그에 대응하는 촌스럽고 무능한 이들이 만들어져야 한다. 세련됨과 촌스러움, 고급과 저급, 유쾌와 불쾌, 유능과 무능, 건강과 병의 대립 도식이 형성되었다. "여러 형용사들이 엮어 내는 대립의 네트워크는 쉽게 받아들여지는 평범하고 진부한 것의 모태"가 되어 사람들의 인식 구조를 지배한다. 거부된 것이 거부된다. 사람들은 부여된 기회에 자신의 가능성을 맞추고 기존 질서가 정의한 대로 스스로를 정의해 나간다.[103]

시골뜨기, 시대에 뒤처진 사람이 되지 않으려면 사람들은 서울 구경, 백화점 구경, 박람회 구경을 다녀와야 했다. 하다못해 『천변 풍경』의 창수처럼 싸구려 상품으로라도 치장해야 했다. 시골뜨기는 80여 년 전 신발을 벗고 엘리베이터를 탔다든가, 백화점 옥상에서 아래를 내려다보며 입을 다물지 못한다든가 하는 형상으로 문예물 속에 재현되어 있다. 실제로 이들은 '뒤떨어져 있다'고 할 수 있는데 이들은 중심부가 만들어 낸 주변부요, 변화의 속도를 이해하지 못하거나 함께하지 못하는 사람들이기 때문이다.

박태원의 소설 『여인 성장』(1941)에는 시대에 뒤처진 사람, 곧 '지다이오꾸레(時代遲れ)'가 등장한다. 두 교사들이 나누는 대화에서 강 선생이 지다이오꾸레다.

> 강 선생: 찻집엔 왜 그렇게 드나드나? (중략)
>
> 송 선생: 왜 드나들다니…… 원 참 친구두…….
>
> 강 선생: 아, 그야 차 먹으러 들어가겠지만…….
>
> 송 선생: 차 먹으러 들어간다? 하하하하…… 사람들이 왜 찻집엘 드나드는 줄 모르는 걸 보니 자네두 시골구석에 한 10년 박혀 있으니 그만 지다이오꾸레가 되었네그려.
>
> 강 선생: …….
>
> 송 선생: 찻집엔 그래 드나드는 게 아니야. 우리는 그곳을 우리들의 사무소루 회의 장소루 연락 기관으루 이용을 허는 게지. 어디 단순히 차만 먹기 위해서라면 하루에 뭣하러 그렇게 자주 드나들겠나? 하여튼 심한 땐 10여 차 이상 드나들 때가 있으니까…….
>
> 박태원, 『여인 성장』, 112쪽(강 선생과 송 선생은 필자 표시)

사람들이 왜 찻집에 드나드는 줄 모르는 강 선생은 지다이오꾸레다. 실제로 시골구석에 한 10년 박혀 학생들이나 가르치는 강 선생이 찻집에 드나들 일은 별로 없다. 차 파는 다방이나 술 파는 카페는 송 선생 같은 비즈니스맨이 부산하게 드나들 만한 곳이다. 송 선생은 일찌감치 교사를 때려치우고 금광에 뛰어들어 돈을 만진 인물이다. 송 선생은 강 선생을 지다이오꾸레로 규정하면서 시대를 앞서가는 인물이요, 능력자로 자처한다.

소설 속에서 추레한 외모와 병든 몸은 강 선생에게 주어지는 외양 묘사다. 반면 송 선생은 "당당"한 체격에 최신 의복, 유행 안경에 코밑수염, "금니"와 "금시곗줄", "금가락지"를 갖춘 외양으로 묘사되어 있다. 계급은 취향의 사회 경제적 요인이 된다. 물론 유행품은 속물이나 사기꾼, 벼락부자, 방탕아의 표상으로 치부되기도 했다. 유행에 뒤처진 외양은 세련됨과는 거리가 멀었지만 정직함, 청렴함의 상징으로 부각되기도 했다. 이처럼 상품의 가치는 다양하게 변형되었지만 중요한 것은 상품이 계급과 취향, 인격을 규정하는 단위가 되어 갔다는 점이다.

식민지 시기 한국을 소비 사회로 조망해 볼 때 소비 행위에서 가장 멀리 있었던 사람들, 즉 절대다수의 빈곤층을 이루었던 농민과 도시 하층민의 존재를 빼놓을 수 없다. 당시 한국은 농촌 사회였다. 인구의 대다수가 농촌에 거주했고 농업 종사자의 절반 이상은 소작농 이하의 빈곤층을 형성했다. 그런데 빈곤한 농민층은 도시 빈곤층과 연결되는 지점이 있다. 빈농과 농업 노동자들이 도시로 이주해서 빈민으로 편입하는 경우가 많기 때문이다. 이들은 도시의 단순 노무자들(비농업-미숙련 노동자층), 예를 들어 일용 노동자, 가사 사용인(가정부), 잡역부, 운반부, 광부, 행상인, 점원 중 일부를 형성했다. 특별한 기술이나 경험을 요구하지 않는 단순 작업에 종사하는 노동자들은 총 직업 인구의 11.8퍼센트 규모였다.[104]

도시 인구는 1920년 4.86퍼센트에서 1940년 18.58퍼센트까지 증가했고 하층민도 따라 늘어났다. 서울의 직업 인구 중에는 가사 사용인과 날품팔이가 무려 16.3퍼센트를 차지한다. 서울에서 가장 많았던 직업인은 "주인 가구에 고용된 가사 사용인", 즉 행랑살이하는 이들로 총 직업 인구의 8.9퍼센트를 차지했다. 행랑살이인 중에는 행랑어멈이 다수를 이뤘다. 행랑살이인에 이어 날품팔이, 물품 판매업자, 점원 및 판매원, 노점상·행상과 호객 상인이 뒤를 이었다. 다른 대도시의 사정도 비슷하다. 평양과 부산에서는 날품팔이, 즉 일용 노동자가 직업인들 중 가장 많았다. 직업별로 조선인이 많은 직업과 일본인이 많은 직업도 구별된다.[105] "일본인과 조선인이라는 민족적 차이가 그대로 경제적인 상류층과 하류층의 구별과 일치한다고 보기는 어렵지만 적어도 하류층은 대개 조선인이었던 것이 확실"[106]했다.

많은 하층민들은 하루 벌어 하루 먹고사는 딱한 처지에 있었다. "온종일 일하고 해 진 후에야 겨우 몇십 전 받아 가지고 콩 한 단, 쌀 몇 되 사 가지고 굶주린 가족을 찾아가는 이가 있고, 온종일 다녀도 다 팔지 못한 물건을 놓고 식구들이 저녁 굶고 앉았을 생각에 눈물짓고 서 있는 사람이 있는데, 몇 푼이나 있다고 요정(料亭)으로 활보해 가는 사람이 있고나."[107] 도시에는 흥청망청하는 이들도 많았지만 생계가 막막한 이들도 수두룩했다.

식민지 시기 후반부에는 공업화가 시작되었으며 1인당 소득이나 소비 지출도 늘어났지만 계층별 격차는 컸다. "상위 4개 계층의 소득 점유는 상대적으로 증가하고 하위 2개 계층의 소득 점유율은 감소하여 소득 분배의 악화가 진행"[108]되었다. 상층 자산가(지주, 고급 관리, 경영인), 봉급 생활자(전문직, 관리, 교원), 일정 규모 이상의 농림어업민 및 자영업자, 숙련 노동자층의 소득 비중은 상대적으로 늘어났다. 하지만 미숙련 노동자층과 영세 농민, 농업 노동자층의 소득은 비중이 줄어들었다.

도시와 농촌의 많은 빈민들은 구매력이 가장 낮았다. 이들은 여가 시간도, 문화 자본도, 경제 자본도 절대적으로 부족했다. 하지만 먹고살기 힘들어 도시로 온 농민들은 토지와 분리된 존재가 된 이상 상품 소비에 의존해야 했다. 유선영은 문화 소비를 따질 때 식민지 시기 80~90퍼센트에 이르렀던 중산층 이하의 하층민과 노동자 계급은 대중문화 소비층에서 제외하는 것이 타당하다고 말한다. 하지만 그의 지적대로 "하층 계급도 넓게는 대중문화 소비층의 외곽에 포진"[109]해 있었다. 도시의 하층민들은 다양한 할인 상품과 경품 행사를 이용했다. 무수한 상품 이벤트는 소비문화가 진행되는 한 끊임없이 나올 수밖에 없는 판매 촉진 전략이다. 많은 하층민들은 자신들의 사회 경제적 지위에 '적합한' 상품을 소비하며 소비의 위계 구조에 안착해 갔다.

도시와 농촌을 통틀어 가장 많았던 직업군을 보면 영세 농민 및 농업 노동자층으로 분류되는 가난한 농민들이 있었다. "자본주의 경제에 편입된 이후에도 농민이 상대적 과잉 인구로 농촌에 체류하는 것은 식민지에서 나타나는 특징적 현상"[110]이다. 농민들 중 농업 노동자는 경지를 소유·점유하지 않고 농업 노동만으로 생계를 유지하는 이들을 가리킨다. 영세한 농민들(영세 규모의 자작농, 자소작농, 소작농)의 생활은 농업 노동자들과 별반 다르지 않았다. 이들은 1930년 총 직업 인구의 50퍼센트를 넘었다.[111]

농가의 사정은 어려웠다. 1930년대 초반 일부 자작농을 제외하고는 농업 소득만으로 가계비를 충당할 수 없었으며 대부분의 농가는 수입보다 지출이 많았다. 높은 소작료를 부담해야 했던 소작농들 대부분이 춘궁(春窮) 농가였는데, "전체 농가의 절반 정도가 춘궁 농가"[112]라 했다. 춘궁 농가는 보릿고개, 즉 겨울 끝 무렵부터 보리 수확기인 6월까지 지주에게 곡물을 빌리거나 고리대로 돈을 빌려 초근목피(草根木皮)의 생활을 했다. 과연 "가난 문화"라고 할 만큼 당시 "가난은 아주 보편적인 현상"[113] 이었다.

농촌은 생산 양식이나 생활 방식에서 상대적으로 큰 변화를 경험하지 않았던 곳이다. 농가는 소작료나 기타 부담금을 현금이 아닌 현물로 지출하는 경우가 많아 화폐 경제화의 정도도 높지 않았다. 하지만 이농 현상은 계속되었으며 상품으로서의 소비재도 농촌으로 계속 유입됐다. 총독부가 추진했던 미곡 증산 정책(산미 증식 계획, 1920~1934)에 따라 대규모 수리 시설이 도입되었고, 농업용수를 둘러싼 전통 질서는 해체되고 있었다. 인적 구성도 바뀌었다. 농촌 내부에서도 학교나 직장, 근대 미디어와 같은 근대적 규율 권력 장치를 경험한 이들이 등장했다. 이들 '농촌 엘리트'들은 총독부의 정책을 지방 말단에까지 전달하는 다리 역할을 했다. 이들은 많은 농민들이 근대와 구체적으로 접촉하는 장이 되었다.[114]

농촌의 변모와 함께 소비 행태도 짐작해 볼 수 있다. 어느 소작농의 체험기가 이무영의 단편 소설 「흙의 노예」(1940)에 나온다. 농가 형태 중 가장 많았던 소작농은 1930년대 초중반부터 총 농가의 50퍼센트를 넘어섰다. 소작농은 보통 50퍼센트(생산량에 대한 소작료 비율) 안팎, 많게는 70~80퍼센트에 이르는 높은 소작료와 각종 세금을 부담해야 했다.[115] 소설 속 4인 가족은 소작료를 낸 후 남은 50여 원(벼 넉 섬에 해당)을 가지고 반년을 버텨야 했다. 1인당 한 달 생활비는 1원 50전도 못 되는 상황이지만 써야 할 곳은 많았다. 옷감을 구하고 석유, 성냥, 양말, 담배를 사거나 '영신환' 약을 사 먹어야 할 때도 있었고, 몸살이 나 15전짜리 약첩이라도 써야 할 때가 있었다.[116]

물자는 늘 부족했지만 소비의 파편들은 생활 속에 박혀 들었다. 도시가 개발되면서 농촌은 '슬픈 물'처럼 정체된 곳, 먹고살기 위해 다른 지방이나 이웃 나라로 떠나야 할 곳이 되고 있었다. 농촌 부흥책(농촌 진흥 운동)도 1930년대 초부터 시행되었지만 한계가 있었다. 농촌 운동은 식민지적 경제 구조는 놔두고 농촌이 가난한 원인을 농민들의 나태와 낭비에서 찾고자 했다.[117]

전쟁기의 총동원 체제(1937~1945)에서는 농업 생산력을 확충하고 노동력을 동원(노무 동원)하는 정책이 함께 실시됐다. 노동력 동원의 양상은 일본에서 필요한 노동력을 나머지 지역들이 공급하는 일방적 수급 구조의 형태를 띠었다. 농촌 노동력은 동원 계획의 절반 이상을 차지하는 규모였다.[118] 전쟁은 농촌에서 인구를 쫓아내는 결정적 계기가 되었다. 태평양 전쟁이 발발했던 1941~1942년에는 도시 인구의 비율이 가장 높았다. 전체 2600만 인구 중 638만 명, 곧 24.2퍼센트가 도시 인구로 추정된다.[119]

도시 인구는 증가했고 소비자들은 늘어나고 있었다. 그리고 소비 윤리는 소비자들이 늘어나는 것보다 더 빠르고 강력하게 뿌리내리고 있었다. 상품과 화폐는 가질 수 없어 문제이지 가지지 못할 만한 것이라고는 생각되지 않았다. 소비의 중심부냐, 주변부냐 하는 위계 구조의 문제이지 소비의 바깥은 존재하지 않았다. 사람들은 생산자로서 상품을 대면할 수 없는 잠재적 소비자가 되어 갔다. 미디어에서 변주되는 소비 윤리는 공동체적인 생활 관습과 성공적으로 대적하며 소비의 문명적 가치를 설복해 내고 있었다.

1

입신출세하려면
이들처럼

어느 동(洞) 대감이니 어느 동 판서댁(判書宅)이니
하는 것이 서울 사람의 화제에 오르는 것이 아니라
아무 이름 없던 시골 지주의 아들이나 일확천금의
부자들이 올라와서 조선인 서울의 패권을 쥐었다
는 것이 젊은이의 동경의 대상이 되었다. 지금은 서
울과 시골이 다 그렇지만 서울의 젊은 청년들도 앉
으면 돈 모을 이야기만 하여 완연 황금만능을 구가
한다. 이상(理想)이니 무엇이니 하는 말은 마이동
풍(馬耳東風) 격이 되었다.
─유광열, 「대경성(大京城)의 점경(點景)」, 《사해공론》
(1935. 10), 85쪽

상품의 신(新)감각에 호응하다

손님은 왕이라고 한다. 광고는 누구나 왕으로 만들어 주고 품격의 공간에 살게 해 준다고 한다. 광고 속 모든 것들이 아름답고 빛난다. 우울과 실패도 있지만 모두 성공을 약속하기 위해 동원된 것들이다. 편의를 제공하는 갖가지 서비스를 받으면 기분이 좋다. 하지만 다 장사려니, 내 주머니에 돈이 없으면 저러겠나 싶어 씁쓸해지기도 한다.

옛 광고에서도 손님을 대접하는 수사가 등장한다. 표현은 달라도 소비자를 호출하는 존경의 수사라는 점에서는 같다. "당신"을 비롯하여 "공(公)", "피씨(彼氏)", "군(君)", "귀하", "귀녀(貴女)", "신사"와 "숙녀"와 같은 존칭이 근대 광고에 등장했다. 광고 속 존칭은 충분히 새로웠다. 모두가 동등하고 존중받는 소비자라는 무리가 새로운 존재였기 때문이다.

광고 속에서는 양반과 상민의 구별이 없고 남녀의 차별이 없다. 전통 농경 사회에서는 혈연을 따져 천민 계급을 만들어 냈다. 노예(노와 비) 계급에게는 성씨도 부여되지 않았다. 그런가 하면 성의 위계도 분명하여 여성은 남성의 부속물이었다. '여성'이라는 말은 '계집'이나 '아녀자', '아낙'을 대신해 근대에 새롭게 등장한 말이다.¹ '어린이'라는 말도 새로 생겨났다. 식민지 시기 한국에서는 민족적 구분도 뚜렷했지만 소비의 세계에서는 민족도, 연령도, 성별도, 계급도 차별이 없었다.

광고 1 군이 하고자 할진대 사업도 제군의 손(掌中)에 있고(在ㅎ고), 성공도 제군의 손(拳內)에 있는(在흔) 것이올시다.
화평당약방,《매일신보》(1915. 9. 9)

광고 2 학생 잡지요 청년 잡지요 신사 잡지요 부인 잡지요 대중 잡지인 대(大)취미 잡지.
잡지《어린이》,《별건곤》(1927. 1)

광고 3 대중에 알림("訴함"), 현대 문화와 발을 맞추어 온.
카오 비누,《매일신보》(1928. 3. 15)

광고 4 귀녀의 살결에, 피씨의 수염 깎은 후의 살 거친 데.
미용액 레토후도,《조선일보》(1934. 12. 15)

광고 5 신사숙녀의 필요품, 이것을 바르지 않으면 현대인의 자격을 잃는 것같이 생각되게 되었습니다.
레토 크림,《조광》(1936. 7)

광고 6 귀여운 어린이를 위하야 이것만은 반드시 잊지 마십시오.

라이온 치약,《매일신보》(1937. 12. 15)

광고 7 버들잎 움트는 땅 우에는 아지노모도로 양념한 런치를 취(取)하며 즐
기는 젊은이들!

조미료 아지노모도,《여성》(1939. 4)

　　'신사숙녀'는 현대의 양반 계급에 해당했다. '군'은 주로 손아래 남성에게 썼던 말이고, '공'은 3인칭 남자를 가리키는 높임말로 쓰였다. '어린이'도 등장했다. 미숙한 어른에 지나지 않았던 이들은 나라의 자원이요, 희망으로 격상되었다. '애'라는 낮춤말을 대신해서 '어린이'와 '소년', '소녀'가 등장했다.《소년》은 한국 최초의 월간지 이름이기도 하다. 역사학자이자 문화 운동가인 최남선은 1908년, 갓 18세가 되던 해 이 잡지를 창간했다. 어린이의 교육과 위생, 영양은 광고에서도 활용되었다. 어린이용품이 따로 발매되기도 했다.

　　'젊은이'와 '청년', '청소년'도 등장했다. 이들은 광고가 겨냥하는 타깃이었다. 젊은이들은 변화에 유연하고 민감하므로 예나 지금이나 중요한 소비층이다. 사회적 요구에 따라 많은 젊은이들은 취업과 취학을 도모해야 했고 학교나 수험서 광고는 이들을 겨냥했다. 광고에는 "남녀 청소년 제자(諸子)", "제군", "독학 청소년"이 등장했다.

　　늙음은 평가 절하되었다. 광고 속에서 노년을 호명하는 일은 드물었다. 노인들은 경제력이 취약하거나 변화에 민감하지 않아서 '영양가 있는' 소비자로 여겨지지 않았다. 여성 노인들은 그중 사정이 나았다. 여성

이 유력한 소비자 계층으로 부상했던 탓이다. 생산과 소비를 함께 담당했던 전근대적 가정에서 생산 기능이 떨어져 나가면서 '젊은-성인-남성-노동자'는 생산의 주체가 되고 여성은 소비 주체로 조명되었다.

남성이 생산적인-임금 노동을 담당했다면, 비생산적인-가사 노동은 여성과 어린이, 노인들의 몫으로 남겨졌다. '아동기'가 확장되고, 노동계에서 퇴출되는 방식으로서의 '은퇴'가 등장하는 것은 모두 자본주의 가계 구조의 부산물이다.[2] 가외 생산 영역에 뛰어든 일부 여성들을 제외하고 여성은 경제적인 노동력으로 인정되지 않았다. 하지만 소비 시장에서는 판도가 달랐다. 여성은 가계 소비의 주체로 각광받았다.

광고 8 숙녀 귀부인께!! 미인 되는 제진향안수.
　　　　동양화장품의 화장수 제진향안수, 《동아일보》(1936. 6. 25)

광고 9 신여화(新女靴)는 신여성(新女性)을 맞으러 나왔습니다.
　　　　학우양화점(學友洋靴店), 《신여성》(1926. 5)

광고 10 현대 여성이신 당신들의 필독서.
　　　　잡지 《여성》, 《조광》(1936. 7)

광고 11 주부여! 일가의 건강에……
　　　　강장제 에비오스(1934)(『한국 광고 100년(상)』, 321쪽 재인용)

광고 12 어머님네는 아시고 계십니까. 애기네가 목욕하기 싫어하는 이유는 석감(石鹼, 비누)에 대한 주의가 부족했던 경우가 많습니다.

카오 비누, 《조선일보》(1934. 5. 15)

　　여성은 다양하게 호명되었다. '숙녀'나 '신여성', '현대 여성'을 비롯해 '여학생', '직업 부인·직업여성'은 새로운 교육이나 직업, 외양을 선보였던 이들에 속한다. 양반집 아녀자에게 바깥출입이 제한되었던 과거와 비교했을 때 거리를 활보하고 다니는 '여자 사람'은 화제가 되었다. 거리의 유행을 두고 여학생과 기생이 경합했던 풍속은 권보드래가 논한 바 있다.[3] 이들은 보다 과감한 패션과 유행을 선도하던 소비의 주체들이었다.

　　여성 소비의 다른 한 축은 '주부'와 '어머님네'로 명명되는 가내 소비의 담당자들이었다. 하지만 이들 역시 전통적인 여성상과는 달랐다. "벙어리 3년, 귀머거리 3년, 장님 3년"이 일러 주듯이 인고의 세월을 살았던 전통적인 며느리상과 달리, 자녀 양육과 가계 경영을 설계하는 현모양처가 바람직한 여성상으로 제시되었기 때문이다. 신여성의 바람직한 귀결도 현모양처로 제시됐다. 신교육을 받고 새로운 문화를 향유하는 여성이라도 결혼과 출산의 제도 속에서 규정되는 존재라는 점에서는 변함없었다. 새로운 여성상에 대한 요청을 시장의 논리에서 풀면 여성들은 유아용품과 어린이용품을 비롯해 일상생활용품의 구매자로서 인정받았던 셈이다.

　　여성뿐 아니라 광고 속에서 호명된 사람들은 모두 잠재적 소비자라는 가능성 내지는 기능성 때문에 인정받았다. 시장은 특정한 계급이나 성(젠더), 민족과 인종에 속하지 않는 한 무리의 "대중"(광고 3)을 만들어 낸다. 광고 속에서 소비자는 대접받지만 실상은 다르다. 광고의 호명은 실제로 신사다움, 숙녀다움, 어린이다움, 젊은이다움, 어머니다움, 주부다움을 박탈한다. 광고 속에서 상상된 사람은 그곳에는 없는, 곧 부재하는 인물인 '당신'을 가리킨다.[4] 광고의 청자들에게는 신사다움과 숙녀다움이 주어져 있지 않다. 신사다움, 숙녀다움을 보장하는 주체는 상품이다. 사람들은 모두 상품 앞에 벌거벗은 주체들이다. 사람들은 그대로인데 일시에 품격을 박탈당한 채로 동등해졌다. 이것이 현대적 평등이 실현되는 방식이다.

비누 한 장 앞에는 부자나 가난한 자나 똑같다. "세상은 좋은 세상이다. 옛날(昔日)에는 특별한 귀족 양반만이 쓰던 비방 보약인데 현대에는 누구든지 자유로 쓸 수 있게 되었다."[5]라는 문구는 어느 약 광고의 표제다. 사람들은 자유롭게 물건을 선택하고 구입할 수 있었다. 그런데 개별 상품이 보장하는 민주주의는 "외관상으로는 구체적이지만 실은 형식적인 민주주의"[6]다. 사람들은 물건의 사용 가치 앞에서는 평등하나 교환 가치 앞에서는 불평등하다. 임금이나 학력, 성별, 지역과 같은 격차는 구매력으로 나타날 것이다.

상품의 민주주의는 물건이 대량으로 생산되면서 가능해졌다. 산업화 이전에 사람들은 식량과 일용품, 서비스를 스스로 생산했으며 생산물은 가족 내에서 소비되거나 소수의 엘리트에 의해 소비되었다. 물자가 귀했고 그만큼 사람들은 최저 수준의 생계를 이어 나갔으며 폐쇄적인 공동체를 유지했다. 시장에 팔기 위해 내놓는 것은 적었다. 하지만 생산과 소비가 분리되면서 상황은 달라졌다. 생산의 목적이 자가 소비에서 교환으로 바뀐 사회에서는 교환이 이루어지는 시장이 중심 역할을 한다. 시장에서는 제품뿐 아니라 노동과 아이디어, 예술, 영혼까지 모조리 매매의 대상이 된다.[7] 시장에 없는 것은 없고 모든 게 상품이 된다.

시장은 어디까지나 인간 활동의 산물이지만 제 나름의 질서를 지닌 것처럼 보인다. 상품은 인간이 만든 것이지만 사회적 관계와는 무관해 보인다. 인간의 손으로 만들어진 상품이 오히려 인간을 지배하는 현상을 카를 마르크스는 상품 물신(物神, fetish)이라고 명명했다. 상품 유통의 산물로서 화폐, 나아가 화폐의 집적 형태인 자본이 인간을 지배한다. 사람들은 화폐를 욕망하고 화폐라는 물신을 섬긴다. 하지만 상품은 노동 현장과 노동 생산물의 성격을 말해 주지 않는다. 그저 빛난다. 깔끔하다. 노동의 사회적 성격이 상품의 물적 성격으로 대체되는 과정이 물신숭배의 핵심이다.[8]

물신숭배 속에서 인간관계는 오히려 역으로 간다. 각자의 이익을 추구하는 상황에서 사람들은 신화적인 아우라(aura)를 가질 수 없다. 인간관계는 탈물신화된다. "상품 물신이 지배하는 사회 속에서는 인간관계가 전적으로 탈물신화되어 있다. 반면에 인간관계 속에 물신주의가 있는 사회, 즉 자본주의 이전의 사회에서는 상품 물신이 미처 발달되지 않는다." 슬라보예 지젝의 말이다. 사람들은 예전처럼 신분 제도하의 지배-예속 관계에 묶여 있지 않다. "시장의 교환"처럼 "법 앞에서 평등한 자유로운 사람들 사이의 계약"[9]이 인간 상호 간의 관계를 지배하고 결정한다.

인간관계는 여느 때보다 합리적이고 이성적으로 보였다. 누구나 능력을 갖추고 성공을 꾀할 수 있었다. 누구에게나 스스로를 값어치 있는 인간으로 만들 권리와 의무가 주어졌다. 상품이 보장하는 민주주의는 매혹적이었다. 상품을 중심축으로 사람들은 개별적 주체로 분화하는 동시에 집단적 무리로 탄생했다. 근대인이란 상품 주위로 몰려드는 잠재 고객들이었다. 상품을 중심축으로 어린이와 청소년, 여성과 남성이 재탄생했다.

우리의 주체를 형성하는 중심에 상품이 있었다.

상품이 사람들을 호출하는 과정은 사람들의 감각을 세분화하는 과정이었다. 감각은 주체에 따라 다르게 파악되는 주관성을 지닌다. 감각은 순간적이며 전체적으로 작용한다. 많은 상품이 개별 감각을 공략했다. 음료나 조미료를 비롯한 맥주, 포도주, 초콜릿, 비스킷은 새로운 미각을 열었다. 조미료의 강자로 꼽혔던 아지노모도는 실제로 단맛, 짠맛, 신맛, 쓴맛과 함께 제5의 맛이라고 불리는 '감칠맛'을 발명하기도 했다.

비누, 향수, 샴푸는 인공의 향기를 개발했다. 축음기와 라디오는 청각을 공략했다. 가장 유력한 문화 상품이었던 영화를 비롯해서 신문과 잡지의 인쇄 간행물, 문예물은 시각 지배적인 문화를 구축해 갔다. 시각 문화의 토대가 된 인쇄 기술은 '상상적인 공동체'를 그려 낼 수 있는 기술적 수단을 제공했다. 오감의 발견과 확장을 통해 소비 대중은 형성되었다고 할 수 있다.

동시대의 문예물에서도 근대적 감각은 활발하게 개발되었다. 감각적 이미지가 그것이다. 이미지는 개별 주체의 감각을 토대로 성립한다. 1930년대 문학의 장에서는 전달 도구로서의 언어가 아니라 언어 자체에 초점을 맞춘 언어 예술이 각광을 받았다. 이미지즘 및 모더니즘으로 분류되는 문예물들은 언어를 기능적인 관점이 아니라 미학적인 관점으로 접근했던 문학적 시도의 소산이었다.

광고는 상업주의 예술의 탄생을 예고하며 사람들의 감각을 자극했다. 문자 기호뿐 아니라 이미지 기호로 이루어진 인쇄 광고는 사람들의 눈길을 끌었다. 광고 13은 1920년대에 나온 약 광고다. 모녀의 대화 형식을 통해 제품을 소개했다. 광고 속에 날아다니는 나비와 꽃보다 "더 향기

광고 13 상품의 감각을 가르치는 강장제 광고 나들이 나온 모녀의 대화를 통해 제품을 알리는 제생당약방의 청심보명단 광고이다.《동아일보》(1920. 4. 14)) 대화 내용은 다음과 같다.

母: 복희야 그 꽃은 왜 따느냐—.
女: 어머니 이 꽃의 향기가 대단해요.
母: 그러면 그보다 더 향기로운 것을 사 주랴—.
女: 그것이 무엇이야요. 그런 것을 사 주세요.
母: 청심보명단이란다. 가서 사 줄게. 일어나거라.

로운 것"이 있다. 향기로운 것은 꽃이 아니라 상품이며, 화폐와 교환되어야 할 대상이다. 향기의 감각도, 즐거움의 감정도, 건강한 신체도 모두 구매 가능하다.

1930년대 감각적인 시편을 많이 남겼던 정지용도 상품의 감각에 대해 말한 바 있다. "꽃밭이나 대밭을 지날 즈음이나 고샅길 산길을 밟을 적 심기(心氣)가 따로따로 다를 수 있다면, 가볍고 곱고 칠칠한 비단 폭으로 지은 옷이 갖은 화초처럼 즐비하게 늘어선 사이를 스치며 지나자면 그만치 감각이 바뀔 것이 아닌가."[10] 꽃과 대나무를 감상하는 "심기"는 "감각"과 구별된다. 새로운 감각은 "가볍고 곱고 칠칠한 비단 폭"에서 나온다. 자연물을 경험하는 감각은 옛것이고, 감각이 아닌 심기에 가깝다.

새로운 감각은 상품에서 나온다. 상품 감각의 득세를 반영하듯 문예물 속에는 "별 사이에 바라보는 그믐달"의 고즈넉한 감상 대신에 "권련"을 피우고 "안경알"을 닦고 "기념 촬영"을 하는 별의 이미지가 각광받았다.[11] 옛 심기와 새로운 감각 사이에는 상품의 자극이 삽입되어 있다. 아래 광고들도 "향끗한(향긋한) 근대 감각"을 시위한다.

광고 14　향기의 문제.

　　　　미츠와 비누,《매일신보》(1926. 3. 25)

광고 15　향끗한 신감각. 향끗한 근대 감각. 세련된 냄새의 취미처럼 당신을 상
　　　　쾌하게 하는 것은 없습니다.

　　　　칼피 향수,《조광》(1936. 7)

광고 16　서늘한 감각!! 상쾌한 심기! 그 외에 치(齒)를 강(强)케 구(口)를 청(淸)
　　　　케 하오.

　　　　라이온 치약,《매일신보》(1922. 5. 15)

광고 17　청량의 가을(秋節)! 미각은 약동한다.

　　　　조미료 아지노모도,《여성》(1936. 10)

광고 18 가정부인이시든지, 여학생, 직업에 계신 여성이시든지, 누구를 물론
하고 일기가 따뜻하고 더워 갈수록 **겻땀과 악취로 인하야** 여러분이
늘 연구하시고 고심 중에 계실 것입니다.

다모라 크림,《조광》(1936. 7)

광고 19 꽃피는 계절 봄, 여성에게는 봄철의 단장, **꽃잎같이** 고운 살결을 만드
는 헤치마코롱.

헤치마코롱 크림,《동아일보》(1932. 3. 15)

광고 20 **떨어지는 진주의 한 방울!** 폭신하고 말쑥한 아름다운 피부(美膚)에,
은근하게 하얀 빛 얼굴에.

레토 크림,《조선일보》(1934. 12. 15)

광고 21 반도의 봄은 **첫사랑의 맛이** 난다는, 오! 이 달콤한 샘이 있다.

음료 칼피스,《여성》(1937. 5)

　　"신감각", "근대 감각"은 "세련된" "취미"로 제시되었다.(광고 15) 감각
적인 차원에서도 신감각은 "향긋"하고 "상쾌"하다. 1920년대 중반에 나
온 비누 광고의 문안은 "향기의 문제"(광고 14)였다. 치약은 "서늘한 감
각!! 상쾌한 심기!"(광고 16), "새로운 향기, 새로운 맛"(1930)이라는 문구
를 내걸었다. 새롭고 상쾌한 것은 인공물의 감각이다. 인공의 냄새는 자연
의 체취와는 다르다. 자연스러운 체취를 악취이자 고민거리로 만들면서
인공 향은 등장한다. 광고는 "겻땀(겨드랑이 땀)과 악취로 인하야 여러분

이 늘 연구하시고 고심 중에 계실" 여성을 호출하고 체취를 감출 수 있는 화장품을 제시한다.(광고 18) 많은 상품들이 입 냄새나 겨드랑이 냄새, 피부("살결"), 머릿결, 입맛("미각")과 같은 사소한 감각을 문제 삼으며 등장했다.

오늘날에도 인공미는 기세등등하여 많은 여성들과 연예인들의 겨드랑이와 팔다리에서 털이 사라지고 있다. 다양한 제모 도구와 영구 제모 수술 덕분이다. 구취는 구강 청정제로, 체취는 향수와 섬유 유연제로 관리되고 있다. 사람들의 감각과 몸짓이 통제되고 있다면 이 통제는 어디까지나 자본주의의 생산과 소비에 유용한 쪽으로 향하고 있을 것이다. 자연의 체취를 관리하는 데 더 많은 상품이 필요한 방향 말이다.

공감각의 이미지도 눈에 띈다. "꽃잎같이 고운 살결"(광고 19), "떨어지는 진주의 한 방울!"(광고 20)은 화장품의 광고 문안이다. 아름다운 피부는 곧 "은근하게 하얀 빛 얼굴"이었다. "이 한 잔에 초련(初戀)의 맛이 있다."(1936)는 일본의 대표적 청량음료인 칼피스의 광고 문구인데 판매 시장인 한반도를 공략해서 "반도의 봄은 첫사랑의 맛이 난다"(광고 21)로 탈바꿈했다. "초련의 맛", "첫사랑의 맛"은 일본 영화 「초련 일기(初戀日記)」(1930)의 광고에 등장하기도 했다. love의 번역어로서의 사랑은 근대에 수입된 개념이다. 사랑은 남녀 간에 일대일의 관계가 전제되고 남녀의 결합과 육체관계가 분리된 이후에야 가능해졌다. 첫사랑 역시 근대적인 발명품으로 상업 광고 속에 인기리에 쓰였던 셈이다. 오늘날에도 첫사랑은 순수했던 과거의 향수를 자극하는 소재로 광고나 문화 상품 속에 흔히 등장한다.

상품이 선사하는 이질적인 감각은 열렬한 호응을 얻었다. 상품은 과학과 기술이 집약된 근대 문명의 총아로 여겨졌기 때문이었다. 한반도에 선보인 상품은 대개 수입품이었다. 1880년대 후반 개항장 주변에서부터 퍼지기 시작한 수입품은 물 건너왔다고 하여 '박래(舶來, 하쿠라이)'로 불렸다. 양주, 양장, 양복, 양초, 양옥, 양식, 양말, 양철, 양의학처럼 상품화된 과학 앞에는 '양(洋)'이 붙었다.[12]

양품은 상품의 다른 이름이었다. 대체로 양품 중에는 서구, 즉 서유럽의 대표 주자인 영국과 프랑스를 비롯해 미국의 상품이 주를 이루었다. 상품의 수입과 함께 상품을 소비하는 행위, 몸짓, 감각, 예절과 욕망, 이를 둘러싼 언어와 담론, 제도도 함께 수입되었다. 근대가 수입되면서 변용되는 과정을 일컬어 이경훈은 '하이브리드 하쿠라이'라고 했다.[13]

흔히 상품의 신감각은 토속적인 감각과 대비되곤 한다. 실제로 인공의 감각적인 쾌감과 자연의 감각은 영 달라 보인다. 하지만 향토의 맛, 토속의 감각 역시 근대가 개발한 감각에 속한다. 인공의 감각은 익숙한 무언가를 향토적인 감각, 토속적인 색채로 만듦으로써 성립한다. 일례로 시인 백석이 「여우난골족」(『사슴』(1936))에서 노래한 "인절미 송구떡 콩가루차떡의 내음새", "두부와 콩나물과 볶은 잔디와 고사리와 도야지비계"의 "선득선득"한 감각이 고향의 감각이 되는 까닭은 도시의 감각과 대조를 이루기 때문이다. 고향 상실의 시대에 백석의 시는 고향의 이미지로 받아들여질 수 있었다.[14]

상품의 감각은 즐거웠지만 늘 그렇지는 않았다. 신문명은 유쾌하지만은 않았다. 칼피스는 "첫사랑의 맛"으로 선전했지만 그다지 풋풋하게 받아들여지지 않았다. 다방에서 "가루피스(칼피스)"를 주문하는 사람은 오히려 천박하게 느껴졌다. 박태원의 소설 「소설가 구보 씨의 일일」(1934)에서 주인공 구보의 옛 동창은 칼피스를 주문한다. 동창은 양복 차림에 금시계를 차고 여자를 대동한 영락없는 난봉꾼의 형상이다. 칼피스는 동창의 "외설한 색채"에 종지부를 찍는 기호다. 칼피스는 홍차와 커피 같은 '양(洋) 것'과 달리 일본산 청량음료이기도 했다. "어느 틈엔가 이런 자도 연애를 하는 시대가 왔나." 하고 구보는 생각한다. 여기서 칼피스는 신성한 연애의 의미가 퇴색해 버린 '황금시대'를 암시하고 있다.

소비는 절약과 절제의 윤리와 다르다. 생산 노동과 달리 소비의 영역은 욕구와 향유, 쾌락, 무질서로 채워진 것처럼 보인다. 하지만 소비 행위는 생각만큼 무질서하지 않다. 하다못해 음료수 하나라도 사람의 정체를 드러낸다. "음료 칼피스를, 구보는, 좋아하지 않는다. 그것은 외설한 색채를 갖는다. 또, 그 맛은 결코 그의 미각에 맞지 않았다. 구보는 차를 마시며, 문득, 끽다점(喫茶店, 찻집)에서 사람들이 취하는 음료를 가져, 그들의 성격, 교양, 취미를 어느 정도까지는 알 수 있을 것이 아닌가, 하고 생각하여 본다. 그리고, 그것은 동시에, 그네들의 그때, 그때의 기분조차 표현하고 있을 게다."[15] 박태원의 말을 빌리면 "사람들이 취하는 음료"를 보면 "그들의 성격, 교양, 취미를 어느 정도까지는 알 수 있을 것"이다.

칼피스는 타락한 연애의 시대를 암시했고, 소다수("조달수(曹達水)")는 흔히 여학생들의 취향으로 여겨졌다. 회중시계는 "우아"한 취향으로, 손목시계는 "소녀 취미"로 받아들여졌다.[16] 상품이 개인의 취향과 감각의 기표가 되는 역사가 시작되고 있었다. 상품들 간에 의미의 그물이 짜이면서 상품은 사용 가치가 아니라 의미를 낳는 기호적 가치를 지니게 된다. 기호란 변별적이고 기능적인 의미 단위다. 따라서 보드리야르는 상품을 기호로 다루는 '기호의 정치 경제학 비판'이 필요하다고 역설했다.[17]

사람들은 자유롭게 상품을 소비하지 않는다. 사람들은 자신에게 적절한 것을 선택하는 훈련과 강제 속에 있다. 오늘날도 마찬가지다. 이진경의 비유를 빌려 오면 벤츠 자동차는 부와 지위를 뜻하고, 바흐의 음반은 품위 있는 음악 취향을 뜻한다. 하지만 검푸른 작업복을 입고 피아노를 산다거나 평범한 월급쟁이가 벤츠를 산다면 별종이거나 미친놈으로 취급받는다.[18]

대학교수들의 차림새가 있고, 연예인의 스타일이 있다. 사람들의 사회 경제적 지위에 따라 소비 행위는 정교하게 구성된다. 각자의 노동 공간이 요구하는 복식과 의례가 있다. 불편한 구두를 신고 과도한 속옷을 입고 사람들은 잘난 척한다. 아니, 왜 옷도 내 맘대로 못 입나, 답답해지기도 한다. 예술가가 아니라면 맘대로 옷을 입는 자유는 없는 거 같다. "패션은 상품이라는 물신을 어떻게 숭배해야 하는지 의례를 지정한다."[19] 이때 패션은 복장만으로 그치지 않고 생활의 전반적인 양식을 통괄하는 이름일 것이다.

소비는 일종의 도덕이자 제도이며 가치 체계를 이루고 있다. 오늘날의 소비 훈련은 상품이 귀했던 때, 따라서 상품이 지니는 기호적인 가치가 보다 강력했을 때 행해졌던 소비 훈련의 연장선에 있다. 보드리야르는 1970년에 발표한 『소비의 사회』에서 오늘날의 소비 훈련은 19세기 내내 이루어졌던 훈련, 즉 대대적으로 농촌 인구를 산업 노동력으로 만들어 왔던 훈련의 등가물이며 그 연장이라고 말했다.[20] 사람들이 새로운 노동력으로 관리, 통제되어 온 과정은 소비력으로 사회화되어 온 과정과 함께했다. 소비가 생산력을 뒷받침하고, 생산이 시장을 확대해 가면서 사회 경제적 체제는 형성되었다. 오늘날 물자는 흔해졌다. 상품의 위계도 초기 시장에서만큼 공고해 보이지 않는다. 그럼에도 여전히 소비는 그다지 독자적인 자유 행위로 보이지 않는다.

상놈도 배우면 양반이 된다

상품화란 예전에는 시장을 거치지 않고 처리되었던 것들이 상품으로 거래되는 현상을 말한다. 상품화되는 것 중에는 성공도 출세도 있다. "모든 광고는 성공을 위한 광고"[21]라는 말이 있다. 광고가 내놓는 낙관주의를 잘 표현한 말이다. 근대 이전의 신분 사회에서 출세의 길은 특정 계급에게만 허용되었고, 누구나 출세해야 한다는 의무도 주어지지 않았다. 하지만 "근대는 모든 개인들에게 '입신'과 '출세'를 요구"[22]한다. 자신의 길과 운명이 정해져 있지 않다면 스스로 찾아나서야 한다. 신분의 질서에서 벗어난 자율적인 개별자들로 이루어진 사회, 바로 해방으로서의 근대가 내놓은 청사진이었다.

'누구나 양반이 될 수 있다'는 새 시대의 모토였다. 새 시대의 양반이 되기 위해서는 새로운 지식이 필요했다. 채만식의 소설 「레디메이드 인생」(1934)에는 시대의 변화가 기록되어 있다.

> "양반? 흥! 누구는 발이 하나길래 너희만 양발(양반)이라느냐?"
> "법률의 앞에서는 만인이 평등이다."
> "돈…… 돈이 있으면 무어든지 할 수 있다." (중략)
> 유자천금(遺子千金)이 불여교자일권서(不如敎子一券書)라는 봉건 시대의 진리가 자유주의의 세례를 받아 일단의 더 발전된 얼굴로 민중을 열광시키었다.

"배워라, 글을 배워라……. 지식만 있으면 누구나 양반이 되고 잘 살 수가 있다." (중략)

"배워라. 배워야 한다. 상놈도 배우면 양반이 된다."

"가르쳐라! 논밭을 팔고 집을 팔아서라도 가르쳐라. 그나마도 못하면 고학이라도 해야 한다."

"공자 왈 맹자 왈은 이미 시대가 늦었다. 상투를 깎고 신학문을 배워라."

채만식, 「레디메이드 인생」, 『채만식 중·단편 대표 소설 선집』, 16~17쪽

"상놈도 배우면 양반이 된다." 상민과 양반의 구별은 뿌리 깊었고 사람들은 새 시대의 '양반'이 되고자 했다. 새로운 양반 되기의 핵심은 돈벌이에 있었다. "돈…… 돈이 있으면 무어든지 할 수 있다."라고 했다. 돈을 버는 새로운 기능이 필요해졌다. 과학 기술이 분화되고 사회 체제도 복잡해지면서 행정가나 기술자, 과학자, 교육자와 같은 합리화의 전문가들, 이른바 중간 계층(부르주아)이 확대되었다. 과학적 문화가 새로운 자본주의 사회의 이데올로기가 되었다면 능력주의는 작동 장치가 되었다.[23]

교육은 능력 개발 중 으뜸가는 길이었다. "누구든지 그저 학업에 힘써, 저만 잘하구 볼 말이면 그 사람이 곧 양반인 게요, 비록 좋은 가문에 태어난 자제래도, 원래 타고난 재주 없고, 학업에 힘쓰지 않을 말이면, 그게 곧 상민이라."[24]라는 말이 나왔다. "배워라, 배워야 한다."는 시대의 요구가 되었다. "논밭을 팔고 집을 팔아서라도 가르쳐라."라는 구호가 나왔다.

소 팔아 대학 보내기 풍조를 반영하는 1960~1970년대의 '우골탑(牛骨塔)', 나아가 '등골탑', '인골탑'으로 이어지는 한국의 교육 열풍이

1920~1930년대에 시작되고 있었다. 한국의 높은 교육열은 조선이 세계 최고의 지식 국가였다는 사실을 이해하면 그 궁금증이 풀린다.[25] 조선 시대에 교육 열풍의 진원지를 확인할 수 있다. 조선의 지식 사회에서 지식은 권력이었고 가문의 영광이었다. 높은 교육열은 양반 되기라는 출세 지향성을 뒷받침했고 이후 한국 경제의 견인차가 되었다.

개화기와 식민지 시기에도 "유자천금불여교자일권서(遺子千金不如教子一券書)", 즉 자식에게 천금을 물려준대도 책 한 권의 가르침만 같지 못하다는 옛말은 유효했다. 하지만 지식의 내용과 형식이 바뀌었다. "공자 왈 맹자 왈" 대신 "신학문"이 필요했다. 학교의 형태로 이루어지는 지식 보급 방식이 확대되기 시작했다.

하지만 서당의 한학 대신에 학교의 신학문이 보급되는 과정은 순탄치 않았다. 1920년대 후반에야 서당을 거치지 않고 보통학교에 입학하는 것이 일반적인 추세가 되었다.[26] 일반적으로 공교육이 정착되는 과정에서 보이는 반발 현상이 한국에서도 심했다. 이미 갑오개혁(1894)이후 과거제가 폐지되고 학교가 관리 충원 기능을 대신하기 시작한 후였지만 사정은 나아지지 않았다. 교육, 특히 신학문 교육에 대한 이해는 없었고, 여자 교육은 절대 반대였다. 새 교육, 새 지식으로 나라를 이롭게 하자는 이들은 개화파에 한정되어 있었다. 머리 깎는 것에 반대해서 대성통곡하며 퇴학한 자들도 많았고 부모들의 입학 반대도 심했다고 한다.[27]

공교육에 대한 반발 현상에서 식민지적인 특징이 있다면 학교 교육이 매국과 연결되었다는 점이다. 관공립 학교를 중심으로 한 신식 교육은 반전통적이며 일본적이라는 인상이 짙었다.[28] 보통학교는 초기에 무상 교육을 내세우며 아동을 강제 모집하다시피 했다. 하지만 3·1 운동 이후 민족주의 우파가 전개한 실력 양성론과 문화주의 움직임이 확산되면서 학교에 대한 거부감은 조금씩 줄어들었다. 보통학교 진학률은 남자 아동을 중심으로 1921~1922년도부터 증가하기 시작했다. 오성철의 통계를 참조하면 남자는 1921년 10.8퍼센트, 1923년 21.1퍼센트, 1939년 56.5퍼센트의 진학률을 보인다. 여자들의 진학률은 현저히 낮았다. 여자들은 1936년에야 10퍼센트를 넘겼고 1940년 22.2퍼센트, 1942년 29.1퍼센트에 머물렀다.[29]

1920년대 들어 교육은 민족적 명분을 획득했으며, 4~6년제 보통학교 나아가 4년제 고등 보통학교(중학교) 졸업은 식민지 사회에서 요직으로 진출할 수 있는 기본 요건으로 여겨졌다. 1920~1930년대 신문과 잡지를 보면 입학난을 다루는 기사가 많이 나온다. 보통학교에 입학하려는 아동은 늘어났지만 입학난은 고조되었다. 1920년대 들어 진학률이 높아지자 초등 교육은 유상 교육으로 바뀌었다. 수업료는 "취학상 가장 중대한 문제"로 꼽혔는데 1원 안팎에 달했다. 수업료 부담 때문에 퇴학률도 높았다.[30]

'취학열'이라고 했지만 어디까지나 남성에 한정된 이야기였다. "공부시키면 벼슬하고 돈 모으고 이름나고 그리고 우리 집안이 그 애 덕에 호강"한다고들 했을 때, '그 애'란 아들이었다. 누구나 출세할 수 있다고 했을 때 이 누군가는 개인이 아니라 가계의 대표자이며 성인 남성이었다. 근대의 입시 전쟁은 글 읽어 과거에 응시하던 전통을 배경으로 하고 있었다. 1920년대 후반에도 사람들은 보통학교에 들어가면 양반이 될 것이라고 생각했다. 이는 "글 읽어 과거 하는 것만을 최고 이상으로 하던 사환심(仕宦心, 벼슬살이에 대한 욕구)의 발로"[31]라고 지적되기도 했다.

식민지 시기 한국에서는 초등 교육 기관은 늘어났어도 중등 교육 기관은 증설되지 않았다. 그만큼 중등 교육 기관에 입학하기도 어려웠다. 독서 시장을 보면 중등학교 입시용 수험서가 인기를 얻었고, 보통학교 및 중등학교의 교재와 참고서가 많이 팔렸다. 중학교에 진학할 수 없었던 이들을 위해 일본에서 인기리에 판매되었던 '중학 통신 강의록'도 많이 소개되었다. 와세다 대학교의 통신 강의록이 그중에 인기가 많았다.[32] 통신 강의록은 독학으로 중학교 학력을 취득하는 형태로 오늘날 방송통신대학교의 통신 교재를 떠올리면 되겠다. 일본에서는 관계(官界)에 진출하고 입신출세를 도모하는 데 중학교 졸업장이 기본 요건으로 여겨졌는데[33] 한국에서도 비슷한 광고가 많이 소개되었다. "사회에 나와서 성공하는 것은 반드시 중학 졸업의 실력을 준비하지 않으면 안 될 시대에 반드시 졸업이 빠르고 학비가 저렴하고 그리고 완전 완비(完備)한 『최신 중학 강의록』으로 공부를 하시오."(《조광》(1936. 11))

독학의 길 외에 중학교 진학이나 일본 유학을 택하는 이들도 있었다. 인기 있었던 유학지는 단연 일본이었다. 문명의 '원산지' 격인 미국보다는 못했지만 일본 유학길은 가깝고 빠른 출셋길로 여겨졌다. 광고 22는 예비 학교부터 전문학교, 대학교까지 다양한 일본의 학교와 학원을 광고한다. 공업 학원이나 치과 의학 전문학교, 여자 고등 상업 학교 외에도 학교 광고에는 와세다, 릿교 대학교와 같은 일본의 유명 대학부터 중국의 고등 상업 학교까지 등장했다. 주로 각종 여학교(여자 치과 전문학교, 여자 약학 전문학교, 여자 고등 학원)와 전문학교(의학·약학 전문학교, 수의학교, 고등 공학교, 고등 상업 학교), 직업 학교(복장 학원, 부기 학교, 사진 학교, 자동차 학교)가 모집 인원, 학과, 자격 요건 등속을 홍보했다. 한국의 고등 교육 기

광고 22 식민지에 소개된 학교·학원 모음 광고 일본 유학을 꿈꾸는 한국인 학생들을 겨냥한 광고는 한글로 번역될 필요가 없었다. 광고의 표제는 "학교 선택의 지침, 1936년에 추천하는 학교(學校選擇の指針, 昭和11年 推獎校)"이다. 일보전보통신사와 동아일보사가 공동 추천하는 학교라는 설명이 붙어 있다.(《동아일보》(1936. 2. 9), 조간 2면. 이어지는 3면에 전면 광고가 실렸다.)

관은 3~4년 과정의 전문학교로 제한됐고, 종합 대학은 세워지지 않았다. 1924년에 세워졌던 경성제국대학, 현재의 서울대학교는 오랫동안 법문학부와 의학부로만 유지되었다.[34]

광고는 식민지의 수용자들에게 현란하게 비쳤을 일본 학교의 심벌마크로 장식되어 있었다. 학력 자본의 매매 시장에서 판매자는 '내지(內地)'로 불렸던 일본의 학교들이고 구매자는 한국인 학생들로 민족적 위계가 뚜렷하다. 물론 한국 학교의 광고도 신문에 실렸다. 하지만 많지 않았고, 그 형식도 광고 22처럼 대규모 연합 광고일 수 없었다.

오늘날에도 입시철만 되면 대학 광고가 라디오와 신문, 버스와 지하

철에 쏟아진다. 광고하지 않는, 그러니까 광고하지 않아도 학생들이 몰려드는 대학은 속칭 'sky' 정도다. 서울대, 고려대, 연세대를 비롯한 이른바 일류 대학 졸업장은 오늘날의 '양반 증명서'로 비유될 수 있다. 일류 대학 졸업장 말고도 고시 합격증, 전문직 자격증이 인기가 많다. 1997년 금융 위기 이후에는 공무원이나 공기업 사원증, 교사 자격증, 언론사 사원증이 안정적인 미래를 보장하는 자격증에 합류했다. 한국은 세계 최고의 미국 유학률을 기록한 바 있는데, 미국 유학 역시 신분 상승의 지름길로 통한다.[35]

한국의 교육 현장을 두고 사람들은 국내 경쟁은 치열하지만 국제 경쟁력은 없다고들 한다. 경쟁을 위한 경쟁일 뿐 지속 가능한 경쟁은 아니라고들 한다. 강준만은 사교육 과잉과 입시 전쟁을 해결하지 않고서는 민주주의의 발전을 기대할 수 없다고 말한다. "대중은 정치라는 공적 해결 방식 대신에 각개 약진식의 사적 해결 방식을 택했기 때문에 정치에 관심과 시간을 투자하지 않는다."[36] 그의 말대로 학벌이 운명을 좌우하므로 수능일은 비행기가 제시간에 뜨지 못하고 경찰과 구급차가 출동하는 살벌한 날이 되었다.

요즘은 대학의 운명도 취업률에 달려 있는 형편이지만 입시 전쟁은 진행 중이다. 아직도 'sky' 출신이 사회 요직을 독점하는 비율은 비정상적으로 높다. 일류 대학을 목표로 하는 치열한 입시 준비는 여느 나라에서도 찾아볼 수 있지만 대다수의 학생이 입시 전쟁을 치른다는 점은 이곳 교육의 특징이다. 가수 서태지가 「교실 이데아」를 발표한 때는 1994년이었는데, 이 노래는 아직도 추억의 노래가 되지 못한 것 같다.

흔히 학교 제도는 불평등을 재생산하는 형태 혹은 불평등을 희석하는 도구로 평가받는다.[37] 교육 과정은 성공한 자와 실패한 자를 구분하고 낙오자의 운명을 합리적인 귀결로 받아들이는 양순한 인간들을 길러 낸다. 군대, 공장과 함께 학교는 인간을 규격화하는 핵심적인 제도다. 지금으로부터 90여 년 전 식민지 시기의 교육 방침은 민족적 구분까지 얹어 교육의 사회적인 기능을 뚜렷이 드러냈다. 조선 총독부는 한국인들을 일본인의 종속적인 지위에 두면서 자유 경쟁을 추구하는 체제를 구축하고자 했다.[38]

식민지 시기의 학교 교육은 "안온하게 자활하는 제국의 순량(純良)한 신민"을 목표로 했다. 생업에 필요한 성실, 근검, 규율, 청결과 같은 덕목이 전수되었다. 고등 교육 기관은 "제국의 평화를 해칠" 위험이 있으므로 세워지지 않았고 공교육은 "초등 교육 및 직업 교육"을 중심으로 이루어졌다.[39] 오성철의 지적대로 일제는 초등 교육을 '종결 교육'으로 삼고자 했던 셈이다.[40]

실제로 중학교나 전문학교를 마친 사람들을 흡수할 만한 고용 부문은 식민지 경제 구조에서 형성되어 있지 않았다. 식민지 시기에 입학난과 늘 짝지어 거론되었던 것은 취업난이었다. 특히 남성 지식인 계급의 취직난은 식민지적인 차별 구조 때문이라는 비판이 나왔다.[41] 취업이 어렵다 보니 사회 구조뿐 아니라 사람들의 관습도 함께 도마에 올랐다. 많은 사람들은 보통학교라도 마치면 농촌으로 가지 않고 샐러리맨 생활만 하려든다고 했다. 따라서 총독부의 초등 교육은 1930년대 전반부터 '교육 실제화'라는 명목으로 농업 교육을 위주로 한 직업 교육을 강화해 갔다.

고학력 실업자 중에는 이른바 불순분자들이 존재했다. '배운 만큼 깨친다'는 말이 늘 정답은 아니지만 '무직 인텔리' 계급들은 확실히 문제가

"입신의 무기", 영어

"석수쟁이 아들로 총리대신이 되는 실력의 세상"에서는 영어가 필요하단다.(도쿄 소재 '이노우에(井上) 통신 영어 학교'의 영어 강의록, 《조선일보》(1936. 6. 30)) "청소년 제군! 초여름(初夏)은 입신의 무기, 영어를 정복하라! 석수쟁이 아들로 총리대신이 되는 실력의 세상인즉, 더욱이 '영어'를 아는 것이야말로 입신의 제일 무기이다."

사실 "석수쟁이 아들로 총리대신이 되는" 일은 한국인에게는 없었다. 식민지의 최고 권력자는 조선 총독이었으며 총독은 일본 내각의 총리대신을 거쳐 천황에게 보고를 했다. 총리대신은커녕 중앙 행정 부서인 조선 총독부에서 고등관(칙임관과 주임관)을 맡은 한국인 비율은 낮았고 한국인이 주로 임용된 고등 관직은 지방관인 군수였다. 식민지 시기 후기로 갈수록 한국인 상급 관료의 비율은 더욱 낮아지고 하급 관료의 비율은 높아졌다.* 식민지에서 한국인이 처한 '실력의 세상'에는 뚜렷한 민족적 한계가 있었다.

광고 속 영어 학습서처럼 영어 교육은 일찍부터 강조되었다. "영어를 알고 모르는 것은 군(君)의 운명의 동력", "영어는 군의 유일의 자본"이라고 선전되었다.(이노우에 영어 강의록, 《신동아》(1932. 6), 권두) 그림의 광고는 "1개월에 영어를 읽게 되고, 2개월에 영어를 쓰게 되고, 3개월에 영어로 대화된다. 이같이 굉장한 능수(能手)가 된다."라고 선전했다. 식민지 시기에 학교 교육에서 영어는 일본어 교육에 밀려나 있었으나 영어에 대한 인식이나 필요는 컸다. 해방 후 지금까지 영어는 과거 일본어의 지위를 차지하며 문화 제국주의적 위상을 과시하고 있다. 오늘날 한국의 영어 광풍은 '망국병'이라 불릴 정도다. "영어 망국병의 핵심은 영어 격차가 아닌 벌어져만 가는 빈부 격차와 이를 숨기고자 하는 정치적 최면"이라는 진단도 새겨들을 만하다.(남태현, 「영어 망국병은 병이 아니라 사기다(1, 2)」, 《한겨레》(2011. 3. 25/2011. 4. 8))

---

* 박은경, 『일제하 조선인 관료 연구』, 38, 68~69쪽. 조선인 관료의 숫자는 늘어났는데 특히 지방에서 만주국 건국 직후와 중일 전쟁 기간 중에 크게 늘어났다. 카터 J. 에커트, 「식민지 말기 총력전·공업화·사회 변화」, 박지향 외, 『해방 전후사의 재인식(1)』, 635쪽. 단, 에커트가 언급하는 식산 은행 관리직에서 조선인의 증가를 비롯해서 인력 개발론의 입장에 대해서는 정병욱의 비판 참조. 정병욱, 「경제 성장론의 '인력 개발' 인식 비판」, 이승일 외, 『일본의 식민지 지배와 식민지적 근대』, 186~212쪽.

됐다. 일례로 채만식의 소설 「치숙」(1938)에는 배움이 화근이 된 숙부, 그리고 그와 대조적인 조카가 나온다. 조카는 4년짜리 간이 보통학교를 마치고 일본인 상점의 점원으로 취직해 제 밥벌이 하는 인물인 반면, 숙부는 대학교까지 마쳤지만 '사회주의를 하다가' 징역을 살고 나온 인물이다. 입신출세를 도모하는 소시민 조카의 눈에는 직업도 없고 몸은 병들고 불평만 늘어놓는 숙부가 한심하게 비칠 수밖에 없다.

불순한 지식 계급을 양산한다는 문제 이외에 근대 교육의 '부작용'은 또 있었다. 누구나 배우면 양반이 될 수 있다는 능력주의와 민주주의는 문제의 소지가 다분했다. "기회는 제가 만든다구, 그리고 불가능이란 말은 바보의 사전에서나 찾을 글자"라 하며, "자꾸자꾸 계획하고 기회를 만들구 해서 분투노력해 나가면 이 세상일 안 되는 일이 어디에 있나."[42]라는 개인주의는 적당히 조절될 필요가 있었다. "자유 경쟁으로 개인은 무한 출세할 수 있다는 교육, 근검 노력만 하면 촌가빈아(村家貧兒)도 대정치가, 대자본가가 될 수 있다는 교육"(1933)은 더욱이 식민지의 상황에서는 맞지 않는 "그릇된 교육"일 수 있었다.[43]

성공을 향한 무한 능력주의가 조정되는 과정에서 개인에게 요청된 윤리적인 덕목은 수양과 수신이었다. "치열한 경쟁 속에서 달성하지 못한 욕망을 다스리고, 경쟁의 룰을 내면화하게끔 하는 것이 수양"이었다. 그러니까 학교를 다니고 기술을 습득했대도 직업을 구하기 어려울 때, 혹은 직업을 구했더라도 만족할 수 없을 때 수양이 필요했다.[44] 입신출세가 시원찮더라도 웬만큼 건실해야 할 것이며 사회의 구성원이 되는 데는 무리가 없어야 한다. 노력만큼 결과가 나오지 않는다면 그건 개인의 능력 탓이다. '실패한 사람들은 뭔가 이유가 있다.'라는 식의 개발 지상주의적인 사고방식은 자본주의가 내놓기 편한 중재안인 셈이다.

일반적으로 수양은 문명화된 사람들의 태도와 자기 통제 장치로서 권장된 덕목이다.[45] 수양은 자기 단련의 방책으로 의지 단련(정신 수양), 지능 단련(학문 수양), 근골(筋骨) 단련(신체 수양)이 강조되었다. 구체적으로는 땀 흘려 일하며 노동의 소중함을 느끼기, 유혹과 욕망을 떨치고 마음을 다스리기, 위인이라는 근대적인 영웅의 기록물, 즉 전기를 통해 고매한 삶 본받기 등속이었다.[46] 영미권의 위인전기물도 속속 번역되어 인격을 도야하고 문명인이 될 필요성을 설파했다.

근대적인 수양의 기제는 자본주의적인 직업윤리와도 맞아 들었고, 식민지의 사람들을 조절하고 관리하는 데도 적합한 덕목이 됐다. 처세술이나 수양법은 다양하게 상품화됐다. 『교제의 비결』, 『청년 사교 신사전』, 『20세기 청년 독본』, 『현대 청년 수양 독본』, 『구미 신(新)인물』을 비롯해서 윌슨, 프랭클린, 루소 등의 전기물이 등장했다.[47] 이 중 동시대의 미국 대통령이었던 윌슨은 '세계 평화의 위인'으로, 미국의 과학자이자 정치가인 프랭클린은 '입지전적인 성공가'로 소개됐다. 여성 전기도 번역되었는데 영미권의 현모양처 유형이 많이 소개되었다.[48]

식민지 시기 한국의 초등학교 수신 교과서(도덕 교과서)에 가장 많이 등장했던 인물은 일본인 니노미야 손토쿠(二宮尊德, 1787~1856)라고 한다. 일본의 농촌 철학자로 알려져 있는 니노미야는 일본 교과서에 그려진 것보다 더욱 강도 높은 노동과 희생을 실천하는 모범 인물로 한국의 수신 교과서에 제시되었다.[49] 민족 간의 차별, 계급 간의 차별, 젠더의 구분이 유지되는 울타리 안에서 식민지 한국인들의 자유 경쟁과 무한 도전은 계속되고 있었다.

출세의 지름길을 향한 '스펙' 쌓기

꿈을 좇는 일이 젊은이들의 전유물은 아니다. 변화하는 세상 속에는 젊은 사람도 늙은 사람도 있고 발 빠른 이도 있으며 다르게 처세하는 이도 있다. 이태준이 쓴 소설 「복덕방」(1937)에는 세상에 맞춰 자기 계발에 힘쓰는 노인 둘이 등장한다. 복덕방에 모여든 늙수그레한 이들은 박희완 영감과 안 초시다. 박 영감은 직업("업(業)")을 구하고자 애쓰는 인물이고, 안 초시 역시 출세, 즉 세상에 나아갈 길을 도모하고 있다. 아래 안 초시의 말을 인용했다.

"돈만 가지면야 좀 좋은 세상인가!" 심심해서 운동 삼아 좀 나다녀 보면 거리마다 짓느니 고층 건축들이요 동네마다 느느니 그림 같은 문화 주택들이다. 조금만 정신을 놓아도 물에서 갓 튀어나온 메기처럼 미끈미끈한 자동차가 등덜미에서 소리를 꽥 지른다. 돌아다보면 운전수는 눈을 부릅떴고 그 뒤에는 금시곗줄이 번쩍거리는, 살찐 중년 신사가 빙그레 웃고 앉았는 것이었다. "예순이 낼모레…… 젠-장할 것." 초시는 늙어 가는 것이 원통하였다. 어떻게 해서나 더 늙기 전에 적게 돈 만 원이라도 붙들어 가지고 내 손으로 다시 한번 이 세상과 교섭해 보고 싶었다. 지금 이 꼴로서야 문화 주택이 암만 서기로 내게 무슨 상관이며 자동차, 비행기가 개미 떼나 파리 떼처럼 퍼지기로 나와 무슨 인연이 있는 것이냐, 세상과 자기와는 자기 손에서 돈이 떨어진, 그 즉시로 인연이 끊어진 것이라 생각되었다.

이태준, 「복덕방」, 『해방 전후 외』, 129쪽

"돈만 가지면야 좀 좋은 세상인가!" 안 초시는 부르짖는다. 안 초시의 말이 아니라도 돈의 위력은 피부로 다가오는 세태였다. 세상은 한껏 흥청거렸다. "물에서 갓 튀어나온 메기처럼 미끈미끈한 자동차"의 경적 소리, "고층 건축"과 "그림 같은 문화 주택"의 공사 소음이 이어졌다. 소리의 문명은 "운전수"라는 새로운 직업인과 "살찐 중년 신사" 같은 부르주아의 탄생을 예고했다.

"땅 위의 이곳저곳에서 어지럽게 울리는 황금 행진곡"도 드높았다. "투기적 토지 경기와 일확천금의 자금을 위한 은행, 사채의 금융과 이율 등 시정의 현화한 풍경"[50]도 전개되었다. 1930년대에는 미두(米豆, 미곡 투기)와 주식, 땅 투기를 비롯해 '황금광' 열풍으로 일컬어졌던 광산 개발 붐이 일었다. 소설가조차도 황금광으로 나섰다는 투기 열풍은 자본주의가 전개되는 과정에서 치렀던 혹독한 통과 제의이자 일본에 종속된 식민지 경제의 특수성에 기인한 현상이었다.[51]

'돈만 가지면 참 좋은 세상'이지만 그 이면이 있다. 안 초시의 말대로 세상은 "자기 손에서 돈이 떨어진, 그 즉시로 인연이 끊어"진다. "다시 한번 이 세상과 교섭"하고자 하는 안 초시는 곧 환갑이 되는 나이다. 1930년대에는 10대 후반, 20대 초반이 결혼 적령기라고들 했으니 오늘날로 치면 여든쯤 되는 고령이다. 그는 의욕적으로 땅 투기를 하지만 사기를 당하고 비극적으로 생을 마감한다.

토지에 기반을 둔 농촌 공동체는 흔들렸다. "땅이란 천지 만물의 근거"라는 말은 옛말이 된다. "땅이란 걸 어떻게 일시 이해를 따져 사구 팔구 하느냐? 땅 없어 봐라, 집이 어딨으며 나라가 어딨는 줄 아니? 땅이란 천지 만물의 근거야."[52]라는 가르침은 허약하다. 도시화가 진행되고 투기 자본주의가 들끓는 가운데 농촌은 피폐해져 갔다. 농촌에 따라붙는 수사는 "자족적이고 유기적인 공동체"라기보다는 "희망 없는 변두리"[53]에 가까웠다. 1930년대 초부터 총독부의 농촌 진흥 운동이 추진되었지만 대공황기에 개별 농가의 처세가 강조되었고 큰 변화는 일어나지 않았다.

농업보다는 상업과 공업, 광업이 경제적인 사업으로 인기를 얻었다. 농수산업 역시 실업(實業)에 포함되어 새로운 농경 기술을 소개하는 책자나 농기구가 광고 지면에 등장하기도 했다. 하지만 그보다는 상공업의 생산성이 화제를 모았다. 상공업을 권유하는 일종의 구인 광고 형태도 선보인다.

광고 23 오는(今) 10일에 경성에서 개최되는 조선 물산 공진회를 기회 삼아 고상하고 유리한 사업을 득(得)하시렵니까? 굳이 하고자 할진대 사업도 제군의 손에 있고, 성공도 제군의 손에 있는 것이올시다.
화평당약방 대리점 모집,《매일신보》(1915. 9. 9)

광고 24 오늘날 우리 사회가 무엇 무엇이니 해도 실업(實業)이 아니면 살아갈 길 망연, 경제의 선로(線路)를 얻기 어려운 우리는 아무쪼록 소자본으로 소규모의(簡易한) 공업을 취합시다.
대구 세신(世信)양말 기계 모범 공장,《개벽》(1924. 1)

광고 25 지방 특약점 대모집, 월수입 60원 이상 확실, 불경기에 호직업(好職業), 상세 규칙 청구(求請) 요망.
무궁화화장품 상회,《삼천리》(1932. 2)

각종 상공업을 권유하는 광고들이 나왔다. "고상하고 유리한 사업",

두뇌 자본을 개발하시오: 건뇌환 광고

'뇌'는 머리나 지혜, 힘을 대신하는 기술 용어다. 두뇌도 중요한 경쟁 에너지며 개조의 대상에 속한다. 위 광고는 두뇌 개발을 강조하는 두통약 광고로, 뇌의 건강을 내세웠다. "두뇌의 개조! 신경 쇠약에 레벤"(상단, 《동아일보》(1930. 4. 6))이라 하고, "뇌는 활동의 원동력이다! 건뇌환"(하단, 《조선일보》(1934. 5. 18))이라 광고한다. 건뇌환의 톱니바퀴 도안은 객관적인 상관물 역할을 하여 두뇌를 기계적인 내부 장치로 표현했다. 뇌가 고장 나면 뚜껑을 열어 수리하면 된다. 건뇌환은 다른 광고에서 "인생의 승리는 머리(頭)의 문제"라는 카피를 쓰기도 했다.(《조선일보》(1938. 9. 15))

일본의 명약으로 꼽히는 건뇌환은 오늘날 '健腦丸'에서 '健のう丸'으로 표기가 순화되었다. 발음은 '겐노간'으로 동일하지만 뇌(腦) 자를 빼고 보다 부드럽게 들리는 효과를 준 것이다. 하지만 1896년 건뇌환이 갓 출시되었을 때 광고 전략은 확실히 원색적이었다. 귀중한 뇌가 건강하지 않으면 "일진월보(日進月步) 우승열패(優勝劣敗)의 세상을 살아가며 각 사업에 종사하지 못할 뿐만 아니라 국가를 위하여 이보다 불리한 것은 없"다고 강조했다.(야마자키 미쓰오, 「일본의 명약」, 85쪽)

"소자본으로 간이한 공업", "지방 특약점"을 시작해 보란다. 제조업(광고 24)도 있고 상업(광고 23, 25)도 있다. 1930년대 초 세계 경제의 "불경기"(광고 25) 이전부터 민족 경제에 대한 우려는 높았다. 피지배 민족으로서 "경제의 선로를 얻기 어려운"(광고 24) 상황에서 한국인 기업의 생산과 소비가 장려되기도 했다. 광고 23은 조선 물산 공진회를 활용해 대리점을 모집한 것이다. 조선 물산 공진회는 1915년 경복궁에서 열렸던 박람회로, 한국인 광고주 화평당약방은 박람회라는 제국적인 상품화 기획전에서 사업 확장을 도모하고 있다. 광고 25에서는 무궁화화장품이 특약점을 모집하는데 당시 대리점이나 특약점에는 잡화상 한편에 해당 상품을 들여 놓는 영세한 규모도 포함되어 있었다.

1910년대 중반에 나온 광고는 꽤 유장하다. "고상하고 유리한 사업"과 "성공"이 제군의 손바닥에 있다(광고 23)는 1910년대의 점잖은 말투는 1930년대 초반이 되면 원색적으로 바뀌어 있다. "월수입 60원 이상 확실, 불경기에 호직업"(광고 25)이라는 문구는 오늘날 구인란에서 넘쳐나는 쪽 광고 중에 '월수 300(만 원) 이상 보장, 하루 5시간 재택 근무'를 떠올리게 한다. 당시 상층 계급에 속했던 은행원의 한 달 수입이 70원이었으니 월수 60원 보장은 영 과장돼 보인다. 하지만 허언이라고도 할 수 없는 것이, 무궁화화장품은 박가분과 함께 광고 지면에 자주 등장했던 규모 있는 한국제 화장품 회사였다. 의약품과 함께 화장품은 이문이 많이 남는 장사로 알려져 있었는데, 구인 지면에서도 요란했던 셈이다.

실업계 종사자를 모집하는 이들 광고처럼 일정한 자본금이 필요한 부문도 소개됐지만 그렇지 않은 경우도 많았다. 수중에 돈이 없다면 자신의 지력과 체력을 밑천으로 삼을 수 있었다. 자본은 경제적인 데 국한

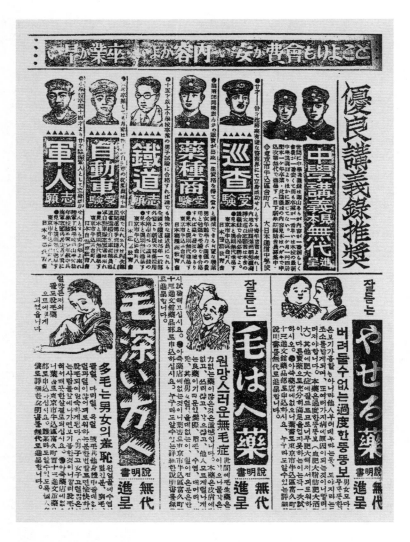

광고 26 이상적 인간상을 제시하는 광고 잡지의 한쪽 면이 광고로 채워졌다. 지면 상단에 실린 광고는 각종 수험서 및 참고서 광고다. 하단에는 제모제와 발모제, 다이어트 약 광고가 실려 지면을 구성했다. 이 상품들이 제시하는 인간형은 머리털도 풍성하고 날씬하며 매끈한 피부에다 꽤 괜찮은 직업적인 능력을 지닌 바람직한 인간이겠다.《조광》(1938. 3), 197쪽 전면 광고)

되어 있지 않다. 새로운 경쟁 사회에서 활용할 수 있는 모든 에너지가 자본이 된다.[54] 개인의 학력 자본과 같은 문화 자본, 육체 자본을 개발하는 상품들도 쏟아졌다. 두뇌를 개발하고 학력을 높이는 일, 각종 기능과 기술을 습득하는 일도 상품화되었다.

출판 시장에는 실용서가 쏟아져 나왔다. 근대 서적의 특징은 기능적 성격이 강하다는 점이다. "책 속에 담긴 지식과 정보는 모두 무엇인가를 위한 기능적 가치"[55]를 지닌다. 일종의 매뉴얼로서의 책에는 학습서, 참고서, 수험서가 많았다. 소설 「복덕방」의 또 다른 인물, 박 영감이 직업을 얻고자 하는 과정에도 학습서가 등장한다. 그는 국어인 일본어를 익히기 위해 "조선 총독부 편찬"의 『속수 국어 독본(速修國語讀本)』을 닳도록 들여다본다. 실용 서적 시장은 1920년대부터 꾸준히 확대되었다. 농업 책, 부기(簿記) 책, 어학 사전을 비롯해서 무전 기사, 전기 용접사(電氣鎔接士), 전기 공사인(電氣工事人), 기계공, 삽화가, 제도공(製圖工) 자격증 교재나 유도·검도 교본, 교원 수험 강의록, 입영 입단 준비 강의록 등속이 출시됐다.

광고 26에서 수험서 광고를 보면 '우량 강의록 추장(추천)'이라는 표제하에 여러 교재가 묶여 있다. 중학 강의록부터 시작해서 순사, 약종상(藥種商, 약품 판매 상인), 철도 공무원, 군인, 자동차 면허 시험 수험서까지 다양하다. 학생부터 군인에 이르는 광고 모델은 모두 청장년층 남성들이고 한결같이 규격화된 복색으로 제시되었다. 대일본통신중학교, 일본 군사교육회를 비롯해 여러 광고주가 함께 광고를 냈다. 광고는 일본어 그대로 게재되었다. 일본에서 나온 광고였지만 광고의 목표 소비자들이 일본어를 해독할 수 있는 한국인들이었으므로 번역될 필요가 없었다. 실용

서적은 일본어 그대로 광고를 낸 데 비해, 광고 하단에 제시된 건강·미용 용품 광고는 한글로 번역되어 있다. 건강·미용용품 광고는 소비자층을 폭넓게 잡았기 때문이다.

수험서 광고 속에 "어디보다도 회비가 싸다, 내용이 좋다, 졸업이 빠르다.(どこよりも會費が安い內容がよい卒業が早い。)"라는 문안은 기능적인 근대의 가치를 대변한다. 잘 듣는 약처럼 지식과 기술도 제대로 기능하여 식민지 자본주의 사회 곳곳에 직업인들을 배치할 것이다. 이들 직업인과 기능인들은 뭘 해 먹고살아야 할까 하는 고민에 대한 개인적인 선택지이자 근대적인 사회 체제를 운용하는 데 요구되었던 구성 요소들이다. 1920년대부터 취업과 처세, 진학을 위한 각종 교본이 많이 팔리기 시작했던 현상은 "일제에 의해 이식된 근대적 제도가 일부 식민지 민중들을 실질적으로 포섭하고 있었음을 보여 주는 증거이다."[56]

근대의 실용 서적 시장은 오늘날 젊은이에게 주어진 '스펙' 쌓기를 떠올리게 한다. 오늘날 청년들 역시 직업인과 기능인으로서 거듭나기 위해 필요한 기술이 많다. 스펙은 구직자들에게 요구되는 학력과 학점, 자격증 등속을 일컫는 신어로 등장했다. 스펙(specification의 줄임말)의 원뜻은 기계나 프로그램의 사양으로, 스펙이 요구되는 인간이란 인조인간, 로봇처럼 취급되는 듯하다. 취업 연령층에게 요구되는 스펙은 기능적인 인간상과 도구적인 합리성을 극단화한 말이다. 한국에서 대학은 기본으로 나와 줘야 하나 대학 졸업장을 따는 데 드는 비용은 세계 최고 수준에 이른다. 신문 기사를 보니 직장 생활을 하면서 가장 도움이 되지 않는 스펙은 석·박사의 고학력이란다.[57]

취업 전선을 뚫고 난 후에도 녹록하지 않다. 취업 후 직장 생활에서

는 직장 처세술 책을 사 보고 학원을 다니며 자기 계발을 하고 재테크 공부가 필요하다. 승진이나 이직, 창업은 직장인들에게 던져진 과제다. 미래는 불안하다. 평균 수명은 느는데 은퇴 연령은 되레 줄어들고 있다. "창업 후 절반가량은 3년 안에 휴·폐업"[58]한다는 근래의 뉴스는 갑갑한 소식 중 하나다.

근대 광고는 입신과 성공의 신화를 팔았다. 하지만 성공의 신화는 "'우수한 개인'과 '근면한 고학생'을 앞에 내세워 신분 상승의 작은 틈을 열어 줌으로써 체제를 수호하는 방파제 기능"[59]을 했다고 할 수 있다. 각종 시험은 성공 신화를 향한 현실적인 수단으로 인기를 모았다. 각종 수험서는 학교 제도 안으로 수용되지 못했던 이들에게는 학력 획득의 기회를, 기술을 습득하고자 하는 이에게는 기술 획득의 기회를 공급했다.

많은 자격증 수험서가 "취직의 지름길", "독학으로 입신하는 지름길"을 내세웠다. 시험은 "평준화된 능력의 범위, 즉 공통의 표준을 부과하며 이 안에서만 개인적 차이를 두드러져 보이게 하는 수단"이다. 시험은 개인을 호출하는 동시에 개인을 평준화한다.[60] 개별 주체들은 동일한 기준 하에 적격과 부적격으로 판별된다.

광고 27은 같은 지면에 나란히 실린 교사 임용 고시 수험서 광고와 군대 입영 교재 광고이다. 학교와 군대는 개인을 규율하는 대표적인 근대 제도다. 예비 교사와 군인을 겨냥한 두 광고는 모두 공적인 가치를 강조했다. "국가 흥륭(興隆)의 기본은 국민 교육의 충실에 있다."(왼쪽 광고) "군국(軍國)의 청소년 입신봉공(立身奉公)의 도(道)."(오른쪽 광고) 학교와 군대는 국민을 만들어 내는 곳이다. 보통학교는 1941년 국민학교로 개명되었다가 1996년 광복 50주년을 맞아 초등학교로 바뀌었다. 학교가 만들어 낸 작은 국민들은 예비 군인으로 자라날 것이다. 1930년대 중반부터는 학교의 수신(修身) 과목에서 국방과 병역의 의무가 강조되었고, 집단적인 군사 훈련의 형태를 띤 체조와 체육 수업도 함께 실시된 바 있다.[61]

광고가 제시한 공적인 가치 이외에 실제적인 메리트는 따로 있다. 임용 고시 수험서 광고는 "취직난 없음"을 내세우며 "반년 내의 독학으로 교단에" 설 수 있다고 선전했다. 광고가 겨냥했으며 광고 수용자가 주목했던 점은 바로 이 부분이었을 것이다. 광고에는 "전국 각지에 시행되는 교원 검정 시험을 돌파"하면 "즉시 교육자로서 교단에 나설 수 있음"이 강조되어 있다. 일정표에 따라 "3개월이나 반년간"만 공부하면 합격은 보장된단다.

임용 고시뿐 아니라 공무원 시험도 당시에 인기를 모았다. 1923년에는 대학 졸업생을 대상으로 하는 문관 고등 시험과 함께 문관 보통 시험이 실시되었다. 문관 보통 시험은 중학교 학력 정도를 갖춘 사람들을 대상으로 지방 행정 기관의 중급 관리(판임관(判任官))를 뽑는 제도였다. 『일제 강점기 도시 사회상 연구』의 저자 손정목은 당시 공무원 시험에 응시했던 자신의 경험을 기록해 두고 있다. 그는 1943년 문관 보통 시험에 응시했는데 당시 경제학의 시험 문제는 '전시 경제의 이념을 논하라'는 것이었다고 한다.[62] 공무원이나 공립 학교 교사를 뽑는 시험 문제가 일본어 실력과 함께 황민화 정책에 대한 순응을 요구했으리라는 사정은 쉽게 짐작할 수 있다.

손정목이 전하는 공무원 시험 응시자들의 풍경은 흥미롭다. 나이 어린 소년부터 50세도 넘어 보이는 중늙은이까지, 전문학교 졸업생이나 하급 관리, 독학으로 응시하는 저학력의 젊은이까지 문관 보통 시험에 응시하는 이들은 다양했다. 일제의 관리가 되는 길은 많은 남성들이 자신과 가족을 부양하고자 도전할 수 있었던 길이었다. 학교와 시험, 직장이라는 규율 장치를 통해 근대적인 능력을 획득한 한국인 관리들은 1930년대 이후 증가했다. 이들은 식민 지배 체제의 말단 기구의 주요한 담당자로 조선 총독부의 의사를 지역 사회에 전달하는 임무를 수행했다.[63] 드물지만 한국인으로서 고위 관리가 된 이들도 존재했다. 경성제국대학이 졸업생을 배출하게 된 1929년 이후에는 식민지에서만 교육받은 한국인으로서 문관 고등 시험에 합격한 20대의 젊은 군수와 판사, 검사가 배출되어 화제를 모았다. 이들 중에 대다수는 대한민국 수립 후 장·차관과 같은 고위직이나 국회의원으로 활약하거나 유명 대학의 교수가 되었다.[64]

출세를 도모하는 일에는 군인 되기도 포함됐다. 광고 27 속의 입영 강의록은 입단 후의 "절대적 명예"와 출세를 강조했다. 이 명예는 식민지인으로서 피와 생명을 제공한다는 조건하에 일본인과 동등해질 수 있는 명예일 것이다. 청소년은 "군국(軍國)의 청소년"으로 호명됐고 "입신봉공(立身奉公)"이 강조됐다. "조선인 지원병제 마침내 4월 3일부터 실시"된다는 소식도 광고에 삽입되어 있다. 1938년 4월에 육군을 대상으로 지원병제가 실시된 후 식민지의 가난한 청년 남성들은 몰려들었다. 이후 1942년에 징병제 실시가 발표되고, 1944년 6월에는 징병이 시작되었다.

가난한 남성 청년이 군대를 통해 출세를 도모했던 일은 한국 정치사에도 기록이 남아 있다. 성공의 길을 만주에 두고 만주국 육군군관학교, 일본 육군사관학교를 거쳐 만주군 소위가 되는 성공 사례는 박정희가 보여 준 바 있다. 그는 우수한 조선인 고학생의 신분으로 일본군 엘리트로 진입했고, 마침내 5·16 쿠데타를 거쳐 대한민국의 5대부터 9대(1963~1979)까지 대통령을 지냈다. 그는 사범 학교를 졸업한 후에 보통학교 교사가 되었다가 육군 장교의 출세 가도로 진로를 바꾸었다. "가난하지만 명석한 조선인들에게 일본군 엘리트로 진입할 수 있는 문" 중의 하나는 박정희가 졸업했던 만주국 육군군관학교였고,[65] 그 전에 어느 '입영 입단 준비 강의록' 속에 출셋길의 시초가 있었는지도 모른다.

'만주'와 '대륙'은 기회의 땅으로 부상하면서 광고 속에도 많이 등장했다. "일선만(日鮮滿)의 각 관공서에 회우봉직(會友奉職)! 북경 신(新)정권에도 채용된다."라는 표제는 어느 공무원 시험 교재의 광고였다.[66] 다른 수험서 선전은 "조선 및 만주 경찰관 지원자"를 함께 호출하기도 했다. '선만경찰학회(鮮滿警察學會)'라는 곳에서 낸 광고였다.(《동아일보》(1938. 9. 15))

외양과 매너를 계발할 일

근대 사회에서 요구되었던 기능은 지식과 기술만이 아니다. 몸가짐과 행동 양식을 가리키는 '매너', '에티켓', '애티튜드'가 그것이다. '에티켓이 없다'든가, '매너가 황'이라든가, '애티튜드의 문제'라는 식의 말은 오늘날에도 흔히 쓰인다. 사람들은 자신의 사회적, 경제적인 지위에 어울릴 법한 언행과 예법을 요구받는다. 미용과 복색을 갖추는 일 역시 자기 자리에 대한 감각을 인지하고 수용하는 행위에 속한다.[67]

이태준의 소설 『딸 삼형제』(1939)에서 외양과 매너의 문제가 흥미롭게 등장한다. 소설에는 주인공 정매가 구직 면접을 하러 가는 장면이 나온다. 정매는 세 자매 중 첫째 딸로 꼬마 신랑과 했던 첫 결혼에 실패한 후 구직 현장에 뛰어든 젊은 여성이다.

> 정매는 석 달 동안에 방문(邦文) 타이피스트의 자격을 가졌다. 그동안에 상업 부기도 배웠다. 다만 약간 서툰 것은 주판이었다. 다시 삼월 달, 새봄이 되었다. 직업 전선에 큰 이동이 있는 때다. 정매는 저녁마다 신문 광고에서 직업 안내를 들여다보았다. 하루는 이런 광고가 눈에 띄었다. "남녀 사무원 각 1인 채용, 남자는 전문 이상 출신자, 여자는 고녀 이상 출신자로 타이프라이터와 부기 가능자에 한함."
>
> 종로에 새로 낙성이 되는 남한(南漢) 빌딩 사무실에서 낸 것이다. (중략) 양횟내가 그냥 나는 5층의 명랑한 새 빌딩이다. (중략) 정매는 두근거리는 마음을 좀 진정하려 사무실을 그냥 지나 저쪽 복도로 가서 잠깐 서 있었다. 엘리베이터는 이내 다시 올라왔다. 그 속에서는 또 여자 한 명이 나타났다. 조선 저고리, 마치, 구두가 장판지처럼 빛이 낡고, 핸드백도 못 들었다. 눈이 멀뚱

해 사무실 문을 쳐다보더니 좌우를 한번 휘 둘러본다. 정매와 눈이 부딪치자 주춤한다. 정매는 얼른 외면을 했다. 문 열리는 소리가 난다. 보니까 기웃하고 들여다보고 섰다. 안에서 무슨 소리가 난다. 그제야 이력서인 듯 봉투 든 손을 뒤로 감추며 사무실 안으로 어청어청 들어가는 것이다.

정매는 한숨이 나왔다. 보매 구차한 집 여자요, 또 나이도 많이 들어 보인다. 그 쭈뼛거림이, 구두는 신었으되 도시 생활에 퍽 서툴러도 보인다. '저런 사람이 뽑힐 수 있을까? 나 봐! 남 걱정을 허구 섰네……' 그러나 생각하면 지금 들어간 그 여자는 아까 양장한 소녀나 자기보다 훨씬 더 절박한 생활의 탐구자 같았다. 공평하게 한다면 저런 사람에게부터 직업을 줘야 할 것이라 느껴진다.

이태준, 『딸 삼형제』, 209~210쪽

정매는 고녀(고등여학교) 출신으로 취학 연령대 여성의 1퍼센트도 되지 않았던 고학력자에 속한다. 정매는 전문학교에 지원했으나 결혼했던 이력 때문에 입학을 거절당한다. 이혼녀인 정매는 스스로 생활력을 얻고자 직업 시장으로 진출한다.

정매가 배운 기술은 방문 타이핑(타자)과 상업 부기, 주판이었다. 타자기는 예전에 컴퓨터 역할을 대신했고, 주판(주산)은 수판으로 하는 셈으로 전자계산기를 대신했던 도구다. 주산과 부기를 배운 정매는 단연 '신여성'에 속한다. 정매가 취득한 자격은 "방문 타이피스트"다. 방문(邦文, ほうぶん)은 제 나라 글자와 문장을 가리키는 일본어로 식민지였던 한국에서는 일본어(和文)를 가리킨다. 정매는 취직을 위해 일본어 타이피스트 자격증을 따고 재무 기록에 관련된 부기 기술을 익히고 주판을 연습했다.

"삼월 달" "직업 전선에 큰 이동이 있는 때", 정매가 구직 정보를 구하는 과정에는 "신문 광고에서 직업 안내를 들여다보"는 일과가 있다. 당시 구인 광고의 분위기를 반영한 소설 속 광고 문안은 이렇다. "남녀 사무원 각 1인 채용, 남자는 전문 이상 출신자, 여자는 고녀 이상 출신자로 타이프라이터와 부기 가능자에 한함." 흔했던 석 줄 형식의 구인 광고, 즉 삼행광고(三行廣告)다. 광고에는 학력과 기술에 관한 채용 조건이 명시되어 있다. 남성에게는 여성보다 높은 학력이 요구되었다. 보통학교(초등 과정)→고등보통학교(중등 과정)→전문학교와 대학교(고등 과정) 수순에서 고등여학교(고녀)는 중등 과정에 해당한다.

회사의 사무직 여성으로는 경리나 비서직이 주를 이뤘다. 오늘날에는 흔히 비전문직으로 분류되는 총무부 직원이나 '경리 아가씨'지만 1930년대에는 현대적 기술이 요구되는 전문직에 속했다. 근무 공간 역시 위풍당당하다. 회사 건물은 "양횟내가 그냥 나는 5층의 명랑한 새 빌딩"으로 엘리베이터까지 갖췄다. 정매는 할리우드 영화를 보면서 "활동사진에 나오는 직업 처녀들"의 "현대미 있는 명랑한 생활 설계"[68]를 꿈꾸어 왔는데 빌딩 풍광은 이에 걸맞을 법하다.

재미있는 것은 면접 대기자들의 모습이다. 소설에는 정매 외에도 다른 응시자가 등장한다. 그의 모습은 초라하다. 그는 일단 양장 차림이 아니다. 저고리에 구두를 신었으나 낡디낡았다. "조선 저고리, 마치, 구두가 장판지처럼 빛이 낡고, 핸드백도 못 들었다. 눈이 멀뚱해 사무실 문을 쳐다보더니 좌우를 한번 휘 둘러본다. 정매와 눈이 부딪히자 주춤한다." 자신의 이름을 호명하는 소리에도 당당하지 못하다, 아니 낡디낡은 저고리와 구두를 신은 그는 당당할 수 없다. "이력서인 듯 봉투 든 손을 뒤로 감

구직이나 선보일 데 쓸 사진은 이렇게 찍으시오

어떠커구 백여야
사진에 잘 나올까
구직이나 선보일데 쓸것은더 걱정
이 묘리만 아라 두십시요

신문에는 결혼 시즌과 졸업 기념, 취직을 맞이해 사진 잘 나오는 법에 대한 기사가 종종 실렸다. "어떡허구 백여야(박혀야) 사진에 잘 나올까. 구직이나 선보일 데 쓸 것은 더 걱정. 이 묘리만 알아 두십시오."(《조선일보》(1937. 10. 30))라는 기사에는 "얼굴", "화장", "포즈", "마음 갖기"로 나누어 사진 찍는 법이 설명되었다. "뚱뚱한 분, 얼굴 넓적한 분은 옆으로 찍혀야 낫고", "찍는 사람이나 그 옆에 있는 사람에게 이야기를 걸어 딱딱한 기분을 전환하는 것"도 자연스럽게 사진을 찍는 묘책이란다.

오늘날에도 크게 다르지 않다. 이력서 사진 찍기는 커리어 컨설팅의 첫걸음이다. 이런 컨설팅에 따르면 어디까지나 자연스러운 범위 내에서 깔끔하고 자신감 있는 표정이 중요하단다. 정장과 화장, 머리, 자세에 대한 가이드라인도 넘쳐난다. 흔히 이력서에 요구되는 상반신 사진은 신체 조건이나 미혼/기혼 표기와 함께 인권 침해의 소지가 있다고 해서 시빗거리가 되고 있다.

추며 사무실 안으로 어청어청 들어가는 것이다."

소설 속에서 "보매 구차한 집 여자"의 스타일이 생생하게 묘사되어 있다. 여자는 정매보다 "훨씬 더 절박한 생활의 탐구자"임에 틀림없다. 하지만 "나이도 많이 들어 보"이고, 경력 면에서도 필경 뒤처질 인물이다. 물론 취직이 된 쪽은 주인공 정매다. "주춤"거리고 "쭈뼛"거리는 여성의 풍모는 "구두는 신었으되 도시 생활에 퍽 서툴러도 보인다."라는 한 문장에 집약되어 있다.

조선 저고리를 입었는지, 양장을 입었는지, 구두는 어떻고 핸드백은 어떤지에 따라 사람은 달라진다. 외양은 사람을 판단하는 우선적인 기준이 된다. 도시인에게 '치레'는 중요하다. 도시인에게는 얼굴치레와 옷치레, 신발치레가 요구된다. 많은 사람들이 몰려드는 도시에서, 서로를 알지 못하는 익명의 군중이 탄생한 곳에서 상대방의 내면을 탐구할 여유는 없다.

외양, 정확히는 외양을 구성하는 소비 품목과 그에 어우러지는 태도(매너와 애티튜드)가 상대방을 판단하는 손쉬운 방법이 된다. 매너가 좋으니 나쁘니, 애티튜드가 어떠니 저떠니 하는 말에는 많은 함의가 있다. 상품은 사람들의 사회 경제적 지위와 문화적 취향을 폭로한다. 상품 소비에 따라 문화인과 문명인의 여부와 정도가 결정된다. 사람들은 학력과 지식을 개발해야 할 뿐만 아니라 취미와 교양에 투자해야 한다. 이른바 문화자본을 획득하는 과정으로 모두 소비를 통해 가능하다.

구직 과정에서도 마찬가지다. 지위와 계급에 걸맞은 태도와 외양을 훈련할 것이 요구된다. "사회적으로 필요한 몸의 표상을 만들어 내기"는 중요하다. "신체적인 에티켓과 같은 예의범절의 다양한 코드가 생산되어 몸과 사회의 관계를 설정"한다. 피에르 부르디외의 말을 빌리면 "구별 짓기(distinction)"의 양상은 신체에 특징적으로 나타난다. 신체는 사회적인 경쟁 에너지가 된다. 따라서 신체는 자본주의적인 목표에 따라 투자된다. 몸은 하나의 자산으로 관리, 정비되며 사회적인 지위를 표시하는 대표적인 기호 형식으로 조작된다.[69]

각자의 신분에 맞는 '치레'하기는 소비 훈련에 속한다. 속치레보다는 겉치레가 우선이다. 사람들은 옷과 구두로 사람을 판단하고 판단'당한다'. 따라서 옷과 구두뿐 아니라 학벌과 자동차, 아파트가 중요해진다. 취직 시장에서는 인사 담당자들이 구직자들이 갖추어야 할 치레에 대해 조언한다. 조언은 가지가지다. 검은 옷이 무난하다, 헤어스타일과 액세서리는 어떻게 하라, 시선을 어떻게 처리하라는 팁을 듣다 보면 마치 로봇을 조립하는 과정처럼 보인다.

외양은 분명 중요한 사회적 능력 중 하나다. 근대 직업 시장에서 외양은 특히 여성에게 중요한 능력이 됐다. 미(美)는 기술과 지식을 대신하는 기능적인 역할을 했다. 이때 미는 교육과 취업에서 소외되어 왔던 여성에게 주어진 기능성이다. 가외 영역의 담당자로 기대되었던 남성들에게 '남자다움'이란 경쟁적이고 두각을 나타내는 것, 뛰어남, 엘리트의 표시로 통했다. 이와 짝을 이루는 '여자다움'은 흔히 아름다움으로 연결되었다. 아름답다면, 즉 '여자답다'면, 그녀는 선택될 것이다.[70] 미는 결정적(fatal)일 수 있었는데, 생물학적 유전의 논리를 토대로 한 개발이 사회적 위계 구조를 위협할 수 있기 때문이었다.[71] 기업이라는 새로운 가부장의 체제에서든, 가부장적 핵가족의 구조 내에서든 여자의 능력은 남성에게 선택받을 수 있는 능력이고 아름다움은 주요 무기가 될 수 있었다. 이때 미는 젠더 구분을 포함하며 외모에 국한된 치장을 가리킨다.

자본주의적인 사회 편성과 함께 여성은 가내의 '비생산적인' 영역의 담당자로 분리되었다. 가외 영역은 가내 영역과 달리 경쟁과 효율로 특징지어졌지만, 가외 영역의 여성들에게는 미가 요구될 때가 많았다. 미를 대신할 만한 전문적인 기능을 지닌 여성 직업군은 적었다. 교사나 기자, 의사, 예술가와 같은 '전문직 여성'은 당시 '공무 자유업'으로 흔히 분류되었는데 상위 1퍼센트도 안 되는 규모였다. 근대화된 산업 영역에서 경제 활동을 했던 여성을 꼽자면 취업 여성의 10퍼센트 정도였다.[72] 미디어에서는 '특수한 직업'에 있는 여성들이 부각될 때가 많았다. 기삿감을 좇는 미디어의 생리는 직업여성의 생활을 흥밋거리로 다루었다. 전화 교환수를 비롯해서 여차장(버스 안내양), 여점원(숍걸/데파트걸), 극장표를 끊어주는 티켓 걸, 개솔린 걸(주유소 직원), 접객 서비스업자(예기, 작부, 창기, 여급·웨이트리스) 등이 그들이다.

직업여성에게 요구되었던 외모 치장에 대한 이야기도 찾아볼 수 있다. 어느 여차장은 "제 몸치장도 못되는 월급을 받지만 화장을 조금만 덜하여도 회사에서 야단"이라든가, "화장 같은 것을 게을리하면 회사에서도 말이 있으니 자연 화장품 값도 상당히 든다."라고 했다. 이들에게는 "현대인의 흥미를 끌기에는 넉넉"한 소위 "모던 걸의 복장"[73]이 요구되었다.

상품은 자본주의적인 육체미의 중심에 있었다. 아름다운 얼굴과 몸이란 상품 소비를 통해 가능한 산물이다. "미는 여성에게만 허용된 유일한 힘"이며, "아름다운 것을 사랑하는" 것은 "화장품을 사랑하는 것"이고 "품격"의 표지로 연결되었다. "화장이란 여자가 아름다워지기 위한 것, (중략) 여자가 아름다워지는 것이 자연스럽게 여자의 교양이 되고 예의가 되고 품격을 높이고 또 위생적이며, 게다가 기분도 좋아지게 하는 것"으로 여겨졌다. 이는 일본의 시세이도 화장품 광고부에서 나왔던 말이다.[74] 화장품 광고는 여성-미-화장품 소비를 '자연스럽게' 연결했다. 근대 이전에 화장은 폭넓은 수신(修身)의 함의를 지닌 행위이자 계급적인 표식의 하나였다. 화장 행위는 상류층을 중심으로 몸과 마음의 일치, 즉 지덕체 합일의 문제로 중시되었다. 양반 남성들의 분세수(粉洗手)나 관리들의 향낭(향을 넣어 차는 주머니) 패용은 일반적이었다고 한다.[75]

근대에 들어 미는 여성의 육체를 중심으로 부상했지만 남성의 외모와 미용도 화제를 모았다. 많은 인텔리 남성들은 맥고모자와 뿔테 안경, 와이셔츠와 넥타이, 양화(구두)를 신고 다방에서 커피 한잔을 걸치는 데 합류했다.[76] '모걸(모던 걸)'과 함께 '모보(모던 보이)'의 등장이 화제를 모으면서 모보의 천태만상은 입방아에 오르내렸다. "사나이의 얼굴이 떡가루 속에 파묻었다 나온 모양"으로 "분이 케케로(켜켜이) 앉아 있는 궐자"들, 여자의 기침 소리만 나도 "몸 매무새를 고치고 넥타이를 매만지는" 꼴불견들이 잡지에 등장한다. 하지만 신문과 잡지의 필자가 대부분 남성이었으므로 멋쟁이 여성들은 보다 화젯거리였고 적나라한 공격의 대상이 되었다.

여성미의 특징이라면 낮은 사회 경제적 지위와 함께 성적인 억압 구조를 반영한다는 점이다. '모걸'은 성적 희롱과 폭력의 대상으로 취급되기 십상이었다. 오랜 여성 억압의 구조는 자본주의 사회에서 여성의 성이 상품화되는, 즉 '섹슈얼리티'가 '매춘화'되는 형태로 바뀌어 왔다. 여성의 성은 특정 계급의 전유물이 아니라 광범위한 매매의 대상으로 변했다. 여성의 성은 남성이 주도하는 세계의 돈과 지위, 사회적인 안정과 쉽게 교환되었다.

여성이 '성'으로 쉽게 치환되는 상황은 직장 생활에서도 예외가 아니었다. 미디어 속에 재현된 직장 여성에 대해서는 기술이나 직무 수행 능력보다는 여성성이나 성(섹슈얼리티)에 대한 논의가 대부분이다. 대체로 '양가 규수'는 결혼을 했지 취직을 하지 않았던 상황에서, 고학력 여성이라도 여전히 어머니 되기가 순리로 여겨졌던 상황에서, 일하는 여성은 확실히 불행한 여성이었다. "일하는 여성=불행한 여성"이라는 통념 속에서 직장 여성들의 자기 만족도는 낮게 나타났다.[77]

'직업여성'이라는 명명은 1930년대에 들어 통용된 말인데 '여공'이나 부인 노동자(직업 부인)와도 구분되면서 성적인 이미지와 흔히 결부되었다.[78] 근대 이전에 직업여성들을 꼽는다면 창기나 무당, 여자 하인 정도였고, 이들은 직업인이기 이전에 "사람 축에 끼이지 못하"[79]는 천민들이었다. 신분 사회가 무너진 후에도 가정 밖에서 직업을 구하려는 여성들에게는 비슷한 멸시가 따라다녔다. "가두(街頭)에 방매(放賣)"한 "계집"[80]이란 '몸 파는' 여성뿐 아니라 가외 영역에 뛰어든 모든 여성들에게 씌어질 만한 혐의였다. 김진숙의 『소금꽃나무』(2011)에는 1970~1980년대까지 쉬 '걸레'로 취급되었던 여성 노동자들의 역사가 기록되어 있다.

2

무릇 문화인이자
교양인이라면

최근의 경성(京城)은 한(마디) 말로 하면 자본주의 도시인 경성으로 변하여 가는 것이다. 모든 봉건 유물은 쫓기이고 자본주의의 제 요소가 번화스럽게 등장한다. 고아한 조선식 건물은 하나둘씩 헐리고, 2, 3층, 4, 5층의 벽돌집이 서게 된다. 서울의 거리에는 날마다 건축하는 빛이요, 아스팔트 깐 길이 나날이 늘어가고 이 길 위에는 자동차, 자전거, 오토바이 등이 현대 도시의 굉음을 지르며 지나간다. 이 반면에 자본주의 그것이 낳아 놓은 대량의 빈민도 늘어 간다. 이 빈민들은 경성의 한복판에서는 생존경쟁에 밀리어 (사대)문 밖이나 현저동(峴底洞) 돌사닥다리 산(山)언덕에 3, 4칸(間)의 구식 집을 수천 호씩 짓고 모여 산다. 기왕에 주택지로는 거의 돌아보지 않던 산언덕에 어디든지 수천 호의 집이 새로 생긴다. (중략) 부호(富豪)와 걸인(乞人), 환락과 비참, 구(舊)과 신(新). 이 모든 불균형을 40만 시민 위에 '씩씩'(부정확─원주)하게 배열하며 경성은 자라 간다.
─유광열, 「대경성(大京城)의 점경(點景)」, 《사해공론》 (1935. 10), 82~86쪽

도시, 백화점, 양품 유행

거리에 사람들이 스친다. 버스에 올라타는 사람들, 횡단보도를 건너는 사람들, 음식점에 들어가도 술집을 들러도 사람들이 있다. 많은 사람들이 어디론가 가고 온다. 한국 사람 너댓 명 중 하나꼴이라는 서울 사람이라면 사람들의 물결에 익숙하다. 세계적으로도 서울은 가장 인구가 많은 도시 중 하나로 꼽힌다. 서울은 단연 정치와 경제, 문화의 중심지이므로 나머지 지역은 흔히 '시골'로 불린다. 1990년 이후 경기도권에 신도시가 생겨나면서 서울에 유입되는 인구보다 유출 인구가 많아졌다. 면이나 이(里) 단위를 시골로 치면 2011년에 남한의 도시 인구는 총인구의 90퍼센트 규모였다.[1]

식민지 시기의 도시를 꼽자면 '경성(서울)'을 비롯해 개성, 평양처럼 조선의 전통 도시가 확장된 지역이 있었다. 그리고 부산과 인천, 신의주, 흥남처럼 새로운 항구 도시 및 산업 도시로 부상한 지역들이 있었다.[2] 그

외에도 대전, 전주, 군산, 광주, 목포, 대구, 마산, 진주, 해주, 진남포, 함흥, 원산, 청진, 나진, 성진이 오늘날 시 단위에 해당하는 지역(부(府))이었다. 서울은 조선의 개국 초기에 수도(한양(漢陽), 한성부(漢城府))로 정해졌고 그 후 600년 넘게 정치와 문화의 중심지로 자리했다. 식민지 시기에 서울은 '경성(京城, 게이조)'으로 표기되었고 행정 구역상으로는 경기도의 도청 소재지(경성부(京城府))였다.

식민지 시기 말기에 서울의 인구는 100만 명 안팎이었다. 한반도의 총인구는 2500만을 넘었고, 도시 인구의 비율은 1920년 4.86퍼센트에서 1944년 23.8퍼센트까지 늘어났다.[3] 식민지 시기에 한국은 농촌 사회였다. 인구의 대다수가 거주했던 농촌은 상대적으로 생산 양식이나 생활양식에 큰 변화를 겪지 않았던 곳이다. 하지만 먹고살기 어려워 상경한다든가 나라를 떠나는 유랑민이나 개척민이 늘어났다. 농촌에 대규모 수리 시설이 도입되고 소비재로서의 상품도 유입되면서 촌락의 질서는 요동쳤다.

도시는 전기와 수도가 먼저 들어가기 시작했던 곳이다. 서울에 처음 전력 회사(한성전기회사)가 설립된 때는 1898년, 처음 정수장이 생긴 때는 1908년이다. 서울에 전차와 가로등, 수도가 공급되기 시작한 것이 한국의 전기와 상수도 역사에 최초 사례로 기록되어 있다.[4] 교통과 통신은 인구 밀집도와 생활의 속도를 높인다. 많은 사람들이 빠르게 움직인다. 익명성과 기동성은 도시의 특징이다. 회사와 공장을 중심으로 새로운 중간 계급인 봉급생활자도 등장했다. 이들을 주축으로 도시에 거주하는 많은 사람들이 대량 생산의 주역이자 소비자로 탄생한다.

도시의 거리 풍경은 "근대 자본주의가 삶의 영역에서 육체화되어 나타나는 표현"[5]이라 할 수 있다. 서울을 비롯한 도시를 중심으로 새로운 문화가 형성되었다. 식민지 시기 대중문화가 꽃피었던 때는 1930년대에 들어서이다. 현대 문화의 총아인 영화를 비롯해서 라디오 프로그램, 음반, 신문과 잡지, 스포츠 및 여행 상품이 활발하게 생산되었다. 교양과 취미, 오락도 상품의 형태로 매매되었다.

많은 사람들이 모여든 익명의 공간에서 사람들은 자신을 차별화할 필요가 있다. 사람들은 스스로를 내세우고 계급화하고자 한다. 중상류 계급이 중심이 되어 '하이칼라다', '문화적이다', '문명적이다'라는 말을 선점하려 든다. 문화와 문명은 흔히 구별되어 설명된다. 18세기 중엽에 독일은 프랑스식의 보편적인 문명 개념에 대항하여 민족 문화의 특수성을 부각했다. 근대적인 문화와 문명은 18세기 유럽의 국민 국가 형성 과정에서 나온 한 쌍의 서구적 가치관으로 알려져 있다. 니시카와 나가오는 문화는 문화적 상대주의와 동시에 인종 차별로 향하는 길을 준비하고, 문명은 휴머니즘과 동시에 식민주의의 구실을 마련한다고 말한다.[6]

문화적인 사람은 뭔가 있어 보이는 사람이겠는데 이들은 지리적인 함의도, 시대적인 함의도 지니고 있다. 뭔가 '있어 보인다'는 사람들은 '없어 보이는' 사람들, 예컨대 가난뱅이, 시골뜨기, 시대에 뒤처진 사람을 대립적인 항으로 만들어 낸다. 평론가 김남천은 사람들의 심리를 두고 "저것을 입지 못하고 저것을 신지 못하고 저것을 얼굴에 바르지 못하면 나는 '시대지(時代遲, 지다이오꾸레)'로 보이고 둔감으로 웃음거리가 되고 가난뱅이로 푸대접을 받고, 시골뜨기나 구세군이나 전도 부인으로 간주될는지도 모르겠다."[7]라고 묘사한 바 있다. 사람들과 비슷하게 입고 신지 않으면 뭔가 뒤처져 보인다. 불안하다. 이 무언가는 '상품'이고, 상품으로 구성된 '유행'이다.

대도시는 "살인적인 고밀도"

　도시화율은 흔히 토지 이용이나 인구 지표를 통해 판단된다. 식민지 시기에 도시 인구가 증가했던 현상은 농촌 인구의 유출과 더불어 산업 구조가 변화하던 상황을 말해 준다. 식민지 시기 말기가 되면 도시화율은 20퍼센트를 넘었고 해방 이후에 꾸준히 도시화되어 남한의 도시 인구 비율은 1960년 39.1퍼센트, 1970년 50.1퍼센트, 1980년 68.7퍼센트, 2005년 90.1퍼센트를 기록했다. 반면 북한의 도시화 정도는 1970년대 이후 크게 변하지 않았다고 알려져 있다.(e-나라지표, http://www.index.go.kr 참고)

　식민지 시기에 도시는 흔히 '부(府)'를 가리킨다. 손정목은 식민지 시기 도시 인구의 비율이 1920년 4.86퍼센트에서 1944년 23.8퍼센트로 늘어났다고 추산했다. 부를 비롯해 읍에 거주하는 인구를 도시 인구로 계산한 결과다. 읍 단위까지 모두 도시 인구로 추산할 수 있을까 하는 의문도 들지만, 행정 단위가 분주하게 개편되고 지역 사회가 변화했던 양상을 미루어 짐작할 수 있다.

　도시 인구는 특히 1930년대 후반에 크게 늘어났고, 1941~1942년 태평양 전쟁이 일어났던 때 도시 집중 현상은 가장 두드러졌다. 손정목의 표현을 빌리면, 대도시의 인구 밀도는 "가히 살인적인 고밀도"(손정목, 『일제 강점기 도시화 과정 연구』, 274쪽)였다. 2층 주택도 드물었던 때, 서울이나 대구, 인천, 목포 등지의 인구 밀도는 1970년대 중반의 인구 밀도와 맞먹는 상황이었다. 위의 사진엽서 속 풍경이 서울 시가의 빽빽한 모습을 전해 준다.(출처: 부산박물관, 『사진엽서로 보는 근대 풍경(1)』, 54쪽)

　도시 인구에서는 일본인들이 차지했던 비중이 컸다는 점도 특징적이다. 한반도 전체 인구에서 일본인들이 차지했던 비율을 따지면 3퍼센트 안팎에 머물렀지만 도시에서는 달랐다. 도시에서 일본인 인구는 도시 전체 인구의 10~60퍼센트까지 차지했다.(김흥순, 『인구 지표를 통해 본 우리나라의 도시화 성격』, 41쪽)

도시인은 유행에 민감하다. 유행은 자기표현으로서의 성격을 지녔음에도 일반화된 소비 경향을 보여 준다. 많은 사람이 호응을 해야 유행이 된다. 사람들이 개개인의 지위를 드러내는 양식은 계급적인 소비 패턴 속에 있다. 유행은 또한 도시의 기동성을 반영한다. 유행은 고정되어 있지 않다. 유행이 가능한 까닭은 끊임없이 변하기 때문이다. 사회학적으로 보았을 때 생산의 장에서 일어나는 투쟁의 논리와 지배 계급의 장에서 일어나는 투쟁의 논리가 조화를 이루는 형태로 유행은 끊임없이 변한다. 구식이냐 신식이냐, 비싸냐 헐하냐, 고전적이냐 실용적이냐 같은 대립 항목은 사람들의 연령이나 경제 사회적인 지위, 감성과 연결되어 있다.[8]

유행은 새로움을 시위하는 낡은 방식이다. 늘 무엇인가 유행하고 있다. 유행은 현재성의 다른 이름이다. 과거가 아니라 현재가 중요하며, 항구성이 아니라 일시성이 강조된다. 20세기에 들어 "'신(新)'이라는 수식어와 '새~'라는 표현의 폭발적 증가 현상"[9]은 특징적이었다. '신여성', '신가정', '모던 걸', '모던 보이', '모던 가정' 등등 새로움을 시위하는 용어가 나타났다. 모더니티는 화제의 중심에 있었다. 새로움에 대한 열광은 전통 파괴와 부정을 의미하는 동시에 미국과 서유럽을 필두로 '서양'으로 통칭되었던 문명에 대한 호응을 담고 있었다.

소비재로서의 상품은 새로운 생활 양식으로 등장했고, 상품 중에는 '물 건너온' 박래품과 양품이 많았다. 양품이라 했지만 영국, 프랑스, 독일을 주축으로 한 서유럽과 미국의 제품이 대부분이었다. 영국을 필두로 한 자본주의의 중심부는 주변부의 원료와 값싼 노동력을 이용하면서 세계적으로 소비 시장을 점령하다시피 했다.

유행의 중심에는 양품 소비가 있었다. 지식인 계급은 '서양물' 먹은

양행꾼으로 유행을 선도했다. 일탈적인 양식이 허용되었던 연예·유흥업 종사자들, 즉 가수나 영화배우, 기생이나 카페 걸도 합류했다.[10] 양품은 욕망과 선망의 대상으로 자리 잡았다. 하지만 양품 소비의 의미는 여러 모로 엇갈렸다. 민족주의적인 차원에서 양품 소비는 매판적인 행위로 여겨졌고, 사회주의자들에게는 자본주의적인 상술에 휩쓸리는 일로 치부됐다. 양품 소비는 확실히 문명적이고 부르주아적인 가치를 담고 있었다. 부르디외는 유행을 상층 계급에서 하층 계급으로 내려오는 위계 구조로 설명하는데, 특히 상품화 초기에 물자가 부족했던 상황에서 유행은 계급적인 구조를 강하게 띠었다.

고상과 고급의 기표는 일부 계급에게 주어진 선천적인 것이 아니라 화폐와 교환할 수 있는 기표로 변모한다. 하층 계급은 상류층의 유행품을 저가 보급의 형태로 소비함으로써 유행에 동참할 수 있었다. 유행에 참여하는 행위는 사회적 불만과 계급적 열패감을 무마할 만한 환상을 제공했다. 상품과 그 소비 양식인 유행은 사람들이 인식하지 못하거나 만족스럽기까지 한 상태로 계급 구조를 유지하는 데 기여하는 측면이 있다.

유행 양품은 광고 속에 자주 등장했다. 구두는 양화(洋靴)라 불렸다. 양복과 양장을 비롯해 모자와 안경, 양산, 우산, 스카프, 목도리, 숄, 단장, 시계도 인기를 끌었다. "미국 최신"(광고 1)이라든가, "구미 최신", "프랑스제"라는 수사는 유행의 진원지를 나타냈다. 최고의 제품들이 당신을 위해 아낌없이 봉사하고 있다, 비용을 지불하기만 하면 당신이 최고가 될 수 있다는 장담은 광고의 변함없는 수사다. 광고는 새로운 삶의 질과 내용에 대한 비전을 제시한다는 점에서 일종의 신화로 기능한다. 광고는 미래의 신화이며, "현재를 미래화한 신화"로서 "전통적인 신화를 대체"[11]해 간다.

광고 1 구두 가게 광고 지면 한가운데에는 서양인의 웃는 얼굴이 있고 "미국 최신 유행 양화 전문상"을 내세웠다. 청년양화부, 《개벽》(1921. 6), 권두.

광고 2 화장품 탕고도랑 광고 장갑, 양산, 반지, 모자, 핸드백, 시계와 함께 갖추어야 할 품목에 화장품을 끼위 넣었다. "유행품을 갖추신 당신의 소지품 중에 탕고도-랑이 없다고 하시면 무의미입니다." 《신동아》(1935. 4), 권두.

광고 3 조지아양복점 광고 "봄철의 유행 전람회, 새로운 유행의 감은? 색은? 모양은?" 서울에 자리했던 정자옥(丁子屋), 즉 조지아양복점은 미도파백화점의 전신이다. 《동아일보》(1929. 3. 15).

"최신 유행"(광고 1), "유행품"(광고 2), "새로운 유행"(광고 3)은 모두 현대성을 시위한다. 올해의 유행(예를 들어 "1935년형 신(新)포드(Ford)")이라든가 계절 유행도 등장했다. 양복점 광고는 "봄철"에 "새로운 유행의 감은? 색은? 모양은?"이라는 질문을 던진다.(광고 3) 도안에는 와이셔츠에 넥타이를 맨 양복 차림에 모자와 단장을 완비한 젊은 남성이 전투 태세로 도열해 진취적인 기상을 전한다. 실제로 기성복은 1930년대 들어서야 광고 지면에 등장했다. 그 후에도 옷감과 염색 약품의 수요가 더 많았다. 옷은 '사 입는' 게 아니라 '지어 입는' 것이고 여성들의 바느질 몫이었다.

유행은 매번 달라졌다. 여성의 저고리가 넉넉해지는 추세였다가 1933년에는 짧은 저고리가 다시 인기를 끌었다. 무릎 위에서 나풀거리던 치마 길이는 바닥에 끌릴 정도로 길어졌다. 긴 치마를 끌면서 거리를 청소하고 다닌다는 비아냥이 나왔다. 유행은 변화하는 데서 존재 의미를 지니므로 절대미는 존재하지 않는다. 미니스커트가 유행 가치를 지닌다면 롱스커트와의 대조에 의해서 그러하다. 유행은 변별적이고 선택적인 가치를 지니며 제각각 똑같이 아름답다.[12]

새로움이 아름답다. "새로운 것은 바람직한 것"[13]이다. 새로움에 대한 예찬은 대량 생산을 감당할 만한 좋은 전략이 된다. 상품의 생산, 분배와 소비로 이루어진 유통 과정이 기하급수적인 성장을 가로막지 않도록, 사람들이 싫증이 나서 다른 상품으로 대체하도록 유인할 수 있어야 한다.[14] 따라서 유행은 월 단위, 계절 단위로 바뀐다. 많은 광고가 계절 유행과 월별 유행 전략을 썼다. 1932년에 나온 어느 광고 자료집은 1월부터 12월까지 쓸 수 있는 월별 도안과 문안을 빼곡히 소개하기도 했다. 3월엔 양품점의 양산과 봄 모자를 공략하고, 8월은 일종의 비수기로 구매 심리를 적극적으로 공략할 필요가 있다는 식이었다.[15] 따라서 '아우라'는 존재하기 어렵다. 미와 의미를 결정짓는 유일성으로서의 아우라는 대량 생산과 대량 소비의 시대에는 존재하지 않는다. 새로운 미는 재생산되며 일시적이기 쉽다. 절대적인 미가 나타난다면 유행은 절단 날 것이다.

백화점은 유행을 선보이고 판매하는 대표적인 공간이다. 이 대형 소매점은 갖가지 상품과 재화, 볼거리와 즐길 거리를 함께 제공했다. 백화점에서는 근대적 유행 시스템에 기반을 둔 취향이 형성되었다. 이질적인 '서양'의 문물이 새로움과 새롭지 않음을 가르는 유행의 가치관으로 흔히 활용되었다. 백화점은 새로운 중산층이 지닐 만한 취미의 표본을 제시했고 소비는 이들이 문화 자본을 획득하기 위한 중요한 수단이 되었다.[16]

백화점은 상시적인 "유행 전람회"(광고 3)라 할 수 있다. 광고 3은 조지아양복점 광고다. 조지아를 포함해서 옷감과 기성복을 취급했던 일본계 오복점(吳服店)들이 백화점의 초기 형태였다. 식민지 시기 서울에서 5대 백화점은 미나카이(三中井), 히라타(平田), 미쓰코시(三越, 신세계백화점의 전신), 조지아(미도파백화점의 전신), 화신(和信)으로 꼽혔다. 화신백화점을 제외한 나머지는 모두 일본 백화점이었다. 1904년 일본에서 최초로 백화점을 설립했던 미쓰이(三井) 재벌의 미쓰코시가 한국에 출장소 형태로 진출한 때는 1906년이었다. 1930년대에 접어들면서 미쓰코시가 현대식 대형 백화점으로 성공을 거두자 다른 오복점들도 백화점의 형태를 갖추기 시작했다.[17]

서울을 중심으로 백화점은 확대되어 나갔다. 조지아와 히라타는 부산, 평양과 같은 대도시를 중심으로 분점을 냈고, 미나카이는 함경도의 홍남과 함흥을 비롯해서 군산, 광주, 대전과 같은 중간 규모의 도시에 분점을 개설했다. 화신은 화신연쇄점(체인점)이라는 이름으로 전국에 1000여 곳 이상의 점포를 개장했다고 광고하기도 했다. 일본의 백화점 경영 시스템은 이전(표준화 이전)되어 한국에 정착되었다. 화신을 비롯해서 해방 후에 세워진 한국의 백화점은 일본의 백화점 마케팅을 모델로 삼았다고 알려져 있다.[18]

백화점은 1930년대 재래시장 중심의 유통 질서에 커다란 변화를 가져왔다. 백화점은 애초에 소매점의 판매 마진을 대폭 인하하면서 출발한 대형 소매점이다. 최초의 백화점(1852년 프랑스의 봉 마르셰(Bon Marchè))은 저마진과 고회전, 즉 값싸게 많이 팔면서 상품의 회전율을 높이는 영업 방침을 채택해 엄청난 호응을 얻었다고 한다.[19] 백화점은 상품이 조명을 받아 번쩍거리게끔 대량 진열하고 오락과 휴식 공간을 배치하고 장식했다. 백화점은 필요가 욕망으로, 사용 가치가 교환 가치로 전환되는 대표적인 곳이다.

신문과 잡지, 문예물 속에는 백화점에서 일하는 여자 직원들(데파트 걸, 엘리베이터 걸)이나 옥상 정원, 양식 식당가와 젊은 쇼핑객들이 자주 등장한다. 백화점은 허영과 욕망, 물질과 기술의 만능, 나아가 부르주아 핵가족의 생활 양식을 재생산하는 곳으로 흔히 묘사되었다. 김기림의 수필 「도시 풍경」(1931)에서 백화점은 "온갖 근대적 시설과 기구, 감각으로써 '젊음'을 꾸미고 황폐한 이 도시의 거리에" 나타난 "'메이크업'한 '메피스트'의 늙은이"로 비유되었다. 백화점은 "일루미네이션(네온사인)", "엘리베이터", "웨이트리스"와 "케이크", "최저가로 아니 때때로는 무료로 얼마든지 제공하는 여점원들의 복숭앗빛의 감촉"까지 경험할 수 있는 자극적인 공간이었다.

"데파트멘트(백화점)의 말초 신경"은 "도시인의 마음"을 만들어 냈다. 백화점은 "무형의 촉수를 도시의 가정에" 속속들이 드리운 "마물(魔物)"이었다. "서울의 복판 이곳저곳에 뛰어난 근대적 데파트멘트의 출현은 1931년도의 대경성(大京城)의 주름 잡힌 얼굴 위에 가장하고 나타난 근대의 메이크업이 아니고 무엇일까?"[20]라고 김기림은 썼다. '근대의 메이크업'인 백화점은 네온사인을 올리고 번쩍거렸지만 그 이면은 거칠고 피로했다. 물건 판매자인 점원들의 생활 수준은 열악했고, 산더미처럼 쌓인 물건 앞에서 사람들은 쉬 외로워졌다.

백화점과 함께 박람회나 전람회, 영화관, 유람단과 같은 구경거리들은 유희와 오락, 감각을 대규모로 조직해 낸 이벤트들이다. 사람들은 몰려들었고 "문명 개화가 다 이루어진 딴 세상"[21]이 진열된 것과 같았다. 조선 총독부가 주최, 후원했던 장대한 박람회는 경복궁 뒤뜰에서 열렸고, 인산인해를 이루는 사진은 아직도 남아 있다. 의무 동원의 형태도 많았다지만 사람들은 구름처럼 몰렸다. 박람회는 첨단 상품을 체험하는 것 이외에 기생 무용이나 활동사진, 자전거 경주, 연주 대회와 같은 다양한 근대 오락을 제공했다. 영화관도 인기를 끌었다. 식민지 시기에도 인기 외화를 대표했던 할리우드 영화는 미국 생활의 전체 패턴을 논스톱 광고로 스크린에 펼쳐 놓은 것과도 같았다.[22]

상품 앞에 몰려든 사람들은 자본주의를 승인하고 제국 통치의 힘을 경험했다. 영화관이나 박람회, 백화점은 소비 대중을 만들어 내는 정치 경제적 기구들이었다. 사람들의 집단적 의식이나 유행은 이 속에서 형성된 산물이다. 사람들의 욕망과 제도적인 구속력이 상호 작용하는 가운데 일상의 풍속은 빚어진다.

백화점의 계절 유행 전략은 일찌감치 나타났다. 화신백화점 광고(《조선일보》(1933. 4. 26))를 보면 '계절 선취(先取)형 판매 방식'이 드러나 있다. 이 광고는 봄 세일과 여름 세일 사이에 낀 어중간한 시기에 구매 심리를 자극하기 위해 "하복 예약 주문 개시"를 선전했다. "예약이 염가로 되는 이유"는 "봄과 여름의 중간 휴산기(休散期)를 이용하야 다수 문복(文服)을 일시에 재단하야 제작함으로 무용(無用)히 소비되는 감의 경제와 공임(空賃)의 저렴으로 인(因)함"이란다. 광고에는 의류 세일과 함께 "대식당"과 미용실의 사진이 함께 실려 있다. 이 모든 게 "봄의 화제"이며 "인기의 초점"인 화신을 구성하고 있다.

박흥식(朴興植)이 세운 화신백화점은 1930년대 초 일본 백화점 업계에 합류해 성공적으로 경쟁했다. 화신의 경영진과 주주들은 해방 후에도 경제의 주역으로 족적을 남겼다. 화신이 도산한 때는 1980년경이다. 식민지 시기에 화신백화점은 서울에서 한국인 상권의 중심이 되었던 북촌 상가의 주역이었다. 북촌은 종로(종로1정목~3정목)와 동대문 시장 일대로 궁궐과 양반집에 조달하는 물품을 팔던 특권 상인에서 출발한 종로 상권이 뒷받침되어 있었다. 밤이 되면 종로에는 야시장이 서서 좌판을 벌이고 온갖 싸구려 물건을 팔았다.

반면 일본 백화점(미나카이, 히라타, 미쓰코시, 조지아)을 비롯해 주요 기관이 밀집해 있던 충무로(본정, 혼마치), 을지로(황금정), 명동(명치정) 일대는 남촌으로 불렸다. 남촌은 '서울 속의 작은 도쿄'라 불렸고 이용객들도 주로 일본인이었다.(김병도·주영혁, 『한국 백화점 역사』, 42~43쪽) 많은 식민지의 도시처럼 서울은 "'식민 본국인의 도시'와 '식민지인의 도시'가 정책적으로 분리"된 가운데 "완만하게 분리 거주하면서 병존"하는 형태를 띠었다.(염복규, 「일제하 경성 도시 계획의 구상과 시행」, 5쪽. 김백영, 「식민지 시기 한국 도시사 연구의 흐름과 전망」, 403쪽)

서울 거리의 상투쟁이와 파마머리

외형은 금방 눈에 띈다. 외형은 자신의 경제적, 사회적인 지위를 드러낼 수 있는 쉽고 분명한 표식이다. 전근대 사회에서는 신분에 따라 옷과 장신구가 나뉘어져 있었지만 근대에는 달라졌다. 외양은 신체를 관리하는 방식이 되었다. 신체는 다양하게 드러나는 계급적 취향의 가장 확실한 객체화를 보여 준다.[23] 특히 도시 생활에서 외형은 중요하다. 도시 사람들은 서로 알지 못한다. 서로의 내면을 탐구할 여유도 부족하다. 사람들이 착용한 의복과 장신구, 머리 모양, 신발과 소지품, 자동차는 서로를 판단할 수 있는 수단이 된다.

신발을 보면 짚신이나 갖신(가죽신), 편리화(便利靴, 바닥에 고무를 대고 가죽이나 베를 두른 형태)보다는 고무신이 신식이었다. 고무신은 오늘날 시골 어른들이 애용하는 신발이 되었지만, 당시에는 "고상한 최신식의 경제화"[24]로 광고되었으며 이전 신발들을 대체해 간 획기적인 인기 상품이었다. 구두는 단연 비쌌고 '양풍' 신발을 대표했다.

양복도 등장해 사람들을 바꾸어 놓았다. 1890년대 후반부터 정부 관리와 인텔리 남성이 중심이 되어 바지저고리와 두루마기 대신 양복을 착용하기 시작했다. 어느 잡지에 인터뷰한 남성 지식인들은 처음 양복을 입은 시기를 1900년대 초중반 유학길에 올랐던 때나 중국, 일본, 미국 등지에서 체류했던 때로 회고했다. 국내에서는 학교 교복이 처음 입어 본 양복이었다는 경우가 많았다.

내가 양복을 처음 입어 보기는 지금으로부터 20년 전 내가 동경에 갔을 때라고 기억된다. 처음으로 새 양복을 지어 입고 나서니 몸이 좀 가뜬하기는 하나, 온 사지가 뒤틀리는 것 같고 무엇을 잃은 것 같이 서운하야 도리에 불편을 느끼었으며 더욱이 한참은 옷 입을 때마다 단추 끼우기, 넥타이 매기 몹시 귀찮았다. 어떤 때는 "이게 원 문명한 나라의 의복 제도인가." 하며 혼자서 나무라는 때도 있었다.

이윤재, 「첫 번 양복 입던 때 이야기」, 《신가정》(1935. 4), 76쪽

사람들은 새 의복이 "서운"하고 "불편"했으며 "단추 끼우기", "넥타이 매기"가 몹시 귀찮고 어려웠다고 회고했다. 과연 "문명한 나라의 의복 제도인가."라는 의문이 들기도 했다고 했다. 잡지에는 "와이샤스(와이셔츠)" 바람에 외투를 입고 나가다가 폭소극을 연출했다든가, 실내에서 웃옷을 벗고 조끼만 입고 있는 실례를 범했다든가 하는 회고담도 나온다. 이질적인 문화적 관례가 수입된 초기라 더욱 엄격해서였는지 오늘날에는 영 어색하게 느껴진다. 양복과 구두는 호화 품목에 속했다. "양복쟁이 하이칼라 학생"이라고들 했다. 1910년대 중반 시골 학생들의 서울 유학비가 한 달에 학비 포함해서 4~6원이었는데 양복은 그 반값이었다.[25]

남성의 양복 착용은 정부 관료와 군대, 학교를 중심으로 제도적으로 정착되었다. 1930년대 후반에서 1940년대 초가 되면 남성의 외양은 짧게 친 머리(학생들은 삭발)에 군복 스타일의 양복인 '국민복'으로 통제되었다. 남성 양복과 달리 여성의 양복은 보다 사적인 경로로 정착되었다. 여성 양복은 해외에서 귀국한 외교관 부인이나 유학생, 고관 부인들을 통해 전해졌다.[26] 양장 차림의 여성은 신식 여성의 지표로 여겨졌다.

'양장'과 '양복'의 명명에도 남녀 구분은 남아 있다. 둘 다 서양식 의복을 가리키지만 양복은 남자 정장이고, 양장은 여자 정장을 통칭한다.

남성의 양복, 여성의 한복

同一生象卒校學神成協

지금은 너나없시 다 입논
양복이 수입된지 五十년
액전엔 양복 수입었나고 면허도 거절
반세기의 변천이 어섯고

양복은 정부 관리들의 복색을 비롯해 예복, 군복, 교복이 양풍화되면서 퍼져 나갔다. 그중 학교 제복으로서의 교복을 보면 남학교는 1920년대 들어 양복을 착용하기 시작했지만, 여학교는 1930년대 들어 양복형 교복으로 바꾸기 시작한다.(이유경·김진구, 「우리나라 양복 수용 과정의 복식 변천에 대한 연구」, 133~136쪽) 여학생이 "조선옷 교복" 대신 "양복 교복"에 단발머리를 한 모습은 1930년대 후반까지도 낯선 풍경이었다. 그림 2에서 1930년대 중반 엘리트 여학생의 복색을 참고할 수 있다.(협성신학교(감리대학교의 전신)의 졸업생 사진, 《동아일보》(1936. 2.15))

여학생은 한복형 교복으로, 남학생은 양복형 교복으로 구분될 수 있었다. 양복형 교복을 입은 남학생들이 나란히 앉아 있는 그림 1은 1924년 평양 숭실전문학교의 졸업생 사진이다.(출처: 숭실대학교 역사멀티미디어자료관, http://archive.ssu.ac.kr) 《동아일보》에 경성제대 학생과 이화여전 학생의 졸업생 사진과 명단이 게재될 때에도 이들의 복색은 각각 양복과 한복으로 나뉘어 있었다.(「형설학창에서 사회 전선에 금춘(今春)에 배출한 우리의 인재들」, 《동아일보》(1935. 1. 1)) 하지만 실제 학교생활에서도, 일상생활에서도 양복과 한복은 혼재되어 있었다. 양복의 활동성을 기준으로 한복이 개량 한복을 거쳐 양장으로 변해 갔지만, 이 과정에는 단발한 머리형에 모자, 두루마기와 양말, 쓰개치마와 구두가 뒤섞어 나타났다.

"지금은 너나없이 다 입는 양복"(그림 4, 《동아일보》(1932. 1. 18))이라고 했지만 기성복으로서의 양복은 단연 사치재였다. 상류층에 속했던 월급 의사가 한 달에 75원 정도를 벌었는데 양복은 그 반값을 넘었다. 양복 가격은 35~55원으로, 많은 샐러리맨은 월부로 양복을 구입할 수 있었다. 그림 3은 1935년, 1936년에 유행할 "오바(오버코트)"와 양복 모양을 보여 준다.(「사진은 금년, 명년 유행할 신사복과 의복」, 《동아일보》(1935. 10. 16)) 신문에서 양복이나 양장 사진을 찾다 보면 여성 사진은 흔한데 남성 사진은 찾기가 수월치 않다. 신문 기자나 독자들의 대부분이 남성이었던 탓일 터이다.

남성의 양복은 "사무적 복장"이고, 여성의 양장은 "소비적 복장"[27]이라 규정되기도 했다. 이는 생산과 소비가 분리되는 자본주의 체제에서의 성 역할을 반영한다. 공적이고 사무적인 영역에 먼저 진출한 남성에 비해 여성의 양장은 늦었다. 여학교의 교복은 1930년대 들어서야 양장으로 바뀌기 시작한다.

한복은 여성의 옷으로 늦게까지 남아 변화를 거듭했다. 가내 영역으로 분리된 여성들이 전통 의복을 착용하는 것은 근대 중국이나 일본에서도 공통적이다. 오늘날에는 일상에서의 한복 차림은 드무나 혼례나 상례 관습에는 남성의 예복은 양복, 여성의 예복은 한복으로 남아 있다. 양장이든 한복이든 여성의 하의는 치마 일색이었다. 바지가 공식적으로 여성에게 허용된 때는 1930년대 후반 소위 전시기(戰時期) 아니었을까? 남성의 국민복에 대응한 여성 국민복으로서의 몸뻬는 전시기에 권장된 방공 복장이자 근로 복장이었다. 이 일본 옷 몸뻬는 흥미롭게도 한국의 전통적 어머니상을 떠올리게 하는 향수 어린 상징물로 자리 잡았다.[28]

의복을 근대성 연구의 중요한 기호 분석의 대상이라고 할 때, 근대 의복에서 늘 화제가 되었던 것은 여성 의복이었다. 연구 분량을 보아도 남성 의복보다는 여성 의복에 관한 논의가 훨씬 많다. 이는 연구 경향에서부터 '보는' 남성 대 '보이는' 여성의 구도가 반영된 것일 터이다. 여성 의복의 변화는 선명하게 요약할 수 있다. 여성 의복은 대체로 저고리가 길어지고 치마 길이가 짧아지고 속옷 수가 줄어드는 쪽으로 변했다. 유방 노출은 줄이면서 동여맸던 유방은 풀어 주어 활동하기에 보다 실용적인 방향으로 바뀐 셈이다.

적게는 네 가지부터 많게는 일곱 가지까지 입었다는 속옷(속적삼, 단속곳, 속속곳, 너른바지 등)의 착용은 줄어들고 '사루마다(무명으로 된 짧은 팬티)'가 많은 속옷들을 대신하기 시작했다.[29] 과도했던 옛날 속옷과 오늘날 시쳇말로 일컬어지는 '하의 상실'은 하늘과 땅 차이처럼 보인다. 하지만 철제 와이어와 '뽕'으로 중무장한 '볼륨 업' 브래지어를 보면 여성의 유방은 해방과 거리가 멀다는 생각이 든다.

1930년대가 되면 여성들이 장옷과 긴 치마(쓰개치마)로 얼굴을 가렸던 풍경은 점점 사라진다. "실 한 오리(실오라기 하나) 가리지 않는 얼굴로 네거리를 휘돌아다니게 된"[30] 세태는 입방아에 올랐다. 세간의 질타 속에서 '벗어젖힌' 여성들은 불안하고 음탕하며 여전히 지도 편달이 필요한 열등한 존재로 재현되곤 했다.

온갖 '양(洋)' 것들은 사람들의 외형을 교체해 버릴 기세였지만 꼭 그렇지도 않았다. 도회 사람의 풍속이라 해도 갖가지였다. 김남천의 표현을 빌리자면 "사회 경제사의 결론"과 일상의 풍속은 일치하지 않는다. 애초에 사회 경제적인 결론이나 일상의 모습부터가 단일하지 않다. 일상의 문화에는 야만의 흔적이 기록되어 있다. 문화에는 지배자들의 전리품이자 이름 없는 동시대 부역자들의 노고가 깃들어 있다.[31] 긍정적으로 전유된 문명화의 이상과 실제 거리 풍경 역시 차이가 날 수밖에 없다.

거리의 군상들은 다양했다. "신여성의 새 둥지 같은 파마넨트나 메추리 꼬리 같은 여학생의 중발(中髮)"도 있는가 하면 짚신에 치마저고리도 있었다. "상고머리"나 "올빽" 속에 "상투를 튼 영감님이나 방립(方笠, 상제가 쓰던 갓)을 쓰신 독실한 효자"[32]도 섞여 있었다. 양품 소비의 양상은 세대나 직업, 신분과 교육의 정도, 지역 차에 따라 다양하게 나타났다. 거리의 풍광도 혼재되어 있었다. 서울 시내의 중심가와 동대문 뒷길의 풍경은 달랐다. 포장된 대로 뒤편으로는 진흙탕 길과 초가집이 줄지어 있었다. 자동차와 인력거가 함께 길을 달렸고, 한강 위에는 모터보트와 뗏목이 공존하며 강변 풍경을 이뤘다.

도시의 거리에 낡은 것과 새 것이 교차한다. 새로움의 유행은 변용되고 지연된다. 자동차가 출현했지만 인력거가 함께 달린다. 인력거와 자동차는 각 시대정신을 대변한다. 화보에 제시된 서울 거리의 인물들 역시 다채롭다. 모자이크 형식으로 재구성해 둔 도시의 풍광 속에 양복과 바지저고리, 짚신과 고무신이 엇갈린다. '양 것'이 근대적인 기의(시니피에)와 결합된 일종의 기표(시니피앙)[33]로 강력했지만 그 기표가 실현되는 양상은 다양했다.

양장 입는 이들이 늘어났다 해도 보급 속도는 더뎠다. 사람들은 평상시에 한복을 입고 외출할 때는 반(半)양복 차림을 하는 경우가 많았다. 사람들은 양산이나 목도리, 숄, 양말, 고무신, 구두 등속을 부분적으로 수용했다.[34] 몸에 밀착된 감각은 쉽게 바뀌지 않는다. 1910년대 초반에는 바지저고리에 양복을 입거나 버선에 구두를 신는 이도 많았다. 모자에 짚신이나 갖신을 신는다든가 두루마기 차림에 "구두와 모자만 외국 것"을 쓰고 다니기도 했다. "양복이면 구두도 상관없겠으나 자기 나라 옷에 다른 나라의 신을 신은 것은 좀 거북스럽고 서툴러"[35] 보인다고도 했다.

'모던'은 혼재되어 있다. "중국복 입은 부인"부터 "갓 쓴 노인이 1원짜리 단장을 짚은 데에도 모던-미(味)가 있다면" 있다고 할 것이다. "처음 얼른 보아서는 조선 사람으로 보이지 않는 인물"들도 나타났다고 했다. 문명 전파의 명목하에 식민지와 제국이라는 형태로 국제 교류가 활발해진 이후였으므로 모던은 혼재되어 있을 수밖에 없다. 현진건의 유명한 단편

1929년 서울 거리의 양복 차림부터 짚신 신은 사람들까지 화보 하단에 초상권에 대한 언급이 재미 있다. "길거리에서 눈에 띄는 대로 인사도 통성(通姓)도 할 사이 없이 딸깍딸깍 찍어 온 사진이니 여 기에 박혀진 분은 용서하소서."(「경성 가두 인물 전람」,《별건곤》(1929. 11), 권두 양면 화보)

「고향」(1926)에는 "동양 삼국 옷을 한 몸에 감은" 사람이 등장한다. 옥양 목 저고리에 두루마기 대신 기모노를 두르고, 아랫도리엔 중국식 바지에 짚신을 신은 인물들이 소설 속에 형상화되었다.[36]

사람들의 뒤섞인 복색은 식민지인들의 혼종성이자 타자화된 형상을 말해 주는 면이 있다.[37] 근대화 과정에서 주체가 아니라 소외되고 배제된 타자로서의 위치를 암시한다는 뜻에서다. 하지만 이는 식민지의 혼종성 일 뿐 아니라 근대 자체가 지닌 식민지성이자 혼종성이기도 하다. 문화는 다양한 역사적, 사회 정치적 명분이 뒤섞인 일종의 "극장"과도 같다. "부분적으로는 제국의 존재로 인해 모든 문화가 서로 연결"된다. "모든 문화는 잡종적이고 혼합적이며 특별히 차별화되고 단일한 것이 아니"[38]다. 제국들 가운데서도 자립적으로 근대화를 이룬 나라는 영국 정도다. 또한 영국을 비롯해 많은 강대국은 식민지를 경영했다. 자본주의적 근대화가 진행되면서 문화는 뒤섞이는 한편 동질화되는 현상도 뚜렷하게 나타났다. 식민지 시기에 '조선 사람으로 보이는 사람'을 규정하기란 어려워졌다. 민족 문화적 정체성(national cultural identity)이란 강력한 상상의 산물이다.

흔히 문화, 문명의 긍정적인 기호로 선전되었던 상품이 정반대로 받아들여지는 현상도 흔했다. 금시계는 부의 상징이었지만 한편 "모랄(moral)의 타락"으로 여겨졌다. 소설 속에 황금을 좇으며 여자나 데리고 노는, 포마드를 바른 남자는 대체로 양복을 입고 금시곗줄을 차고 등장한다. 파마머리를 한 '신여성'은 흔히 타락의 기표가 됐다. 전혀 "퍼머넌트(permanent, 영구적인)" 하지 않은 머리를 두고 "퍼머넌트(파마)"라고 일컫는 세태는[39] 경박한 시대정신을 드러냈다.

모던 걸과 모던 보이들은 쉽게 비난의 대상이 됐다. 어디서나 '생각 없는 젊은애들'이 도마에 오르는 과정은 사람들의 세대적, 계급적, 성적인 편견을 전하기 마련이다. "아니꼬운 문화생활이 무엔지" "남의 것만 걸치고 어깻짓을 하다가 거덜이 나는"[40] 축들이라고도 했다. 기술 문명과 과학의 내용은 모르면서 그 흉내만 낸다는 비난이었다. 소비 세태를 힐난하는 목소리에는 민족주의적인 시각이 담겨 있다. 식민지에서 소비는 민족 자본을 위협하는 매판적 성격을 띠기 쉬웠는데 물 건너온 많은 상품으로 일상생활이 채워졌기 때문이었다.

그런데 소비 세태를 힐난하는 목소리에는 엘리트주의와 함께 서구적인 근대가 이상화되었던 사정도 작용하지 않았을까? 일본을 통해 수입한 서유럽의 기술과 지식은 근대의 '정수'처럼 여겨지는 게 일반적이었다. 이들을 학습하는 엘리트와 달리 대중은 근대의 정수를 습득하지 않고 말초적인 소비에만 들뜬 무리들로 여겨졌다.

여가를 즐기는 당신은 문화인

사람들은 옷을 사고 소지품을 바꾼다. 영화관에 가고 백화점에 들른다. 의식주에 필요한 기본적인 것부터 취미와 오락에 이르기까지 모두 쇼핑의 항목에 속한다. 여가 시간도 소비를 통해 활용할 수 있다. 틈이나 겨를, 말미를 뜻하는 여가의 사전적 의미는 생산 노동을 중심으로 돌아가는 인간 사회의 리듬을 반영한다. 노동하고 남는 시간, 노동과 노동 사이에 끼인 시간이 여가다. 자본주의 사회에서 여가(레저)는 노동의 대립물을 가리킨다. 노동이 분주하고 빡빡했다면 여가는 여유로운 휴식 시간으로 기대된다. 하지만 안타깝게도 여가는 짧고 노동 시간은 일상의 대부분을 차지한다.

퇴근 후에나 주말에 사람들은 최대한 노동과 분리되고자 한다. 이른바 '불금(불타는 금요일)'이나 황금연휴에 사람들은 일탈을 꿈꾼다. 오늘날에는 노동과 여가의 구분이 무너지고 여가 활동이 전문화되는 경향도 나타난다. 일과 여가가 구분되지 않는 것은 현대 정보 사회의 특징으로 꼽힌다.[41]

하지만 여전히 많은 사람들이 비슷한 시간대에 출퇴근하며 여름휴가 '피크' 철이라는 게 존재한다. 한국의 전일제 노동자들은 세계적으로도 노동 시간이 긴 축에 든다. 한쪽에서는 장시간 노동, 다른 한쪽에서는 실업과 불안정 고용의 형태가 공존한다. "남성 가장형 모델", "비정규 착취형 노동 시간 구조"[42]는 오늘날 한국의 노동 시장을 설명하는 용어들이다. 여가 선용이라는 말이 있다. 여가 선용은 노동하기에 충분한 몸과 마음으로 재생하는 행위를 가리킨다. 퇴근 후의 시간이랄 게 없다든가, 휴일에 쉬지도 못한다는 푸념은 따라서 사소한 문제가 아니다.

80여 년 전에 도시는 새로운 시간 주기를 만들어 냈다. 당시로서는 새로웠지만 오늘날에는 익숙한 것들이다. 서울에는 출퇴근길의 혼잡 시간, 여름휴가와 연말연시의 풍속도가 나타났다. 퇴근길에는 "대경성(大京城)의 러시아워"가 펼쳐지고, "도회의 흥분이 100도로 비등하는 복숭앗빛의 시간"이 왔다. 복숭앗빛의 러시아워가 시작되면 "점두(店頭)"의 "일루미네이션"[43]이 사람들을 유혹하기 시작했다. 봄이 슬슬 넘어갈라치면 잡지는 여름휴가철 계획을 설문했다. '여름 행락지', '우리 집 피서법', '집안 피서법'을 비롯해 "이 한여름을 어느 곳에서 보내시렵니까?"와 같은 설문과 기사가 오뉴월의 잡지를 장식했다. 연말연시의 신문과 잡지의 광고란에는 바겐세일 광고가 줄을 이었다.

여가 문화는 남성, 특히 도시의 중산층 계급을 중심으로 한 임금 노동자들과 그들을 브레드위너(breadwinner)로 하는 가정을 기본 단위로 확산되었다. 자연의 리듬에 따라 사는 농촌 사람들, 생활에 허덕이는 많은 도시 빈곤층들보다는 도시 중산층이 여가 생활의 주축이었다. "생활을 가진 사람들"로 명명되는 남성 가장들을 위무하는 안락한 가정의 표상이 바람직한 모델로 제시되었다. 가정은 "만찬과 가족의 얼굴과 또 하루 고역 뒤의 안위"[44]를 제공하는 곳으로 기대되었다.

일요일은 1주일 단위로 이루어진 노동 주기의 휴일로 등장했다. 김기림의 시, 「일요일 행진곡」(『태양의 풍속』(1939))에서 일주일은 "일요일로 나가는 '엇둘' 소리"로 채워져 있다. 일요일은 "역사의 여백"이며 "영혼의 위생 데이(day)"로 표현되었다. 커피 한잔의 여유와 품격도 출현했다. 시 「커피 잔을 들고」에서 커피는 "나의 어깨에서 하루 동안의 모-든 시끄러운 의무를 나려 주는 짐 푸는 인부의 일"을 한다. 커피는 "지구에서 알지 못하는 나라로 나를 끌고 가는 무지개와 같은" "날개"를 가진 "나의 연인"으로 비유되기도 한다.[45]

커피라도 한잔하고, 영화라도 구경하고, 집에서 라디오라도 들어야 비로소 여유로울 수 있다. 모두 상품이 보장하는 것들이다. 다양한 문화 상품이 오락과 취미, 감성과 교양, 지식을 제공한다. 여가라는 새로운 시간 주기에 맞게 그 선용 방법 역시 달라지기 시작했다. 연날리기, 제기차기, 돌싸움, 주먹쌈(싸움), 바둑, 돈치기와 같은 오래된 오락이 있는가 하면, 축음기와 레코드, 영화 구경, 산보(산책)나 '야외원족(소풍)', 하이킹, 스포츠 등 새로운 형태의 오락이 등장했다.

광고는 여가 활용의 안내자 역할을 자청한다. 광고는 농촌 사회의 관례와 풍습을 대신하는 새로운 생활 리듬을 가르치려 든다. 광고 4는 여가 활용의 풍미를 실어 상품을 선전한 경우다. 1920년대 초에 나온 광고에서 여가 선용의 방식은 사뭇 예스럽다. 화려한 이미지로 감성을 공략하는 1930년대의 광고들에 비해 20년대 광고는 수수한 편이다. 광고는 약 광고인데 옛 유흥법을 활용했다. 광고의 그림은 꽃피는 봄에 뱃놀이하는

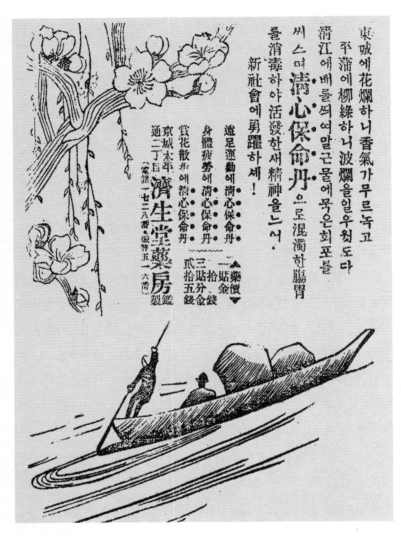

광고 4 계절을 즐기는 풍취를 활용한 광고 "동성(東城)에 꽃이 만개하니 향기가 무르녹고, 평포(平蒲)에 버들 푸르니 물결을 이루었도다. 청강(淸江)에 배를 띄어 맑은 물에 묵은 회포를 씻으며, 청심보명단(淸心保命丹)으로 혼탁한 창자와 위장을 소독하야, 활발한 새 정신으로 신사회(新社會)에 용감하게 나아가세!" 제생당약방의 청심보명단,《개벽》(1921. 5), 권두.

광경이고, 광고 문구가 시조처럼 정렬되어 있다. 광고 도안은 뱃놀이의 전통, 그러니까 남성 양반들을 중심으로 자연을 공부와 수양의 대상으로 취하는 놀이를 따온 것으로 보인다. 기생을 대동한 값비싼 향락의 뱃놀이도 존재했지만, "청강에 배를 띄어 맑은 물에 묵은 회포를" 씻는다는 분위기는 수수한 뱃놀이 쪽이다.

새 정신을 기르는 데 위장을 소독하는 약(청심보명단)을 먹으란다. 새로운 사회로 전진하자("신사회에 용감하게 나아가세!")는 마무리는 임금에 대한 충성과 절개를 다지는 옛 시조의 마무리(결미)와도 닮았다. 하지만 광고는 어디까지나 광고다. 광고는 기업이라는 새롭게 등장한 가부장의 목소리를 대변하는 자본주의의 예술 형식이다. 대의를 실현하는 데 광고는 전통적인 마음 수양 대신 매약(전통 약제와 신약의 중간 형태)을 먹고 몸을 다스리라고 한다. 5월의 잡지에 실렸던 이 광고는 꽃과 버들을 내세워 계절 유행을 공략한 전형적 사례다.

많은 상품들이 여가 활용을 타깃으로 삼아 출시되었다. 여행, 스포츠를 비롯해 영화, 무용, 음악, 정기 간행물 등속이 문화 향유의 수단으로 등장했다. 극장, 공원, 동물원, 박물관, 백화점이 오락거리를 제공했다. 차 마시는 다방과 술 먹는 카페가 출현해 사랑방이나 정자 같은 전통적인 남성의 회합 장소를 대신했다. 카페는 요리집과 기생집을 첨단화한 시장이었다.[46] 남성 지식인이 등장하는 도시 소설에는 다방에 죽치고 앉아 커피를 홀짝이는 룸펜(실업자)이 어김없이 등장한다.

여행가와 '스포츠가'

여행과 스포츠는 야외의 신체 활동을 동반한 여가 형태다. 여행이 교통과 편의 시설, 자연과 시간의 근대적인 구획을 반영한 여가 활동이라면 스포츠는 신체 지위의 향상과 함께 훈련의 방편이자 인기 있는 대중오락으로 자리 잡는다. 옛날에도 놀이는 많았다. 전통 스포츠 역시 다양하게 존재해 왔다. 남성들을 중심으로 활쏘기, 사격, 검술, 기마술, 씨름, 택견, 격구(기마 격구) 외에도 줄다리기, 윷놀이, 연날리기 등이 있었다. 여성들의 그네뛰기(추천)나 널뛰기도 있었다.

옛 스포츠는 '전승 스포츠'로 명명되었다. 옛 스포츠 속에서 축국(공차기, 제기차기)이나 격방(골프), 장구(하키), 설마(스키)와 같은 익숙한 형태를 발견하는 일은 어렵지 않다. 하지만 근대 스포츠는 민속놀이의 전통을 조직화, 규칙화한 산물로 과학성을 부각했다. 무(武)를 경시했던 조선의 역사와 비교했을 때 신체의 지위는 격상되었고 단련법도 중시되었다. 스포츠는 다양한 오락 활동 가운데서도 고급 취미에 속했으며, "과학적으로 하는 경기"는 전승 스포츠와 비교해 우월하게 여겨졌다. 스포츠(sports)는 과학(science), 영화(screen)와 함께 '현대의 3S'로 불렸다.[47]

운동은 예전 같으면 하인에게나 맡길 고된 일, 양반 체면에 절대 하지 않았던 움직임, 그러니까 경박하게 몸을 흔들고 땀을 흘리는 활동이었다.[48] 화제를 모았던 근대 스포츠로는 하이킹, 스케이트와 스키, 수영, 체조와 체육, 등산, 테니스, 산책 등속이 있었다. 주로 조선에 온 서유럽 사람들이나 미국인을 통해 전수된 것들이 많았고 1880년대 개화기에 들어 학교 체육을 통해 소개되었다. 식민지 시기에는 각종 운동회나 대회가 빈번히 열렸고 대중 스포츠가 확산되어 갔다.

스포츠는 힘의 정당한 사용을 강조한다. 스포츠에서는 목적이 거세된 채 승리 자체를 즐기는 의지가 중시된다. 스포츠는 신체 훈육의 수단이자 집단적인 규율을 효과적으로 교육하는 방편으로 출발했다. 근대 스포츠는 군사적인 엄격한 규율을 담고 있었다.[49] 오락으로서의 스포츠도 인기를 모았다. 직접 '하는' 스포츠 말고도 '보는' 스포츠로서의 관람 상품도 화제가 된다. 학교 단위나 도, 군 단위로 시합이 벌어졌고 민족 대항, 국가 대항의 경기도 빈번히 보도되었다. 라디오에서는 야구나 축구, 육상, 럭비와 같은 경기를 중계 방송했다.[50]

세계적인 국가 대항 스포츠 산업의 대표격인 올림픽은 "인류의 영원한 청춘의 제전"[51]으로 보도되고 있었다. 1936년 손기정의 베를린 올림픽 금메달 획득 소식은 시시각각 지면에 중계되며 민족적 승리로 조명되었다. 스포츠 경험은 소비 대중의 무리, 나아가 민족적, 국가적인 동일체까지 만들어 내고 있었다. 상업 미디어와 연예 오락(엔터테인먼트) 산업은 근대인의 스포츠 경험을 주도했다.

스포츠 산업이 확대되면서 직업적인 운동선수도 나타났다. '물 건너온' 스포츠가 주류였던 데다, 엘리트 계급이 주도하는 학원 스포츠로 출발했던 만큼 선수들의 사회적 지위도 높았다. 운동선수들은 '스포츠가(家)'로 불렸다. '야구가', '권투가', '무용가'로 일컬어진 운동선수들은 근대적 유명 인사(celebrity)로 떠올랐다. 유명한 운동선수의 인터뷰 속에는 비행기나 배, 호텔과 같은 화려한 신문물이 등장했다. "백인들이 비행기를 보내어 시합을 오라고 초대하는 곳이 한두 곳이 아니"[52]었다는 어느 권투 선수의 말은 권투가로서의 위상을 실감나게 했다. 스포츠 해설 기사는 패션 기사와 마찬가지로 온통 낯선 외국어로 채워져 있었다.

스포츠와 광고의 만남: 1932년 상공 연합 대운동회

스포츠와 광고가 결합한 이색적인 운동회가 열렸다. 바로 1932년 서울 장충단에서 열린 '상공 연합 대운동회'로 1927년부터 개최되었다. 경성상공협회가 주최한 행사로 오늘날로 치면 대한상공회의소(전신은 경성상업회의소)가 시민들을 상대로 운동회를 연 격이라고 할까. "경성 시민(이) 거의 총동원"되었다고 할 만큼 성황을 이뤘다고 한다. 운동회와 함께 인기있는 광고를 뽑는 행사도 치러졌다. 천일약방과 평화당의 광고가 인기를 끌었다. 천일약방의히트 상품은 조고약, 평화당의 히트 상품은 백보환이었다. 사진 속에는 조선매약 주식회사가 내놓았던 영신환(령신환) 현수막도 보인다.(제6회 상공 연합 대운동회, 《조선일보》(1932. 5. 9))장충단에서 광화문까지 펼쳐졌던 총 31점의 광고 의장(意匠) 행렬이 사람들의 시선을 끌었다. 날리는 깃발 아래 천막으로 몰려든 사람들 풍경은 오늘날 학교나 회사 단위의 운동회 풍경과 닮아 있다.

행사의 군중들은 스포츠 참여자이자 관람자이며 광고가 겨냥하는 소비 대중과 일치한다. 김기림의 시 「상공 운동회」(『태양의 풍속』(1939))가 이 풍경을 묘사하고 있다. 시는 상공업이 합작한 소비자 만들기 행사를 두고 산업 자본주의의 행태를 비꼬고 있다.(이경훈은 이 시에서 "상표들의 '가속도'를 따라가지 못하는 식민지인의 '압도된 머리'"를 지적했다. 이경훈, 『오빠의 탄생』, 93쪽) "공장과 상점의 굳은 악수" 속에서 어떤 "상표"의 구매자가 될지 고민하는 사람들, 상표를 선택하는 행위로 일상을 채우는 사람은 오늘날을 살아가는 우리들의 모습이기도 하다. 아래는 시 「상공 운동회」의 일부분이다.(『김기림 전집(1)』, 122~123쪽)

이윽고 호각소리……
자전차가 달린다. 선수가 달린다. 그러나 나중에는 상표만 달린다.

움직이는 상업전(商業展)의 회장(會場) 우에서
압도된 머리가 늘어선다. 주저한다. 결심한다.
"이 회사가 좀 더 가속도적인걸"
"아니 저 상회가 더 빠른걸"
"요담의 광목은 저 집에 가 사야겠군"

(중략)

뿌라보- 뿌라보-
공장과 상점의 굳은 악수
뿌라보- 뿌라보-
핫 핫 핫 핫……

대중이 있고, 미디어가 있어 '스타'는 만들어진다. 스타라는 근대적 영웅에 운동선수도 당당히 합류했다. 손기정을 비롯해 같은 경기에서 동메달을 딴 남승룡, 그리고 '동양의 무희'로 불렸던 무용가 최승희가 대표적인 스타들이다. 유명 선수들의 경기나 공연 소식뿐 아니라 그들이 먹고 입는 것, 사용하는 물품 모두 관심의 대상이었고 잘 팔리는 뉴스거리가 됐다. 광고도 이를 놓치지 않았다. 잘나가는 스포츠 스타가 CF의 단골 모델인 요즈음처럼 이들은 인기리에 광고 지면에 등장했다. 제대로 된 정보인지 확인하지 않은 채 기사화하거나 허락받지 않은 사진을 막 가져다 쓰는 경우도 많았다. 스타를 기용한 광고를 '유명인 광고'라 일컫는데 최승희가 찍은 일본 대학목약의 광고는 한국 광고사에서 그 효시로 기록되어 있다.

스포츠와 연예는 한 묶음이 되어 오락과 가십을 즐기는 현대인들을 만들어 내고 있었다. 운동선수 외에도 가수, 영화배우가 스타의 대열에 합류했다. 이들은 대중의 새로운 가치를 반영한 영웅들이었다. 스타들은 바람직한 신체와 외양, 생활 양식과 유행을 대변했다. 스타의 머리 모양과 화장법을 따라하고 스포츠 뉴스에 열광하는 사람들, 레코드를 듣고 음악회에 가는 사람들, '극장 구경'을 가는 사람들은 문화인으로 탄생했다.

레포츠 역시 각광받았다. 레포츠, 즉 레저 스포츠는 여가 활동이자 오락, 취미로서의 스포츠를 지칭한다. 레포츠는 근대적 시공간의 개발과 확장을 반영한 오락 상품이었다. 대표적인 레포츠는 여름의 피서, 겨울의 피한을 휴가 주기로 한 여름 수영과 해수욕, 겨울 스키와 스케이트였다. 일종의 스포츠와 결합한 여행 상품들로 피서, 피한 여행은 인기를 모았다. 여름에 해수욕장을 가고, 겨울에 스키장으로 떠나는 것은 새로운 풍속도다. 해수욕용품과 스키 장비를 비롯해 철도와 전기, 자동차, 인근 숙박 시설, 휴가 주기라는 기표로 구성된 산물이기 때문이다.

스키와 스케이트는 속력이라는 "현대 그것의 상징"을 대표하는 스포츠로 조명되었다. "속도는 모더니티의 핵심"이다. 모더니티는 "스스로를 부정하고 갱신하는 시간성으로서의 당대성(contemporaneity)을 끊임없이 재생산"한다.[53] 김기림은 '속도의 시'라는 표제로 「스케이팅」과 「여행」 (『태양의 풍속』(1939))을 함께 쓰기도 했다. 스포츠의 속도감은 산뜻하다. "아무것도 딴 것을 의미하지 않는 명랑하고 순수한 스포츠"는 "철학이나 시나 종교처럼, 진리나 우울이나 신을 배워 주지 않아도 좋았다."[54]

광고도 계절 레포츠를 활용했다. 광고 5, 6은 일본 화장품 광고로, 스키와 수영이 등장했다. 광고하는 화장품을 바르면 스키를 즐기고 수영을 하는 데 문제가 없단다. "동절(冬節) 기부(肌膚, 피부)에 빛나는 구라부 미신(美身) 크림."(광고 5), "성하(盛夏, 한여름) 폭염하에 헤치마코롱은 살결을 완전히 보호하오."(광고 6) 새로운 크림을 구입하고 계절 스포츠를 즐기러 떠나는 것은 문화적인 도시인의 표상이다.

광고 모델로는 신식 여성들이 등장했다. 스키 장비를 둘러멘 여성(광고 5)과 어깨를 드러내고 수영하는 여성(광고 6)이 시선을 끈다. 스키 장비를 멘 여성의 쾌활함은 순종적인 전통 여성상을 배반하면서 수용자들에게 쾌감과 선망을 불러일으킬 만하다. 신문이나 잡지 화보에도 운동하는 사람들이 곧잘 등장했다. 맨살을 드러내거나 다리를 벌리고 스트레칭 하는 사람들, 잇몸을 드러내고 활짝 웃는 사람들은 이색적인 볼거리였다. 특히 운동하는 여자들의 풍경이 잡지 화보에 자주 실렸다.

광고는 스포츠우먼의 참신성을 제품 이미지와 연결 짓고자 했다. 광

광고 5 스키장으로 떠나는 여성들을 내세운 광고 서양인 모델을 연상케 하는 두 여성의 대화가 실려 있다. 구라부 크림이 없으면 "일껏 재미있자는 스키-도 젬병"이란다. 구라부 크림, 《동아일보》 (1934. 2. 15).

광고 6 수영을 즐기는 여성 모델을 쓴 광고 맨살을 드러낸 수영복 차림의 여성이 "안심"하고 즐길 수 있는 까닭은 선전하는 화장품 덕분이다. 헤치마코롱 화장수, 《조선일보》(1936. 6. 30).

고 6에서 팔다리를 드러내고 수영하는 여자의 모습은 당시로서는 충격적이었다. 이 사진은 총 14단의 신문 지면 중 무려 6단가량을 차지했다. 광고는 문자 기호를 줄이고 이미지 기호를 극대화했다. 전신은 물에 잠겨 있다시피 하지만 드러난 어깨와 팔다리는 이색적이었다. 광고가 전하는 개방성과 해방감은 해수욕장의 풍속을 그대로 보여 주는 듯하다.

스키장은 1930년대 들어 집중적으로 개발되었고, 해수욕장은 1913년 부산 송도를 시작으로 1923년 인천 월미도, 원산 송도원이 개장했다.[55] 당대 잡지의 여름호에는 해수욕장 풍경이 빠지지 않는다. 해수욕장은 "꿈의 파라다이스"로 그려졌다. 이운곡은 「해변일기 초(抄)」에서 이렇게 말했다. "이곳에서는 평상시에는 꿈에도 생각 못할 반나체의 몸으로 남녀노소를 가리지 않고 서로 조금도 거리낌 없이 모래사장에서 뒹굴고 뛰고 시시닥거리고 할 수 있다. 모두가 철없는 어린애같이 물속에서 장난을 쳐도 무서운 나리가 와서 고함을 지르거나 잡아가지 않는 세계, 환갑 지난 늙은이가 어린애가 되어 숨바꼭질하는 세계! 꿈의 파라다이스!"[56]

해수욕장에서는 남녀와 노소의 구별이 무너지고 너 나 할 거 없이 시시닥거릴 수 있다. 해수욕장은 "반나체의 몸"이 뒹구는 놀라운 곳, "무서운 (순사) 나리"의 억압이 사라진 해방 세상이다. 해수욕장은 일상으로부터의 일탈과 유흥이 기대되는 풍기 문란, 허랑방탕한 공간이다. 1930년대 통속 소설의 무대로 해수욕장은 자주 등장한다. 해수욕장은 남녀의 우연한 만남과 연애 무드의 급진전을 보장하기에 적합한 무대 장치다. 인기를 끌었던 박계주의 소설 『순애보』(1939)에도 해수욕장의 젊은 남녀가 등장해 인상 깊은 첫 장면을 장식한다.[57]

"별천지의 해수욕장"[58] 풍속은 새로운 시간과 계절의 감각을 반영한다. 해변 풍경에는 철도와 자동차가 바꾸어 놓은 근대적인 시공간의 감각이 반영되어 있다. 물리적인 변화와 더불어 감각과 정서도 달라진다.

> 해변에서는 여자들은 될 수 있는 대로
> 고향의 냄새를 잊어버리려 한다.
> 먼 —— 외국에서 온 것처럼 모다
> 동딴(동떨어진) 몸짓을 꾸며 보인다.
>
> 김기림, 「풍속」(『태양의 풍속』(1939)), 『김기림 전집(1)』, 56쪽

해변에서는 여자든 남자든 "고향의 냄새"와는 동떨어져 있다. 해수욕객들이 꾸미는 "동딴" 몸짓은 "먼 외국에서 온 것처럼" 낯설게 느껴진다. 해수욕을 즐기는 사람들은 현대인이라 할 수 있는데 이들이 "삘딩(빌딩)과 아스팔트에서 질식할 듯 무더운 도회의 여름을 탈출"했다고 여겨지기 때문이다. 도회의 풍속이 낯선 감각을 시위하는 과정은 고향이 향수 어린 낡은 곳으로 변주되는 과정과 함께할 것이다.

겨울 온천은 여름 해수욕과 함께 계절 도락으로 꼽혔다. 소설 속에서 온천 여행은 주로 불장난이 벌어지거나 여성 인물이 '정조를 잃는' 배경으로 등장한다. 가장 저렴한 조선식 숙소부터 일본풍 여관(료칸)과 화려한 미국식 호텔이 위계를 이루며 온천 주변에 생겨났다. 부산의 동래, 충남의 유성과 온양, 황해도의 배천과 신천, 평안남도의 용강과 양덕, 함경북도의 주을 등 식민지 시기에 많은 온천이 개발되었다. 오늘날까지 남한 사람들에게 익숙한 동래, 유성, 온양 온천을 비롯해 금강산 일대의 삼방약수나 석왕사는 1920~1930년대 대표적인 휴양지로 이름을 떨쳤다.

월간 잡지의 겨울호에 온천 여행을 소개하는 특집이 실리는가 하면 신문에는 다양한 기차 여행 상품 광고가 실렸다. 기차 요금을 할인하니 온천 여행을 즐기라는 식이다. 철도국은 관광지 개발의 중심에 서 있었다. 철도국은 여행 상품의 개발뿐 아니라 인근 숙소를 직영하기도 했다. 철도국은 스키장을 개발하고 스키 열차 노선을 개통했으며 관광 엽서도 발행했다.

철도가 횡단하고 도로가 놓이면서 관광 명소는 탄생했다. 철도는 19세기 중반부터 관광의 대중화를 창출했고 20세기 중반까지 관광 수단으로서 중요한 역할을 했다. 한반도에서는 1899년 경인선(노량진-제물포) 개통을 필두로 경부선, 경의선의 간선과 지선이 건설되었다. 주요 역을 기점으로 인근 명산과 고적, 사찰, 온천, 선유지(船遊地), 약수, 폭포, 해수욕장, 수렵지가 개발되었다. 피서 관광이나 스키 관광과 함께 꽃 관광이나 석탄절(석가탄신일) 관광 등 '탐승(探勝) 관광'이라 불린 일종의 테마 관광 상품도 인기를 끌었다.[59] 관광 상품의 기획 및 개발 주체이자 광고주가 주로 신문사이거나 조선 총독부의 철도국이라는 점도 흥미롭다.

옛 여행은 남성 엘리트를 중심으로 방문 국가나 지방을 배우고 익힌다는 성격이 컸다.[60] 남성 양반 계급이 주도했던 공적인 여행은 변모하여 휴가를 즐기는 개인적인 활동으로, 도시 중상류 계급의 취미로 자리 잡기 시작한다. 근대인에게 자연은 교통과 통신의 발달로 구획되고 개발되는 대상으로 바뀐다. 자연은 무수한 교환으로 추상화되고 재조직된 시장이 된다.[61]

시공간도 화폐와 교환되는 대상으로 식민화된다. 정해진 시간에 출발하고 도착하는 철도는 공간을 균질적으로 만든다. 시간은 계산 가능

여름엔 해수욕장, 겨울엔 온천

함경도 원산의 송도원(松濤園) 해수욕장은 한반도에서 최고의 해수욕장으로 꼽혔다.(상단, 「무하경(無夏境)인 송도원, 해수욕객이 운집」, 《동아일보》(1937. 8. 24)) "폭서로 인하야 여름 왕국의 호화판"이었다고 한다. 1937년 8월은 중일 전쟁이 개시된 지 한 달 후이고 이른바 전시기로 접어드는 때다. 제국이 요구하는 애국하는 국민의 지위도, 일상을 영위하는 시민의 지위도 묘하게 공존한다. 송도원 뉴스는 계속 보도됐다. "고달픈 도시 생활에서 염증이 생긴 인간들은 더위가 없는 바다로, 바다로 몰려드는 것"으로 "주식회사 별장에 200인, 개인 별장에 60여 인, '캄핑(캠핑)'이 50장으로 200여 인, 송도원호텔 및 송학관에 매일 평균 90여 명, 그외에 송중리(松中里), 송하리(松下里) 및 여관에 이르기까지 무려 천수백 명에 달하는 미증유의 대성황"을 이루었다고 한다.(「천수백 명을 돌파, 바다! 원산에 피서객」, 《동아일보》(1937. 8. 9))

한편 함경도 주을(朱乙)은 온천으로 개발되어 "북선(북조선)의 낙토(北鮮の樂土)", "조선 알프스"로 일컬어졌다.(하단, 조선 총독부 철도국이 1928년경 발행한 우편엽서, 필자 소장) 주을의 수려한 산세 아래 숙박업소가 즐비하다. 사진 속 풍경은 고즈넉해 보이나 전기와 통신, 철도와 자동차를 타고 욕망이 흥청거렸던 곳이다.

성으로 대표되며 삶을 기획하는 인간의 능력을 전폭적으로 확장한다. 속도는 근대적인 시간관을 단적으로 말해 준다. 즉 '빠른 것이 좋은 것'이다. 일상은 합리화된 시간의 폭력에 노출된다. 양적인 단위로 환산되는 시간은 가치, 다시 말해 화폐 가치와 결합한다.

흔히 "시간은 금이다.", "시간은 돈이다."라고 한다. 말 그대로 금언(金言)이다. 오늘에야 흔해 빠진 말이 됐지만 이 말은 새로운 시공간의 감각을 반영한 말이다. 자연의 시간은 시계 시간으로 쪼개지고 화폐 가치로 환산된다. 도시를 중심으로 낮이 길어지고 밤과 잠이 줄어든다. 고미숙은 근대를 두고 "밤과 잠과 꿈을 빼앗긴 시대"로 표현하기도 했다. 새로운 시간 질서로 채워진 공간은 국가가 보장하는 단일한 화폐에 의해 매개되고 작동하는 시장, 즉 생산과 소비, 유통의 네트워크로 짜인다. 국가와 화폐의 결합은 돈만 있다면 무엇이든 할 수 있다는 신화를 보장하는 것처럼 보인다.[62]

박태원의 소설 「소설가 구보 씨의 일일」 속에 시계 시간의 식민성에 대한 통찰을 보여 주는 대목이 있다. 구보는 여행을 가고 싶다며 경성역(서울역)을 떠올리는데 그 전에 "팔뚝시계(손목시계)"를 갖고 싶어 하는 소녀를 생각하는 장면이 먼저 나온다.

몇 점이나 되었나. 구보는, 그러나, 시계를 갖지 않았다. 갖는다면, 그는 우아한 회중시계를 택할 게다. 팔뚝시계는 ── 그것은 소녀 취미에나 맞을 게다. 구보는 그렇게도 팔뚝시계를 갈망하던 한 소녀를 생각하였다. 그는 동리에 전당 나온 18금 팔뚝시계를 탐내고 있었다. 그것은 4원 80전에 구할 수 있었다. 그리고, 그는, 그 시계 말고, 치마 하나를 해 입을 수 있을 때에, 자기는 행복의 절정에 이를 것 같이 생각하고 있었다. '벰베르구' 실로 짠 보일 치마. 3원 60전. 여하튼 8원 40전이 있으면, 그 소녀는 완전히 행복일 수 있었다. 그러나, 구보는, 그 결코 크지 못한 욕망이 이루어졌음을 듣지 못했다. 구보는, 자기는, 대체, 얼마를 가져야 행복일 수 있을까 생각해 본다. (중략)

구보는 자기에게 양행비(洋行費)가 있으면, 적어도 지금 자기는 거의 완전히 행복할 수 있으리라 생각한다. 동경에라도 —. 동경도 좋았다. 구보는 자기가 떠나온 뒤의 동경이 보고 싶다 생각한다. 혹은 좀 더 가까운 데라도 좋았다. 지극히 가까운 데라도 좋았다. 50리 이내의 여정에 지나지 않더라도, 구보는, 조그만, '슈트케이스'를 들고 경성역에 섰을 때, 응당 자기는 행복을 느끼리라 믿는다. 그것은 금전과 시간이 주는 행복이다. 구보에게는 언제든 여정에 오르려면, 오를 수 있는 시간의 준비가 있었다. 구보는 차를 마시며, 약간의 금전이 가져다줄 수 있는 온갖 행복을 손꼽아 보았다. 자기도, 혹은, 8원 40전을 가지면, 우선, 조그만 한 개의, 혹은 몇 개의 행복을 가질 수 있을 게다. 구보는, 그러한 제 자신을 비웃으려 들지 않았다. 오직 그만한 돈으로 한때, 만족할 수 있는 그 마음은 애닲고 또 사랑스럽지 않은가.

박태원, 『소설가 구보 씨의 일일』, 32~33쪽

구보는 떠나고 싶어 한다. 한 소녀가 손목시계("18금 팔뚝시계")와 유행하는 치마("'벰베르구' 실로 짠 보일 치마")를 가지면 "완전히 행복"일 수 있는 것처럼 구보는 여행을 가면 행복할 것만 같다. 구보의 여행 상상은 근대적인 여행 의례로 채워져 있다. 철도와 여행용 가방, 휴가비와 시간이 그것이다. "조그만 '슈트케이스'를 들고 경성역"에 서 있는 상상 속에서 그는 '슈트케이스'에 어울릴 법한 양복과 신발, 단장을 갖춘 모습이었을 터.

"양행비(洋行費)"가 있으면 좋겠지만 구보는 가난하다. 시간은 많은데 돈이 없다. 따라서 구보는 양행비가 지시하는 '서양'에서 → "동경에라도" 좋고 → "좀 더 가까운 데라도" 좋겠고 → "지극히 가까운 데라도" 좋다고 생각할 수밖에 없다.

산책이든 여행이든, 여행 가방이든 기차표든 모두 "금전과 시간이 주는 행복"에 속한다. 대체로 시간이 없으면 돈이 들고, 돈이 없으면 시간이 많이 걸린다. 화폐로 환산되는 시공간에서 돈도 시간도 없는 경우가 제일로 딱하다. 화폐와 교환되는 기표는 다양하다. "소녀 취미"의 "팔뚝시계"일 수도 있고, 엘리트 취향의 "우아한 회중시계"일 수도 있다. 직업과 학력, 세대와 시대를 드러내는 상품 기호들이 개인의 정체성을 대변한다.

행복은 "8원 40전"에서 나온다. 8원 40전은 소녀가 행복을 구입할 수 있는 가격이다. "8원 40전을 가지면, 우선, 조그만 한 개의, 혹은 몇 개의 행복을 가질 수 있을 게다." 박태원의 표현대로 이 행복은 애달프지만 사랑스럽고, 사랑스럽지만 애달프다. '8원 40전'은 행복감을 주지만 앞으로 840원, 8400원, 8만 4000원의 욕망은 계속되기 때문이다. 욕망은 궁극적으로 충족되지 않는다는 점에서 존재한다.

구보가 떠올렸던 양행비는 현대인의 풍모를 반영한다. "여행 좋아하는 건 현대인의 취미"이며 "황금국 미국에서는 대대적 여행"을 한다는 기사(《동아일보》(1929. 6. 2))가 나오기도 했다. 당시 서울은 시내 중심부를 조금만 벗어나도 흙길과 논밭의 촌 풍경이 펼쳐졌다. 80여 년 전 서울에는 논밭이 펼쳐져 있었어도 휴가를 준비하는 의례가 서울 사람들을 도시인으로 규정했다. 일요일에 교외 산보를 하고, 여름에 해수욕장 피서를 계획하고, 겨울과 온천 여행을 함께 떠올리는 일은 사람들이 문화인으로

'진화'해 가는 과정으로 제시되었다.

태양력은 시계 시간과 함께 이전 시간을 교체해 나갔다. 전통적인 농촌 사회에서는 태양의 움직임을 한 해의 기준으로 삼고, 육안으로 쉽게 확인할 수 있는 달을 기준으로 하루하루를 헤아렸다. 1910년대부터 총독부는 양력을 사용하고 음력 폐지를 유도했다.(1936년에는 민력(民曆) 개정) 24시간, 12개월, 1년 단위의 시계 시간과 양력 체제는 개화기부터 지금까지 공식적인 시간 단위로 훈련되어 왔다. 시계 시간의 등장은 시간 절약과 시간 존중("시간을 지키자.")을 내세운 노동 환경과 생활 태도를 뒷받침했다.[63] '시간의 근대화'에 따라 여가와 일요일, 휴가철이 배당되며, 스포츠와 연예, 여행의 레저 상품들이 이를 채워 갔다.

하지만 공공의 시간은 지연되고 옛 시간과 교차하기 마련이다. 시간 관념은 획기적으로 바뀌었으나 어디까지나 도시적인 시간 체제였으며 따라서 제한적으로 확산되어 갔다. 낮과 밤의 경계를 파괴하는 전기 보급은 도시 주변에 한정되어 있었다.[64] 농업 노동에 종사하는 많은 사람들에게 맞는 시간 리듬은 공장과 학교, 회사, 군대, 철도와 우편이 요구하는 시간과는 달랐다.

음력과 양력도 섞여 있었다. "양력 정초를 일본 설, 음력 정초는 조선 설"이라고 부르기도 했다. 도시 사람들은 "밖에 나가서 사교적인 신년 인사는 신력(新曆), 먹고 노는 것은 구력(舊曆)"으로 하면서 이른바 "이중 과세(二重過歲)"를 하기도 했다. 시골의 풍경은 또 달랐다. 대보름까지 "먹고 마시고 즐기고 화합하는 기간"으로 "시골에선 일본 설날이 어느 날인지도 모르고"[65] 지내기도 했다. 1월 1일의 해돋이 풍속은 1980~1990년대 들어서야 정착되기 시작했다. 그런가 하면 음력설은 1980년대 중반부터 공식적인 휴일로 복권된 후 오늘날에 이른다.

'취미는 독서'입니다

취미, 취향이라고들 한다. 여행이 취미라는 이도 있고 각종 스포츠를 취미로 소개하는 이도 있다. 영화 감상은 만인의 취미가 된 것 같다. "내 취향이다.", "각자의 취향을 존중하자."라는 말도 한다. 취미와 취향은 흔히 개인의 기호와 감성부터 여가와 오락 활동을 아우르는 말로 쓰인다.

1920년대 중반을 넘기면서 취미나 취향이라는 말이 많이 쓰이기 시작한다. 다양한 스포츠는 "취미 위생"에 속했고, 영화나 연극은 "연예 취미"라 일컬어졌다. "문예 취미"도 등장했다. 독서, 음악을 비롯해 여행, 원예, 공예, 심심풀이 퀴즈나 '요요' 같은 유행 놀이에 이르기까지 취미라는 말이 두루 쓰였다. 도시화의 물결과 산업의 양적 성장, 문화 산업이 전개되는 속에서 취미라는 말이 활발하게 쓰이기 시작했다.

많은 잡지가 취미라는 이름을 달고 등장했다. "취미와 실익 잡지"(개벽사가 1926년 창간한 《별건곤》), "취미와 교양과 오락의 종합 잡지"(김동환이 1929년 창간한 《삼천리》), "대중을 본위로 한 실익 취미 잡지"(조선중앙일보사에서 1933년 창간한 《중앙》) 등. 신문에는 '학예란'이나 '부인·가정란'이 확대되었다.[66] 취미는 현대 생활에 필요한 크고 작은 지식, 상식과 함께 오락, 유흥까지 포함하는 말로 통용됐다. '취미 있는 생활'이 강조되었다. "모처럼 인생으로 태어나서 한세상을 아무러한 취미도 없이 지내는 것은 생명을 희생하는 것이다. 우리는 아무쪼록 취미 있는 생활을 자기 스스로 만들어야 된다."[67] '취미 있는 사람'은 문화인, 교양인과 통했다. 취미

있는 사람은 유행에 뒤처지지 않는 사람이고, 여가를 누릴 줄 아는 사람이다.

taste의 번역어로서 취미나 취향은 예술과 문학에 대한 미적 가치관을 가리켰지만 도시 중간층을 중심으로 개인을 대변하는 표식으로 확대되었다. 의복이나 장신구부터 다양한 문화 상품이 사람들의 취향을 말해준다. 취향은 상품을 통해 획득될 수 있는 자질이다. 진노 유키는 1910년 경 일본에서 취미라는 말이 유행했던 시기에 소비의 메카인 백화점이 등장했다고 지적한다.[68]

흔한 담배 한 갑에도 취향이 드러난다. 채만식의 「레디메이드 인생」(1934)에 담배 취향이 등장한다. 주인공은 '마코' 담배를 건네는 가게 주인에게 성질을 낸다. 마코는 싸고 해태는 비싸다. 주인공의 호주머니 사정에는 마코가 적격이지만 괜스레 15전을 내고 해태를 고집한다. 해태와 마코가 주인공의 취향을 결정짓기 때문이다. 정확하게는 상표로 구별되는 가격 차가 구입자의 지위와 품격을 결정짓는다. 취향은 "일종의 사회적 방향 감각(자기 자리에 대한 감각)으로 기능"하며 자기 지위에 걸맞은 행동과 상품 쪽으로 인도한다.[69]

좀 더 '우아한' 취향도 있다. 종교나 문학, 미술, 음악은 많은 시간과 교육비를 투자해야 한다. 이들을 쾌락으로 알려면 "십수 년간 문명적 교양이 필요"하다고 했다. 예술 역시 문화 상품으로 제공되는 항목이었지만 별도의 감상법이 요구되었다. "방 안 벽에 아무것도 아니 붙이고 백지로 두는 것보다도 그림 한 장이라도 장식하는 것"[70]이 교양적이라고 여겨졌다. 그림을 걸었대도 어떤 그림이냐에 따라 교양과 문화의 정도가 판명될 것이다.

문화 상품도 고급과 저급으로 나뉜다. 축음기 음반을 중심으로 많은 유행가가 나왔지만 '명작'이 될 수는 없었다. 거리의 상점과 다방, 카페에서 흘러나오는 유행가는 흔히 저급하며 비교육적이라는 몰매를 맞았다. 대중성과 품격은 정반대의 문제로 치부되기 쉽다. 엘리트나 중상류 계급이 문화 자본을 획득하는 양태는 대중의 것과 구분되었다. 영화도 단연 인기를 모았지만 고급 취미로 여겨지지는 않았다.

영화는 명백히 도시인의 취향이었다. 그러나 "값싸고 화려하고 재미있는 오락"에 가까웠다. 사람들은 "50전 혹은 30～40전으로 3시간 동안 여배우의 교태와 소름 끼치는 자극과 노래, 음악, 춤을 싫도록" 보면서 울고 웃고 즐길 수 있었다. '극장 구경'으로 집약되는 대중적인 영화 취미는 남녀 분리가 지켜지기 어려운 공간에서 이루어지는 풍기문란한 것이었다. 대체로 영화관은 환기 시설과 위생 설비가 열악한 곳이 많았고 언제 일어날지도 모르는 불온한 시국 행위에 대한 감시와 통제가 작동하는 공간이기도 했다. 1930년대 유성 영화가 등장한 후에도 변사의 인기는 한동안 이어졌으며, 공연 형태의 연예 오락물이 함께 무대에 오르는 경우도 흔했다.[71]

영화 중에서도 유럽 영화와 할리우드 영화, 일본 영화는 구분되었다. 인기를 끌었던 할리우드 영화는 "내내 심각"했던 유럽 영화보다 재미있었고 일본 영화와는 비교되지 않을 정도로 수준이 높다고 여겨졌다. 한국 영화는 「장화홍련전」(1924)이나 「나그네」(1937) 같은 일부 작품을 제외하고는 인기가 없었다. 1920년대 초부터 제작되기 시작한 한국 영화는 제작 편수도 적었으며 평가 절하되기 일쑤였다. 한국 영화는 1990년대에 들어 한국 영화 산업의 부흥을 이뤄 내기 전까지 고전했다.[72]

반면 독서는 그 자체로 '고급' 취미가 될 조건을 갖추고 있었다. 영상과 음악은 눈으로 보이고 귀로 들리지만 독서는 달랐다. 문자 기호를 해독하고 내용을 이해할 수 있는 '독서 능력'이 요구됐다. "조선에서 글을 읽으라-는 무리스러운 요구"[73]일 수 있었다. 1930년에 한글 해독률은 남성 25.4퍼센트, 여성 6퍼센트, 일본어와 한글 모두를 해독할 수 있는 비율은 남성 15.4퍼센트, 여성 1.9퍼센트 정도였다. 식민지의 상황에서 각종 읽을거리에는 한글과 한자, 가나가 혼재되어 있었고 1930년대 말에서 1940년대 초, 한자와 가나가 섞인 한글 신문을 읽을 수 있었던 사람들은 인구의 20퍼센트 정도로 추산된다.[74] 독서 행위는 읽고 쓰기 능력뿐 아니라 독서에 소요되는 시간과 독립적인 공간을 필요로 한다. 이는 '취미는 독서'라는 말이 낡은 관용구가 된 오늘날에도 여전히 독서가 쉽지 않은 이유가 된다.

조선 시대에는 지식과 정보를 책으로 제작하고 발행하는 것을 국가가 독점하며 단속했다. 하지만 책이 시장으로 진입한 후에는 사정이 달라진다. 책이나 독서 행위 자체가 신비롭고 권위적인 데서 나아가 소비 상품으로서의 책, 취미로서의 독서 행위가 출현한다. 1920~1930년대 독서 시장에서는 수험서나 참고서 같은 실용 서적과 사회주의 사상서가 교차했고, '빨간책(포르노그래피류)'과 아동물(번역 동화집과 소년 소녀 잡지), 인기를 끈 고전(『조웅전』, 『춘향전』, 『심청전』 등)과 신문예물이 교차했다.

특히 문예물은 얼마간 생활과 유리되어 있으면서 문사철(文史哲)의 전통까지 더해져 '고급 취미'로 여겨졌다. 특히 러시아와 독일, 영국의 문학은 '세계 문학'으로 꼽혔다. 당대 작가나 지식인들이 '장서(藏書) 중의 보배'로 꼽았던 것은 톨스토이(『부활』), 도스토예프스키(『죄와 벌』), 투르게네프, 괴테, 셰익스피어, 위고(『레 미제라블』), 막심 고리키, 유진 오닐 등이었다. 『무정』(1917)을 비롯한 이광수의 소설이나 『정지용 시집』(1935)이 이들 가운데 끼어 있었다.[75]

한국의 '신문학'은 별로 대접받지 못했다. 이광수는 일반 독자들에게 나 평단에서나 인지도를 얻었던 독보적인 경우에 속한다. 「춘향전」과 같은 고전 소설은 농촌에서 농한기의 가정 오락물로 인기를 얻었다. 신문에 연재되었던 장편 소설 역시 인기를 끌었지만 통속으로 치부됐다. 신문 연재소설=장편 소설=통속 소설이라는 도식은 맞는 부분이 있다. 연재소설은 신문사가 독자를 확보하고자 흥미 위주로 기획한 경우가 많았기 때문이다.[76] 김말봉의 『찔레꽃』(1937)이라든가 박계주의 『순애보』(1939)를 비롯해 함대훈의 장편 소설이나 김내성의 탐정 소설 등속이 인기를 끌었던 통속 소설이었다.

출판사가 낸 상업 광고에 오르내렸던 책은 신문예물이 대다수였다. 고전물은 딱지본(울긋불긋한 표지에 비교적 얇은 활자본 형태)의 형태로 행상을 통해 팔려 나가는 경우가 많았고, 이들 책의 독자는 윤독(돌려 읽기)이나 음독(音讀)과 같은 공동체적 독서 관습에 보다 가깝게 있었다. 반면 광고에 자주 등장하는 출판물은 인쇄 출판-서점-(우편) 주문의 유통 구조 속에 있었고, 주로 도시 거주자 중에 일정한 경제력과 여유 시간을 지닌 이들을 겨냥하는 경우가 많았다.[77]

광고 7은 "문화 조선"의 자부심을 내세운 문학 전집 광고인데 흥미로운 점이 있다. 조선일보 출판부는 "최근 30년간의 신문학 작품 중에서 최고 역작을 정선"한 『현대 조선 문학 전집』을 "문화 조선의 금자탑"으로 선전했다. 조선산 문화 상품이 평가 절하되었던 상황에서 조선 문예물이나 영화는 흔히 문화 민족주의적인 명분을 부여받았다. 그런데 재미있는 부

광고 7 1930년대 後半에 나온 한국 문학 전집 광고 조선일보 출판부에서 발행한 『현대 조선 문학 전집』 광고다. 조선일보사에서 발행했던 종합 잡지 《조광》(1938.4, 152~153쪽 양면 광고)에 실렸다. 김동인, 현진건, 이광수부터 강경애, 백신애, 노자영에 이르는 작가들이 실려 있다. 80여 년의 세월이 지나 누군가는 문학사에 남고 누군가는 잊혔다.

분은 책의 장정을 선전하는 대목이다. "독자 제씨(諸氏)"가 "서가에 진열"할 수 있는 책으로 장정과 제본을 자랑할 만하단다. "만천하 독자 제씨는 즉시 신청(申込)하여 이 권위 있는 문학 전집을 서가(書架)에 진열하라." "장정은 사륙판 크로쓰 양장 미본(美本), 350쪽(頁)의 당당한 호화판"으로 선전했다. '서양식' 책 장정("양장")에 호화롭게 꾸민 출판물("호화판")은 책장에 진열해 두기 좋다고 했다.

당시 독서 설문을 보면, "골동품적 책"보다는 새 책이나 전집류를 선호한다는 답변이 나오기도 했다. "몇 년 전 책이 너무나 야시품연(夜市品然) 했는 데 대해서 요즘 책은 꽤 서책품(書柵品)답게 그 장정, 제본, 용지 등의 면목을 일신했다."[78]라는 기사도 나왔다. 야시장의 좌판에 나온 물건처럼 허름했던 책이 달라졌다는 말이다. 소비 상품으로 거래되면서 서책의 품질 역시 쇄신될 수밖에 없다. 나아가 훌륭한 장정의 책으로 서가를 꾸미는 일은 경제 성장기에 여유를 구가하는 문화 생활의 풍속 중 하나다. 한국에서는 1970~1980년대 벽면 채우기용으로 전집 발간이 붐을 이룬 바 있다.

1930년대에 나온 호화판 양장 선전은 서가 장식을 앞세운 문화 생활의 시초를 보여 준다. 김남천은 책을 읽지도 않고 모아 두는 적독(積讀)의 취미를 꼬집기도 했다. "응접실의 장식품으로도 훌륭"하다는 책 광고를 보자면 적독은 "허영이거나, 체면 유지거나, 장식이거나, 광고다."[79]라고 그는 일침을 놓았다. 화려한 장정이 독서가의 품위를 뒷받침하는 것처럼 번듯한 서가도 가정의 격조를 보여 줄 만한 요소가 된 셈이다.

서가 꾸미기류의 고급문화는 중산층이 최대한 다다를 수 있는 곳을 제시한다. 광고는 잠재적인 소비자 일반을 상대로 하는 것처럼 보이지만 실은 계급적인 대중을 호출한다. 식민지 시기 상품 문화는 뿌리내려 있지 않았으며 대다수의 사람들은 구매력이 없을 정도로 빈한했다. 중산층의 형편 역시 어려웠다. 광고는 물건을 구입함으로써 얻을 수 있는 소비자라는 권리, 일종의 '소비자 시민권(consumer citizenship)'을 선전했다.[80] 상업 광고와 백화점, 영화는 상류층의 문화를 나열하면서 사람들의 계층 상승 욕망을 자극했다.

사치재는 가질 수 없어 문제이지 가질 만한 게 아니라고 여겨지지는 않았다. 대표적인 사치재로는 축음기와 라디오, 자전거, 자동차 등속이 있었다. 사람들은 값싼 대체 품목을 통해 사치재를 소비하며 유행과 취향의 위계 구조에 참여한다. 고급·진짜·진정의 문화는 저급·모조·통속의 문화를 필요로 한다. 사치품이나 정통적인 문화 상품은 상층 계급의 표장(emblem)이요, 이를 전유하려는 방식을 둘러싸고 사람들은 욕망하고 투쟁한다.[81]

소수의 사람들이 문화와 교양을 독점할 수 있다는 엘리트주의적인 태도는 물신 숭배의 논리와 맞닿아 있다. 사상이나 여가, 지식, 문화에 사물로서의 가치가 부여된 까닭이다. 지식이나 교양은 이를 효과적으로 이용할 수 있는 열쇠를 갖고 있지 않은 사람에게는 가혹하며 교활한 문화적 격리의 계기가 된다. '육화된 계급 문화'로서의 취향은 문화인과 비문화인을 구별한다. 취향은 문화를 획득하는 양식의 차이이지만 마치 타고난 것처럼 여겨지는 환상을 주기 쉽다.[82]

모던 가정이라면 음악 감상을

자본주의 체제에서 가정은 기초적인 소비 단위다. 가난한 집 딸이 기생으로 팔리고, 축첩이 여전한 세태였지만 미디어는 끊임없이 '스위트 홈'과 '모던 가정'을 그려 냈다. 안락한 집, 여유 있는 일상, 단란한 가족의 이미지는 대다수 가정의 풍경과는 거리가 있었다. 모던 가정에서 아버지는 가정을 지키고 이끌어 가며 심판하는 자라면, 어머니는 가족들에게 맛있는 음식을 해 먹이고 옷 입히고 보살피는 일을 담당한다. 새로운 핵가족제는 "개인 예속적 위계질서제의 축소판"이라 할 수 있다. 아버지-남편-주인인 통치자와 어머니-아내-안주인인 피통치자의 모형이 그것이다. 근대적인 가부장제는 성인 남성만이 화폐 자원에 배타적으로 접근한다는 점에서 가부장적인 형태를 띤다. 하지만 더 이상 가내제 생산 양식에 근거하지 않는다는 점에서 어디까지나 '자본주의적 가부장제'의 형태다.[83]

우에노 치즈코의 표현을 빌리면 시장이 만들어 낸 것은 자유로운 개인이 아니라 '자유로운 고립된 단혼(일부일처제) 가족'이다. 시장이 자유로운 개인을 플레이어로 해서 성립된 게임이라면 이 개인은 일부일처제 가족의 대리인, 즉 가장 노동자다. 시장은 자유로운 개인을 등장시키고자 공동체와 적대 관계에 섰다.[84] 근대 광고에 떨어진 지상 명령 역시 공동체적인 옛 관습을 해체하고 새로운 소비 윤리를 주입하라는 것이었다. 광고는 온건하고 행복한 중산층의 가정을 소비의 모델로 내세웠다. 광고가 스위트 홈의 환상에 가담한 까닭은 가정을 소비 단위로 공략하는 방법이 대량 소비를 촉진하는 데 가장 효율적인 전략이었기 때문이다. 가정 문화의 개선을 내세우거나 중산층의 여유와 쾌락을 공략하는 전략은 광고 전략의 하나로 확립되어 갔다.

많은 광고가 가정의 이미지를 공략했다. 광고 8을 보면 해당 음료는 "가족의 단란에 꼭!" 필요하단다. 아내와 나란히 등장한 남편은 신식 조미료를 사다 준다.(광고 9) "가족의 단란", "가정생활의 명랑과 위안", "가옥에 단란의 화(花)를 피게 한다."는 문안이 비누나 약, 조미료 같은 생활용품 광고에 등장했다. "문화적인 가정에 없어서는 안 될 조미료"라든가, "가정약"(대학목약에서 광고한 "대학 10전 가정약")[85]도 등장했다. "기업의 기반은 가정"이라고 할 수 있다. "가정이라는 새로운 구매 단위가 활동하기 시작"하면서 "새로운 가정에서 필요한 설비"가 산업의 주요 환경이 되었기 때문이다.[86] 따라서 가정이라는 구매 단위는 광고에서 충분히 감성적으로 포장될 필요가 있었다.

광고 8 중상층 이미지를 활용한 음료 광고 "미각 천금! 내객의 접대에, 가족의 단란에 꼭!"이라는 일본 음료 도리고노(どりこの) 광고.(《조선일보》(1934. 6. 15))

광고 9 다정한 부부의 모습을 내세운 조미료 광고 "안해(아내)의 음식 솜씨를 돋우고 수고를 덜어주고 경제하시는 남편은 잊지 않고 아지노모도를 사 오시지요!"라고 말하는 조미료 아지노모도 광고.(《조광》(1938. 9), 연세대학교 학술정보원 소장)

광고 8은 전형적인 건강 광고이자 계절 광고 형식에다 가정 공략의 전략까지 더한 경우다. 6월에 나온 이 음료 광고는 "초하(初夏)에 잡수실 것"을 내세우며 각양의 유리컵에 담긴 시원한 음료 도안을 배열해 뒀다. "썩 맛있고 영양분 많은, 초하에 잡수실 것, 어떤 가정에서도 손쉽게 되오." 해당 음료를 가지고 "오렌지 아이스"부터 "아이스틱(아이스티)", "세-기(쉐이크)", "비-루(맥주)"에 이르기까지 다양하게 선보일 수 있단다. 광고는 음료별로 다양한 컵과 찻잔을 써서 손님 접대의 예법과 격식을 만들어 냈다. 이는 중상층 가정에서 손님을 접대할 만한 자리에서 해당 음료가 오가는 풍경을 상상적으로 그려 낸다.

"저녁상에 평화와 기쁨이 넘치는 아름다운 가정", "어떤 가정에 흐르는 정담(情談)"[87]은 모두 일본의 유명 조미료, 아지노모도의 광고 문구다. 광고 9에는 다정한 부부상이 등장했다. 다정한 부부상은 남편의 손에 들려 있는 상품, 아지노모도에서 비롯된다. 조미료를 사다 주는 남편은 "아내의 음식 솜씨를 돕우고 수고를 덜어 주고 경제하시는" 남편이다. 가정적인 남편에게는 화폐 자원을 확보할 뿐 아니라 화폐와 상품을 직접 교환하는 수고까지 기대된다.

자본주의 가부장제에서 남편은 독점적인 화폐 공급자로서 자리매김하지만 새로운 가부장은 따로 있다. 바로 기업이다. 남편과 아내는 함께 "산업이라는 제단 앞에서 참배"하는 신성하고 비둘기 같은 부부다.[88] 기업은 물질을 공급하며 가족 구성원의 생활 양식을 지시한다. 광고는 기업적 가부장제의 복음을 전한다. 다정한 남편, 알뜰한 아내, 건강한 아이들의 표상은 광고 속에서 무한히 재생산되고 있다.

가정은 사적인 영역으로 분리된다. 시장 원리로 돌아가는 가외 영역은 남성 가장 노동자를 중심으로 경쟁과 효율, 속도를 추구하는 곳이다. 반면 가정은 지친 몸을 쉬고 다시 노동 가능한 상태로 재생하는 데 필요한 오락과 위안이 제공되어야 할 곳이다. 가정에 요구될 만한 효율성은 주부의 효율적인 살림살이로 집약된다. 실제로 근대의 가정 잡지나 여성 잡지는 가계 소비의 담당자로서의 주부에게 과학적인 육아법과 살림살이의 기술을 강의했다.

그런데 오늘날 가장의 자리는 가정에서 사라졌다. 가정의 중심인물은 여성과 어린이, 노인들이다. 아버지는 불행히도 가정 '밖'에 있는 존재처럼 부유한다. 부양의 의무를 진 남성 가장들은 실제로 대부분의 시간을 밖에서 보낸다. 가정은 아이들→어머니→아버지의 위계 구조를 이루고 노인들은 마치 불청객처럼 위계의 사이사이를 왔다 갔다 한다.

가정에서는 사회의 문제와 모순이 망각된다. 아니 망각된다기보다는 망각되는 것처럼 여겨진다. 많은 중산층 가족은 조화를 지향하고 상층 계급적인 환상으로서의 행복을 이루고자 한다. 갖가지 상품들이 가정의 행복을 구성해 준다.[89] 다양한 가전제품은 가정의 품격과 화목을 보장하려 든다. 가정에서 여가 활동을 보조하는 도구들도 계속해서 개발되었다. 라디오와 오디오, 텔레비전이나 비디오 장비와 더불어 컴퓨터, 비디오 게임은 대표적인 가정용 오락 기구다. 오락 장비의 크기는 줄어들고 기능은 복합적으로 변화해 왔다.[90] 하지만 전자 혁명은 가족을 위한 시공간을 마련하는 대신 혼자 즐기는 활동을 보장해 준다. 텔레비전을 보고 인터넷 게임을 하면서 가족들끼리 소통하기는 어렵다.

근대의 가정 풍경에는 옛날이야기를 들려준다거나, 신문과 잡지를 읽어 준다거나, 아이들을 불러 세워 학교에서 배운 노래(창가)를 시키는 모습이 등장한다. 텔레비전은 없다. 텔레비전은 1930년대 잡지에도 소개되기는 했지만 1950년대 들어서야 실용화되었다. 텃밭이나 마당에 닭이나 양 기르기, 라디오 청취, 유성기와 레코드(음반) 감상, 피아노 치기, 영화 구경, 산책하기는 단란한 가정 풍경을 상상적으로 구성했던 행위들이다.[91] 미디어에 재현된 가족 오락은 중상류층 가정이 주축이 된 여가 활동들이었다. 특히 유성기는 라디오와 함께 상류층 가정의 대표적인 가정오락 기구로 선전되었다.

유성기는 19세기 말엽에 처음 들어온 후 1930년대 들어 보급되기 시작했으며, 1960년대 초 전축(전기 축음기)과 엘피판이 본격적으로 보급되기 전까지 음악 재생을 담당했다. 유성기(留聲機)는 소리가 머무는 기계라는 뜻으로 소리를 압축하는 기계라는 축음기(蓄音機)로도 불렸다.[92]

축음기 음반에는 노래 두 곡이 녹음됐는데, 1945년 이전에 발매된 음반은 대략 5000종(곡수로는 1만여 곡)에 이른다고 한다.[93] 가히 '레코드 홍수 시대'라 할 만했다. 축음기는 다방이나 카페, 상점에서 흘러나오는 유행가를 담당했고 도심의 소리를 지배했다. 축음기는 농촌 오락이나 매약 행상(약장수)의 선전 도구로, 오입쟁이의 풍류 도구로도 등장했다. 사람들은 장이 설 때 일없이 축음기를 들으러 가기도 했다.[94]

광고에서 축음기는 가정용으로 많이 선전됐다. 가정용은 축음기의 이상적인 용도였다. 가족이 저녁 식사 후 축음기나 라디오 앞에 도란도란 모여 앉은 광고 속 풍경은 문화생활의 풍미를 대표했다. 하지만 가정에 들여놓기에 축음기는 너무 고가였다. 가정용으로 나온 축음기가 1930년대 중반에 65원씩이나 했는데, 상류층에 속했던 은행원의 월급이 70원 하던 때였다. 라디오는 보급형 수신기가 50원 정도였고 월 청취료를 부담

해야 했다. 청취료는 월 1~2원씩 하다가 1938년 이후에 75전으로 인하되었다.[95]

광고는 '개인 분자'를 공략하고자 가정이라는 소비 단위를 택했다. 한반도의 "2000만이라는 개인 분자"를 성공적으로 공략하기 위해서는 "450만이라는 가정 분자"[96]를 공략하는 길이 효율적이었다. 라디오의 보급 전략도 비슷하다. 라디오는 가정의 오락 매체가 되어야 한다. "가정을 떠나서 라디오의 생명은 적다."라고 경성방송국 관계자는 말했다. 단적으로 "'주부를 잡아라'가 라디오 사업 성공의 첩경"이었다. 1930대 중반에 보급형 수신기를 제작, 판매하고 한국어 방송을 실시한 것은 가정 오락의 매체로서 라디오를 정착시키고자 한 전략에서였다. 라디오 프로그램은 "가정을 목표로 프로그램을 작성"하고자 했다.[97]

축음기 광고도 가정을 공략했다. 광고 10에 등장한 축음기는 '컬럼비아(Columbia, 일본 축음기상회)', '오케(OK, 제국축음기)'와 함께 가장 광고를 많이 했던 '빅타(Victor, 일본 빅타축음기)'다. 축음기가 "가정 단란"과 "웃음꽃이 피인 가정"이라는 선물을 준다. 광고 일자인 12월 25일에 맞춰 산타클로스를 등장시켜 축음기를 선물처럼 그려 냈다. "당신 댁의 산타클로스"는 바로 빅타축음기다. 산타클로스는 벌써 상업주의의 아이콘으로 변신해서 소비의 욕망을 선물하고 있었다.

음악은 가정의 근대화에 없어서는 안 될 요소로 제시됐다. '어떤 음악이 가정생활에 가장 적절한가'라는 새로운 질문법이 나왔다. 이 질문법은 가족 오락에 음악의 필요성을 일깨워 주는 화법이다. "생활에 음악을 넣으라.", "가정생활의 위안과 명랑을 도(圖)하는 길은 음악을 가정에 집어넣는 외에 없다."[98]라는 말이 음반 광고에 등장했다. "현대 문화인으로

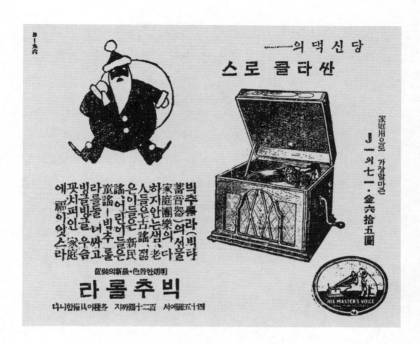

광고 10 가정용 축음기 광고 "웃음꽃이 핀 가정"을 완성하는 문화 상품으로 축음기가 선전됐다. "빅추롤라(빅타 축음기)의 선물, 가정 단란의 다하지 않는 샘, 노인들은 고요(古謠), 젊은이들은 신 (新)민요, 어린이들은 동요─빅추롤라를 둘러싸고 빙글빙글 웃음꽃이 피인 가정에 복이 있으라." 《조선일보》(1934. 12. 25))

서의 우리는 우리네 생활에 음악을 집어넣어야 하겠다는 것은 누구나 다 옳게 생각할 줄 압니다. 그보다도 한 걸음 더 나가서 우리는 음악이 없이 는 살 수 없다는 것도 어느 정도까지는 다 같이 느끼는 일인 줄 압니다."[99] 이는 홍난파가 1937년 잡지 《여성》에 쓴 말이다.

새로운 가족이 탄생하기 위해서 필요한 음악이란 곧 축음기나 라디 오를 가리켰다. 문화 산업이 제공하는 획일적인 생산물로 사람들의 여가 시간이 채워질 수밖에 없는 현상, 즉 "여가 경험이 구매되고 판매되지 않으면 안 되는" 현상은 문화 산업의 강력한 통제력을 말해 준다. 아도르노·호르크하이머는 음악, 영화, 스포츠, 잡지나 소설 같은 대중오락을 '문화 산업'이라는 말로 일컬었다.[100] 문화 산업은 적나라한 이윤 동기를 부드러운 문화 형태들로 바꾸어 놓는다.

제도 교육을 받은 엘리트 계급은 문화 산업이 전개되는 과정에서 중심적인 역할을 했다. 엘리트 계급은 신문, 잡지의 주된 작성 주체들로서 사람들의 상품 구매에 영향을 주는 정보 환경인 미디어 정보를 생산해 냈다. 이들은 일종의 '취향 생산자들'이라 할 수 있다. 이들은 고급 취향을 선도하고 이에 어울릴 만한 행동 양식을 이끌어 갔다.[101] 취향 생산자들은 학력 자본을 비롯한 문화 자본을 획득한 이들이 많았고 경제 자본을 획득한 이들도 있었다.

그러한 취향 생산자들 중 한 명인 홍난파는 음악 취향에 대해 신문과 잡지에 글을 많이 썼다. 근대 음악 교육 기관의 모태가 된 조선정악전습소(朝鮮正樂傳習所)를 비롯해 일본과 미국의 음악 학교에서 수학한 이력을 지닌 홍난파는 양악(서양 음악)의 소개에 앞장섰던 인물로 한국 근대 음악의 선구자로 꼽힌다.

만일 무슨 방법으로든지 이 음악가 한 분씩을 고빙(雇聘, 초빙)해다 둘 수만 있다면 당장에 가정에는 화기가 돌고 어린이들은 춤을 출 것인즉 웬간만 하면 헐벗거나 굶지 않을 정도라면 이것만은 꼭 실행하시기를 권하고 싶습니다. 내가 여기에 말씀하려는 음악가라는 것은 곧 '축음기'를 가리키는 것입니다. 우리는 이미 때늦은 사람들이라 지금에 새삼스럽게 어떻게 할 도리가 없거니와 이 축음기 한 대만이라도 가정에 있다면 그 기계의 힘을 빌려서라도 가정

의 화락한 기분을 다소간 만들고 도울 수가 있다고 생각합니다. (중략)

끝으로 한마디만 더 쓰겠습니다. '축음기'를 사는 데는 어떠한 것이 제일 좋을까 하는 것입니다. 이 문제는 물론 경제력에 관계되는 것입니다마는 음악을 참으로 감상하려는 분은 — 다시 말하면 '레코-드'에 의지하야 음악을 연구하려는 분은 값은 좀 비싸더라도 전기 축음기(電氣蓄音機 — 이삼백 원 정도)를 가져야 됩니다. 그러나 단지 가족적으로 위안을 받기 위해서는 적은 것이나 큰 것이나 별 상관은 없지마는 아무리 값이 싼 관계라고 하더라도 이삼십 원 이하의 신용 없고 이름 모를 회사의 제품만은 절대로 피하십시오. (중략) 그러므로 보통으로 가정에서 사용할 수 있는 것으로는 50원 이상의 정도로 '컬럼비아'나 '빅타'를 사는 것이 가장 안전하다고 생각합니다.

홍난파, 「가정 음악에 대하여」, 《신가정》(1934. 12), 29~33쪽

홍난파는 가정에 음악을 넣어라, 축음기를 사라고 권하는데 이에 앞서 옛 가정상에 대해 말하는 대목이 있다. "우리네 가정이란 애정이 없고 따뜻한 맛이 없고 즐거운 빛이나 화락한 기분이 없"다. "언제나 어른을 표준"으로 생활해 왔고, "아이들에게는 등한했을 뿐만 아니라 몹시 무시하고 학대해" 왔다는 그의 말은 역사적 사실에 가깝다. 저녁 식사 후에는 아이가 좋아하는 레코드를 들려주고 어린애의 손을 잡고 춤도 추고 장난도 해 보라는 1930년대 홍난파의 발언은 단연 혁신적인 가정상을 제시하고 있다.

상품은 억압적인 가족 문화를 해소할 수 있는 유력한 방법이 된다. 음악은 창(唱)이나 소리도 아니요, 그렇다고 거문고도 될 수 없으며, 피아노나 풍금, 바이올린이 주인공이다. 500원을 훌쩍 넘겼던 이들 고가품들

가운데 가장 합리적인 선택은 가정용 축음기다. 50원쯤 주면 축음기를 살 수 있기 때문이다.

상품은 곧 상표다. "가정에서 사용할 수 있는 것으로는 50원 이상의 정도로 '컬럼비아'나 '빅타'를 사는 것이 가장 안전하다." 저렴한 대체재나 모방품에 대한 경고도 일리가 있다. 그의 지적은 양품(洋品)의 우세와 상표 충성도, 나아가 소비 사회가 조장하는 상품 물신이 만들어 내는 시장의 판도를 보여 준다. '음악'은 전통 음악이 아니라 양악이다. 서양을 음악의 진원지로 연구한 이들은 양악과 양품을 소개한다. 양악과 양품을 가지지 못한 사람들인 "우리는 이미 때늦은 사람들"이다. 하지만 때늦은 보통 사람들과 홍난파는 다른데, 그는 '유학파'로서 서양 음악을 연구, 전수할 수 있는 매개자의 신분이기 때문이다.

음악은 양악이요, 양품이며 나아가 상표 소비를 통해 향유할 수 있다. 엘리트가 중심이 된 미디어의 문화 담론은 기업 자본과 쉽게 결탁한다. 빅타나 컬럼비아와 같은 몇몇 상표는 음악 감상의 대명사가 된다. 하지만 축음기와 같은 사치재를 구입할 수 있는 사람들은 소수였다. 사람들은 자신의 처지에 따라 빅타의 모방 품목, 즉 "이삼십 원 이하의 신용 없고 이름 모를 회사의 제품"을 구입해 소비의 위계에 기여할 것이다.

많은 봉급생활자나 공장 노동자, 농업 종사자들은 경제 자본과 문화 자본이 부족했으며 시간도 여유롭지 않았다. 이들은 사치재가 없는 만큼이나 사치스러운 재화에 대한 수많은 값싼 대체재를 소비했다. 부르디외의 표현을 빌리면 "대량으로 보급되는 문화 상품에 의해서 보다 은근한 형태로 이루어지는 박탈에 대한 승인과 결합"[102]이 일어났다. 이 위계를 깨는 사람은 제 분수를 모르는 사람이거나 이상한 인간이 되기 십상이었다.

축음기는 가정용으로 선전되었지만 사람들의 반응은 엇갈렸다. 음악은 '가정용' 말고도 다양했다. 사람들은 "축음기 소리를 들을 때 레코드의 유행가랄른지" "가정용으로는 하지 못할 것을 절실히 느끼는 일이 있고 라디오 같은 것도 매우 주의하지 아니하면 아이 기르는 가정에서 유해무익이라고 생각하는 바"[103]라고 했다. 음악을 양악으로서의 서양 음악과 국악(전통 음악), 유행가를 비롯한 대중음악으로 구분하는 방식은 당시 레코드 산업에서부터 형성되기 시작했다.[104]

유행가는 집중 포화를 맞았다. 유행가를 비난하는 기사에는 음악가와 시인을 비롯해서 교사와 학부형들, 형제자매들이 등장해 한목소리를 냈다. 유행가는 가장 많았던 창가 계통을 비롯해 조선 민요 계통과 재즈 계통이 주류를 이뤘다. 유행가는 "술, 여자, 키쓰 같은 것을 노래"하고 "방종, 음탕, 타락, 비관"을 노래한다고 비난받았다. "유행 창가 등도 대개는 일본 것이 아니면 난잡하고 낙심되고 게으르고 희망 없는 종류의 것들"이었다. 조선의 대표적인 노래로 알려져 가던 「아리랑」도 좋은 가사로 개작해서 부르면 좋겠다고 했다.[105]

유행가와 대비를 이루면서 '가정 가요', '국민가요', '건전(한) 가요'가 등장했다. 건전 가요는 일제 말기에 벌어졌던 관제 노래 운동(가요 정화 운동, 국민 개창 운동)에 기원을 두고 해방 이후의 군사 독재 정권 내내 변주되었다. 대중가요계는 카세트테이프와 음반에 의무적으로 건전 가요를 실었던 시대(1979년 '음반 삽입 의무제')를 벗어나 오늘날에 이르렀다.[106]

예나 지금이나 유행가는 낯 뜨거운 물건이다. 유행가와 대중문화의 장은 "아직 돈만으로 다 안 되는, 내지는 돈의 장악이 지닌 모순이 감춰지지 않고 그대로 드러나는 전쟁터"이다. 소비하는 대중이 나타나자마자 복잡하고 거대한 대중문화와 소수의 고급 문화는 대치해 왔다. "문화는 곧 대중문화다."라고 할 때, 고급과 저급의 구분은 계급적인 적대 의식의 산물에 가깝다.[107] 오늘날처럼 상품 문화가 뿌리를 내린 곳에서 고급과 저급, 엘리트와 중간층의 구분은 퇴색하고 있다. 무엇보다 유행은 우리네가 발 딛고 서 있는 대량 생산-소비의 시대가 만들어 낸 현재적인 미(美)다. 유행은 '건전-불건전', '고급-저급'에 앞서 역사적인 현재성을 보여 준다.

근대 유행가에 관한 연구서를 들춰 보니 익숙한 제목들도 꽤 있다. 「오빠는 풍각쟁이야」(1938), 「목포의 눈물」(1935), 「타향(살이)」(1934), 「홍도야 울지 마라」(1939), 「유쾌한 시골 영감」(1936, 서영춘이 1960년대 「서울 구경」으로 리메이크해 인기를 모았다.).[108] 고속도로 휴게소나 텔레비전 음악 프로그램 「가요무대」에서, 어깨 너머로 흘려들었던 낯설지 않은 '뽕필'이다. 동국대학교 한국음반아카이브연구소(http://sparchive.dgu.edu/v2/index.php)는 2011년 『한국 유성기 음반 1907~1945』(총 5권)을 출간했다. 홈페이지에서는 음반 재킷과 노랫말을 볼 수 있고 동국대학교 도서관에서는 제한적으로 음원을 제공한다. 옛 음반은 틈틈이 출시되고 있다. 가수 한영애는 앨범 「Behind Time」(윈드밀미디어, 2003)에서 특유의 음색으로 옛 정서를 담아내기도 했다.

3

건강! 건강!
건강합시다

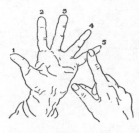

건강은 1 행복, 2 미, 3 위안, 4 쾌락, 5 성공을 준다.
—루이스 한센(Louis A. Hansen)·조지 루(George H.
Rue), 『건강과 행복』(경성: 시조사(時兆社), 1930), 5쪽
(연세대학교 학술정보원 소장)

건강, 광고를 점령하다

근대 상품 시장에서 '건강'은 범람한다. 가장 큰 활자로, 가장 돋보이는 위치에서 압축적으로 제시되는 부분이 표제부요, 표제어에 해당하는데,[1] 건강은 광고의 인기 있는 표제어로 등장했다. 별로 건강과 관계없어 보이는 제품들도 곧잘 건강을 내세워 광고했다. 건강을 위한 초콜릿과 캐러멜, 치약, 비누, 의복, 화장품이 등장했다.

광고 1 수신제가 치국평천하도 건강으로부터(修身齊家治國平天下도 爲始健康).

　　　　강장제 백보환,《조선일보》(1936. 5. 24)

광고 2 건강과 청신미(淸新美)를 전국에 확대해 가는(擴ㅎ야가는) 구라부 치약.

　　　　구라부 치약,《매일신보》(1920. 7. 15)

광고 3 건강과 미용도 일일에는 얻지 못한다. 효과의 우량한 라이온 치마분
으로 매일매일 이를 닦으면 비로소 이는 튼튼하게 되고 귀녀(貴女)의
건강과 아름다움을 얻을 것입니다.
라이온 치약,《조선일보》(1933. 11. 25)

광고 4 건강의 계단, 적옥(赤玉)의 식전(食前)의 한 컵(一杯)은 허약한 신체를
건강으로 인도하는 한 걸음(一步), 어느 틈에 병을 물리치고(去하고)
심신을 강하게(强케) 함.
아카다마 와인,《동아일보》(1925. 9. 5)[2]

광고 5 항상 학교의 성적은 우등이 되고 체구의 강장됨을 바라거든.
마구닌 젤리,《매일신보》(1928. 3. 15)

광고 6 건강미, 혈색미, 음향미를 창조하는 삼대 특질을 제일 합리화한 대중
의 초코레-트, 신시대(新時代)의 대중을 더욱 씩씩하게 건전히 하려
고 모리나가 파라마운트 초코레-트는 생겼습니다.
모리나가 초콜릿,《동아일보》(1931. 6. 15)

광고 7 지금이 건강체의 건설기(今が健康體の建設期).
아지노모도 조미료,《경성일보》(1922. 12. 25)

약품과 위생 용품은 흔히 건강을 표제어로 내세웠다.(광고 1~3) "수
신제가 치국평천하"라는 유교의 대표적인 실천 강령은 약품 광고에서

"수신제가 치국평천하도 건강으로부터"라는 문구로 변신했다.(광고 1) 구라부(광고 2)와 라이온(광고 3)은 카오와 함께 식민지 시기 한국에서 비누와 치약을 대표했던 일본 상표들이고 오늘날까지 일본의 치약·세제 및 화장품 업계의 대표 주자들이다. 라이온은 한국에서 'CJ 라이온'이라는 이름으로 친숙하다. 라이온은 2004년에 CJ 생활용품 부분을 양도한 후 치약과 세제, 목욕용품 등속을 선보이고 있다.

비누와 치약은 보건용품의 대명사로 여겨졌다. 치약은 오늘날 '하루 세 번' 양치질의 필수품으로 여겨지지만 당시에 치약이나 비누는 일상용품으로 정착되기 전이라 화장품으로 분류되었다. 화장품은 약품 다음으로 광고를 많이 했던 품목인데, 그중에는 비누와 치약을 비롯한 위생용품이 주를 이뤘다.

구라부와 라이온은 건강과 미용을 함께 내세웠다.(광고 2, 3) 건강한 것이 아름다움이요, 아름다움이 곧 건강한 것이다. 생물학적인 관점에서도 종족 번식을 고려하면 건강과 미의 두 덕목은 우등과 우성에 속한다. '건강미'라는 말은 화장품 광고에도 많이 등장했다. 일본의 구라부 화장품은 화장품 광고의 비수기로 꼽히는 1937년 중일 전쟁 시기에 '건강 미인', '건강 화장'이라는 표제를 걸고 많이 선전했다. 전쟁기에는 "빠른 화장과 화장의 간소화가 권장"되고 "건강한 아름다움"이 "미의 기준으로 제시"[3]되었다. 건강 미용법은 신문과 잡지에 소개되었다. "피부 과학"으로서의 화장법이 설명된다든가, "건강에도 미용에도" 좋은 "미용 체조"가 권장되기도 했다.

와인이나 젤리, 초콜릿, 캐러멜과 같은 기호 식품 부류도 건강을 내세웠다.(광고 4~6) 아카다마(赤玉) 와인이나 모리나가 초콜릿은 모두 일본 상표로 건강식품임을 선전했다. 와인은 "약용주"로 통했다. 초콜릿과 캐러멜은 어린이를 위한 자양 식품, 영양 식품으로 선전되었다. 모리나가 초콜릿 광고에서 표제어는 "건강미"이고 부제는 "혈색미, 음향미를 창조하는 삼대 특질을 제일 합리화한 대중의 초코레-트"이다.(광고 6) 초콜릿이나 캐러멜, 맥주까지도 영양과 건강을 내세웠던 걸 보면 기호 식품이 정착되기 이전에 많은 제품들이 '건강'이라는 유행어에 묻어 갔던 것으로 보인다.

아지노모도(광고 7)는 식민지 시기 가장 큰 광고주들 중 하나로 꼽힌다. 19세기 후반에 감칠맛을 발명했던 아지노모도는 오늘날에는 전 세계 글루탐산나트륨(MSG) 생산량의 중추를 담당하고 있다. 다채로운 광고전을 펼쳤던 아지노모도는 우등과 우성의 가치로서의 건강 역시 빠뜨리지 않고 홍보했다. "건강체의 건설기"라는 광고의 표제는 지배국으로서의 일본이 자임했던 '건강 제국' 건설의 임무를 떠올리게 한다. 제국이 건강을 자처하면서 식민지는 그 건강을 배우고 습득해야 할 곳으로 여겨지기 쉬웠다. 정근식은 한국에서 오래 기억되었던 조미료의 대명사 아지노모도와 그 확장세를 두고 "맛의 제국"[4]으로 명명하기도 했다.

건강의 인기는 광고의 문안에서뿐 아니라 도안에서도 확인할 수 있다. 건강한 남성 모델이 대표적이다. 모델은 광고의 대표적인 객관적 상관물로 꼽는다. 모델의 추상적인 속성이 상품으로 전이되는 것이다.[5] 상품 광고에 등장하는 사람이나 배경, 사물이 상품을 '건강'하고 '위생'적으로 만들어 준다.

'건강남' 내지 '짐승남'은 양복쟁이 모델과 함께 가장 인기 있는 남성 모델이었다. 근육질 남성은 육체 자본을 획득한 최고의 형태에 속한다.

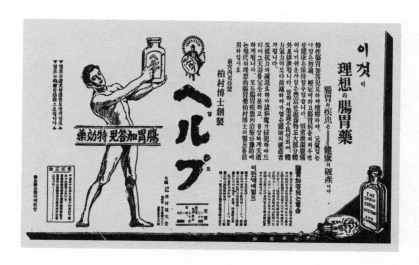

광고 8 근육질 남성을 모델로 한 광고 교묘하게 가린 전신 누드가 등장했다. 강장제 헤루프 광고, 《동아일보》(1929. 5. 25).

근육질 남성과 양복 차림의 남성은 각각 우월한 체력과 지력을 상징하는 바람직한 근대인의 두 가지 유형으로 제시되었다. 양복 차림의 남성은 경쟁과 효율, 기술과 진보를 대표하는 비즈니스맨(사무가)을 가리키며, 넥타이에 양복 이외에도 안경, 펜, 전화기와 같은 소품을 지닌 모습으로 광고 속에 그려졌다.(로도 안약,《조선일보》(1937. 7. 29)) 근육질 남성의 경우는 광고 8과 같은 전신 누드는 흔치 않고 주로 벗은 상반신으로 제시됐다. 건강한 남성은 여성이 생산해야 할 이상태로서의 사내아이가 자본주의 사회에서 요구하는 적절한 훈육을 거친 결과물이다. 이들은 모범적인 생산력과 노동력, 나아가 전투력을 상징했다.

　'15년 전쟁기'(1931~1945) 중에서도 특히 1937년 중일 전쟁 이후부터 1945년 해방까지의 시기를 가리키는 전시기에 이르면 건강한 남성은 군

광고 9 **광고에 등장한 늙은 남성** 시골 영감에게 서울 청년이 상품 판매처를 일러 주는 문답 형식의 광고. 제생당의 활명액, 《조선일보》(1921. 4. 25).
광고 10 **폐병 약 광고에 등장한 허약 미남** 담배를 든 허약 미남의 모습과 함께 "늑막·폐병에 고통 하는 사람"을 지목했다. 호시(별표) 안지쓰벨겐, 《조선일보》(1924. 7. 15).

인의 몸, 즉 "애국적 남성의 훈련된 신체"로 제시되기도 한다. "훈육되고 군사화된 남성성"은 전쟁의 총동원 기간과 1945년 이후 남한과 북한의 권위주의적 병영 국가를 거치면서 깊숙이 자리 잡았다.[6] '헬스남'이나 '짐 승남', '빨래판 복근'은 오늘날에도 인기가 높다. 군대에서도 회사에서도 강한 남성이 필요하기 때문이다. 이들은 각종 건강용품과 식품의 소비자 들로서 자기 관리에 성공한 근대인 유형에 속한다.

허약한 남성은 광고 모델로 시세가 없었다. 허약미를 지닌 남자가 광 고 속에 등장한 경우는 폐병 약 광고 정도가 아닐까? 광고 모델로 가장 시 세 없었던 유형은 노인이고 그중에서도 늙은 남성이었다. 여성이 새로운 소비층으로 부각되면서 늙은 여성은 소비자로 여겨졌지만 늙은 남성은 그러지 못했다. 광고의 상업주의 속에서 젊음의 가치는 폭넓게 장려된다. 젊음이 새로운 유행을 받아들이고 변화에 유연한 특성을 갖고 있으므로 유력한 소비자층이 되기 때문이다. 광고를 보는 이는 흔히 광고 속 모델과 자신을 동일시하므로 늙은 남자 모델은 가장 먼저 제외되었다. 간혹 늙은 남자가 광고 속에 등장하는 경우에는 발명자나 개발자의 권위를 보장하는 주체이거나 아니면 대개 서울 물을 먹어야 할 '시골 영감'으로 재현되었다. 상품의 '세례'에 가장 혜택받지 못한 이들은 계몽 대상으로 그려진 것이다.

건강의 주체로 여성과 아이도 등장했다. 이들은 인간 취급을 받지 못하다가 건강을 매개로 인간, 나아가 우월한 인간인 '국민'으로까지 도약할 수 있었던 부류이다. 영유아의 건강이 '우량아'로 집약된다면 여성의 건강은 '모체'로 집약되었다. 어린이는 미래의 국력으로서, 여성은 그 생산체로서 건강해야 했다. '어린이'로 명명되기 이전에 '애들'은 미성숙한 어른일 뿐이었고, 여성은 어려서는 아버지, 결혼해서는 남편, 사별 후에는 아들을 따른다는 삼종지도의 전통 속에 있었다. 이들은 민족 국가적 차원에서 건강이 중요시되면서 국민의 구성원으로 대우받았다. 하지만 이들에게 국민의 자격이 주어졌다고 해서 인간이 될 수 있었을까? 노동력이며 전투력의 모범으로 여겨졌던 건강한 남성 역시 대상화, 도구화되는 방식으로 주체성을 인정받기는 마찬가지였다.

1930년대 중반 어느 여성 강장제 광고에는 "총후 여성의 무기는 건강(銃後 女性의 武器는 健康)"이라는 표제가 등장한다.(중장탕 광고, 《조광》(1935. 10)) 여성의 건강은 곧 '어머니'의 건강이자 '아내'의 건강으로 치환되었다. 어머니로서의 여성의 건강은 일차적으로 건강한 남아(男兒)를 출

광고 11　강장제 광고에 등장한 엄마와 아이들　여성과 아이는 모자, 모녀의 조합으로 묶여 건강이
강조되었다. 효모제임을 내세웠던 에비오스 강장제가 "가정의 건위(健胃) 강장제"임을 광고한 경우
다. 강장제 에비오스, 《동아일보》(1940. 8. 11).

광고 12　건강한 아기를 내세운 연유 광고　오동보동한 우량아 모델을 등장시켜 "모유와 같이 살이
오르고 자랍니다."라고 선전했다. 수리표밀크는 "우유의 왕", "최량(最良)의 연유"란다. 수리표밀크,
《동아일보》(1929. 3. 27).

산하고 양육하는 능력이었다. 어머니이자 아내로서의 여성에게는 전장이 아닌 후방('銃後')에서 남성 노동력을 보강하고 가정을 지키는 역할이 주어졌다. "여성의 건강은 국가의 력(力)"으로 선전되었다.(중장탕 광고, 《조선일보》(1939. 10. 15))

광고 속 건강은 모두 신체의 건강을 가리킨다. 정신 건강이 아니다. 오늘날 다양한 건강 식품과 약품이 하나같이 내거는 '웰빙'의 기치도 그 흐름을 잇는다. 너도 나도 건강을 앞세우는 경향을 두고 한국의 '건강 제일주의'로 타박하기도 한다. 조건 없이 건강을 제일로 꼽는 경향이 일종의 병 같다는 의미에서다. 근대의 광고에서부터도 건강은 범람하고 있었다. 건강 제일주의가 부각된 근대의 사회 경제적인 배경은 무엇이었을까?

건강은 health의 번역어로 양생(養生), 무병(無病), 무사(無事), 강건(康健), 장건(壯健), 원기(元氣) 등과 함께 쓰였다. 전통적으로 양생은 정신 수양을 통한 양심(養心)과 더불어 음식, 의복, 거주에 대한 조절을 통한 양육(養育)을 강조했다. 마음과 몸을 함께 강조하는 개인적 수련 행위로서의 양생은 근대에 들어 국가적인 차원에서 부상한다.[7] 개인의 양생은 사회 전체를 양생하기 위한 공중위생술로 발전하게 된다. 갑신정변(1884)을 이끌었던 박영효와 유길준을 비롯한 개화파는 "국가적인 양생"으로서의 위생을 근대 개혁의 첫 번째 과제로 꼽은 바 있다. 위생 사업은 "백성을 오래 살게 하는 훌륭한 방법이며 국가를 튼튼하게 하는 참된 법"[8]으로 등장했다.

인구는 출생률과 수명, 건강 상태, 질병 빈도, 식생활, 주거 형태를 포괄하는 국가적인 지표가 되었다. 인구를 관리하는 것은 중요한 통치술이 되었다. 물론 나라가 부강해지려면 인구가 늘어나야 한다는 주장은 새로운 바가 아니었다. 하지만 한 사회의 미래와 운명이 인구의 증식과 활용에 달린 문제로 집중되는 것은 새로운 현상이었다.[9]

이는 한국에서 근대적인 생체 정치(bio-politics), 그러니까 생물학적인 것이 정치적 영역에 들어간 정치권력의 태동이었다. 근대의 권력은 생명을 억압하고 강탈할 수 있는 데서 정점을 이루는 게 아니라 효율적으로 이용하고 관리하고 조절하는 데서 그 역량을 발휘했다. "살아가는 행위는 더 이상 죽음의 우연과 숙명성 속에서 때때로 떠오를 뿐이라는 접근 불가능한 기반이 아니라 앎의 통제와 권력의 개입이 이루어지는 영역"[10]으로 넘어가기 시작한 것이다.

근대의 생체 정치는 일본의 식민 행정을 통해 본격적으로 시행되었다. 위생 상태의 차이는 인구의 차이이며, 곧 국력이자 문명의 차이로 여겨지면서 위생적인 일본이 비위생적인 한국을 지배한다는 명분이 생겼다. 위생은 강조되었다. 개인의 몸은 개량되고 관리되어 '제국의 몸'으로 통합되어야 했다. 식민지의 비위생적인 인구 역시 더 이상 분리, 격리될 대상이 아니라 통합되어야 할 대상이 되었다.[11]

전염병을 막고 인구의 급속한 감퇴를 막는 일은 안정적인 식민 통치를 위해 긴요한 일이었다. 식민지의 사람들은 '얼마간' 건강해져야 했다. 국민의 몸이 만들어지는 과정은 사람들이 자신의 생명과 행복, 욕구에 대한 권리를 보다 적극적으로 추구하게 된 과정이기도 했다. 유아 사망률은 줄어들고 수명은 연장되었다. 보다 효과적인 치료를 받을 수 있는 길도 넓어졌다.

광고는 개인의 행복과 쾌감을 자극하고, 때로는 국가적 요구를 과감히 활용했다. 근대적 건강의 가치는 상품화되어 생활의 물질과 의식을 구성했다. 우등과 우성의 '은유'로서의 건강의 의미망은 확고해졌다. 하지만 궁극적으로 광고가 지향한 몸은 따로 있는바, 바로 자본주의적인 생산과 소비에 필요한 육체이다. 이에 따라 몸 관련 산업은 다양하게 분화되어 왔다. 피부와 미용, 다이어트, 성형, 헬스, 식품 산업이 발달해 왔고 이들을 충족하느라 몸들은 끊임없이 측정되고 평가되고 관리되어 왔다. "자본주의의 발전은 육체가 통제되어 생산 체제로 편입되는 것을 대가로 치름으로써만, 인구 현상이 경제 과정에 맞추어지는 것을 조건으로 해서만 보장될 수 있었을 뿐이다."[12] 미셸 푸코가 『성(sexuality)의 역사』에서 한 말이다. 몸은 주어지는 것이 아니라 만들어 가야 하는 창조물이자 성취물이 되었다. 근대 광고 속 건강인들은 취향이며 계급이자 노동력이며 전투력의 기호로서의 몸이 발견되는 과정을 보여 준다.

위생 강박: 모두 모두 "손을 씻으십시다"

위생은 흔히 건강과 연결된다. 청결이나 쾌적함의 감각과도 연결되어 있다. 위생은 건강을 도모하고자 질병을 예방하고 치유하는 데 힘쓰는 일로 정의된다. 오늘날 '보건 위생', '공중위생'을 비롯해서 '위생 관리', '위생 관념', '위생 상태'와 같은 말은 흔히 쓰인다. 위생 및 양생이라는 말은 근대에 들어 국가적인 차원의 보건이라는 의미를 새롭게 부여받은 말이다. 한의학에서도 위생과 양생을 병용했지만, 근대적인 위생은 일본의 영향을 받았다.

일본에서 서구 의학의 선구자이며 메이지 정부의 내무성 초대 위생국장을 지낸 나가요 센사이는 독일어 gesundheitspflege를 위생(衛生, え

광고 13 가정 위생을 내세운 비누 광고 "석감은 가계부의 무슨 비용일까요? '위생비'지요." 카오 비누, 《동아일보》(1934. 12. 5).

광고 14 비누의 쓰임새를 가르쳐 주는 광고 "학교에서 돌아와서 카오 비누로 손을 씻으십시다. 손잡이를 쥐었던 손은 카오 비누로 씻으십시다. 기저귀를 간 손은 카오 비누로 씻으십시다. 화장은 자기전에 카오 비누로 깨끗하게 씻으십시다. 기어서 온 아이(兒孩)의 손을 카오 비누로 씻으십시다. 하루(一日)의 피로를 카오 비누로 시원하게 씻어 내 버립시다. 사무를 다 보고는 카오 비누로 손을 씻으십시다. 식사하기 전에 카오 비누로 손을 씻으십시다. 운동한 뒤에는 카오 비누로 손을 씻으십시다." 카오 비누, 《동아일보》(1932. 5. 15).

いせい, 생명을 지킴)으로 번역했다. 나가요가 번역한 위생이라는 말은 중국의 『장자』에서 따왔다고 한다. 일본은 서구, 특히 독일에서 국가의 복지를 꾀하는 차원에서 실시한 전염병 예방은 물론 상하수도 건설, 가옥 건축, 음식물, 약품 단속 등 인간 생활에 관계된 보건 행위를 통틀어 위생이라 일컬었다. 전통적인 양생술은 개인 수양과 위생을 위주로 건강 장수를 지향해 왔으나 사회를 양생하는 공중위생술로 전환되었다.[13]

위생학은 의학의 하위 분야를 이룬다. 위생학은 상품의 형태로 일상의 감각에 파고들어 체화, 변용된다. 많은 위생 용품과 청결제, 의약품이 쏟아져 나왔다. 대표적인 위생 용품으로는 비누와 치약, 샴푸, 구중 청결제 등속이 있었다. 비누와 치약은 "위생의 전도사"[14]로 선전되었고 광고 시장에서도 두각을 나타냈다.

비누는 당시 '석감(石鹼, せっけん)'이라 불렸다. 석감은 중국에서 신체 세정제를 일컬었는데 잿물을 받아 풀 즙이나 밀가루에 반죽해서 굳힌 형태라고 한다.[15] 카오가 낸 광고 속 석감은 이전과 달리 공장에서 대량 생산된 상품이다. 카오는 오늘날 일본의 대표적인 세제 및 화장품 업체로 꼽힌다. 1887년에 창업한 카오는 식민지였던 한반도에도 진출해 활발한 광고전을 펼쳤다.

카오 광고 속에서 비누는 "가계부"의 "위생비" 항목으로 분류되었다.(광고 13) 가계부 작성은 화폐 단위로 살림의 수입과 지출을 기록하는 근대적인 행태이다. 비누는 가정 위생을 위해 지불해야 할 항목으로 훈시되고 있다. 또한 광고는 비누의 쓰임새를 조목조목 나열하기도 했는데 분할된 지면에 다양한 삽화가 배치되어 눈길을 끌었다.(광고 14) 광고에 등장하는 학교, 사무실, 운동장, 전차는 모두 새로운 교육과 노동, 이동을 담당하는 근대적인 시설들이다. 다양한 근대 시설을 둘러싼 활동이 손 씻기로 시작해서 손 씻기로 끝난다. 가내 활동의 시작과 끝 역시 마찬가지다. 자기 전에, 식사 전에, 아이 기저귀를 간 후에 손의 청결이 강조된다. 여러 도안이 시선을 분산하지만, 광고의 요점은 반복되는 어구가 일러 주듯이 '손을 씻자'는 것이다. 나아가 '카오 비누로 손을 씻자'는 것이다.

카오 상표를 사람들에게 각인하는 과정, 즉 카오 비누의 브랜드 포지셔닝 과정을 살펴보자. 여기에는 손 씻기-위생-카오-비누의 연결 과정이 있다. 먼저 카오와 비누의 연결을 보자. 1930년대 카오는 비누의 대표 상표로 꼽혔다. '비누 하면 카오'라는 도식에는 일본의 독점 브랜드 현상이 반영되어 있다. 우량 광고주로는 일본 상품이 많았다. 카오 비누를 비롯해 치약 상표로 라이온과 스모가(スモカ), 조미료로 아지노모도, 구중 청결제 및 소화제로 인단과 가오루(カオル), 초콜릿과 캐러멜로 모리나가, 안약으로 대학목약, 두통약 및 진통제로 와카모토, 여성 강장제로 중장탕 등을 꼽을 수 있다. 광고 13에서 카오는 제품의 상징 도안으로 초승달 모양을 전면에 내세운 기업 광고 형식을 취했다. 기업 광고는 기업의 이미지에 초점을 맞춘 광고 형식이다. 카오가 낸 기업 광고는 개별적인 제품 광고에 비해 장기적이고 안정적인 홍보 방식[16]에 해당한다.

다음으로 카오 비누와 위생이 연결되는 과정이 있다. 카오는 '순도(純度)'나 '청정 제일'이라는 문구를 애용했다. 광고 14의 하단에는 "순수도 99.4퍼센트"라는 문구가 등장했다. 무엇이 순수도의 기준이 되었나, 알 수는 없다. 다만 당시 비누에는 알칼리 성분이 많이 들어가 피부나 빨래를 상하게 하는 경우도 잦았고 불량품도 많이 제조됐던 형편이니[17] 순수한 비누라는 이미지 전략이 먹히기 쉬웠다. 일반적으로 강한 알칼리 비누는 거품이 잘 나고 세정력이 좋지만 피부에 자극적이라고 알려져 있다.

카오의 순수 전략, "순수도 99.4퍼센트"는 동시대 미국에서 비누 판매 전략으로 사용되었던 "99.44퍼센트의 순도" 문안과 흡사하다. '순수도'의 계량화된 수치를 내세우는 전략은 무언가 '과학적'이며 위생적이라는 인상을 준다. 사실 대량 생산된 공장 제품들은 엇비슷할 수밖에 없는데 카오는 특별히 순수한 것처럼 제시된 것이다. 이러한 순도 전략은 비누를 반투명하게 만들어 깨끗한 느낌을 준다든가, 순수함의 상징인 어린아이를 모델로 사용하는 전략과 함께 묶일 수 있다.[18]

비누 이전에도 전통적인 세제는 있었다. 잿물, 조두(藻豆)를 비롯하여 수세미, 박, 오이의 즙이나 쌀겨나 녹두가루가 전통적인 세정제로 꼽힌다.[19] 대량 생산된 비누 상품은 전통적인 세정제를 물리치고 위생의 기표를 점령해 갔다. 나아가 카오와 같은 특정한 브랜드(상표) 상품이 위생 용품의 대표 격으로 여겨졌다. 이는 카오가 위생의 기표를 점령하고 위생이 카오로 대체되는 '의식의 식민지화' 과정이라 할 수 있다.

마지막으로 손 씻기와 위생이 연결되는 사회 문화적인 전제가 있다. 세균설의 영향으로 손 씻기는 기초적인 생활 습관으로 권장되었다. 세균설에 따르면 질병의 직접적인 원인은 기상 이변이나 지저분한 공기가 아니라 세균이다. 1860년대 파스퇴르와 리스터의 연구에 의해 기초가 마련된 세균설은 1880년대 결핵균과 콜레라균, 티푸스균이 발견되면서 위력을 발휘하기 시작했다. 세균설은 서구 위생 행정의 바탕이 되었다.

감염의 원인이 된다는 외부 병균은 현미경을 통해 확인될 수 있었다. 하지만 육안으로는 보이지 않았다. "이 '세균'은 일반인의 눈에는 보이지 않기 때문에, 이것을 '보았다는', '퇴치할 수 있다는' 국가와 학자들이 지시하는 대로 '위생적인 환경'을 만드는 수밖에 없었다." 조선 총독부의 위생 행정 역시 "세균설에 기반을 둔 집단적인 전염병 방지를 최우선"[20]으로 삼고 방역과 청결 사업을 위주로 시행되었다. 전통적으로 전염병의 원인으로는 사람이 많이 모이는 곳이나 하천, 하수가 지목되거나 기상 이변, 음양의 부조화, 잡귀의 소행이나 억울하게 죽은 자의 원한 때문이라고 여겨지는 경우가 많았다. 세균설은 전염병의 창궐을 막고 인구를 증강하는 데 결정적으로 공헌했다. 나아가 세균설은 "전염병을 넘어서 모든 질병 및 인체 전반을 해석하는 유일한 척도"로 군림하기 시작했다.[21]

"위생의 자각은 세균과의 전투 개시 선언"[22]과도 같았다. 세균학의 지식은 일상생활에서 손을 씻는 행위부터 시작되었다. 모든 활동의 처음과 끝에 손 씻기를 강조하는 카오의 광고는 이를 반영하고 재생산하고 있다. 나아가 날음식은 먹지 않고 익혀 먹는 식습관을 비롯하여 분뇨나 쓰레기 처리를 포함하는 생활 환경도 바뀌어야 했다. 청결이라는 명목하에 도시를 정비하고 주거 환경을 개선할 것이 요구되었다. "우리 조선 때는 청결 안 하고도 잘만 살았"[23]다는 불평이 나오기도 했지만 청결은 강력한 덕목으로 부상했다.

식민지 시기에 실시된 강력한 위생 행정은 위생 경찰을 중심으로 이루어졌다. 위생 경찰은 의료와 행정이 결합된 형태다. 위생 경찰은 18세기 오스트리아나 영국을 필두로 유럽에서 근대 국가의 제도적 틀을 마련하는 데 핵심적인 보건 행정 기구였다. 식민지에서는 그 행태와 집행 방식에 억압성이 더했다. 의료 기관을 설치하고 수도 설비를 갖추고 경제 상황이나 영양 상태를 개선하는 일도 못지않게 중요했지만 진척되지 못했다. 예산 투자가 어려운 식민지에서는 "위생 경찰 제도를 통한 청결 사업과 방역

사업의 일방적인 시행"[24]에 초점이 맞추어졌다. 그러잖아도 위력적이었던 세균설은 식민지 시기 한국에서 더욱 억압적인 형태로 나타났다.

각종 위생용품이나 청결용품은 위생을 상품화한 형태들이다. 많은 위생용품 광고는 세균의 강력한 힘을 놓치지 않았다. 광고는 위생 행위를 뭔가 아름답고 매력적인 것으로 각인하고자 했다. 광고 지면에서는 세균 의학 이론과 위생용품 제조 기업의 상업주의, 신문사의 상업주의가 교호했던 현장을 확인할 수 있다. 위생용품 광고에는 세균설이 빈번히 등장했다. 과학은 위생용품의 필요성을 뒷받침했고, 각종 위생용품은 과학의 힘을 강화했다. 의약품과 위생용품은 식민지 시기 신문과 잡지의 가장 큰 광고주로, 많은 신문과 잡지들은 세균설에 대한 상식과 미용 관련 기사를 빼곡하게 실으며 자신들의 물주에게 호응했다. 당시의 신문과 잡지를 보면 세균설이나 위생에 관련된 기사는 흔하디흔하다.

일례로 유명한 의약품 광고가 한국 시장을 개척해 낸 경우를 보자. 의약품 광고 중 1, 2위를 다투었던 인단이나 가오루는 일본의 대표적인 소화제이자 구중 청결제였다. 이들 제품은 소화가 잘 되고 휴대가 간편한 은립(銀粒, 은 알갱이)으로서 영양, 명뇌(明腦)에 두루 효능이 있는 만능 약품으로 통했다. 한국에서는 인단보다 가오루가 더 많이 팔렸다고 하는데 아래 가오루의 광고 문안을 인용했다. 인용 1은 가오루의 광고 문안이고, 인용 2는 잡지에 게재되었던 세균설에 관한 기사다.

인용 1 구중(口中) 위장 내 살균제 가오루는 건강하신 제위(諸位)의 호신(護身) 약으로 배제(配劑, 조제)하였사오니 음식 후, 외출 시 등에는 필히 본제의 2, 3립을 구중에 물어 입으로 들어오는 병균이 침입되지 않

도록 주의하시기를 바랍니다.

구중 청결제 가오루의 광고 문안, 《동아일보》(1929. 4. 2)

인용 2 구중을 청결하게 하지 않으면 악균이 많이 생식하야 그로 말미암아 식물
의 나머지가 발효 부패하야 **구중**에서 악취를 발하는 것이외다. 발효
하는 것은 발효소로 말미암음인데, 이 발효소와 부패 악균이 음식물
(食物)과 합처져 위 속으로 들어갑니다.

「아동의 구중 위생」, 《여자계》 3호(1918. 9), 32~34쪽[25]

가오루의 광고 문안은 여성 잡지에 실렸던 위생 기사와 바로 연결될
수 있다. "구중을 청결하게 하지 않으면 악균이 많이 생식"한다는 세균설
은 "입으로 들어오는 병균이 침입되지 않도록" 한다는 가오루의 효용을
입증한다. 광고는 구강 위생 담론을 이용하여 상품을 팔았고, 위생 담론
은 구중 청결제의 판로를 확보해 주었다.

구강 위생을 해설하는 기사에는 "악균"뿐 아니라 "악취"가 등장한다.
입속 악균 때문에 음식물이 "발효 부패"하면 "구중에서 악취"가 난다. 입
냄새는 '악취'로 규정된다. 구강 위생이 문제가 되기 전에라도 입 냄새가
좋다고 하지는 않았지만, 사회적으로 무례하다고 여겨지지는 않았다. "입
은 강력한 약품이 아니면 다스릴 수 없는 반사회적인 세균의 온상"이 되
었고 구취 역시 문제가 되었다. 1920~1930년대 미국의 구강 청정제 '리
스테린(Listerine)'은 광고에 당시 일반인에게 잘 알려져 있지 않았던 의학
용어인 'Halitosis(구취)'라는 말을 써서 엄청난 판매고를 올렸다고 한다.[26]
입 냄새를 관리하는 일은 현대인의 매너이며 문명인의 표식으로 여겨지

기 시작한다.

구취와 리스테린의 연결, 구중 위생과 가오루의 연결은 의학 이론과 상품 광고의 전략이 교호했던 현장을 잘 보여 준다. 과학 이론과 상업주의는 서로를 살찌웠다. 세균설은 위생용품 시장을 뒷받침하고, 위생용품 시장은 세균설을 강화한다. 신문사에 실리는 각종 의학 상식은 신문사의 중요한 고객인 제약 기업들에게 결코 불리하지 않다.

광고에 구취, 악취, 감염과 '불건강'이 끊임없이 이용되는 까닭은 살균과 소독, 건강과 쾌적함의 감각을 약속하기 위해서이다. 깨끗하고 정확한 신체가 모범적인 신체로 그려진다. 이 신체의 정체는 바로 '소비하는 신체'다. 비누를 쓰고 치약을 쓰는 사람, 구중 청결제를 구입하는 사람, 파마를 하고 새 구두를 사는 사람, 화장품을 구매하는 사람이 건강과 위생의 기표를 선점한다.

당시 머리치장, 얼굴치장, 몸치장, 옷치장과 같은 각종 치장술은 "위생의 한 방식"[27]으로 언급되곤 했다. 육체는 자본주의적인 목표에 따라 투자하는 대상이자 명백한 자산의 하나로 관리, 정비된다. 육체는 '타고나는' 것이 아니라 '만들어지는' 것이다. 육체는 "사회적 지위를 표시하는 여러 기호 형식 중의 하나"가 된다. 오늘날 위생과 건강은 "살아남기 위한 생물학적 의미에서의 지상 명령 이상으로 지위 향상을 위한 사회적 지상 명령"[28]이 되었다.

그런데 청결과 위생, 건강이라는 권위에 동의하게 만드는 것은 사람들의 욕망이다. 욕망은 그 도달 대상이 지연되면서 계속된다. 욕망은 기본적으로 "쾌락을 주는 것을 향하는 움직임"이다. 욕망은 "언제나 기분 좋은 것에 대한 욕망"[29]이라 할 수 있다. 욕망을 추구하고 개성을 펼치는

21세기식 손 씻기 국민운동

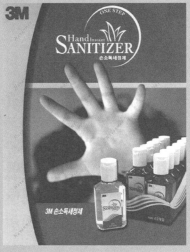

　손 씻기가 국민운동의 대상이라니 희한하지만 이는 '신종 플루'와 관련이 있다. 정부 부서와 의사 협회가 주관한 손 씻기 운동이 범국민적으로 추진된 때는 2009년, 신종 플루가 세계적으로 위력을 떨쳤을 때다. 왼쪽 그림은 당시 질병관리본부와 대한의사협회가 발족한 '범국민손씻기운동본부'의 홍보 자료(www.handwashing.or.kr)이다. 신종 플루는 새로운 인플루엔자(공식 명칭은 어렵다. 'A(H1N1)pdm09.')라는 명명일 뿐이었지만 그것이 개발한 시장이 막대하다는 점은 분명했다. '타미플루(tamiflu)'는 그 대표적인 수혜자였다. 타미플루는 먹는 항바이러스제로 스위스 로슈 회사가 독점 판매한 상품이다. 먹는 약품만이 아니다. 손 소독제와 손 세정제, 손 청결제, 손 건조기, 마스크, 공기 청정기, 살균 소독제를 비롯해서 면역 기능을 높여 준다는 홍삼에 이르기까지 다양한 건강용품이 시장을 점령했다.

　오른쪽 광고 속 손 세정제는 신종 플루 특수를 누렸던 대표적인 의약외품이다.('3M'의 손 세정제 광고(2012)) 많은 사람들이 손 세정제와 손 청결제, 손 소독제를 구별할 수 있게 되었다. 손은 세균의 온상에 합류했다. 제임스 트위첼의 표현을 바꾸어 쓰자면 광고는 손에 더 많은 세균을 집어넣기 위해 엄청난 돈을 퍼부었고 마침내 손을 '소유'할 수 있었다.(구강 청정제가 입을 소유한 과정은 제임스 트위첼, 『욕망, 광고, 소비의 문화사』, 94~95쪽 참조) 손뿐만이 아니다. 모발, 두피, 입, 치아, 겨드랑이, 발과 같은 신체 부위는 세균과 악취의 진원지가 되었다.

과정에서 몸은 새로운 계급과 취향의 기호로 만들어지고 장식되는 대상이 된다.

사람들이 위생에 강하게 집착하는 것 역시 "육체를 (억압하는 것이 아니라) 관리하는 유희적 성격을 지닌 기술에 더 가깝다."[30] 사실 신체는 유희하는 형태로 억압된다. 근대의 사람들이 신분제의 제약과 절제에서 벗어나 개인적인 욕망과 능력을 추구하는 과정은 소비 행위를 중심으로 구성되기 시작한다. 사람들은 소비를 통해 자신의 능력을 계발하고 행복을 추구할 수 있게 되었다. 그리고 인간관계의 변화와 함께 인간 욕구의 변형이 한번 시작된 후에는 이에 상응하는 기술적인 장치의 발전을 통해 변화된 습관이 뿌리내린다.[31] 위생의 가치 역시 마찬가지다. 상품 미학은 위생의 정치 사회적인 가치를 더없이 문명적이고 문화적인 것으로 내세웠고, 상품 소비는 위생의 가치를 확대, 재생산하는 데 기여해 왔다.

건강 염려증 환자의 사례: 1934년 '구보' 씨

위생용품이 보장하는 상쾌함은 옛 '심기(心氣)'의 문제가 아니다. 새로운 쾌의 감각은 자연이 주는 심기가 아니라 상품이 주는 신(新)-인공-감각이다. "땀이 심히 나시는 분은 땀나는 곳에 그대로 살짝 바르면 극심하던 것이 제하여지며 언제든지 상쾌한 기분이 됩니다."[32] 이는 1936년에 나온 어느 미용 크림 광고다. "상쾌"의 전망은 "날이 따뜻하고 더워 갈수록 곁땀과 악취"를 "늘 연구하시고 고심 중"인 "여러분"을 호명해 낸다. 땀냄새, 겨드랑이 냄새, 오금의 냄새는 악취다. 신체의 분비물을 염려하는 행위는 위생적인 에티켓으로 권장된다. 신체는 자연적인 분비 기능을 계속하므로 위생은 강박적으로 다가올 수밖에 없다.

1930년대의 유명한 소설 속에 위생 강박 내지는 건강 염려증을 지닌 인물이 등장한다. 바로 박태원의 단편 「소설가 구보 씨의 일일」에 나오는 주인공 '구보'다. 박태원의 호를 따서 명명된 주인공은 1930년대의 한국과 서울 거리를 꼼꼼히 기록하고 있다. 소설에는 근대적인 화폐와 시공간을 비롯해서 상품과 소비 군중, 연애, 결혼과 같은 도시 풍속이 포착되어 있다. 청결 강박을 비롯해 과도한 질병 강박 역시 소설에서 근대적인 인간 유형을 보여 주는 방식 중 하나이다.

구보는 명랑한 근대인 유형은 아니다. 그는 고학력이지만 "일을 가지지 못한 사람"이다. 구보는 "밤낮으로, 책이나 읽고 글이나 쓰고, 혹은 공연스레 밤중까지 쏘다니고 하는" 소설가이다. 보다 바람직한 자본주의적인 신체라면 "정력가형 육체와 탄력 있는 걸음걸이"[33]를 지녀야 할 것이다. "건강"한 육체와 "화미(華美)"한 복장이 전하는 "명랑성"[34]도 바람직하다. 하지만 주인공 구보는 우울하고 피로하다. 그는 각종 병증을 경험하고 상상하는 인물이다.

실제로도 그는 갖가지 질병을 앓고 있다. 만성 "신경 쇠약"과 "만성 위확장"을 비롯해서 "변비. 요의 빈삭(尿意頻數). 피로. 권태. 두통. 두중(頭重). 두압(頭壓). 모리타 마사타케(森田正馬) 박사의 단련 요법"[35]은 모두 구보가 자신의 병증이나 병증에 따른 치료법으로 열거한 바다. 그는 "24도의 안경"을 쓴 심한 "근시"에다 청력도 시원찮다. 그는 병원을 찾은 장면에서 "한 덩어리의 '귀지'를 갖기보다는 차라리 4주일간 치료를 요하는 중이염을 앓고 싶다."라고 말한다. 구보는 왜 귀지가 많은 쪽보다 치료를 요하는 중이염을 택하는 걸까? 아래 구보의 고민을 인용했다.

구보는 자기의 왼편 귀 기능에 스스로 의혹을 갖는다. 병원의 젊은 조수는 결코 익숙하지 못한 솜씨로 그의 귓속을 살피고, 그리고 대담하게도 그 안이 몹시 불결한 까닭 외에 아무 이상이 없다고 선언하였었다. 한 덩어리의 '귀지'를 갖기보다는 차라리 4주일간 치료를 요하는 중이염을 앓고 싶다, 생각하는 구보는, 그의 선언에 무한한 굴욕을 느끼며, 그래도 매일 신경질하게 귀 안을 소제하였었다.

그러나, 구보는 다행하게도 중이 질환을 가진 듯싶었다. 어느 기회에 그는 의학 사전을 뒤적거려 보고, 그리고 별 까닭도 없이 자기는 중이가답아(中耳加答兒)에 걸렸다고 혼자 생각하였다. 사전에 의하면 중이가답아에는 급성 및 만성(急性及慢性)이 있고, 만성 중이가답아는 또다시 이를 만성 건성 및 만성 습성의 이자(二者)로 나눈다 하였는데, 자기의 이질은 만성 습성의 중이가답아에 틀림없다고 구보는 작정하고 있었다.

그러나 부실한 것은 그의 왼쪽 귀뿐이 아니었다. 구보는 그의 바른쪽 귀에도 자신을 갖지 못한다. 언제든 쉬이 전문의를 찾아보아야겠다고 생각은 하면서도, 1년이나 그대로 내버려 둔 채 지내 온 그는, 비교적 건강한 그의 바른쪽 귀마저, 또 한편 귀의 난청 보충으로 그 기능을 소모시키고, 그리고 불원한 장래에 '듄케르 청장관(聽長管)'이나 '전기 보충기'의 힘을 빌리지 않으면 안 될지도 모른다.

박태원, 『소설가 구보 씨의 일일』, 20~21쪽

구보에게는 '불건강'보다 '불결'이 더 불만스럽고 치욕적이다. 귀에 별다른 이상은 없고 "불결"할 뿐이라는 "선언"과도 같은 병원의 진단은 그에게 "무한한 굴욕"을 준다. 그는 "매일 신경질하게 귀 안을 소제"하기 시작한다. 질병은 그에 합당한 의학적인 진단과 조치를 필요로 하지만 불결은 그렇지 않다. 불결은 그저 귀지를 파내기만 하면 되는 간단한 자연의 상태일 뿐이다. 불결=비위생=자연의 상태를 용납하지 못하는 구보는 대단히 '근대적인' 인물이다.

구보는 단순한 불결보다는 어렵고 복잡한 불건강을 택한다. 병원에서는 귀지가 많을 뿐이라지만, 구보는 보다 '있어 보이는' 복잡한 조치를 취하고자 한다. 그는 병원의 젊은 조수의 말에 만족하지 않고, 직접 의학 사전을 뒤지고 전문의를 찾아보아야겠다는 결심을 되풀이한다. 의학 사전을 찾아 그는 얼마간 자가 진단을 내린다. 난해하기 짝이 없는 "중이가답아"와 "만성 중이가답아", "만성 습성의 중이가답아"가 그것이다. 다른 쪽 귀는 "비교적 건강"하나 구보는 만족할 수 없다. 그는 조만간 난해한 청각 보조 기구("듄케르 청장관이나 전기 보충기")가 필요하게 될지도 모른다고 생각한다. 갖가지 의학적인 처치와 장치를 필요로 하는 구보는 건강 염려증을 보여 준다.

불결과 마찬가지로 불건강은 적절한 의학적인 조치가 따르지 않는 한 야만 상태로 전락할 것이다. 위생설은 불건강을 끊임없이 필요로 한다. 각종 의료와 약품에 관한 정보는 신문과 잡지에 꾸준히 게재되었다. 「소설가 구보 씨의 일일」처럼 소설 속에도 난해한 병명과 약품명이 인기리에 등장했다. 「날개」로 유명한 작가 이상의 작품이 대표적이다. 그는 암호 같은 몇몇 소설 속에 다양한 병증과 약품명을 곧잘 등장시켰다. 1인칭 화자를 자주 내세운 이상의 소설에서 '나'는 끊임없이 병들어 있고 생의 마지막에 대한 공포와 강박적인 호언을 반복한다.

「소설가 구보 씨의 일일」의 구보는 약의 처방전을 외워 대는가 하면

의학 사전을 뒤적인다. 병원과 전문의도 찾아간다. 그는 스스로 의사가 된 양 병명을 진단하기도 한다. "40여 세의 노동자. 전경부(前頸部)의, 광범한 팽융(澎隆). 돌출한 안구. 또 손의 경미한 진동. 분명한 '바세도우'씨 병. 그것은 누구에게든 결코 깨끗한 느낌을 주지는 못한다."[36] 이는 경성역 대합실에 모여든 군중 속의 누군가에게 구보가 진단을 내리는 바다. 질병은 충분히 위험하고 더럽다. 치료되지 못했기 때문이다. 그는 어느 술자리에서 "현대 의학 대사전 제23권"에서 얻은 지식에 따라 사람들의 성향을 다양한 병증으로 옳어 대는 유희를 벌이기도 한다. "음주불감증", "갈주증(渴酒症)", "지리멸렬증", "병적부덕증(病的不德症)", "병적허언기편증(病的虛言欺騙症)"[37] 등등.

구보가 직접 진찰("친찰")해 낸 세계에서 무사, 무탈의 상태로서의 건강은 없다. 질병과 대적하는 건강만이 존재한다. 질병으로 포박된 세계에서 건강은 실현되지 않는다. 건강은 계속 지연된다. 서구 임상 의학의 발달에 힘입어 수명은 연장되었고, 개인의 건강권 역시 적극적으로 추구할수 있게 되었다. 동시에 인체는 해부학적인 지식으로 포박되고 병과 건강은 한 치의 양보 없이 대치한다. 병은 효과적으로 대처할 수 있게 되었지만 정작 건강은 없다. 구보의 염려증은 의료 소비에 강박된 존재로서의 근대인의 심리를 잘 보여 준다.

구보는 전문 의학을 소비하며 자족하는 엘리트 의식을 드러낸다. 특히 양의학에 관한 지식은 양복이나 양품처럼 고급 취향을 드러내는 기호가 된다. 그런데 구보의 소비 행위는 의료 처치를 받는 것 자체에 만족하는 '의식적(儀式的)인' 소비[38]에 가까워 보인다. 의료의 실제 효과보다 의료 처치 자체가 구보를 안심하게 만드는 것이다. 구보는 끊임없이 의료 소비를 필요로 하는 건강 염려증 환자의 전형이라 할 수 있다. 구보 스스로 의학 지식에 포박된 자신을 기술하고 있다. "문득, 구보는 그러한 것(사람들의 갖가지 성향을 병증으로 진찰하는 행위 — 필자)에 흥미를 느끼려는 자기가, 오직 그런 것에 흥미를 갖는다는 것만으로도 이미 하나의 환자에 틀림없다, 깨닫고 그리고 유쾌하게 웃었다."[39]

병을 진단해 내는 구보는 정작 허약하다. 병은 통제할 수 있게 되었지만 구보는 스스로 환자이며 병들어 있다고 느낀다. 구보는 사회 경제적인 의료 담론이 퍼뜨리는 불건강 속에 포박되어 있다. 구보의 병증은 위생을 필두로 직업과 교육, 사상, 문화와 오락에 전방위로 침투해 온 근대에 대한 민감한 반응을 보여 준다. 소설에 묘사된 1930년대 서울의 거리에는 우편과 기차의 속도가 횡단하고 백화점과 벼락부자가 번쩍거리고 다방에는 일 없는 청년들이 모여들었다. '경성'으로 바뀐 서울의 거리에서 구보는 외롭거나 한없이 머뭇거린다.

구보의 외로움은 "구차한 내 나라"와도 맞닿아 있다. "보통학교만 졸업하고도" "회사에서 관청에서 일들만 잘하"지만 "고등학교를 졸업하고도, 또 동경엘 건너가 공부하고 온"[40] 구보에겐 일자리가 없다. 구보의 방황은 식민지적인 사회 구조에서 비롯되었지만 '모든 근대는 식민지 근대'이기도 하다. 모든 근대 국가는 식민지였거나 식민지를 경영했으며, 국가의 내부와 외부에 '식민지'를 만들어 내는 형태로 주체를 호명해 왔다. 근대의 해방은 사람들을 소외시키는 형태로 삶의 능력과 속도를 증폭했다. 근대적인 위생이 건강과 장수에 기여하는 동안 구보는 건강이 유보되는 불건강의 식민지가 되고 있었다.

의약품 소비의 의례: 약을 상비하세요

건강 담론의 토대는 의료 건강이다. 당시부터 의료 건강이라는 말이 신문과 잡지에 등장했다. 의료 시설이 부족했던 상황에서 의약품 시장은 역할이 컸다. 조선 시대부터 한약방도 많았고 조선 후기에 들어서면서 민간 의료도 크게 성장했다. 조선은 "약의 나라"라 할 만했다. 사람들은 흔히 '상약(常藥)'이라는 이름으로 자가 조치를 취했다. 한약을 짓거나 의원을 모셔와 진맥을 보는 경우도 많았다.[41]

민간 처방이나 전통적인 한약 유통에 토대를 둔 형태와 달리 새로운 약의 유통 방식도 등장했다. 바로 매약(賣藥)이다. 매약은 의사의 처방에 따른 조제약이 아니라 미리 만들어서 파는 약이다. 매약업은 새로 생겨난 의료 관련 업종이었다. 종래 대한제국의 약품 관련 규칙과 달리 1912년에 제정된 법령(약품 및 약품 영업 취체령)은 의사의 처방이 필요한 약(약품)과 그렇지 않은 약(매약)을 구분했다. 법령상으로 의약 분업이 시도된 셈인데, 현실적으로 제약사가 부족했던 데다 전통적으로 의사들이 약품 판매를 통해 이익을 취해 왔던 상황을 급격하게 바꾸기는 어려웠다.[42] 하지만 새롭게 정해진 법령에 따라 약을 제조하고 판매하는 허가도 받아야 했고 제품 이름도 등록해야 했다. 약의 포장술부터 시작해서 약품을 제조하고 판매, 유통하고 홍보하는 방식에도 변화가 생겼다.

전통적인 민간요법이나 한약도 매약의 형태로 제조되었다. 조씨(趙氏) 집안 대대로 전해 오던 고약이 매약 제조 허가를 받아 만들어진 조고약("됴고약")이 대표적인 예다. 매약은 한약 제조술과 신약의 형태를 혼방한 형태라 할 수 있다. 대체로 끄트머리에 단(丹), 산(散), 제(劑), 탕(湯), 환(丸) 자가 붙었던 매약의 명명은 한약의 전통을 반영한다.[43] 1920년대까

광고 15 매약 광고 사례 상단은 "한방약의 양약화의 효실"을 내건 매약 광고다.(강장제 회춘원,《조선일보》(1932. 1. 26)) 전통적인 약은 양의학이 유입되면서 한약(漢藥)이란 이름을 달았다. 하단의 "한씨고약의 유래!!"를 내세워 종기 특효약임을 선전한 광고(《조선일보》(1933. 4. 28))를 보면 한씨고약은 집안 4대째 이어진 신약(神藥)으로 "평양 중성(中城) 한약국 검은 약"이라면 명성이 자자한 바 상표 등록을 마쳤단다. 서울에 유명한 조고약이 있었다면, 평양에는 한씨고약이 있었나 보다.

지 한국 약품의 역사는 '한약과 양약의 신구 교착기'[44]로도 불린다. 꼬부랑글씨로 채워진 양약의 비중이 점점 늘어났지만 한약에 대한 전통은 뿌리 깊게 남아 있었다.

식민지 시기 한의학은 쇠퇴의 길을 걸었다. 대한제국 시기부터 양의학, 양약학에 밀렸던 한의학은 대체로 식민지 시기에 전면적으로 부정되었다고 평가된다. 한약 제조를 제약업으로 인정하지 않고 양약 제조에 한해 제약업 허가를 내준다거나, 한의사를 '의사'가 아닌 '의생(醫生)'으로 규정했던 것이 단적인 사례다. 하지만 대도시 이외에 중소 지역의 의료 수요를 모두 충족할 수 없었던 조선 총독부의 의료 체제 속에서 의생으로 규정된 한의사는 의사의 보조 인력으로 폭넓게 활용됐다. 한의사는 의생의 신분으로 식민지 시기 말기까지 의료계에서 중요한 역할을 담당했다.[45] 이후 한의사 제도가 부활한 때는 1951년이었으며 대학 교육 기관도 설립되었다. 오늘날 한의약의 침체기라고 하지만 일본과 달리 한국은 한약 복용이 상용화된 편이다. 매약의 형태 역시 한약 시장을 활발하게 공략하고 있다. 이를테면 '정관장(한국인삼공사)'처럼 민간 기업체를 통해 대량 생산되는 매약의 형태로 상품으로서의 한약이 유통되고 있다.

양약을 조제할 수 있는 있는 제약사(약제사)가 운영하는 약국은 1930년대에 들어서 생겨나기 시작했다.[46] 양약은 일본을 통해 수입되는 게 보통이었고 미국이나 독일에서부터 직수입하는 경우도 있었다. 1920년대 중반에 창립한 유한양행은 양행(洋行)이라는 이름을 걸고 '미국 직수입 전문상'이라는 슬로건을 내세웠는데, 일본을 통해 양약과 양품이 중개되는 경우가 많았던 사정을 반영한다. 양행은 외국과 무역 거래를 하는 서구식 상점을 이르는 말이다.

한국인 매약업의 초창기: 동화약방과 유한양행까지

1870년대 후반부터 개항장을 중심으로 일본 약품 도매상들이 진출해 있었다. 한국인 매약업은 1910년을 전후로 평양, 인천 등지에 있던 약포가 서울로 진출해 대형 약방으로 확장했던 역사를 지니고 있다. 인단의 모방품으로 청심보명단을 만든 제생당, 여성 강장제로 태양조경환을 만든 화평당, 조고약을 만든 천일약방, 강장제 영신환을 만든 조선매약 주식회사가 대표적이다.(홍현오, 『한국 약업사』, 12～61쪽)

오늘날까지 건재한 제약 회사로는 동화제약(당시는 동화약방)과 유한양행이 있다. 그림은 초창기 동화약방(왼쪽, 활명수 광고, 《조선일보》(1929. 1. 13))과 유한양행(오른쪽, 안티푸라민 광고, 《동아일보》(1938. 7. 20))이 낸 광고이다. 민병호가 설립한 동화약방은 1897년 평양에서 서울로 진출하여 1912년 제약 회사로 거듭났다. 동화약방의 '활명수'는 현재까지 100년이 넘는 역사를 이어 오고 있다.

유일한의 유한양행은 1926년에 창립하여 양약(洋藥)을 비롯한 다양한 수입품을 판매하는 양행으로 출발했다. 유한양행은 강장제 '네오톤'이나 임질 특효약으로 명성을 날린 '지유사이드(GU사이드)', '안티푸라민'을 수입, 판매하여 1930년대 중반에 비약적으로 도약했다. 유한양행이 실시간으로 수입하여 지유사이드라는 이름으로 판매한 프론토질은 페니실린이 발명되기 이전까지만 해도 대표적인 항생제로 꼽히던 약이라고 한다.(신인섭, 『광고로 본 유한양행』, 24～25쪽) 유한양행의 지유사이드와 네오톤은 1930년대 후반 만주와 중국, 대만, 일본 등지에까지 광고했으며, 광고문은 대상 지역에 따라 중국어, 만주어, 일본어, 영어 등으로 작성되었다.(유한양행, 『유한 50년』, 396쪽. 신인섭·서범석, 『한국광고사』, 193쪽 강한인의 증언 참조.)

대개 약방은 수입 양약을 판매하거나 매약과 한약을 제조, 판매하는 경우가 대부분이었다. 약방의 형태로는 단독 약방보다는 잡화상 한쪽에 매약을 판매하는 형태(매약 청매상)가 많았다. 큰 약방에서는 매약과 신약, 한약을 비롯해서 각종 건재와 약품을 구비해 팔았다. 통신 판매도 시작되었다. 통신 판매는 주문 판매 형태로 은행이나 우체국을 통해 입금하면 물건을 보내 주는 최신 유통 방식으로 홍보되었다.

매약 행상원이나 약장수도 약의 유통에 빠질 수 없는 존재들이다. 대형 약방은 매약 행상원을 모집하는 광고를 냈다. 이를테면 서울 종로에 있던 많은 대형 약방들이 매약 행상원을 고용해 곳곳의 작은 상점에 약을 들여놓게 하는 식이었다. 약장수는 거리의 유통을 담당했다. "애들은 가라, 애들은 가."라는 사설과 웃음, 노래, 볼거리를 함께 제공했던 약장수는 대개 허가 없는 제품을 팔았다고 한다.[47] 오늘날에도 심심찮게 보도되는 건강 용품 강매는 약장수의 유통 행태에 뿌리를 두고 있다.

광고에는 주로 브랜드(상표) 약품이 등장했다. 광고 지면은 의약 유통 역사의 일부분에 해당한다. 가내 수공업 규모로 생산되었던 많은 제품들은 이름 없이 거래되는 경우가 많았다. 신문이나 잡지에 실린 광고는 제조 및 판매 허가를 받고 상표를 내세워 판로를 확보하고자 했던 대형 약방이나 해외 제약 회사들이 중심이 되었다. 이들은 전국적인 판매망을 구축하면서 대량 생산, 대량 판매를 꾀했다.

대량 생산과 판매의 전략에서는 광고 전쟁이 불가피하다. 실제로 약품 광고량은 엄청났다. 광고 시장이 일찍 형성된 미국에서는 19세기 후반부터 의약품 광고가 시장을 이끌었다. 한국의 광고사에서도 약품은 대한제국 말기부터 최대의 광고주로 꼽혔으며 1970년대까지 가장 광고량이 많은 품목으로 꼽혔다.[48] 1920~1930년대 일본이나 대만, 만주를 보아도 가장 광고량이 많았던 품목은 약품이었다.

약 광고 중에는 이른바 만병통치약 광고가 많았다. 위장약-영양제-강장제가 통해 있었던 데다 '보양 보음'의 정력제와 성병약까지 가세하여 한통속으로 묶였기 때문이었다. 약품의 미분화 현상이 두드러졌고 품질이 엇비슷했던 만큼 광고전은 치열하게 벌어졌다. 의심스러운 품질의 약품도 많았다. 과장 광고는 당시부터 악명이 높았다. 아래 전형적인 만병통치약 광고가 있다. 한국제, 일본제, 미국제 약품의 사례다.

광고 16 보혈(補血) 건위(健胃) 건뇌(健腦) 강골(強骨).
　　　　한국 서울 소재 평화당의 강장제 백보환(百補丸),《조광》(1937. 5)

광고 17 신경 쇠약과 정력 증진(정력 감퇴, 노쇠, 여자 불임증, 남자 쾌○불량,
　　　　조○, 몽정), 두종 불면, 기억력 감퇴, 히스테리.
　　　　일본 오사카 소재 광명원의 강장제 천광(天光),《조광》(1937. 5)

광고 18 모든 종류의 악성 여성 질환, 여러 가지 난소 질환, 염증, 궤양, 자궁
　　　　하강과 전위, 만성 척추 결함을 완벽히 치료해 주며, 특히 갱년기 여
　　　　성에게 좋습니다. 무기력과 더부룩함을 없애 주고, 흥분제 탐닉을
　　　　끊어 주며, 허약한 위장을 튼튼하게 해 줍니다. 위 확장, 두통, 신경
　　　　쇠약, 일반 무력증, 불면증, 우울증, 소화불량을 치료해 줍니다.
　　　　미국 리디아 핑크햄(Lydia E. Pinkham)의 강장제 베지터블 컴파운드(Vege-
　　　　table Compound), 1880년대[49]

광고 시장이 발달했던 미국의 사례(광고 18)는 과장의 극단을 보여
준다. 위장병부터 우울증, 척추와 난소의 질환까지 고치지 못할 바는 없
다. 병증도 다양하고 효능도 폭넓다. 이 광고는 만병통치약 광고의 선례로
꼽히는 리디아 핑크햄의 여성 강장제 광고 문안이다. 자양 강장제는 만병
통치약 광고의 대표 품목이다. 한국 평화당의 백보환(광고 16)이나 일본
의 천광(광고 17)도 모두 강장제에 속한다.

자양 강장제는 대체로 영양 보충, 체력 증진, 건강 향상을 내세운 약
품을 통칭한다. 강장제는 영양제이며 소화 기능을 보완하는 위장약 효능
까지 지닌 데다 정력제와 성병 치료의 기능까지 장담하기 일쑤였다. 정체
불명의 일본 강장제는 작은 박스 광고 형태로 신문과 잡지 지면에 넘쳐
났다. 평화당의 백보환(광고 16)은 과장 광고의 대표적인 사례로 한국 의
약품 역사에 이름을 남겼다. 1930년대 평화당은 신기신성당(神崎神聖堂)
과 함께 과장 광고전을 벌였는데[50] 신문에 전면 광고도 심심찮게 냈다.

많은 의약품은 이 약 하나면 된다는 식의 만병통치약의 범주로 묶였
다. 심리적인 문제부터 다양한 신체 병증에 이르기까지 광고하는 약 하
나로 문제가 해결된다는 것이다. 만병통치약 광고의 기본 원리는 '만병'
을 개발하고 '통치'를 장담하는 것이다. 약 광고는 다양한 질병을 개발, 확
산하고 사람들을 염려의 주체로 호출한다. 의약품은 일상 용품의 하나로
구비되기 시작한다. 의약품이 급증했던 만큼 병도, 병에 대한 걱정도 많
아졌다. 그런데 병이 낫느냐, 낫지 않느냐 나아가 그게 병이냐, 병이 아니
냐보다 중요한 문제가 있다. 중요한 것은 사람들에게 '낫는다는 느낌'을
갖게 만드는 일이다.

병에 대한 새로운 지식을 갖고 약을 구매, 복용하는 것은 문명인으

로서의 건강인이라는 표식이 된다. 다양한 약 광고를 관통하는 건강법이 있다. '건강을 얻으려면 그 대신에 어느 정도의 대금을 지불하지 않으면 안 된다.(또는 지불만 하면 된다.)'라는 것이다. 의약품 구매는 "의료의 실제 효과보다 의료를 받는다고 하는 의식적이고 공희적(供犠的)인 소비"[51]라 할 수 있다. 의약품 소비는 건강을 위한 일종의 의례처럼 자리 잡는다. 이는 플라세보 효과(위약(偽藥) 효과)와도 연결된다. 제품의 실제적인 약리 효과보다는 약을 소비하는 행위 자체가 정신적인 위안을 주는 것이다. 광고는 약의 개별적인 효능을 넘어 약 소비의 의례를 설득해 내고자 했다. 사람들은 "약이 아니라 광고를 먹는 셈"이다. "광고가 사람들에게 낫는다는 느낌을 갖게"[52] 만든다.

가정약, 가정상비약, 회중약(懷中藥), 보급약은 의약품 소비의 의례를 정착시키고자 했던 대표적인 전략에서 나온 말이다. "회중약 인단", "가정상비약 대한목약"과 같은 문안이 제품 슬로건으로 쓰이는 경우도 많았다. 개인의 청결부터 가정 위생, 사회의 보건 위생에 대한 기사는 잡지에 꾸준히 게재되었다. 개인과 가정, 나아가 민족과 국가 단위로 전개되었던 보건 위생의 개념을 광고는 효과적으로 활용했다. 약을 일상 용품으로 구비한다는 것은 대규모 제약 회사들이 시장을 개척하는 데 안성맞춤인 개념이었다.

저가 공략 역시 약품 소비를 일상화하기 위한 전략으로 등장했다. "10전으로 병을 고치는 시대가 왔다." 이는 일본의 유명한 안약, 대학목약 광고다. 10전이면 다방 커피 한 잔 값이다. 광고의 표제는 "대학 10전 가정약"이었다. 대학목약은 각종 의약품을 발매했던 오사카 삼천당(參天堂)제약의 제품이었다. 대학목약이나 아지노모도("10전병(十錢瓶)")처럼 대기업의 제품들은 저가 공략을 펼치고 신문에 광고를 많이 낼 수 있었다. 광고를 공격적으로 할 수 있으니 안정적인 판로를 확보했고 판매고를 올렸다.

하지만 의약학 상품화의 초창기였던 만큼 약값은 대체로 싸지 않았다. 예를 들어 1930년대 중반 평화당의 백보환은 한 제(스무 첩)에 10원이나 했다. 임질이나 매독, 폐병 약값은 보통 1, 2원부터 시작했다. 파격 할인이나 경품 전략도 흔했지만 그만큼 약값에 거품이 많았다. 한때 매약업은 '5할 장사'라는 말도 나왔다.[53] 믿을 수 없는 품질의 약도 많았다. 약에 마약 성분이나 알코올 함유량이 많아 문제가 되기도 했다.

약을 일상적으로 소비하기에는 품질도 가격도 못 미더울 때가 많았지만, 약 광고는 의료 소비를 하는 근대인의 이미지를 심고자 했다. 누구나 어느 정도 지불하면 문명인으로서의 건강인이 된다는 것이다. 하지만 소비를 통한 건강 민주주의라는 환상에는 구멍이 많았던 셈이다.

식민지 내부의 병자 만들기 전략

누구나 건강해질 수 있다는 신화는 사람들을 쉽게 병인(病人)으로 규정해 낸다. 건강을 필요로 하는 사람들은 대체로 건강하지 않은 사람들이기 때문이다. 질병과 건강의 자장은 식민지의 특수성을 고려할 필요가 있다. 에드워드 사이드가 『문화와 제국주의』에서 인용했듯이 "제국의 기초는 예술과 과학"이다. 예술과 함께 과학은 세계적인 식민지 개척 전쟁의 강력한 도구가 되었다. 과학의 결정체로서의 의학은 식민지 시기 한국에서도 강력한 힘을 발휘했다.

의학 연구는 "식민지 경영의 근본"으로 논의되었다. "식민지 경영의 방법"이 "위생에 바탕"을 두고 "의학의 원조"를 받을 때 식민은 단순한 "영토권의 확장"이 아니라 "문명의 세례"요, "문화의 전달"이라는 명분을 세울 수 있었다.[54] 양의학 연구를 통해 근대화된 일본은 그렇지 않은 한반도를 문명의 길로 인도할 수 있다고 했다.

　망국의 상황에서 조선은 정신적, 물질적인 질병 천지로 비유되었다. '조선병'을 치유해 줄 의료와 의학은 조선에 없다고 간주되었다. 비서구권에서 의학은 서구 과학의 으뜸이자 근대화의 대행자로 여겨졌다. 질병은 사회적, 이데올로기적인 목적으로 쉽게 "전용(轉用)"[55]되었다. 서구 의학, 특히 일본을 통한 독일 의학은 문명, 위생, 건강과 동의어로 묶였다. 양의학과 양약은 새로움과 젊음의 외피를 입게 되었다. 늙고 병든 조선을 치유해 줄 양의학과 약학이 일본을 거쳐 주입되기 시작했다. 권보드래의 말대로 "'약'이란 개인/국가, 신체/정신에 동시에 관여하는 일종의 비유"이자 "새로운 상상력"[56]으로 작용했다.

　의학은 나라를 구제하기 위한 핵심적인 기술 과학으로 요청되었다. 의학은 곧 '서양' 의학이며 근대화의 발판으로 여겨지는 경우가 많았다. 중국의 대문호 루쉰은 문예 운동을 시작하기 전에 의학을 공부했던 이력을 지니고 있다. 그는 "일본 (메이지) 유신의 태반이 서양 의학에서 발단되었다는 사실"을 알게 되었다. 이후 그는 "아름다움"에 찬 "꿈"을 지니고 "일본의 시골에 있는 의학 전문학교에 학적"[57]을 두기도 했다. 루쉰이 일본의 의술을 배우고자 했던 까닭은 병들고 퇴락한 중국인들의 삶을 치료하기 위해서였다. 근대 중국은 서구 열강의 반(半)식민지 상태에 놓여 있었고 제국적인 의학이 힘을 떨쳤다. 전통적인 중의학이 강했던 중국에서도 양의학의 열풍은 거셌다.

식민지 시기 한국에서도 일본을 통한 양의학의 힘은 강력했다. 양약(洋藥)이 반드시 양약(良藥)으로 여겨지지는 않았지만 그 힘은 커졌다. 양약이나 신약은 대개 일본을 통한 중개물인 경우가 많았다. 그렇지 않은 경우 '직수입'이라는 강력한 권위의 표식을 달 수 있었다. 한국에서는 일본을 거치지 않고 미국이나 영국, 프랑스에 직접 접속했다는 직수입의 표식이 큰 인기를 얻었다.

양약이든 한약과 양약을 혼방한 매약이든 약은 광고에서 사회적, 국가적인 차원의 구세주로 그려지는 경우가 많았다. 광고 19와 20에서 약의 부피감은 강력하다. 광고는 모두 제품 도안 밑에 사람들을 작게 그려 넣는 방식을 썼다. 도안의 정중앙에 제품을 거대하게 그려 넣고 사람들을 작고 빼곡하게 배치하는 방법은 당시 광고에서 자주 활용되었던 기법이었다. 제품의 크기는 압도적이며 경외감을 주는 반면 사람들은 왜소하다. 사람들은 작고 정형화된 군중의 무리로 처리되었다. 제품은 구원자요, 사람들은 구원받아야 할 순응적인 무리들로 표현된 것이다. 이 기법은 미국에서는 1930년대 초반 이후로 드물어졌다고 하는데 작게 처리된 군중이 전체주의와 연결되어 해석되거나 수용자들이 정형화에 대해 두려움을 느낀다는 판단 때문이었다.[58]

두 광고는 모두 일본 신약으로 강장제로 묶인다. 에비오스(광고 20)는 위장약으로 선전했지만 위장=영양=강장이 통하는바 비슷한 제품군으로 묶인다. 부루도제(광고 19)에는 웃통을 벗은 남성이라는 이상적인 건강체가 등장했다. 상품에 부착될 속성으로 근육질 남성의 강한 이미지가 선택된 결과다. 사람들이 팔을 치켜들고 제품을 가리키는 모습은 건강이라는 빛이요, 구원에 대한 열망과 감탄을 전한다. 에비오스 광고에서 상

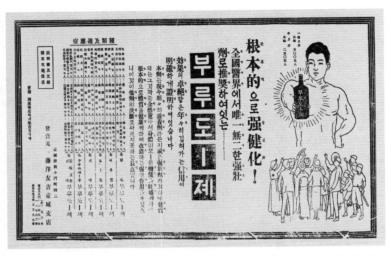

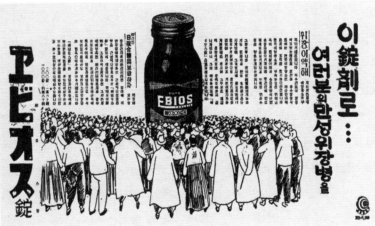

광고 19 광채 나는 약병을 든 근육남 "자양제라든지 혹은 강장제"라는 이름으로 판매되고 있는 타제품들과는 다르게 "근본적으로 체질을 건강케" 하는 "유일무이"한 강장제라고 선전한다. 강장제 부루도제,《동아일보》(1926. 11. 30).

광고 20 거대한 약병이 등장한 광고 위장이 약한 것은 "체내에 영양소가 부족"하기 때문이라면서 이 위장약으로 "비타민 B 복합체를 보급하자."라고 선전한다. 강장제 에비오스 정,《동아일보》(1940. 6. 25).

228

품의 크기와 사람들의 크기는 대비되면서 구세주로서의 약을 제시하는 전략이 선명하다.

거대한 제품 주위로 몰려든 작은 사람들은 두루마기나 치마저고리 차림으로 변형되어 있다.(광고 20) 제품은 "만성 위장병"약이자 영양제이므로 모여든 군중들은 소화불량에 영양이 부족한 사람들로 규정된다. 일본 제품은 시장을 공략하고자 문안과 도안을 조선풍으로 '현지화'하는 경우가 많았다. 현지화된 에비오스의 광고에서 한국은 영양 부족의 공간으로 호명된 셈이다. 조선병을 구원할 자는 상품이며, 상품의 이름은 가타가나 표기의 에비오스(エビオス)로 '대(大)일본맥주 주식회사'의 유명 상품이었다.

병인(病人) 만들기의 전략은 약 광고에 두루 쓰였다. 특정한 증상을 겨냥하지 않는 대중 보건 약 계열 이외에도 폐병이나 전염병, 문둥병 약에 동일한 전략이 사용되었다. 1930년대 중반 이후가 되면 약 광고는 제국주의적인 국민 국가의 건강 기획을 적극적으로 활용한다.

병인의 무리는 국민 건강을 규정하는 데 필요한 존재들이다. 이들은 국민들 내부에서 일종의 식민지 역할을 하여 내부 결속을 다지는 데 유용하다. 식민지의 행정 권력은 내부의 병적(病敵)을 진단하고 치료해야 할 주체로서 도덕성과 정당성을 확보할 수 있었다. 총독부는 가정과 회사, 학교, 행정 구역별로 건강의 정도를 검사, 측정했다. 각종 전시회나 상담, 시상식도 잇따랐다. 민관 강연회의 형태나 보건회나 연구회, 체육 대회의 형태로도 '건강 행정'은 실시되었다. 허약체나 '불건강체', 전염병 환자, 접객업자를 둘러싼 비위생적 환경은 "건강 조선의 장해(障害)"로 규정되었다.(《동아일보》(1936. 6. 25))

광고에 폐병 및 전염병 약이 등장했다.(아리진, 《조광》(1938. 7), 287쪽 전면 광고). 광고 사진에 비해 내용은 무시무시하다. "결핵은 최대의 국민병"이라는 문구와 함께 폐병과 전염병의 "연간 사망자"와 "현재 환자"의 수가 제시되었다. 광고는 '예방', '치료', '신제', '약학 박사', '대중 보건'이라는 신조어로 무장해 있다. 광고는 병인 만들기라는 약 광고의 기본 전략에 국민 보건 차원에서 내부 병인을 색출하는 공포와 위협의 전략을 더했다.

'보호 본능을 자극하는 한복 차림의 여성 모델' + '제품명은 일본식 외국어 표기(가타가나)' + '권위의 주체로서 약학 박사의 이름은 일본인' + '발매원은 한국인이 운영하는 대표적인 대형 약방이었던 천일약방'이라는 요소가 모두 뒤섞인 결과물로서의 "대중 보건"은 사람들에게 어떻게 받아들여졌을까?

광고 속 약의 이름은 아리진(アリヂン, Allysin)이고 A호는 폐병용, B호는 전염병용 예방·치료약으로 발매했다. 폐병은 폐 관련 질환 중에서 특히 폐결핵을 일컫는다. 결핵은 전염병 중에 대표적인 난치병 내지는 불치병으로 꼽혔다. "그 전염의 속도로나 그 난치의 점(點)으로나 폐병이 각종 전염병 중의 제일(씁位)"이라고 했다. 광고 속 폐결핵 환자 수는 과장되어 있는데(환자는 170만, 사망자는 17만), 같은 해 《동아일보》가 보도한 환자는 2만 4872명, 사망자는 5973명이었다. 폐결핵 환자의 사망률은 2할이 넘었고, 30대 사망자가 가장 많았다. 따라서 "폐결핵은 인생의 적, 특히 청춘의 적"으로 일컬어졌다.(사설 「폐결핵균을 박멸하자」,《동아일보》(1938. 5. 19)) 식민지 시기 폐결핵 환자는 대체로 40만 명 정도로 알려져 있다.

폐결핵은 1920년대부터 급격히 늘어났다. 폐결핵은 신경 쇠약이나 성병, 각종 전염병과 함께 "문명병", "근대병", "문화병"으로 명명됐다. 기차나 자동차와 같은 교통수단이 생기고 극장, 공장, 학교, 병원, 카페처럼 사람들이 밀집할 수 있는 공간이 생기면서 병이 빠르게 확산되고 도시 환경이 나빠진다는 의미에서다.

하지만 폐결핵은 문명병이자 동시에 "빈민병"이기도 했다. 영양 상태나 생활 환경이 열악하거나, 의료 지식이 부족하고 치료 시설이 적어서 폐병에 걸렸기 때문이다.(의학박사 정석태, 「민족 보건의 공포 시대: 폐병 요양소의 설치 제의」,《삼천리》(1929. 9), 40~42쪽) 폐결핵에는 "그저 많이 먹어야", "하여튼 잘 먹어야 한다."(「민중보건좌담회」,《조광》(1938. 8), 96~97쪽)라고 했다. 멸치나 북어, 콩, 된장처럼 영양가 있는 음식을 먹으라는 조언도 나왔다. 좁은 방이나 환기가 잘 안 되는 온돌도 비위생적인 생활 환경으로 지목됐다. 아무 데다 침을 뱉는 습관 역시 문제가 됐다.

1936년에는 결핵 예방 법령이 시행되고 결핵 예방 협회를 설치하여 전국적인 폐결핵 예방 운동이 펼쳐지기도 했다. 해주요양원의 주도로 결핵 치료 기금을 마련하고자 발행한 크리스마스실의 역사는 1930년대에 시작되었다. 하지만 1950년대까지만 해도 결핵을 치료할 수 있는 효과적인 약물은 없었다.

가난병인 결핵이 근대 문학 속에서 낭만적으로 그려진 것은 이상하다. 소설 속에 그려진 결핵 환자는 흔히 창백하며 비극적인 인물로 등장한다. 특히 같은 전염병에 속하는 성병에 걸린 인물이 허랑방탕아로 그려졌던 경우와는 대조를 이뤘다. 서구와 일본의 근대 문학에서 문학적인 은유로서의 결핵이 신화화되는 현상은 수전 손택(『은유로서의 병』)과 가라타니 고진(『일본 근대 문학의 기원』)이 다룬 바 있다.

1939년에는 '이상 아동 보호법', 1941년에는 '국민 우생법'이 실시되었다. 악질 유전성 질환의 가능성이 있는 사람을 포함해서 빈민과 실업자, 불량아까지 '내부의 적'으로 규정되었다. "국민의 심신을 우화(優化)"하고자 하는 다양한 보건 정책은 강한 국민 만들기를 지향했다. 이는 사람들의 몸을 과학적인 방식으로 통제하고 사회 체제를 쇄신하고자 하는 근대적 기획의 하나였다.[59] 열성 인자를 제거하고 우성 인자를 번성하게 만듦으로써 힘 있는 민족과 국가를 건설하자는 주장은 개화기 때부터 제기되어 왔던 바다.

국민 우성화 정책은 사회 진화론과 우생학이 결합된 산물이다. 우성화 정책은 영국과 미국, 독일을 비롯한 강력한 민족 국가에서 광범위하게 시행되고 있었다. 영국은 우생학의 발원지였으며 미국은 1920년대 "국가에 의해 강제 거세가 입법된 최초의 국가"[60]였다. 독일의 나치 정부는 그 절정을 보여 준 사례다. 한국에서는 1935년 '조선나예방법(朝鮮癩豫防法)'이 제정된 이후로 한센병(나병, 문둥병) 환자들이 전라남도 고흥의 소록도에 강제 격리되고 단종·불임 수술을 받았다. 이는 과학의 이름으로 적자(the fit)를 키워내고 부적자(the unfit)를 제거하여 당면한 사회 문제를 생물학적으로 해결하려는 우생학적인 정책[61]의 일례라 할 수 있다. 현대의 사회 생물학이나 발생학, 유전학 연구는 모두 우생학 연구를 계승하고 있다.

강제 거세법이 부정적인 우생 정책의 예라면 긍정적인 우생 정책도 실시되었다. 우량아를 선발하고 모범 가족을 장려하는 정책은 긍정적인 우생 정책의 대표적인 예이다. 하지만 열성을 '적출'하든, 우성을 '확산'하든 모두 인간을 서열화하고 수단으로 삼는다는 점에서는 동일하다. 긍정적인 우생 정책 속에서 영유아와 소아, 아동을 비롯하여 임산부와 부인의 건강, 청년의 건강은 보다 주목을 받았다. '건강 주간(健康週間)'이 지역별로 실시되고 '국민 건강 주(國民健康週)'가 전국적으로 실시되기도 했다. 건강 도시 건설이나 보건소 설치, 국민 건강 보험에 관한 논의는 모두 1937년을 전후로 등장하는데 이때는 '체력은 곧 국력'이 강조되는 전시기가 시작되었던 시기다.[62]

1937년 중일 전쟁을 기점으로 조선 총독부의 보건 정책은 변화를 보인다. 세균설을 바탕으로 억압적인 위생과 청결, 방역 사업에 중점을 두었던 총독부는 적극적인 후생 정책을 도모하고자 했다.[63] 전쟁에 필요한 인력을 확보하기 위해 국민의 체위(體位) 향상이 요구되었다. 이때 체위는 체격이나 체력뿐 아니라 나아가 직업 능력과 정신력을 포괄하는 의미다. 종래의 전쟁과는 다르게 근대의 1, 2차 세계 대전은 이른바 총력전이었다. 물적 자원뿐 아니라 사회의 모든 요소를 개발, 동원하는 전면적인 전쟁 체제가 두 번째로 전개되고 있었으며 일본도, 식민지였던 한반도도 그 속에 있었다.

병든 '지나' 만들기: 대동아 건강 전쟁으로

식민지의 행정 권력은 내부의 병인을 진단하면서 공중 보건의 주체로서 정당성을 인정받는 한편 본격적인 제국 만들기에 동참한다. 건강한 제국의 몸을 만들어 나가는 데 외부의 병적은 내부의 분열과 불만을 잠재우기에 좋은 방편이 되었다.

가장 만만하고도 시급한 병적은 '대륙', 중국이었다. 중국과의 대결은 1931년 '만주 사변'으로 명명된 일본의 중국 동북 지방 침공 때부터 고조

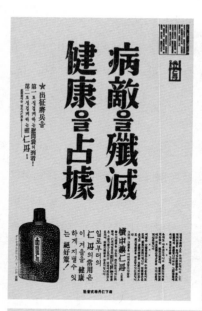

광고 21 강력한 인단 광고 "병적(病敵)을 섬멸, 건강을 검거. 출정 장병을 제일로 즐겁게 하는 위문
대(慰問袋)의 도착! 제이로 즐겁게 하는 인단! 위문대에는 반드시 인단을." 구중 청결제 인단,《조선일
보》(1937. 12. 5).

광고 22 남경충을 내세운 살충제 광고 "추풍(秋風)이 불어도 쇠(衰)치 않는 남경충(南京虫), 이
(虱)의 맹위, 지나는 과연 충(虫)의 국(國)." 살충제 이마즈(イマヅ),《조선일보》(1938. 9. 15).

광고 23 악마의 손톱이 등장한 구충 청결제 광고 "악역(惡疫) 창궐, 전염병을 방지하라!", "보단을
반드시 잊지 마시고 기후가 불순한 데다(天候不順), 악수(惡水), 악로(惡路)에다 지나 특유의 악질
(惡疾)이 맹위를 보이는 전쟁터(戰地)에 황군 장병 용사의 인고(忍苦)는 상상 이상입니다." 구중 청
결제 보단(寶丹),《조선일보》(1938. 9. 15).

되었다. 만주는 일본이 중국의 항일 민족주의에 대항하는 한편 "조선인 불평의 안전판"[64]으로 삼고자 발명되었다. 1937년 중일 전쟁 이후 만주를 포함한 중국은 '동아 신질서(東亞新秩序)'에 편입해야 할 무질서하고 비위생적인 존재로 규정된다. 나아가 1941년 태평양 전쟁(대동아 전쟁)이 시작된 이후에는 동남아시아 일대를 포함한 '대동아'와 대적하는 더 큰 병적으로서의 '서양'이 적극적으로 발명되었다.

중국이 광고에 등장하는 양상은 흥미롭다. 특히 의료·위생용품 광고 속에서 이들은 비위생과 불건강을 전담했다. 상업적인 병리학으로 풀자면 중국은 건강한 제국의 몸을 구성하는 데 많은 의료 상품을 소비해야 했다. 일제 약품과 위생용품 광고는 식민지였던 한국을 비롯하여 대만, 만주에서 높은 비중을 차지했다. 특히 치약이나 비누, 샴푸와 같은 위생용품이 주를 이루었던 화장품 품목은 한국과 대만, 만주에서 일본 광고량이 압도적으로 많았다.[65] 일본의 식민지와 점령 지역에 팔려 나갔던 다양한 보건용품은 제국의 위생 이데올로기를 확대, 재생산했을 것이다.

식민지 시기 한국에 소개되었던 일본 제품의 광고는 일본 기업의 욕망과 소비자로서의 한국인의 욕망을 동시에 보여 준다. 두 욕망이 교차하는 가운데 병적으로서 중국의 위치가 설정되었다. 광고 21, 22, 23은 중국이 등장한 의약품 광고들이다. 모두 일본 제품이며 1937~1938년에 게재된 것들이다.

"병적을 섬멸, 건강을 검거"하자는 강력한 표어는 유명한 인단의 광고에서 나왔다.(광고 21) 약품 상용화를 위한 기업 전략이나 전형적인 계절 유행 전략도 보인다. "회중약(懷中藥) 인단", "인단의 상용은 이 겨울을 건강하게 지낼 수 있는 절호책(絶好策)!" 하지만 상용화 전략이나 계절 전략보다는 '병적을 섬멸하고 건강을 검거'하자는 표제가 단연 강력하다.

"병적"과 대적하는 주체들은 "출정 장병"들이다. 1937년 12월 한반도에 수출된 일본 광고에서 일본인 장병들이 싸우는 대상은 중국일 수밖에 없다. 1937년에 '준전시 체제'는 '전시 체제'로 바뀌었다. 당시 잡지 기사를 보면 1937년 12월의 서울 거리는 '지나 사변 전쟁 상황(戰況) 속보'를 알리는 '호외', '초(超)호외'로 뒤덮여 있었다.[66] '일지 분쟁' 혹은 '일지 사변'이라 불렸던 중일 전쟁은 곧 '지나 사변'으로 명명되기 시작했다. 1938년 하반기부터는 전쟁이 교착 상태로 접어드는데 그 이전까지 전해져 왔던 일본의 승전보는 대단했다.

광고에서도 중국은 중국을 비하하는 명명으로서의 '지나(支那, china)'로 등장한다.(광고 22, 23) 중국은 공중위생을 비롯한 사회 문화적인 방면에서 열등한 '지나'여야지 '대륙'의 중국으로 남겨져서는 안 되었다. 격전 중의 상황이므로 중국은 기능적으로 열등할 뿐 아니라 도덕적으로도 악의 존재로 규정된다. 일본 천황의 아들들인 "황군 장병 용사"들을 위협하고 손상하기 때문이다. 악마의 손톱을 상상적으로 그려 낸 도안이 선악의 단순 이분법을 보여 준다.(광고 23) "지나 특유의 악질(惡疾)"을 비롯해 "악역(惡疫)", "악수(惡水)", "악로(惡路)"가 들끓는("맹위를 보이는") "전지(戰地)"에서 "황군 장병 용사"의 존재는 지고지순 자체다. 반면 총체적인 악으로서의 지나는 위험하고 불길하다. 지나와 대적하고 종국적으로 지나를 구원해야 할 일본 황군은 선(善)의 명분을 손쉽게 획득한다.

광고 22는 살충제 광고다. 광고 속에 남경충(南京虫, なんきんむし)이 등장했다. 옛날부터 흔하디흔했던 빈대가 중국 남경(난징)의 이름으로 명명

되었다. "'여름의 흡혈귀', '빈대'가 지나로부터 그(것)도 전쟁 때에 이 땅에 들어온 것은 모두가 아는 일. 그 때문에 이름조차 '남경충'이라"(「휴지통」, 《동아일보》(1938. 9. 10))고 알려졌다. 광고 속 남경충은 일본 병사들의 골칫거리로 제시되어 있다. "염서(炎署)도 차츰 지나서 다소 편하게 된 황군 용토(皇軍勇士)에 없어지지 않는 고민거리는 여름과 다름이 없는 남경충과 빈대의 맹위입니다." "피로해서 잠자는 것을 무엇보다도 약으로 아는 병대(兵隊)들에게 있어서 남경충처럼 고민거리는 없습니다." 이때 중국의 남경은 일본군이 상해를 거쳐 함락했던 곳이며, '아시아의 홀로코스트'라고 불리는 난징 대학살(1937. 12~1938. 2)이 일어났던 역사의 현장이다.

1930년대 후반에는 살충제 선전이 쏟아져 나왔다. "남경충 퇴치", "남경충 전멸약", "남경충 절멸제(絶滅劑)", "남경충용" 기능성 살충제 선전이 많았다. 남경충과 이(蝨, しらみ)가 들끓는 중국은 "충(虫)의 국"으로 표상되었다.(광고 22) 어느 빈대약 광고에는 "전 인류 명랑보!! 남경충 전멸!!!(全人類明朗譜!! 南京虫逐全滅!!!)"[67]이라는 문안도 등장했다.

살충제 선전마다 중국 빈대를 운운하는 모습은 세계 여러 강대국들이 '신대륙'을 개척했던 상황을 떠오르게 한다. 19세기 말 북서유럽의 제국들은 각종 풍토병, 전염병과 싸우면서 식민지를 개척했다. 이들 제국의 사명은 '문명화로서의 자본주의화'로 집약할 수 있다. 문명화의 사명은 생산 과정을 분화하고 극대화하며 일상 용품을 정착하게 만드는 일이다. 자본주의적인 합리성에 입각해 보았을 때 개척지의 사람들은 게으르고 청결하지 않았다. 이들은 소비재에 대한 시장이자 노동력으로 탈바꿈해야 할 대상이었다.[68]

살충제는 야만으로서의 자연을 개척하는 문명 용품이요, 식민 정책의 선발대들이 낯선 기후와 환경에 대처하는 데 긴요한 약품이었다. 오늘날 살충제 산업은 세계적으로 가장 독점 경향이 높은 부문 중 하나로 성장했다. 1999년에 나온 통계에서 살충제 산업은 통신 산업에 이어 두 번째로 독점 경향이 높은 분야로 꼽혔다.[69] 살충제 산업은 통신과 컴퓨터, 제약 산업과 함께 식민지 개척의 과거와 현재를 이끌어 가고 있다.

살충제뿐 아니라 전시기에 게재된 많은 광고가 위생 전략을 썼다. 이 전략은 "비위생적인 인구 집단"을 "제국의 국민으로 통합"[70]하려는 전략이라 할 수 있다. 광고는 이용당한 것일까, 이용한 것일까? 광고가 제국주의 정책을 이용했든, 정책에 이용당했든 중요한 점이 있다. 광고가 상업 전쟁의 선두에 서서 전방과 후방의 물질과 욕망을 구성했다는 점이다.

"위문대(慰問袋, いもんぶくろ)"는 애국 이데올로기를 상품화한 단적인 예로 전후방을 성공적으로 동원해 냈다. 위문대는 애국의 명목으로 후방의 국민들이 전방의 불특정 장병에게 보낸 선물이었다. 많은 제품들이 위문대의 필수품으로 선전되었다. 의약품 광고에도 빠짐없이 등장했다. "출정 장병을 제일로 즐겁게 하는 위문대의 도착! 제이로 즐겁게 하는 인단! 위문대에는 반드시 인단을"(광고 21), "위문대에는 무엇보다도 먼저 이마즈를"(광고 22), "위문대에 보단을 반드시 잊지 마시고"(광고 23) 넣으라.

일본에서 위문대의 역사는 1904~1905년 러일 전쟁 때로 거슬러 올라간다. 전쟁기에 편승한 애국 광고를 가리키는 전시 광고(戰時廣告)라는 말도 이때 나왔다. 러일 전쟁의 승리를 기념하여 만든 '센쇼간(戰勝丸)' 광고가 그 효시다.[71] 위문대는 1931년 '만주 사변'부터 다시 등장하기 시작하여 1937년 중일 전쟁 이후 급증했다. 1000명이 한 땀씩 떠서 장병의 안녕과 전쟁의 승리를 기원한다는 "천인침(千人針, 센닌바리)"(광고 22)을 위문대에 넣어 보내기도 했다. 위문대의 내용물로는 가볍고 부피가 작은 상품이 선호되었다. 전시기에 나온 많은 광고는 '지나'와 싸우는 '황군' 병사들의 건강과 격려를 운운했는데 위문대는 인기리에 활용된 기획이었다.

위문대에 넣을 상품으로 선전된 것은 단연 광고량이 많았던 대규모 회사의 제품들이었다. 인단(광고 21)과 보단(광고 23), 가오루와 같은 소화제 겸 구중 청량제가 대표적인 상품에 속했다. 이들 상품은 위문대를 내세워 대대적인 선전을 벌였다. 위문대는 전쟁이라는 큰 '판'을 두고 기업의 이해와 제국의 이데올로기가 공명했던 적나라한 사례라고 할 수 있다. "마음만 먹으면 광고는 전쟁까지 판다."[72]라는 말이 있다. 기업은 전쟁과 애국을 판매하여 수익을 올렸다. 또한 애국의 상품화는 국가적인 차원의 생산-소비 체제에 공헌하는 일이었다.

사람들은 생산자이자 소비자로서 상업 전쟁(商戰)에 참여했다. 상전과 실전의 승리는 함께 갈 것이다. 전쟁은 전방과 후방에서 새로운 제품 수요를 낳았다. 제품 포장술과 같은 기술 개발도 활발해졌다. 내구성 있는 신용기를 강조한 광고도 눈에 띄었다. 기후 변화나 압력에 견디는 용기에 대한 실제 수요도 컸으며 유행처럼 전쟁 열풍을 내세우기도 했다. "신용기", "체육 용기", "방공 용기(防共容器)", "만주에 대한(對滿) 관심의 국민적 마-크, 만주 용기"가 광고에 속속 등장했다.[73]

제국의 이데올로기와 기업의 이데올로기가 공명하는 선전전 속에서 소비자의 욕망도 빠뜨릴 수 없다. 선전전의 핵심이자 윤활유는 소비자들의 욕망이다. 일본 제품의 광고라 해도 식민지 시기 한국에 소개된 광고는 수용자들의 욕망을 겨냥하여 얼마간 변형되었을 수밖에 없다. 여느 때보다 소비자를 '(애)국민'으로 호출해 내고자 했던 전시기의 일본 광고

광고 24 한글 매체에 실린 광고 한복 차림의 여성이 등장했고, 문안은 한글로 번역되어 있다. 살충
제 아스(1937. 8. 15), 『한국 광고 100년(상)』, 328쪽.

광고 25 일본어 매체에 실린 광고 기모노 차림의 여성이 등장했다. 살충제 아스, 《경성일보》
(1937. 8. 17).

는 한반도에서 어떻게 번역되었을까? 일본인을 국민으로 호출한 방식과 식민지인을 호출한 방식은 같을 수 없다. 제국의 이등 국민이며 지방민으로서의 '조선인'은 어떻게 호출되었을까? 이 차이는 소비자로서 식민지인들의 욕망이 어떤 모양새인가를 반영한 문제가 된다.

동일한 제품 광고이지만 수용자에 따라 그 형태가 달라진 사례가 있다.(광고 24, 25) 광고는 둘 다 1937년 8월 중순경에 게재된 일본 살충제 아스(アース, Earth) 광고다. 아스는 오늘날 일본 아스제약의 전신이 1929년에 발매한 가정용 살충제였다. 한글 매체에 실린 광고 24에는 한복 차림의 여성이 등장했고, 일본어 매체에 실린 광고 25에는 기모노 차림의 여성이 등장했다. '한복' 대 '기모노'가 여성 모델의 국적, 즉 국적의 일등성과 이등성을 알려 주는 유일한 기표다.

일본어로 된 광고 25는 조선 총독부의 기관지였던 《경성일보》에 실렸다. 《경성일보》의 독자층은 한반도 내 일본인 거주자(재조 일본인)와 일본어를 해독할 수 있는 한국인들이었다. 식민지로 수출된 광고이지만 《경성일보》가 일본어 매체였던 만큼 광고는 일본에서 제작되었던 형태 그대로일 확률이 높다. 한글로 번역된 광고(광고 24)는 광고 자료집(『한국 광고 100년(상)』)에 실린 것이다. 이 자료집은 근대 한글 매체에 실렸던 광고를 모아 놓은 것인데 해당 날짜에 발간된 한글 신문에는 아스 광고가 실려 있지 않다.[74] 편집 과정에서 날짜를 착각한 게 아닌가 싶은데, 광고가 현지화된 양상을 확인하기에는 충분하다. 기모노는 한복으로, 일본어 문안은 한글로 번역되었다. 제품명을 둘러싼 주변은 가타가나, 한자어, 한글의 위계 관계를 잘 보여 준다. 가장 큰 글씨로 쓰인 제품명은 일본어의 외국어 표기인 가타가나이고, 그 아래 작은 글씨로 한글 음역이 달려 있으

　비슷하지만 다른 광고가 등장했다. 이 광고는 《경성일보》(1936. 8. 18)에 실린 살충제 아
스의 광고다. 광고 24, 25와 같은 광고인데 도안이 달라져 있다. 모델의 도안은 텅 비어 있
어 무엇으로도 채워질 수 있다. 한복도, 기모노도, 치파오도, 어떤 민족의 복색도 수용될 것
이다. 상전(商戰)의 무기로서의 광고가 포섭해야 할 대상은 민족 단위에 한정되어 있지 않다.
광고가 민족이나 성, 계급을 구분해서 호출하는 경우는 소비층을 분할, 공략하는 게 효과적
일 때이다. 광고 앞에서는 모두 잠재적인 소비자이므로 누구나 평등하다. 이는 광고로 대표
되는 상업주의가 지닌 아량이며 무개념이다.

　위 광고의 무개념은 1937년 중일 전쟁을 기점으로 뚜렷하게 바뀌었다. 1936년에 나왔
던 광고의 텅 빈 도안은 1937년에 나온 광고에서 전투적인 색채를 띠었다. 모델의 도안은 한
복과 기모노로 채워졌고, 이들이 대적하는 대상은 남경충으로 비유되었던 중국이었다. 살충
분무기 역시 보다 강력하고 위협적으로 변신했다.(광고 24, 25)

며, 제품 슬로건("最强力殺蟲劑(최강력 살충제)")과 권위를 드러내는 특허 사항("日英佛伊 專賣特許(일영불이 전매특허)")은 한자어이다.

　　한복을 입은 여성이 든 창끝에는 벌레들이 꿰어 있다. 창끝이라고 했지만 사실은 창 모양을 한 살충제 분무기이다. 일본어 매체에 실린 형태(광고 25)에 비하면 분무기가 거대해져서 총이나 창과 같은 무기의 느낌을 준다. 분무기가 거대해진 만큼 모델은 왜소해 보인다. 한글 버전의 살충 전쟁이 버거워 보이는 까닭은 벌레가 커졌거나 모델이 왜소해진 탓이다. 표제는 상당히 즐겁다. "얘 이건 재미난다! 모기, 파리, 빈대가 다 죽노나!" 일본어 광고(광고 25)에 나왔던 문안, "날아다니는 파리도 날아다니는 모기도 이걸로 분무하면 절체절명!(飛ぶ蠅でも 飛ぶ蚊でも この噴霧で 絕體絕命!)"이라는 압축적인 설명조는 보다 자극적인 감정 표현으로 바뀌어 있다. 어느 한국인 도안가의 손끝에서 번역된 광고는 도안가 혹은 문안가 개인의 욕망이자 예상 수용자의 욕망을 투영한 산물이겠다.

　　과연 창끝이 겨냥하는 곳은 어디일까? 줄줄이 꿰인 벌레는 '남경충'을 떠오르게 한다. 1930년대의 중국은 지나였으며 "충(蟲)의 천지(天地)"로 비유되었다. 지나는 많은 의료 상품을 소비, 섭생해야 했던 비위생 덩어리였다. 지나라는 거대한 병적과 대결하는 건강의 주체는 일본인뿐 아니라 일본 치하의 한국인도 될 수 있었다. 해충과 대적하는 주체는 여성, 더구나 민족을 구분할 수 있는 전통적인 복색의 여성이다. 여성 국민은 후방을 담당하고 전방을 '지원 사격'하는 대표적인 부류다. 광고는 일본의 여성 국민에서 나아가 식민지-여성이라는 이등, 삼등의 국민까지 살충전에 동원해 냈다. '공공의 적' 때문에 수용자의 성이나 계급, 민족의 차이는 쉽게 흐려져 있다.

제국 대 식민지의 관계에서 야만과 비위생을 담당했던 식민지인의 위치는 변모하기 시작한다. 외부의 병적과 공동으로 대치한다는 전제하에서 식민지인은 이등이지만 국민으로 도약하고자 했다. "국민정신 총동원 중에는 의학의 머리도 한몫 끼었을 터이매 지나의 풍토병, 전염병의 연구와 방비진 강화는 대륙 정책(大陸政策)의 큰 항목의 하나가 되고도 남는다."(「휴지통」,《동아일보》(1938. 9. 10)) 식민지인들은 중국을 악이자 질병으로 규정하는 데 합류했다. 나아가 제국과 함께 보건의 주체로 합류하고 국민 보건을 도모하고자 했다.

식민지 시기 한국은 1930년대에 들어 새로운 동아 질서의 주체로 나서고자 했다. 1931년 만주 사변 이후 제기된 동아론은 1937년 중일 전쟁을 기점으로 '일만지(일본-만주-지나) 동아 협동체론'으로 구체화된다. 일본과 만주, 지나로 구성되는 동아 신질서 속에서 한반도는 최대한의 이익과 권리를 누리고자 했다. 어디까지나 일본에 종속된 형태로 말이다. 일본이 내놓은 내선일체를 비롯한 황민화 정책하에서 한국은 제국 대 식민지라는 기존의 관계를 바꾸고 민족적인 지위를 향상하고자 했다. 내지인 일본과 외지인 '조선'이 일체라는 내선일체론에는 전시 동원을 위해 식민지를 포섭하려는 제국의 욕망과, 차별로부터 벗어나고자 하는 조선의 욕망이 교차했다.[75] 일본 제국주의가 중국을 침략하는 데 한국인들은 종속적 가담자이자 수혜자인 셈이었다.[76]

1930년대 후반 신문과 잡지, 영화, 라디오에는 지나 열풍이 불었다. 중국의 풍물과 언어, 자연 자원과 전장 상황을 소개하는 기사가 넘쳐났다. 중국을 향한 정복과 성취의 목적 지향적인 서사가 기사의 주류를 이루었다. '한반도는 얼마만큼의 경제적인 이윤을 창출할 수 있을 것인가' 하는 문제와 함께 '한반도의 사람들이 대륙으로 진출하는 데 어떤 식으로 갱신되어야 하는가'라는 문제가 활발히 논의되었다.[77]

"중국에 비해 조선은 여러모로 뒤쳐져 있다. '신동아 건설'에 '낙오'되지 않기 위해 조선은 각고의 노력을 해야 한다."[78] 1939년에 발표된 이 기사는 식민지의 욕망과 불안을 잘 보여 준다. 이는 신동아 질서 속에서 우위를 점하고자 하는 식민지의 욕망인 동시에 '일만지' 사이 어디쯤엔가 존재하는 한반도의 미묘한 위치에 대한 불안감이다. 일본의 가장 큰 식민지였던 한국은 보다 확장된 제국적 질서 속에서 기득권을 행사하고자 했다.

한국인의 탈식민지적 욕망과 소(小)식민 주체로서의 욕망은 어떻게 만나고 어긋났을까? 식민지인이 지닌 제국주의적인 욕망에 대해서는 천광싱의 연구가 참조가 된다. 천광싱의 『제국의 눈』은 1990년대 초 대만의 '남진(南進) 정책'을 두고 식민지인이 지닌 식민 주체로서의 욕망을 읽어낸 연구다. 대동아 공영권이 구상되던 당시에 대만은 일본의 식민지로서 동남아시아 진출의 중심 거점이 되었던 곳이다. "식민 모국에 대해 식민지는 언제나 애증이 얽힌 소주체의 콤플렉스를 투사하면서도 동시에 기타 식민지에 대해서는 식민 모국의 문명주의에 기대어 우월감을 드러낸다."[79]

1930년대 후반에 한국인은 일본의 지배를 받는 식민지인이 아니라 비록 '이등'이지만 국민으로서 참여하고자 했다. 나아가 다른 삼등 국민, 사등 국민을 함께 구성해 나갔다는 점에서 작지만 새로운 식민 주체로서의 욕망을 발산했다. 이 욕망은 일본과 함께 중국을 '개척'하면서 하위 제국으로 부상하고자 했던 식민지 시기 한국의 또 다른 얼굴이다.

식민지 시기 한국의 제국적인 욕망이 잘 드러난 기록이 있다. "짱꼴

라한테는 줄창 이기고 있다고만 들어서" "우리는 우리도 모르게 더 큰 적에 대한 기대감에 부풀어 있었다. (중략) '깨여졌다 싱가폴, 물러서라 영국아' 하는 노래를 조선의 유명한 소프라노 가수가 불러 단박 유행을 시켰고, 남양 군도를 하나하나 함락시킨 걸 뽐내고 자축하기 위해 밤엔 등불 행렬이 장안을 누볐다. 고무가 무진장 나는 남양 군도가 다 일본 땅이 됐다고 전국의 국민학생에게 고무공을 하나씩 거저 나누어 주기도 했다."⁸⁰ 인용문은 1940년대 초반 '국민학교' 시절을 보냈던 박완서의 자전적 소설 『그 많던 싱아는 누가 다 먹었을까』(1992)에 나온다. 남양 군도를 함락해 갔던 전쟁은 1941년 12월 일본이 미국 하와이를 침공한 후 전개된 태평양 전쟁이다. 승전의 등불이 밤을 밝혔던 곳은 경성이라는 이름의 서울 거리였다.

박완서는 특유의 신랄한 문체로 학생 시절을 휩쓸었던 "호전적인 정열"의 시간을 고백하고 있다. "아침에 운동장에서 조회를 할 때마다 황국신민의 맹세를 하고 나서 군가 행진곡에 발을 맞춰 교실에 들어갈 때면 괜히 피가 뜨거워지곤 했는데 그건 뭔가를 무찌르고 용약해야 할 것 같은 호전적인 정열이었다." 어려서 더 뜨거웠던 얼굴은 한없이 기세등등하기도 하고 한없이 애처롭기도 하다.

식민지 시기의 한국인들은 강제로 전쟁에 동원될 수밖에 없었던, 따라서 "한 손에 이미 피를 묻혀 버린 사람들"이자 제국주의 침략 전쟁의 구도 속에서 '새끼' 제국주의자로서의 욕망을 키워 간 사람들이었다.⁸¹ 윤해동의 『식민지 근대의 패러독스』에는 싱가포르 사람들이 한국인의 첫인상을 회고하는 글이 인용되어 있다. 1942년 일본에게 함락당한 싱가포르의 역사 속에서 한국인은 일본 군복을 입은 고압적이고 난폭한 자들로

기억되고 있었다. 식민의 억압과 폭력은 실제로 한쪽 방향으로만 이루어
지지 않았다.

　권명아는 『역사적 파시즘』에서 식민지 시기의 한국인들이 그렸던 남
방 종족지(種族誌, ethnography)에 대해 지적한 바 있다. 남방 종족지는
남방의 사람들을 미개인으로 다루는 전형적인 식민주의적 역사 기술 방
식이다. 이 기술 방식은 일본의 제국적 위계 속에서 한국인에게 일본인의
다음가는 우선권을 정당화해 주는 중요한 논리가 되었다.

　"인종적 편견과 착취를 통한 자본주의 발전의 욕망"[82]은 오늘날 한국
에서 재생산되고 있다. 한국은 자본주의 체제의 주변부에서 중심부로 도
약해 왔고, '코리안 드림'은 주변부의 많은 아시아 나라에 퍼져 있다. 그러
나 정작 한국에 건너온 많은 아시아 노동자와 이주민의 현실은 녹록지
않다. "사장님, 나빠요.", "한국인들, 나빠요."라고 말하는 말투는 코미디
로 희화화되기도 했지만, 여전히 아프고 슬픈 코미디다.

4

성(性)스러운
인간들

성병이란 우리 목숨을 빼앗아 가는 그런 종류의 병
은 아닙니다. 그러나 이 병은 성에 인연을 맺고 있
느니만치 그리고 성생활이 우리 인간 생활의 가장
중대한 그리고 근본적인 어떠한 부분을 이루고 있
는 이상 여러 방면에서 문젯거리가 됩니다. 그리고
이 병의 성질상 남성에게서 여성으로, 여성에게서
남성으로 한없는 순환을 꾀하여 괄세할 수 없는 세
력으로 펼쳐지며 우리를 감돌고 있는 것입니다.
—의학박사 정근양, 「성병과 결혼」,《여성》(1939. 10)

성, 음지에서 양지로

성(性)을 둘러싼 용어는 분화되어 있다. 섹스(sex), 젠더(gender), 섹슈얼리티(sexuality)는 성에 관련된 논의마다 등장한다. 섹스가 생물학적인 성과 성별을 가리킨다면 젠더는 사회 문화적인 성을 가리킨다. 남성성과 여성성, 남성다움이나 여성다움은 흔히 젠더의 영역에서 다루어진다. 섹슈얼리티는 흔히 성 정체성(동성애, 이성애, 양성애, 트랜스젠더 등)으로 번역된다. 섹슈얼리티 논의는 남녀의 구분이나 성적 욕망이 사회적으로 구성된 산물이라는 관점을 지니고 있다.

성은 학적인 논의에서도 빠지지 않지만 일상에서도 팽배해 있다. 성교육, 포르노그래피, 매매춘, 유사 성행위 업소, 성 기능을 보조하는 약품과 식품 등 상품 세계에서 성은 빠지지 않는다. 시장은 모든 것이 거래되는 곳이며 성은 인기리에 매매되는 상품이다. 현대 문명은 보다 강력한 자극을 요구하고, 성과 성애화된 몸은 그 중심에 있는 것 같다.

성이 경제적으로 개발되고 사회 문화의 중심에 선 것은 근대적 현상이다. 전통적으로 성은 지식이나 이론으로는 물론이고 이야깃거리로도 주변화되어 있었다. 조선 시대의 양반 문학, 고급 문학의 주된 소재는 우국충정과 안빈낙도였다. 양반 계급은 여성 노예(婢)를 성적 노리개로 삼고 기생을 취하는 독점적인 계급이었지만, 이들의 글 속에 성생활은 없었다. 낯 뜨거운 이야기는 상민들이 언문으로 쓴 '급 낮은' 문학에서 등장하곤 했다. 조선 시대 유교의 통치 질서 속에서 성은 음지에 놓여 있었다.

하지만 근대에 들어 성이 공공연히 거론되기 시작했다. 배울 만큼 배웠다는 점잖은 사람들이 신문과 잡지에서 성생활을 이야기하기 시작했다. "성생활이 우리 인간 생활의 가장 중대한 그리고 근본적인 어떠한 부분을 이루고 있는 이상 여러 방면에서 문젯거리가 되고 있게 됩니다." 이는 1930년대 어느 의학 박사가 한 말이다. 성욕은 "배가 고플 때 일어나는 식욕이나 살아가려고 애쓰는 생활욕과 마찬가지로 일종의 본능"이요, "욕망"으로 재조명되었다.[1]

식자 계급만이 아니었다. 성에 대해 쉬쉬할수록 탈이 생긴다는 공감대도 형성되기 시작했다. "무엇을 잔뜩 비밀히 하는 속에는 반드시 언제든지 잘못되는 일이 숨어 있는 것이다. 그리고 그 속으로부터 여러 가지 재앙과 폐해가 생기는 것이다."[2] 또한 "성에 대한 과학적 지식"과 "성교육"의 필요성도 강조되었다. 생물학과 의학, 약학, 정신 의학, 심리학, 교육학, 윤리학을 비롯해 인구학이나 정치 평론 속에 성욕이나 성 지식, 임신과 출산의 문제가 등장했다.

성은 여느 때보다 많이 이야기되면서 학습과 유희, 관리의 대상으로 부상하기 시작한다. 푸코의 지적을 빌리면 성은 더 이상 금욕과 금지의 대상이 아니라 유용하고 공적인 담론에 의해 규제되고 통치되어야 하는 대상으로 부상한다. 성은 개인의 육체를 관리하고 전체의 인구를 조절하는 권력(생체 정치)의 중심에 있었다. 인구의 문제는 출생률과 수명, 생식력뿐 아니라 건강 상태와 질병의 발생률, 식생활과 주거 형태를 지시하는 포괄적인 문제로 중요한 통치의 대상이 된다. "인구의 정치 경제학"에서 성은 핵심부에 놓인다.[3]

성에 대한 과학적 분석은 사회적인 통치 구조를 뒷받침한다. 성과학은 가부장적 권력 체제에도 기여한 바 있다. 성과학은 전통적인 남녀의 역할 분리와 여성에 대한 차별적 인식을 유전학이나 생물학 등 과학 지식의 틀을 통해 자연적인 성차로 재해석해 냈다.[4] 여성은 왜 히스테리를 부리는가, 왜 가사에 적합한가라는 논의 속에서 여성의 특성과 업무가 규정되었다. 과학의 권위를 통해 성 역할에 대한 종래의 인식이 확정된 셈이다.

성에 대한 과학만이 아니라 상품 시장도 들썩였다. "신용 있는 학자의 정당한 생각으로 쓴 정확한 성에 대한 책"도 있었지만 "퍽이나 남의 호기심을 끌게 하고 흥분시키는 일을 써서 아무렇게나 만든 책"[5]도 쏟아져 나왔다. 1920~1930년대 출판 시장에는 포르노그래피 인쇄물이 높은 비중을 차지했다. 일본에서 건너온 책자가 많았는데 '춘화'나 사진과 같은 시각 인쇄물을 비롯해 피임이나 임신, 해부학과 같은 의학과 성교육을 빙자한 서적, 음담패설류의 이야기가 주를 이루었다.[6]

성은 생식의 수단일 뿐 아니라 유희와 환락의 대상이 되었다. 생산과 생식을 위한 소비를 넘어서 소비를 위한 소비로서의 성은 문명인의 표징처럼 여겨지기도 했다. 보드리야르에 따르면 소비하는 현대 인간은 자신을 즐겁고 만족하게 만드는 모든 가능성을 철저하게 개발할 것을 강요받는다.

기생 요금표 광고가 나왔다. "기생 시간대(時間代)"를 "개정"했으니 내국인, 외국인 모두("內外國僉位") 애용해 달란다. 광고는 서울의 어느 기생 조합(경성 오권번(五券番) 연합)에서 냈다.(《조선일보》(1920. 6. 10)) 기생은 특정 계급의 전유물이었으나 이제 돈 있는 남성은 누구나 '살' 수 있게 되었다. 종래 기생은 양반 잔치의 유흥을 보조하던 '어화(語花)'에서 나아가 '몸 파는' 정도에 따라 '일패', '이패', '삼패'로 분화되었다. 이 광고 속에서는 유흥 시간이나 행태별로 각종 '~화(花)'('竝花'에서 '賣花'에 이르기까지)로 분류되어 있다.

요금제도 1원부터 6원대까지 다양하다. 1908년 통감부는 기생들에게 기생 조합(권번)을 구성하게 만들고 성병 검사 및 '화대' 조정을 요청했다. 1회에 4~5원 하던 이용 요금을 1시간에 80전으로 바꾸어 더 저렴하게 만들자는 구상도 나왔다.(야마시다 영애, 「식민지 지배와 공창 제도의 전개」, 159쪽) 횟수 단위 요금에서 시간 단위 요금으로 바뀌는 과정은 자본주의의 구획화 원리를 잘 보여 준다.

신문과 잡지에 포르노그래피 광고는 흔했다. 인용한 광고에서는 "풍만하고 염려(艷麗, 아리땁고 고운)한" "미인의 넘치는 육체미"를 실컷 감상할 수 있단다.(《조선일보》(1925. 8. 5)) 책 제목은 『나체 미인 사진집』(동경 정문사)이다. "미인의 넘치는 육체미"는 "천국에 노는" 맛을 약속한다고 했다. 주문자에게는 미인화("淫世美人畵") 한 판을 무료로 증정한단다. 오늘날의 음란 동영상, 시쳇말로 '야동'에 해당하는 인쇄물 형태의 포르노그래피다. 야동이라는 한국어는 포르노그래피를 일상적이고 친근하게 바꾸어 냈다. 산업화가 진행될수록 성매매는 정상화되며 발전하는데 포르노그래피는 성매매의 시각적인 재현물이라 할 수 있다. 캐슬린 배리는 근대 이전에는 결혼의 형태로 남편의 권위하에 여성이 사유화되었으나 오늘날에는 남성에게 성적 서비스를 제공하기 위해 여성이 공적으로 식민화되고 종속되는 형태로 변화해 왔다고 지적한다.(캐슬린 배리, 『섹슈얼리티의 매춘화』, 81쪽) 오늘날 많은 포르노는 여성에 대한 남성의 성폭력을 일반적인 성 경험의 형태로 제시하는 문제점이 있다.

자신의 잠재적 능력인 소비 능력을 부단히 계발하지 않으면 현대인은 행복해질 권리가 없다. 성 역시 자신의 잠재력이자 소비 능력을 동원해야 하는 핵심 영역이다. 매력적으로 보이기 위해 육체의 가능성을 개발하고 성 기능을 향상하고 쾌락을 돕는 상품들은 다양하다. 육체는 에로티시즘이나 스포츠, 건강법의 주체이자 대상으로 사물화되고 숭배되기 시작한다.[7]

사람들을 성적 주체로 부각하는 상품 중에는 성교를 직접 겨냥한 것도 있다. 바로 성 질환 치료제다. 성병 약은 직접적으로 성교를 장려한다. 성교의 부정적인 부산물로서 각종 질환을 처리할 수 있다고 장담하기 때문이다. '뒤처리는 걱정 말고 맘껏 즐기라'는 것이 성병 약 광고의 원리다. 성적 쾌락이 과학적으로 관리되는 사례를 성병 약 광고가 잘 보여 준다. 광고 시장에서 성병 약의 비중은 컸다. 포르노그래피 광고도 흔했지만 성병 약 광고는 참말로 많았다. 가장 많이 광고를 했던 품목이 약품이었는데, 약 광고 중에 성병 약 광고가 가장 많았다고 할 정도였다. 성병 약 광고는 병에 대한 부정적인 감정을 손쉽게 자극하고 완치를 장담했다.

성병의 역사는 오래되었고 도시를 중심으로 더욱 확산되었지만 치료법은 변변치 않았다. 1920~1930년대 성병 약 광고를 보면 매독과 임질을 치료하고 불임증까지 동시에 치료한다는 약이 많았다. 그러니까 고환염, 방광염, 요도염과 냉병, 대하증, 불임증을 한꺼번에 치료한다는 신통방통한 약들이었다.

매독약은 혈액 정화("체독(滯毒) 일소")를 내세워 선전했다. 항생제가 발달하기 전이라 임질 약은 질이 낮았는데 종류는 가장 많았다. 여성의 성병은 '부인병'으로 명명되었고 부인병 약은 대하, 냉병을 비롯하여 월경 불순, 자궁 발육 부전증, 두통, 불면증, 신경 쇠약, 허리 통증, 성욕 감퇴, 불임증을 일소한다고 선전했다.

성병 약 광고는 임질이나 매독과 같은 직접적인 병증 이외에도 부대 증상으로 신경 쇠약, 두통, 이명 증상의 완치를 함께 약속했다. 성병 약은 육체적인 건강과 젊음은 물론 정신 건강까지 보장하면서 만병통치약처럼 선전될 때가 많았다. (정력) 강장제 역시 성병 약 시장에 가세했다. 성 질환뿐 아니라 성 기능을 보조하는 정체불명의 기기와 기구도 광고에 가세해 성병 약 시장은 포화 상태였다.[8]

성병과 '화류병' 사이: 성 판매 여성과 성 구매 남성

성 질환은 다양하다. 남성과 여성에 공통된 생식기계 질환으로는 성기의 궤양(매독)이나 사마귀(곤지름), 물집(헤르페스)이 흔하다. 성교나 성적 접촉에 의한 것이 아닌 경우도 있다. 여성의 질염 중에는 성병이 아닌 단순 염증도 있고, 남성의 요도염 중에는 비임균성 요도염, 그러니까 임질균에 의한 것이 아닌 경우도 요즈음 증가 추세를 보인다고 한다. 대도시에서 익명의 사람들이 성관계를 가질 때는 감염의 위험성을 염려해야 한다. 특히 에이즈는 바이러스에 노출된 후 잠복기가 길고 발병 과정을 예상하기 어려운 난치병으로 알려져 있다.

근대의 신문과 잡지에서 가장 많이 다루어진 성병은 매독과 임질이었다. 매독은 임질과 달리 생식기와 비뇨기에서 시작된 병증이 신체의 다른 기관을 공격하는 경우다. 매독은 최초의 성 접촉 후 잠깐 증세가 나타났다가 몇 개월 지나 2차 증후, 그리고 몇 년의 잠복기를 거쳐 심장이나 신경 조직과 같은 중추 기관에 침입하는 까다로운 질병이다. 매독과 임질은 인류의 역사와 함께했던 성병이지만 치료제가 개발된 지는 오래지 않다. 매독의 획기적인 치료제인 살바르산(Salvarsan)이 '606호'로 상품화되어 한국에 보급되기 시작한 것은 1930년대 들어서였다. 살바르산이 첫선을 보인 것은 1910년경 독일에서였다. 매독과 임질을 함께 치료할 수 있는 약은 1945년 이후에야 개발되었다고 한다.

그 이전까지 매독과 임질은 불치병이나 난치병으로 여겨질 수밖에 없었다. "매독에 걸리면 606호만 맞으면 그만이라고 하던 시대도 지나"[9] 갔다고도 했는데, 매독 치료가 경제적으로나 시간적으로 부담이 컸다는 맥락에서 나온 말이다. 당시엔 매독은 물론이거니와 임질에 걸려도 치료가 쉽지 않았다. "성병의 감염과 전파의 메커니즘에 대한 지식이 진보하면서 오히려 감염에 대한 공포는 커져"[10] 갔던 것이 성병의 근대 문화사였다.

약값이 비쌌던 사정도 치료에 걸림돌이 되었다. 대체로 의약품은 고가였으며, 매약업은 이문이 많이 남았던 업종으로 알려져 있다. 성병약 역시 마찬가지였다. 보름치가 3원, 5원을 훌쩍 넘는 경우도 흔했다. 1930년대 후반에 설렁탕 한 그릇은 15전, 다방 커피 한 잔은 10전씩 했다. 많이 선전했던 임질약 '락구링'은 4일분이 1원이었다.(1938) 유명한 매독약 606호는 10개에 무려 18원이나 했다고 한다.[11] 당시 상류층에 속했던 의사의 월급은 75원이었다.

성병은 난치병이었던 데다 전염성과 유전 가능성이 있었다. 매독은 "지금 곧 안 고치면 대대손손 7, 8대까지 유전하는 무서운 병"[12]으로 알려졌다. 사회 조직의 단위인 가족이 단절된다는 우려 때문에 매독은 인간 사회의 퇴보와 관련된 중대한 문제로 여겨졌다. 결핵, 기생충과 함께 매독은 '민족의 3대 독(毒)'으로 꼽히기도 했다.[13] 매독은 "망국병"으로도 불렸다. 매독뿐 아니라 성병 일반이 인구 증가를 가로막는다는 점에서 사회악이자 문화의 암흑면으로 간주되었다.

하지만 성병은 "문명병"이자 "근대병", "문화병"이었으므로 확산될 수밖에 없었다. "문명은 매독", "문명은 폐병"[14]이라는 말이 신문과 잡지에 등장했는데, 성병, 폐병과 같은 전염병의 확산 원인이 도시 환경에 있다고 보았기 때문이었다. 질병의 감염 경로를 발견한 세균 의학은 전염병의 원인을 기차, 자동차와 같은 교통수단의 발달과 인구 밀집의 형태에서 찾아냈다. 도시와 그 부대시설로서의 공장, 학교, 병원, 다방, 극장과 같은 현대 시설이 병균의 온상지로 지목되었다. 유흥업소와 숙박업소 역시 단속과 경계의 대상에서 빠지지 않았다.

성병의 부대 증상으로 언급되었던 신경 쇠약증 역시 대표적인 문명병으로 꼽힌 질병이다. "신경 쇠약은 현대 문명의 둘도 없는 자랑스러운 소산이라 해서 환자는 오히려 그 병명을 명예스럽게 생각하는 눈치"라고 했다. 생활 환경은 더욱 자극적으로 변하고 욕망이 증폭되는 상황에서 사람들의 '신경질'은 더해 갔던 측면이 있었다. "전차나 버스를 타면 저마나 성이 난 것 같다. 차장도 성이 났고 승객도 성이 났고 거기다가 운전수마저 성이 났다." 1940년에 김기림이 한 말인데 요즘도 꼭 그렇다. 일찍이 김기림은 "대체 이 인민이 언제부터 이렇게 신경질이 되었을까."라고 말했다.

성병이 현대적인 질병이 될 수 있었던 데에는 성에 대한 개방적 인식도 한몫했다. 개인의 성과 육체는 공공연한 담론의 영역으로 진입해 있었고 성병은 성적 활동의 부산물이었다. 치료의 길이 열린 이상 성병에 대해 얼마쯤 관대해질 수 있었다. 쉬 치료되는 병은 아니었지만, 성병은 흔한 질병이었고 치료의 대상으로 받아들여졌다.

공공의 분노와 신경질의 태동

'신경은 도시의 질병'이라고 했다. 과연 그렇다. 사람들이 모두 성이 나 있다. 김기림은 1940년에 「공분(公憤)」에서 '사람들이 왜 이렇게 성이 났을까' 했는데 오늘날의 분노와 증오는 어디쯤 와 있을까.

　　전차나 버스를 타면 저마다 성이 난 것 같다. 차장도 성이 났고 승객도 성이 났고 거기다가 운전수마저 성이 났다. 요새 같아서는 차 안에서 그만 잘못해서 옆 사람의 발등이라도 밟을 수 없고 차장이나 운전수에게는 될 수 있는 대로 이편에서부터 친밀하려고(친절하려고) 애를 써야 한다. 나는 대체 이 인민이 언제부터 이렇게 신경질이 되었을까 하고 생각해 본다.

　　신경질이란 쇠약의 징후지 결코 건강의 표지는 아니다. 그런데 신경 쇠약은 현대 문명의 둘도 없는 자랑스러운 소산이라고 해서 환자는 오히려 그 병명을 명예스럽게 생각하는 눈치다. 신경이 굵다는 말을 현대인은 곧 모욕이라고 탄(식)해 가지고는 또 노할 구실을 삼는다.

　　현대의 그 난만(爛漫)한 신경질의 교사자(敎唆者)는 물론 문명 그 물건일 것이다. 그립고 갖고 싶은 것이 무수하게 번식하고 또 그 자극이 쉴 새 없이 연달아 오니까 거기 따라서 사람들의 욕망의 창고에는 빈 구석만 늘어 갈밖에 없다. 그 빈 구석을 메꾸고 타오르는 것은 울화의 불길이다. 가벼운 월급봉투를 받아가지고 날이(면) 날마다 가족과 빈대가 옹실옹실하는 남의 집 건넌방으로 돌아가야 하는 차장 아가씨더러 어디 저 '카네기' 부인처럼 온후한 표정을 한번 지어 보라고 하는 것은 좀 억지일지 모른다.

　　거기다가 사람들은 때로는 분노를 정책으로까지 써야 되니 그들의 조건 반사는 날로 더 완벽에 가까워 갈 뿐이다. 가령 영국에서는 누구나가 감옥 이외의 곳에서는 '히틀러' 씨에게 향하여 적어도 분노를 품을 의무가 있을 것이다. 사정은 독일에 있어서도 꼭 마찬가지일 것이다. 나는 당분간 구라파에서 신경 쇠약이 물러가리라고 생각할 수 없다.

　　가정에서 신경질이 아닌 남편, 직장에서 신경질이 아닌 사무원을 만나 보기에는 그러므로 현대는 가장 부적(절)한 장소일지 모른다. 나는 가령 가족들의 정서 생활을 존중하여 사무소에서부터 나의 신경질을 억지로 무장 해제를 하고는 집으로 돌아가는 버릇을 붙여 본다.

　　서로서로 대수롭지도 않은 작은 일에 노하지 않는 노력을 하고 싶다고 생각한다. 기실 여차장의 불친절에 성을 내기 전에 우리는 과장이나 주임을 아니 그보다도 전기 회사 그것을 책(責, 책망)해야 할지도 모르고 그 딱딱한 승객이나 운전수는 오늘 아침 자기 집에서 세상에서도 가장 불행한 남편이었을지도 모른다. 만약에 그러면 성을 내 볼 기회가 우리에게는 영영 없지 않느냐 하고 기어이 노해 보고 싶다는 사람이 있다면 그

것은 아무 일도 없는 것이 그는 달리 얼마든지 성을 낼 기회를 참을 수 있을 것이다. 군이 공공의 이해(利害)에 관해서든지 공공의 부정에 대해서 노하는 것이라면 아무리 열화와 같이 노한다 할지라도 그것은 신(神)도 사람도 더 말리지 않을 것이다. 공분을 질병으로 취급한 의사는 아직까지 없다. 건전한 사회에서는 그것은 차라리 국민의 미덕으로서 장려된다.

　— 김기림, 「공분」, 《조광》(1940. 10), 67쪽.(모호한 표기는 『김기림 전집(5)』(심설당, 1988),
　　241~242쪽을 참고해 옮겼다.)

> 성병도 병임에는 마찬가지다. 병에 걸리면 그것을 완전히 고치기만 하면 그만이다. 그 병에 걸린 것이 부끄러운 것은 아니다. 다만 걸릴 만한 행위를 했다는 것만이 부끄러울 것이다. 그러면 그러한 아름답지 못한 행위를 평생을 두고 한 번도 없을 사람이 도대체 얼마나 될 것이냐, 운수불길하여 이러한 병에 걸렸을 뿐이다.
>
> 정근양, 「성병과 결혼」, 《여성》(1939. 10), 63쪽

인용문은 잡지 지면에 자주 등장했던 의학 박사 정근양이 쓴 글로 성 질환과 치료에 대한 선견지명을 보여 준다. 성병도 병의 일종으로 치료가 필요하다. 쉬쉬한다고 될 일은 아니다. 사실 누구나 "한 번"쯤 "그러한" 경험이 있지 않느냐는 현실 보고다. 이 '한 번'은 비공식적 성교로 분류된 혼전 및 혼외정사를 일컫는다. 특히 성을 매개로 구매자 남성과 판매자 여성이 만나는 성매매를 염두에 둔 말이다.

사실 부부간의 성교도 질병으로부터 안전하지는 않다. 부부간의 성교가 불안해질 가능성은 실제로 한 가지 경우인데, 부인이 남편에게서 성병을 옮는 경우다. 공식적인 성 경험은 결혼 제도 내에서 이루어지며, 제도 바깥의 비공식적인 성 경험("그러한 아름답지 못한 행위")의 주체는 남성이다. "평생을 두고 한 번도 없을 사람이 도대체 얼마나 될 것이냐."라고 토로했지만 어디까지나 남편의 이야기이고 "평생을 두고 한 번도 없을 사람"은 존재해야 했다. 부부 생활에서 남편의 성병은 화제가 되었다. 남편에게 임질이 있느냐고 물어봤더니 "임질 없는 사람이 요즘 세상에 어디 있느냐."[15]라는 부인들의 대답이 잡지에 실리기도 했다.

성병은 흔히 '화류병(花柳病)'이라고 불렸다. 특히 매독은 조선 시대에

도 남녀 간의 교접에 의해 전염되는 일종의 악창(惡瘡) 내지는 악병(惡病)으로 설명된 바 있다. 매독은 서역(西域)에서 중국을 거쳐 전래되었다고 전해졌다. 성병은 확산 일로에 있었다. "화류병은 말하자면 문화병이라고도 하는 만큼 문화 향상과 아울러 더 많아질 것"[16]으로 전망되었다.

성병의 확산 현상을 해석할 때 빠지지 않는 설명이 있다. 매매춘이 확대되면서 성병이 많이 퍼졌다는 것이다. 이는 한국 성병의 역사에 대한 일반적인 설명이다. 대개 성병은 일제의 '공창(公娼) 제도'라는 제도화된 성매매를 통해 많이 퍼지기 시작했다고 설명된다. 공창 제도는 국가적인 성매매 관리 체계로 남성과 여성을 각각 성의 잠재적인 구매자와 판매자로 규정한다. 프랑스를 비롯한 서부 유럽에서 발달된 근대식 공창 제도를 일본이 수용했고 다시 한국에 이식했다. 1916년 공창을 제도화한 법령은 접객 여성을 집결하고 성병 검진을 강화하려는 방침을 담고 있었다. 법령을 시행한 배경에는 한반도에 진출해 있던 일본 군인을 비롯한 일본인 이용객(재조 일본인)의 편리와 위생을 고려하려는 1차적 목적이 있었다.[17]

"근대 공창제는 군대 위안과 성병 관리를 기축으로 한 국가 관리 체계이며, 근대 국가 건설, 특히 강력한 군대 건설의 이익과 결합해 탄생한 제도"[18]라고 할 수 있다. 예로부터 전쟁과 섹스는 하나였고 로마 제국에서부터 공창은 군대와 함께 발전했다. 남성들로 채워진 군대가 주둔하는 곳에 여성들의 성이 수급되었다. 근대의 공창 제도는 남성, 특히 남자 군인을 보호하기 위해 검진을 통해 성병이 없다고 증명된 여성을 창부(娼婦)로 등록한 제도다. 따라서 공창제는 성병의 오염에서 남성을 보호하는 '좋은' 제도로 여겨졌다.[19]

식민지 시기의 공창제는 이후 '위안부(慰安婦)'로 불렸던 전쟁 성폭력 피해 여성의 모델이 되어 성차별주의와 군국주의, 식민지주의의 결합을 극적으로 보여 주었다.[20] 해방 이후에는 군대 매춘과 섹스 관광이 국가적으로 장려된 바 있다. 근대 국가 건설기로 꼽히는 1960~1970년대 남한에서는 미군을 상대로 한 군대 매춘과 일본인 기업가를 상대로 한 섹스 관광이 장려되었다. 성 판매 여성들은 '민간 외교관', '외화 버는 애국자'로 칭송되었다. 매매춘의 호황은 1980년대 국민 총생산(GNP)의 일부를 담당했으며, 2010년에 여성가족부가 밝힌 성매매 산업의 규모는 7조 원에 다다른다. 이 규모는 영화 산업 매출(1조 2000억 원)의 5배를 넘는 규모로 추산되기도 했다.[21]

한국의 성매매 산업은 세계적으로도 손꼽히는 규모다. 성매매 산업의 전 지구적 확산을 다루는 캐슬린 배리의 『섹슈얼리티의 매춘화』에는 태국에 이어 한국이 두 번째, 필리핀이 세 번째 규모로 소개된 바 있다. 대한민국 정부는 2004년 논란 속에 '성매매 방지법'을 제정했는데 '인신매매'와 '여자 장사'로 이름을 날렸던 국제적 망신을 피하고자 하는 의도가 컸다.[22] 오늘날 한국의 성매매 산업 종사자들 중에는 한국 국적뿐 아니라 필리핀을 비롯한 여러 아시아 국가 여성들의 비율이 늘어나고 있다. 다양한 국적의 여성들과 여러 유흥 서비스 업종이 성매매에 엮여 들면서 성매매는 젠더와 섹슈얼리티의 모순 이외에도 계급과 인종, 국적, 지역이 얽힌 복합적인 문제가 되고 있다.

오늘날의 성 판매는 특정 여성에 한정되어 있지 않다. 여성은 쉽게 성으로 환원되고 여성의 몸은 성욕의 대상이 된다. 즉 '성애화된다'. 여성을 쉽게 성적 존재로 구속하는 사회적, 상업적 장치들은 많다. 여성의 성은 '매춘화'되고, '매매춘은 정상화'되고 있다.[23] 남성의 성욕은 과도하게 팽창해 있고 팽창시킬 것을 요구받는다. '바깥'에서 이루어지는 '공적인' 경쟁 영역에서 벌어지는 남성들의 전투와 긴장, 피로에 대한 감정적인 위안과 안식, 보상물이 성(여성의 성)으로 집중되어 있다. 이는 가부장제 산업사회 속에서 젠더와 섹슈얼리티가 구분되고 차별되는 양상을 드러낸다.

성매매 관련 법령은 남성-국가의 이해를 대변하는데 식민지 시기에 일찍이 제정된 바 있다. 1916년에 공창제를 법적으로 확립한 규칙이 그것이다. 법령은 접객 여성의 건강 검진을 규정하여 "관청 측에서 하는 화류계 여자의 병 검사"를 강화했다. "국가사업"으로 외국처럼 억제 방책을 써야한다는 의견도 나왔다.[24]

공창 제도는 1947년에 형식적으로 폐기될 때까지 유지되었다. 하지만 성매매가 국가사업으로 안착되기 이전에도 '밀매춘'은 성행했다. 최초의 유곽은 1902년 부산에 세워졌는데, 이미 밀매춘은 1876년 강화도 조약 이후에 개항지를 중심으로 일본인들의 거류지에서 번성해 나갔다.[25] 공창 제도가 확립된 후 한국인 창기의 숫자가 급격히 늘어나 사회 문제가 되고 1920년대에는 종교계를 필두로 공창 폐지 운동이 전개되기도 했다. 공창제가 시행되는 동안에도 성병 환자는 늘어났고, 사창(私娼)의 형태도 늘어났다. 식민지 시기 내내 무허가 유곽이나 접객업을 단속, 규제하려는 방책도 실시되었다.

그런데 식민 통치하의 공창제를 기준으로 한국 성병의 역사를 살펴볼 때, 간과하기 쉬운 점이 두 가지 있다. 먼저, 성병이 치료되지 못하고 음지에 놓였던 이전의 역사다. 성병은 일명 습병(濕病), 창병(瘡病, 매독)이라 불렸다. 매독은 흔한 질병이었으나 거의 치료되지 못했다. 박형우·박윤재의 연구를 보면, "1886년에 발행된 제중원 1차년도 보고서에 의하면 매독은 말라리아 다음으로 많은 질병이었다." 제중원 보고서에 기록된 성병 중에는 '항문 점액성 종양'이 있었는데 이는 "소년을 이용하는 변태적인 성적 쾌락과 관계가 있어 보인다."[26]라고도 했다.

둘째, 성병을 성매매의 확산과 연결 지을 때 성병의 발원지는 공창이든 사창이든 창기라는 하층 계급 여성으로 지목되기 쉽다. 성병을 일컫는 화류병이라는 명칭 역시 병인(病因)을 화류계 여자에게로 돌리기 쉬웠다. 1908년에 발표된 '기생 단속령'과 '창기 단속령'을 비롯해서 1916년의 공창제 법령(예기작부예기치옥(藝妓酌婦藝妓置屋) 영업 취체 규칙 및 대좌부(貸座敷) 창기 취체 규칙), 1934년의 '화류병 예방령'은 모두 접객 여성을 대상으로 했다.

신문에서 빈번하게 보도되었던 위생 검사 역시 "각종의 접객업자"나 "접객 음식업자"로 분류된 유흥 서비스 업종의 여성을 주된 표적으로 삼았다.[27] 유흥 서비스업에 종사하는 여성들은 "손님 접촉 영업 여자", "접객 여자"로 불렸다. 이들은 요리업, 이발업, 여관업, 음식점 영업에 종사하는 이들로 "창기", "기생", "사창", "예기", "홍군(紅裙)", "고녀(雇女, 고용살이 하는 여자)"라는 이름으로 등장했다. 유흥 서비스업 여성들의 성병 검사를 포함한 "건강 진단", "건강 상태 검사"는 대도시를 중심으로 이루어졌다. 하지만 남성 의사가 강압적으로 실시하는 성병 검사 제도는 실효가 없었고 "공창제의 존속을 위한 안전판"[28]으로 불렸다.

성병 단속 열풍 속에서 화류계 여성은 표적이 되었다. 성병이 민족적, 국가적인 관점에서 해석될 때 "민족을 망하게 하는 두려운 화류병"[29]의 원흉은 하층 계급 여성이 주를 이루는 여성 서비스업 종사자들이었다. 여성의 인권과 노동 가치는 저평가되었으므로 성 판매는 많은 가난한 여

광고 1　질병과 건강을 상징하는 여성들　임질, 매독, 치질, 월경 관련 병증을 한 방에 해결한다는 약 광고에 코가 뭉개진 여성과 '맏며느릿감' 여성의 사진이 함께 실렸다. 서울의 또락구 상회 만선(滿鮮) 본부, 《매일신보》(1914. 11. 23).

성들에게 유일한 경제적 가능성인 경우가 많다.[30] 전통적으로 여성에게 할당되어 왔던 서비스업도 성매매의 연장선으로 여겨지곤 했다. 결혼을 하지 않고 취직 전선에 뛰어든 여자는 '가두(街頭)에 방매(放賣)된 여성' 들이요, 잠재적으로 '문란한' 여성으로 규정되기 십상이었다.

　광고 속에서도 용서받지 못한 자들은 활용되었다. 성병 약 광고에는 흉물스러운 여성의 도안이 심심찮게 등장했다. 광고에 등장한 부정적인 여성상은 성 판매 여성이거나, 남편에게 성병을 옮은 부인이거나 둘 중에 하나였다. 기혼 여성이 등장한 경우는 병의 심각성을 개인의 건강 문제 보다는 단산과 불임으로 연결 짓는 경우가 많았다. 광고 1에는 두 여성이 등장했다. 두 여성은 각각 질병과 건강을 상징한다. 코가 뭉개진 여성 쪽이 병자다. 사실 두 여성은 얼굴 생김새부터 다르다. 건강인은 둥근 얼굴형의 맏며느릿감으로 단정한 규수 느낌을 냈다. 병자는 보다 '미인형'에 가까운데 100여 년 전의 감각으로 보자면 가늘고 여윈 화류계 여성의 느낌을 준다.

　전통적으로 가내 영역과 가외 혹은 유희의 영역에서 여성의 미는 다르게 제시되었다. 특히 상류층에서 요구하는 '부잣집 맏며느릿감 규수'는 건강의 측면에서 미를 요구받았다. 반면 기생으로 대표되는 유흥 업계 여성은 건강미와는 멀리 떨어져 있다. 이들을 묘사하는 어휘부터가 대조적이다. 모범적인 '규수'는 둥근 얼굴형에 야위지 않고 살빛은 희다. 또한 전체적인 골격이 건강한 편이고 인중이 길고 입술색이 붉고 머리숱이 많다.

　가내 영역에 있는 여성을 묘사하는 어휘는 주로 사실적이고 설명적인 반면 유희 영역에 속한 여성을 묘사하는 어휘는 지극히 감각적이고 비유적이다. 이를테면 화류계 여인은 "옥같이 흰 살결, 가늘고 수나비 앉은 듯한 눈썹, 구름을 연상시키는 숱 많은 머리, 복숭앗빛 뺨, 앵두 빛의 입술, 박속처럼 흰 이, 가는 허리, 그리고 백모래밭의 금(金)자라처럼 아기작아기작 걷는 걸음걸이와 옥반에 진주를 굴리는 듯 목소리가 낭랑한 여자"[31]로 그려진다.

　두 여성상은 가부장제를 구성했던 '안'과 '밖'의 성 역할(gender role)을 대표한다. 안쪽의 여성인 아내와 바깥 쪽의 여성인 '창녀'라는 두 부류는 대조적이지만 모두 남성을 위한 기능적인 성 역할에 맞추어져 있다. 성병 약 광고에서 긍정적인 모델로 등장한 쪽은 아내형 풍모다. 창녀형 풍모는 병균의 온상으로 활용되었다. 건강-긍정-도덕과 질병-부정-타락의 대비 구도에 남성 중심적인 여성상 두 가지가 각각 대입된 것이다. 광고 속의 두 여성 사진 사이에는 "이러한 환절시는 악병의 재발기, 주의하시오 화류병 환자 제군"이라는 문구가 삽입되어 있다. 전염에 대한 과학 상식도 특정 직종의 여성을 병의 원인으로 만드는 데 힘을 실어 준 셈이다.

성병의 확산과 치료에 대한 논란의 중심에는 여성이 있다. 성 판매 여성이 성병 보균자로 부각되었던 특정한 계급 및 직종의 여성이라면, 가정부인은 피해자로(만) 부각되었다. 가정부인은 남편에게 성병을 옮을 수는 있지만 옮길 수는 없다. 전염 주체와 대상의 구도가 여성 대 여성으로 짜이면서 성 구매 남성이나 남성 병균자는 쉽게 실종되었다.

민족 국가적인 차원에서 성병의 위험성을 경계할 때 가정부인은 중요한 존재들이었다. 성병이 단산과 불임의 원인으로 조명되면서 자손이 번식하고 인구가 증식하는 데 걸림돌로 여겨졌기 때문이다. 어머니와 아내의 부류에 들지 않는 "불특정한 의미의 여성들은 사치와 향락, 관능적 쾌락에 오염되기 쉬운 존재"들로 여겨졌다. 생산을 위한 소비가 아니라 소비를 위한 소비를 하는 여성들은 성 소비의 남성 독점적인 영역을 범접한 존재들이므로 문제가 됐다. 이들은 "자궁이 적출된 안전한 여인들"[32]로서의 어머니, 부인과 대조를 이루었다. 생식하지 않는 혹은 못하는 여성들을 포함해서 '어머니'를 제외한 모든 여성들은 잠재적으로 방탕한 여성들로 규정됐다.

1930년대는 자유연애의 이상과 자본주의적인 가치관이 한 세대 가까이 진행된 때다. 하지만 여성의 성 개방이 문제시되면서 '정조'를 여성의 것으로 고정하기 위한 지리한 공방은 계속되었다. 처녀성-모성의 연속선상에 있지 않는 이들은 소설 속에서 대개 비극적인 최후를 맞이하는 것으로 설정되어 있었다. 실조(失操), 즉 정조를 잃어버린 여성 인물은 자살로 생을 마감하며 마무리되기 마련이었다. 근대 민족의 부흥을 위해 모두가 동등한 성원으로 존재가치를 인정받을 때에도 이들은 민족으로도, 국민으로도 호명되지 못하는 나머지로 처리되는 경우가 많았다.[33]

치료해 줄 테니 즐기시오: 성병 약 광고

성병 약은 사람들을 성적 주체로 호명한다. 성병 약 광고의 전제는 즐겨라, 후환은 문제없다, 즉 '치료해 줄 테니까 즐겨도 된다'이다. 성은 생산을 위한 소비가 아니라 소비를 위한 소비의 영역으로 부상한다. 병도, 약도 존재하려면 우선 성교가 장려되어야 했다. 성병에 관한 뜬소문도 많았지만 성교를 통해 감염된다는 사실은 알려져 있었다. "생식 기능을 끼고도는 인생의 비희극! 환락은 짧고 애수는 길다!"(1929)와 같은 광고는 부정적인 부산물은 과학적으로 처리될 수 있으니 젊음을 만끽하라는 요지를 담고 있었다.

인기 있는 광고 문안으로는 '비밀 치료'가 있었다. "가정 치료로서 온전히 이상적", "수시 수소(隨所)에서 비밀 치료", "자택에서 단독, 간단 비밀히 치료된다." 성생활은 사적인 문제이며 그 뒤처리는 '자택'이라는 공간으로 격리된다. 우편 통신을 통한 주문 방식도 비밀 치료를 물리적으로 뒷받침했다. 사람들은 지면 광고로 상품을 확인하고 은행과 우체국을 이용해 물건을 주문, 수령하는 근대적인 택배 방식을 이용할 수 있었다.

치료제와 함께 성 관련 책자를 "밀송"하는 경품 전략도 유행했다. 많은 광고가 무료 증정을 선전했는데 약 광고에서 가장 일반적인 무료 증정형태는 약품 설명서나 책자를 함께 보내는 것이었다. 오늘날 어느 약에나 끼어 있는 복용 설명서나 흔한 소개 책자가 인기 있는 경품 전략으로 쓰인걸 보면 이색적으로 느껴진다. "대학 교수를 위시하여 6대 의학 박사가 상술한 본(本) 병 환자의 둘도 없는 참고가 될 수 있는 성 의학의 지식을 아래(下記)로 입금(申込)하면 즉시 개인 명의로 밀송합니다."[34]

광고에 젊은 남녀를 써서 쾌락과 건강을 강조하는 경우도 많았다. 정

광고 2 선정적 도안을 쓴 강장제 "몸도 마음도 늙지 않는 묘법.(身不老心不老之妙法)" 킹 오브 킹스(king of kings, キング・オブ・キングス), 《동아일보》(1938. 2. 27).

력 강장제는 성병 약과 뚜렷이 구분되지 않은 채 성적 쾌락을 선전했다. 야릇한 남녀가 등장한 강장제 광고가 있다.(광고 2) 제품은 강장제 '킹 오브 킹스'로 선정적인 도안을 많이 썼는데 인용한 광고는 점잖은 편에 속한다. 이보다 야한 광고는 수두룩했는데 주로 여성을 '야하게' 만든 광고가 많았다. 광고 속에 하트 문양으로 구성된 남녀의 구도는 전형적인 상하 구도인 데다가 여성의 눈은 감았는지 웃는지 게슴츠레하게 처리되었다.

광고의 본문에 쓰인 "성기의 무능과 성욕의 쇠약은 남자의 대적(大敵)이니 속히 격퇴하라."라는 문안은 남성 주도적인 성교를 강력하게 암시한다. 정력과 체력은 흔히 남성의 몫으로 여겨진다. 이 강장제를 복용한 남성은 '크고 강한' 남성, '킹'이 될 것이다. 표제어는 "경탄적 장춘술

(敬歎的 長春術)"이다. 제품 슬로건은 "최강 최속(最速)한 성(性) 정력 원소", 여기에다 덧붙여진 '먹어 보면 알아요.'라는 식의("먹으면 그날에 곧 알게 되는") 문구는 적나라한 상상을 더한다.

강장제뿐 아니라 일반적으로 상품 광고에서는 청춘과 젊음이 찬미된다. 청년성은 민족과 같은 공적인 대의를 위해 상찬받는 가치이기도 했으나 화폐 경제에서도 유용한 가치다. 젊음은 아름다운 외모나 성적 매력, 사회적 성공을 위해 두루 요구되었다. "연령을 근거로 한 자본으로부터의 탈락에 대한 불안"은 "젊은이의 외모를 매개해 줄 것을 약속하는 상품 제공을 통해 자본주의적으로 곧 치유"[35]될 수 있다. 상품 미학에서 젊음은 일반적인 모범으로 제시되거나 그렇지 않으면 훔쳐 보기나 성적인 욕망의 대상으로 제시되는 경우가 많다.

성의 상품화, 대상화가 활발한 요즈음은 남성도 성적 욕망의 대상으로 흔히 등장한다. 하지만 80여 년 전 근대 광고에서 성욕의 대상으로 등장하는 인물은 대개 여성이었다. 대체로 남성 수용자를 겨냥한 성병 약 광고에서 젊은 여성이 쓰인 경우는 성욕의 대상으로 다루어진 때가 많았다. 광고 3과 4 속에 등장한 여성들이 그 예다. 이들은 병균 보균자가 아니면 피해자로 취급되는 이분법에 속해 있지 않다. 그러니까 병균의 온상으로서의 성 판매 여성도 아니고, 병의 피해자로서 내세워진 가정부인상도 아니다. 광고에는 아예 감염에 대한 공포 전략이 나타나 있지 않다. 여성 모델은 밝고 건강하고 젊다.

광고는 여성을 유혹적으로 그려 넣는 방식을 통해 남성 수용자를 호출하고 있다. 여성을 성애화한 경우는 흔하다. 많은 강장제 광고나 포르노그래피 인쇄물 광고에서 여성의 누드 상반신이 등장한다. 광고 3에서

광고 3 **신여성이 소개하는 성병약** "춘절(春節, 봄철)은 임질로 싹튼다." 약천당의 임질약 락구링,《조광》(1938. 7).

광고 4 **유혹적인 여성이 남성 고객을 끄는 광고** 일본 제품이지만 한복 입은 여성의 모습으로 현지화했다. 신정약방의 임질약 세파지루(セパジル),《조선일보》(1940. 2. 5).

여성의 장식적인 손짓이 호출하는 "당신"은 이성애자가 다수임을 감안하면 여성보다는 남성 쪽이다. 여성 모델의 고운 눈썹과 내리깐 눈짓(광고 4)이 호출하는 임질 환자 역시 남성 쪽이다. 유혹적인 여성의 도안은 치료 동기를 북돋는 역할을 담당한다.

'세파지루'(광고 4)는 일본 제품이지만 한복 입은 여성을 등장시켜 현지화를 꾀했다. 옷깃의 동정 처리가 한복임을 말해 준다. 고운 눈썹이나 내리감은 눈, 작은 얼굴과 작은 입술로 처리된 여성은 예로부터 미인형, 정확히 말하면 유희의 영역에서 미인으로 꼽히는 유형에 가깝다. '락구링' 광고(광고 3) 속 여성은 단순화된 도안으로 처리됐는데 단발머리로 신여성을 표현했다. 손가락 모양이 장식적으로 처리되어 그 끝에 들린 카드로 시선을 유도한다. 카드에는 "당신의 임질은 락구링으로"라는 문구가 쓰여 있다. "춘절(春節)은 임질로 싹튼다."라고 하니 임질을 극복하고 봄의 자유와 방종을 즐겨야 할 것이다.

드물지만 여성을 소비 주체로 호출하는 성병 치료제 광고도 나왔다. "현대 부인의 보건"을 내세우거나 여성 호르몬의 조절에 주목한 약이 그 예다. "현대 부인의 보건을 수호하는 세계적 부인 양약", "여자 40~50세 시대에 오는 제(諸) 증상".[36] 남성을 호출하는 광고 중에는 '강한 남성'에 대한 강박을 활용한 경우도 있었고, 생식 능력을 부인에게 전가하지 않는 경우도 존재했다. "남자는 철(鐵)이 아니다.", "애기를 못 낳는 원인은 남편에게도 있습니다."[37] 하지만 대개 여성은 생식의 주체로, 남성은 주로 쾌락의 주체로 호명되는 경우가 많았다.

남성의 생식기 질환과 구별해서 여성 질환은 부인병으로 따로 명명되었다. 부인병은 여성 장기에 생기는 병을 가리키는 말로 자궁이나 난소, 유방, 골반에 관한 염증이나 암을 비롯해서 냉증, 대하증, 질염, 월경 불순, 호르몬 이상을 포함한다. 기혼 여성을 가리키는 부인(婦人)이라는 말로써 칭한 부인병은 전통적으로 결혼과 가정의 테두리에서 여성이 규정되었던 관점을 반영한다. 따라서 여성의 생식기 질환은 기혼 여성에게만 허용된 것이며 남편에게 옮은 증세로 한정되는 셈이다.

물론 결혼이나 성교 여부와 관계없이 생식기 질환은 발생한다. 더러 처녀를 성병 약의 소비자로 호출하는 경우도 있었으나("처녀라도 대하증 있는 분이 쓰면 아무 관계 없습니다." 부인병 약 미신환 광고, 《신여성》(1933. 7)) 극히 드문 일이었다. 이는 오늘날까지 "처녀가 산부인과를 드나든다."라는 말이 부정적으로 통용되는 사정을 떠오르게 한다. 남성 질환을 다루는 비뇨기과라는 기술적인 명칭에 비해 (산)부인과라는 명칭은 영 두루 뭉수리하다. 부인과의 명칭은 성 질환을 기혼 여성에게 배타적으로 허용하는 명명법이다.

부인에게 한정되었던 여자의 성병은 주로 생식 기능과 관련지어 다루어졌다. 부인병 광고는 불임이나 단산을 공략했고 출산을 장려했다. 여성의 주기적인 피임법으로 배란기가 소개되고 피임 기구(삭구(콘돔))가 판매되기도 했으나 피임은 사회적으로 장려되지 않았다. 여전히 아들 출산을 목적으로 하는 다산 풍조는 이어졌고, 유아 사망률도 높았다. 부인병 치료는 "부인 자신에게 직접으로 고통을 주는 생식기의 질병을 치료하시려 하는 노력보다는 임신치 못하시는 원인적 치료를 요구하는 사회적 경향"[38]이 지배적이라는 당시의 지적은 정확했다.

여성의 성 경험은 결혼 안에서 허용되었고, 가족 단위 속에서의 성적 기능, 즉 임신과 출산, 수유가 중요하게 취급되었다. 성욕과 성적 쾌락은 여성의 몫이 아니었다. 남편의 성적 포옹이 여성에게 주어진 성 경험의 일반태가 되고 부인에게는 남편의 "육욕을 만족하도록 해 주"[39]는 것이 기대되었다.

요즘도 사정은 크게 달라진 거 같지 않다. 부부 생활의 만족도가 질문거리가 되기도 하고 남편의 아내 강간이 성립한다는 판결이 나오기도 했다. 하지만 여전히 남자는 죽을 때까지 '야한' 동물이어야 한다. 남성은 강하고 커야 하며 모성은 타고나는 것으로 여겨진다. 남자는 여자가 필요하지만, 여자는 남자 없이 산다고들 한다. "어디까지 갔냐?"는 남자 친구의 질문법이고, "남자 친구의 스킨십을 어떻게 기분 나쁘지 않게 거절할 수 있을까요?"는 여자 친구의 흔한 질문법이다. 여성의 'No'는 남성에게

'Yes'로 여겨지며, 여성은 'Yes'라도 일단 'No'라 하는 게 수순으로 여겨진다. 남녀를 둘러싼 섹슈얼리티의 문제는 여전히 뿌리 깊고 어렵다.

오랫동안 갇혀 있던 육체는 해방되었고 사람들은 독립적인 성적 주체로 분화되어 왔다. 하지만 인간 해방은 "기호나 역할 체계의 형식적인 자율화"이며 "형식적이고 자기도취적인 해방"에 가깝다. 보드리야르는 형식적이며 자기도취적인 인간 해방의 신화가 기존 질서로부터 현실적인 해방의 가능성을 빼앗는다는 점에서 대상화로서의 인간 해방을 말한다. 여성의 지위 향상이나 육체의 해방은 신화로서 대상화, 사물화되는 형태로 이루어져 왔다.[40] 남성은 남성의 신화에 따라, 여성은 여성의 신화에 따라 성을 소비하고 육체의 자유를 구가한다. 더욱이 노인과 아이의 성, '장애인'의 성은 이들 신화적인 소비의 행태에서조차 흔히 소외될 때가 많다.

남성과 어린이들의 병사(兵士) 되기

성을 관리하고 통제하는 것은 성적 쾌락과 대립하지 않는다. 성적 쾌락은 쾌락이 발견되고 확대되는 방식으로 통제된다. 쾌락이 분석적으로 확대되는 과정은 쾌락을 통제하는 권력이 증대되는 과정이기도 하다. 성이 확산되면서 권력이 개입할 여지는 커지며 권력은 "성을 경제적으로 유용하고 정치적으로 보수적이게끔 정비"[41]하고자 한다. 1, 2차에 걸쳐 세계적인 전쟁을 치르면서 노동력과 전투력, 생산력을 담당할 인구의 문제가 부각되었다. 인구의 양을 늘리고 질을 확보하는 문제에서 성은 중심부에 자리했다.

권력과 성의 연쇄는 경제적 이익에 의해 보장된다. 성에 관한 이론과 과학은 인기리에 상품화되었다. 성병 약이나 성 기능 보조 기구, 정력제와 강장제도 그 사례다. 전시기에 나온 많은 광고는 건강 이데올로기를 적극 활용했다. 필요한 것은 전시에 활용할 수 있는 전투력이요, 생산력이자 노동력이었다. 체력과 생식력이 강조되면서 성 질환은 가족이라는 국가 운영의 기본 단위를 좀먹을 만한 요소로 여겨졌다. 성 질환을 치유하는 것은 건강 국민을 양성하기 위한 국가적인 기획으로 홍보되기 시작한다.

광고 5 이 시세(時勢)에 마땅한 일꾼이 되기 위하여 여러분은 '네오스 에이'로 (성)병을 근치(根治)시키자!
"신(新) 강장 정력제" 네오스 A(1937)(『한국 광고 100년(상)』, 325쪽 재인용)

광고 6 국민 체위의 향상이 긴급(極히 急)! 남자 생식기 결함을 근치, 성기 단소·기능 쇠약(性器短小·機能衰弱)에 효과적인 치료법(救治療法), 비상 시국에 처하는 국민 체위의 향상도 생식기가 정상, 건전치 못하면 달성하지(達치) 못한다.
성기능 장애 치료기기 호리츠크,《조광》(1937. 6), 218쪽

광고는 정력제와 성 기능 장애 치료 기기 광고다. 둘 다 1937년에 나왔다. 광고 속에 등장한 "이 시세", "비상시국"은 1937년 중일 전쟁을 기점으로 전쟁이 확대되었던 때를 가리킨다. 1937년 7월을 계기로 일본은 '평시 체제'에서 '총동원 체제'로 이행하기로 결정했고 이는 1945년 8월까지 지속되었다.

총동원 체제는 전쟁을 위해 일본과 그 식민지에서 가동되었던 전

면적인 사회동원 체제를 가리킨다. 식민지였던 한국과 대만도 총동원 체제에 편입되었다. 조선 총독부는 강력한 권력 체제를 바탕으로 상의 하달의 군대 조직을 모방한 총동원 체제를 실시할 조직을 신속하게 꾸렸다.[42] 총동원 체제는 해방 후 한국에서 '동원형 사회'를 형성하는 중요한 매개체로 평가받는다. 윤해동은 1937년부터 1953년까지의 시기, 즉 1937~1945년 일본의 제국주의 전쟁과 1945~1953년 내전의 시기를 함께 묶어 '16년 전쟁'으로 일컫기도 했다. 두 전쟁의 성격은 다르나 모두 사회의 모든 시스템을 동원해 국가로 수렴하여 새로운 국가와 국민을 만들어 내기 위한 전쟁이요, 세계 전쟁의 일환이었다.[43]

전시기에 "국민 체위의 향상"은 강조되었다. 체위는 체격과 운동 능력, 건강을 통틀어 일컫는 말이다. 종래에 실시되던 방역과 청결 위주의 소극적인 보건 정책은 전쟁에 활용할 수 있는 건강한 체력을 확보하기 위한 정책으로 방향이 바뀌었다. 성인뿐 아니라 영유아의 체위를 향상하고 영양 개선이나 보건소 설치, 체육 교육을 강화하는 정책이 시행되었다.

성병 문제도 빠지지 않았다. 「전시하의 체위 향상과 3대 중요 문제 결정(戰時下의 體位向上과 三大重要問題決定)」이라는 《동아일보》(1939. 6. 21)의 기사는 체위 향상의 문제로 화류병을 언급했다. 화류병에 관련된 예방 법령을 내년으로 미루어 시행한다는 내용("花柳病의 豫防法 朝鮮內實施는 明年으로 延期")이었다. 화류병 예방법은 화류병을 옮기는 자에게 벌금을 물리고 손해 배상을 받는 것을 골자로 하는 법이었다. 성병 치료와 함께 결핵 치료(요양소 설치와 결핵예방회 발족), 약재와 약품의 국산화("戰時藥局方制定")가 전시기 보건의 3대 과제로 다루어졌다.

사람들이 성병과 결핵을 치료하고 지향해야 할 바는 '국민의 몸'이었다. 이 몸은 전통적으로 가문에 속한 몸, 대를 잇는 매개체로서의 몸과는 다르다. 전통적인 몸은 조상에서 부모로, 다시 그 자식들로 남성 가계를 잇는 차원에서 요구되었다.[44] 개인의 육체는 부모와 조상을 비롯해 가문 전체, 나아가 공적인 사회 질서 속에서 규정되었다. 아버지와 군주를 연결하는 충효 일치 사상은 사적 질서와 공적 사회 질서를 연속적으로 파악한다. 대가족에 토대를 두고 '나라(國)'와 '집(家)'의 연결 혹은 합체로서 근대 국가는 상상된 바 있다.[45]

일본이 요구했던 국민의 몸은 '천황제 가부장제'라는 제국적인 가족 체계 속에서 규정되었다. 일본은 황실이 종가가 되어 일대 가족 체계를 이루는 국가 모델을 내세웠다. 황실이 본가가 되고, 국민들은 천황의 적자인 '신민(臣民)'들로 규정되었다.[46] 가족과 국가의 연속체에서 "최상위에 위치하는 분이 천황"이므로 국민들의 몸은 천황을 위해 존재한다. "가족이 일본의 기초입니다. 국가는 가족 위에 성립합니다. 그 최상위에 위치하는 분이 천황입니다. 천황을 위해서 우리는 살고, 그리고 죽습니다."[47]

일본 제국주의의 가족 이데올로기는 1차 대전 이후 이탈리아와 독일 등지에서 전개되었던 역사적인 파시즘과 연관하여 파시즘 특유의 가족 이데올로기에 기반을 둔 국가 체제로 해석되기도 한다. 젠더의 측면에서 볼 때 파시즘은 근대의 남성 중심적인 사회 체제가 극단적으로 재생산된 형태라 할 수 있다. 파시즘은 강한 남성에 대한 판타지를 특징으로 한다. 파시즘은 "남자는 남자로서, 여자는 여자로서 존재할 수 있는 가장 이상적인 집단의 모델"로서 "전통적인 가족의 가치 수호"를 공통적으로 주장했다.[48]

일본의 천황제 이데올로기는 파시즘 특유의 가족 이데올로기에 새

로운 의미를 덧붙였다. 천황제 이데올로기는 퇴폐적인 서구를 지양하고 건설적인 근대로 나아가는 지침으로 제시되었다. 정신적, 도덕적인 우위를 내세워 서구의 물질 만능을 극복한다는 의미였다. 장기전으로 접어든 전쟁은 '신(新)지나 건설', '대동아 건설'로 가는 '장기 건설기(長期建設期)'로 명명되었다. '건국의 대사명' 아래 치러진 전쟁이 요구한 것은 "강건한 신체와 강건한 기상(剛健なる身體と剛健なる氣象)"[49]이었다. 근대 이전의 신분제 사회와 달리 사람들은 국가의 동등한 일원으로 호출되었지만 새로운 등급이 출현했다. 천황을 정점으로 일본 내지의 신민들이 1등급으로 일등 국민이라면, 외지로 분류된 식민지의 신민들은 2등급, 3등급이라는 이등 국민, 삼등 국민으로 분류되었다.

앞서 봤던 광고 5와 6에도 국민들이 등장한다. 광고가 호출한 국민은 조선인이자 일본 국민이며 무엇보다 소비자이다. 광고 제품은 모두 도쿄와 오사카 소재지의 일본 회사 제품들이었지만 식민지에 수출되면서 한반도의 사람들도 소비의 주체이자 국민의 일원으로 호출되었다. "시세에 마땅한 일꾼"이나 "국민 체위의 향상"은 동일하게 적용, 요구되었다. "체위의 향상"은 광고 수용자로서의 "여러분"을 "국민"화하기 위해 필요한 항목이다.

호리츠크(광고 6)는 "국민 체위의 향상이 극히 급"하니 "남자 생식기 결함을 근치"해야 한다고 했다. 생식기의 건강으로부터 국민 체력이 나온다는 광고 제품은 정체불명의 성 기능 보조 기구였다. 광고는 오늘날로 치자면 남성의 정력을 강화하기 위해 조루나 발기 부전 치료, 귀두 확대나 음경 확대, 길이 연장이 필요하다는 내용을 담고 있다. 정력 강화를 내건 이 광고는 시류를 좇아 국가주의 이데올로기를 이용한 사례다.

"조국을 수호하는 것은 청년의 힘"이라고 했다. 이때 청년은 남성에 한정되어 있다. 호리츠크의 다른 광고에는 "국민 체위의 향상과 남성 생○기(생식기)의 관계"[50]라는 문안이 등장하기도 했다. 성적 쾌락의 주체였던 남성은 생산과 전투의 주체로서도 제일선으로 불려 나왔다. 전통적으로 역사와 사회의 주체였던 남성은 우선적으로 국민화되어야 할 대상이었다. 남성의 바람직한 몸은 광고 도안에 자주 등장했다. 특히 상반신을 벗은 채 근육질의 몸매를 과시하는 형태로 묘사되었다. 전시 체제로 전환되었던 1930년대 후반에 남성의 몸이 제시되는 양상을 이전 시기와 비교하면 흥미롭다.

남성 광고 모델의 대표적인 두 유형, '비즈니스맨' 유형과 '근육맨' 유형 중 전시기에 인기 있었던 쪽은 단연 후자였다. 모델의 상징은 제품의 상징으로 전이되는 효과를 낸다. 1920년대 중반에 나온 캐러멜 광고(광고 8)에서 남성 모델은 영양과 건강을 상징한다. 당시에 캐러멜은 낯선 식품이었기에 제품의 풍미보다는 건강을 강조하는 전략이 흔했다. 1930년대 중반의 강장제 광고(광고 7)에 등장한 남성 모델은 전형적인 광고 모델의 포즈를 보여 준다. 제품을 치켜든 남성의 사진이나 도안은 광고에서 자주 활용되었다. 제품은 광고 지면의 최상단에 위치하여 병을 든 남성의 시선을 따라 수용자의 시선도 함께 올려다보게 만드는 효과를 낸다. 근육맨마저 우러러보는 구도 속에서 제품의 물신성은 극대화되어 있다.

1930년대 후반에 오면 남성의 몸은 선동적이고 전투적으로 변모한다. 주먹을 치켜든 남성의 호전적인 자세라든가(광고 9) 군인의 몸이 광고 속에 제시되었다.(광고 10) 광고는 강한 남성에 대한 판타지를 활용했다. 광고 10에 등장한 남성은 단둘뿐이지만, 정렬한 행태와 동일한 모자는

성(性)스러운 인간들

광고 7 물신성을 극대화한 광고 "여름이 앗아간 우리(我等)의 건강을 지금 에비오스 정으로 탈환하라!" 강장제 에비오스, 《조선일보》(1934. 9. 7).

광고 8 건강식품으로 선전한 캐러멜 광고 "구하시오. 건강한 신체, 명쾌한 두뇌, 충실한 힘을." 모리나가 밀크 캐러멜,《동아일보》(1924. 7. 30).

광고 9 호전적 느낌의 남성 모델 "한기(寒氣)에 대한 저항력 강화." 강장제 포리타민,《동아일보》(1940. 6. 25).

광고 10 군인의 몸을 내세운 광고 "이 건강이 승리한 것이다!"라는 표제어에서 말하는 '승리'는 난징 대학살을 가리킨다. 구중 청결제 인단,《매일신보》(1937. 12. 25).

군인의 몸을 강력하게 암시한다. 이들의 몸은 일정한 신체적, 정신적인 훈련의 '결과물'이자 전쟁의 '준비물'이다. 군인의 몸은 남성이 극단적으로 신체화되고 대상화되는 사례다.

군사화된 신체로서 젊은 남성의 몸은 흔히 애국의 표상으로 제시되었다. 남성의 몸이 신체화, 군사화되는 양상은 국가-남성-폭력이 긴밀하게 결합하는 과정을 잘 보여 준다. 군사주의적인 남성성은 자신의 신체와 정신도 장애를 입을 수 있는 "자기 파괴적인 남성성"과 함께 타자에 대한 파괴적 성향을 동시에 지닌다.[51] 폭력의 형태로 성욕을 확인, 즉 성폭력하는 것은 타자를 향한 폭력의 단적인 사례다.

군대에서는 거친 폭력과 순종, 굴종이 공존한다. 군대는 거친 남성성과 대조적으로 상급자에 대한 절대 복종과 순종, 희생을 요구한다. '까라면 까고 죽으라면 죽는' 시늉을 하는 자와 폭력을 일삼는 자는 멀리 떨어져 있지 않다. 식민지 시기의 전쟁과 군대는 성별화된 제도일 뿐 아니라 남성 내 연령(청장년층에 집중)과 계급(장교와 사병 사이의 출신 계층 차이), 나아가 민족(일본인과 달리 일반 병사로 배치된 한국인)이 얽힌 문제다.

신체는 더 이상 개인의 몸이 아니라 국가의 몸이고 제국주의의 체현물이 된다. "축 남경 함락, 이 건강이 승리한 것이다!"라는 광고 표제(광고 10)는 1937년 12월의 난징 대학살을 가리키고 있다. 건강의 승리자이자 학살의 주체를 따질 때 우리네 역사는 자유롭지 못하다. 광고가 나왔던 1937년 말이라면 아직 한국인들이 지원병 및 징병으로 징집되기 이전이고 전선은 동남아시아 일대로 확대되기 이전이다. 하지만 후방에서의 전쟁 지원이 시작되고 지원병(1938)과 징병 제도(1944)가 실시되면서 한국인들 역시 일본의 침략 전쟁에 직간접적으로 참여했다.

참전은 국민이 될 수 있는 기회로 식민지인들에게 선전되었다. 실제로는 기본권이 주어지지 않았음에도 참정권을 약속한다든가 '창씨개명'을 부추긴다든가 하는 동화 정책을 썼다. 하지만 동화 정책을 통한 일본 국민 만들기는 일관되지 않았다. 식민 지배자들 내부에서도, 식민지인들 사이에서도 혼란과 분열이 있었다. 하지만 제국의 일원으로서의 권리와 자격을 약속하는 동화 정책이 한국인들에게 피와 생명을 요구했다는 점은 분명하다.[52]

성인 남성들은 전쟁에 동원된 전투력과 노동력의 핵심이었다. 노동력 동원상을 보면 14세부터 45세까지의 남성들이 주요 대상이었다. 일례로 '근로보국대(勤勞報國隊)'는 식민지에서 노동력을 동원해 간 대표적인 방식으로 강제적인 성격을 띠었다. 1938년 6월에는 그 대상이 학생뿐 아니라 일반인으로 확대되어 14~45세 사이의 모든 남자들은 근로보국대로 편성되었다. 군대식으로 조직된 근로보국대에 편성된 남성들은 '국가적 봉사 작업'과 '공공적 봉사 작업'을 강요당했다. 남성 청장년층은 근로보국대원이 되어 공장과 농어촌, 산촌, 광산 등지에서 물자 증산 작업을 비롯해서 토목건축, 군사 원호(援護), 도로 및 교량 건설과 같은 '봉사'를 해야 했다. 기술 노동력도 동원되었는데 16세부터 50세 미만의 남성들 가운데 기술 노동자가 대상이 되었다.[53]

전쟁이 진행되면서 근로보국대는 "노동할 능력이 있는 모든 일반인을 총동원"(1941년 국민 노동 보국 협력령)[54]하기 시작한다. 한반도뿐 아니라 일본과 남태평양 섬 일대(남양)로 노동력을 동원하기 시작하면서 식량 증산을 담당할 농촌 노동력이 부족해졌기 때문이다. 본격적으로 일본과 남양에 노동력을 동원하기 시작한 때는 1939년부터이고, 1944년까지 그 수는 66만(그중 일본에 63만 명)을 헤아렸다.[55] 부족한 노동력으로 할당된 생산량을 끌어내는 과정에서 '노무 관리(노동 강도 강화책)'라는 이름의 노동 혹사가 뒤따랐다.

노동력과 물자를 동원하고 나아가 징병을 실시하는 것은 총체적인 강제 체제 속에서 가능한 일이었다. 총독부의 행정 조직, 경찰 조직, '애국반'이 공조하여 식민지인들을 포착하고 구속, 동원할 수 있었다.[56] 애국반은 10호(戶) 1조(組) 단위로 가가호호 단위까지 통제했던 총동원 체제의 하부 조직이었다.

"국민 교육의 도장": 해병대 캠프 상품

박노자의 눈을 빌리면 '훈련주의'는 한반도의 근대성을 나타내는 대표적 어휘다.(박노자, 『씩씩한 남자만들기』, 7~8쪽) 남한에서는 2년 여의 징병제, 북한에서는 7년에서 10년이나 되는 징병제가 실시되고 있다. 국가 권력이 강제하는 "표준적 남성성"은 사회의 지배적인 가치를 대변하며, 상품 시장도 이를 집중 공략한다. 바로 성업 중인 훈련 캠프 상품이 대표적인 사례다. 훈련 캠프는 가정, 학교, 직장의 단합과 분투를 약속하는 인기 있는 계절상품이다.

그중에서도 해병대 캠프는 '극기 훈련의 꽃'으로 꼽힌다. 직장과 연계해서 가족 단위를 공략하는 '아버지와 함께하는 해병대 캠프', '가족과 함께하는 극기 훈련 및 체험 교육 프로그램'과 같은 신상품부터 '이태백'과 '88만 원 세대'들을 대상으로 한 '해병대 극기 훈련 취업 캠프' 상품이 있다. '공부에 찌든 나약한 학생들'에게도 해병대 캠프는 최고란다. "나는 강하고 멋진 청소년이 된다!", "젊음은 도전이다!", "2013년 도약을 위한 준비"에 왜 군대식 훈련 캠프가 필수 항목이 될까? 광고 속 캠프 상품에는 '한국대학생포럼', '한국위기관리연구소'가 광고주로 등장했고 '대한민국 국방부'와 연계한 것도 있다.

회사 단위를 공략하는 상품도 다양하다. '인턴십 신입 사원'에게는 '강한 신입 사원 만들기' 훈련 캠프, 영업 사원들에게는 '해병대 정신의 승부 근성으로 회사를 구하라!'는 회사 불황 타개를 위한 캠프가 제공된다. 부장급에게는 '1등 정신'과 '3UP!, 정신력 UP, 조직력 UP, 자신감 UP'을 약속하는 캠프가 마련되어 있다.

총동원 체제 중에서 징병은 남성 노동력을 군사적으로 동원한 형태다. 징병의 대상은 만 18, 19세의 남성들이었다. 히구치 유이치에 따르면 일부 군속을 제외한 징병자들의 총수는 38만 명 안팎에 이른다.[57] 38만 명이라는 숫자는 병력으로 동원되었던 한국인 남성 징병 및 지원병(육군 특별 지원병, 학도 지원병, 해군 특별 지원병)의 규모다. 징병된 많은 인력은 이후 전쟁 영웅으로 칭송되거나, 전사하거나 행방불명되어 역사의 과제로 남아 있다.

징병의 형태로 식민지인들의 피와 생명을 요구하는 과정은 간단치 않았다. 1938년 4월에 지원병 제도(육군 특별 지원병 제도)를 시작으로 1942년 5월 징병제 실시 발표, 1944년 4월부터 8월까지 징병 검사 실시, 1944년 9월에는 징병이 시작되었다. 징병의 사상적 배경이 된 황민화(皇民化) 교육과 호적 제도 정비, 군사 교육은 징병과 맞물려 진행되었다. 1930년대 후반부터 공공연했던 동양 담론은 황민화와 그 물리적 실현 형태인 징병을 뒷받침했다. 일본의 많은 지식인들처럼 식민지의 지식인들도 '조선인'도 '일본인'도 아닌 '동양인'으로서의 새로운 정체성을 구상한다는 동양 담론에 동참했다. 많은 지식인들은 스스로를 동양인으로 표상함으로써 제국의 국민이 되어 식민지인의 지위에서 '해방'될 수 있다고 생각했다.[58]

하지만 자신의 피와 생명은 제국주의적 욕망과 별개의 문제일 수 있었다. 1944년부터 시작된 징병은 실제로 효율적이지 않았다. 한국인 병사들이 저항하거나 군대를 이탈한 경우도 많았다고 한다. 징병과 징용을 비판했던 사람들은 '불온 언론 사범(不穩言論事犯)'으로 기록되어 있다. 또한 근로 봉사에 동원되었던 사람들이 도망치거나 태업, 파업, 쟁의를 벌

인 기록도 확인할 수 있다.[59]

전쟁이 진행되면서 농촌 지역의 젊은 남성 노동력이 부족해지자 여성, 노인, 아이들이 노동자로 동원되었다. 제국 건설에 동원된 인력은 특정한 성과 연령에 국한되어 있지 않았다. 아이들은 미래의 유용한 인구로 각광받았다. 아이들은 미래의 국력으로 여겨지면서 국민의 성원으로 인정받았다. 아이들은 "동아 맹주의 국민"이자 "새 시대를 떠멜 체위"로 호출되었다. "신동아 건설에 큰 동력이 될 제2세(第二世) 국민은 머리만 커다란 약질(弱質)의 국민이 아니라 체력이 장대하고 또한 인물 됨이 동아 맹주의 국민이 될 자격을 가져야"[60] 했다.

아이들에게는 교육을 통해 제국의 가치나 상징, 의식을 습득하면서 국민으로 사회화되는 과정이 예비되어 있었다. '인고단련(忍苦鍛鍊)'을 위한 체육 교육도 국민화 과정의 하나였다. 학교 체육에서는 종래 유희와 경기 중심의 교육 과정 대신 군사적 성격이 강한 집단 경기와 교련이 부각되었다. 인용한 매스 게임 사진은 학교 체육의 형태로 실시된 신체 훈육의 현장을 잘 보여 준다. 아이들의 몸도 정치 경제적으로 유용하며 복종적으로 만들어져야 했다.

매스 게임 사진을 보고 있노라니 '국민학교' 시절 운동회 때마다 치러야 했던 곤혹스러운 시간이 떠오른다. 방과 후에 운동회 준비로 매스 게임을 연습했던 시간은 운동장의 흙먼지와 태양의 열기, 연단 위에 서 있는 권력의 공포를 한꺼번에 체험하는 시간이었다. 고백컨대 어지럽고 무섭기만 한 시간이었다. 운동회는 과연 누구를 위한 행사였을까?

근대에 들어 아이들의 인권은 자각되기 시작했다. "어린 아가 왜 때려요? 아파 아파 왜 때려요? (중략) 때리면은 아프지요. 욕먹으면 분하지

미래의 국력 "학생들의 마스껨 광경"(《조선일보》(1940. 1. 5))과 어린이날 기념사진(《조선일보》 (1934. 5. 6)). 어린이날 기념사진은 "600만 소년 소녀"를 기념하는 다양한 집회, 위안 대회 소식과 함께 게재된 것이다. 어린이날은 민족적 차원에서 어린이를 고무하고 존중하는 어린이의 새 명절로 1922년부터 시작되었다.

요."[61] 하는 어린이날 기념 노래도 나왔다. 하지만 아이들의 해방이란 것 도 국민 되기의 신화 속에서 이루어진 것이었다. 실제 풍경은 살벌했다. 어린이들은 "드높은 쇠창살"과 "칼 찬 순사"가 지키는 '큰 집(총독부)'으로 살벌한 소풍을 가는 '국민학생'들이었다. 일제 말기가 되면 국민학생들조 차 방과 후에는 각종 강제 노역에 시달렸고 청소년기의 학생들은 "군수 품 산업에 동원되지 않으면 안 되었다."[62]

　　유종호는 『나의 해방 전후』에서 일제 말기에 솔뿌리를 채취했던 노역 경험과 함께 교과서의 이야기를 전하고 있다. 국민학교 교과서에는 "할 복자살을 미화하는 옛 무사의 얘기"부터 "태평양 전쟁 중에 생겨난 신진

(新進) 영웅들의 얘기"까지 전쟁을 미화하고 전쟁 영웅을 조작하며 찬미하는 이야기로 가득 차 있었다. 그는 감명 깊게 읽은 무사 이야기를 기록하면서 "글을 통해서 비감을 느끼고 주인공에게 동정한 최초의 기억"으로 회고했다. "최초의 비일상적 비감 경험"이 어느 자기 파괴적인 사무라이 이야기를 통해 이루어졌다는 데 대해 그는 모욕감을 느낀다고 고백했다.[63] 근대의 어린이는 지원병제와 징병제, 징용이라는 노무 동원 제도에 동원될 나라의 청년으로 길러진 작은 '국민'들이었다.

여성들, '성녀(聖女)'와 '성녀(性女)' 사이에서

'군인과 어머니'라는 쌍은 남녀의 전통적인 성 역할이 군국주의 사회에서 극단화된 형태다.[64] 애국과 건강의 주체로서는 군사화된 남성도 모성화된 여성도 모두 대상화된 존재들이다. 남성-군인에게나 여성-어머니에게는 체력이자 국력을 배양하는 일이 강조되었다. 조선 총독부가 남성과 여성에게 각각 필요한 체력과 체육을 정의하기도 했다. 총독부가 발표한 '일반 국민 체육 지도 요강'(1942. 3)에서 "남자가 필요한 체력"은 "민첩성, 지구력, 현수력(懸垂力, 매달리는 능력), 도약력, 투척력"이었다. "여자는 건전한 모체의 육성을 주안으로 하여 지구성, 강인성"[65]이 강조되었다. 학교 체육에서는 여학생들의 덕성과 정조 함양이 따로 강조되기도 했다.

남성과 달리 여성은 몸(노동력)뿐 아니라 성(섹슈얼리티)이 적극적으로 동원된다. '생식의 성'과 '오락의 성'이 그것이다. '군국(軍國)의 어머니'와 전쟁 성폭력 피해 여성('위안부')이 대표적인 사례. 모성이라는 성화(聖化)된 여성(聖女)과 성화(性化)된 여성(性女)은 대조적으로 보이지만 모두 "남성을 위한 여성의 기능"[66]적인 관점에서 파악된 존재들이다.

여성들은 '총후(銃後)'의 주체로 일컬어졌다. 어느 여성 강장제 광고는 이렇게 외치기도 했다. "총후의 수비는 건강하고 심신이 함께 건전한 여성으로."[67] 총후는 전방을 제외한 후방 전체를 가리킨다. 후방에서는 장기화되는 전쟁에 필요한 물자와 인력을 공급하는 역할을 담당했다. 총력전은 전방과 후방의 일체 단결을 요구했다. 일본의 총력전은 영국과 미국의 세력에 대항하여 전방과 후방, 전시와 평상시를 가리지 않는 총체적인 사회 변혁의 힘이 전투력으로 집중되어야 한다는 내용을 담고 있었다.[68]

1938년부터 시작된 총동원 체제에서는 여성도 노동력 동원의 대상이 되었다. 여성들은 각종 노역(노무 동원)과 농업 노동력의 대상으로 파악되기 시작했다. 여성들은 생산 노동자나 군속(軍屬, 민간인 신분으로 군대에 징집된 사람)[69]으로 동원되었다. 우에노 치즈코에 따르면 가외 노동과 모성의 대립을 일본에서는 젠더 분리, 즉 여성은 국내의 후방, 남성은 국외의 전방으로 나누는 전략을 택했다. 일본의 여성들은 후방에서 경제 전사의 역할과 함께 군인 출산의 역할을 담당하도록 장려되었다. 하지만 일본 여성에 비해 한국 여성은 가외의 생산 노동력으로 보다 적극적으로 파악, 동원되었던 경향이 있다.[70] 조선 총독부의 통계를 참조하면 1940년 공장 노동자 중 남성은 68.3퍼센트, 여성은 31.7퍼센트에 이른다. 특히 방직 공업과 식품 공업에서 여성의 비중이 높았는데 각각 79.3퍼센트, 32.9퍼센트를 차지했다.[71]

1941년 12월 태평양 전쟁이 발발한 이후 총독부는 농촌의 여성 노동력을 '민간 산업' 부문에 활용하고 남성 노동력을 '시국 산업' 부문으로 돌리고자 했다. 농번기에 탁아소가 설치되고 '부인 공동 작업'의 형태로 농촌의 여성 노동력이 동원되었다. 미혼 여성과 여학생을 중심으로 국민 교육(황민화 교육 및 일본어 교육)이 실시되었고 이들은 한국과 일본의 공 장으로 동원된 바 있다.[72]

각종 노역과 농사일에 투입되었던 여성들은 가내 노동의 전담자이기 도 했다. 전쟁기의 궁핍한 의식주를 해결하고 자녀를 길러 내는 역할은 여성에게 맡겨졌다. 특히 '모성(母性)'은 근대적인 국민 되기와 전통적인 가치를 가장 쉽게 접합할 수 있는 키워드였다. 국가 기본 단위로서의 '가 (家)'를 지탱하고 꾸려 나가는 일은 여성의 몫으로 남겨졌다. 결혼 제도 속에 있던 많은 여성들에게는 "(남편 죽구) 살기 어려워두 애들 잘 키우 는 게 훌륭한 어머니"[73]로 받아들여졌다. 모성이 정책적으로 장려되었던 까닭은 전쟁이 장기화되면서 인구 확보가 중요해졌기 때문이다.

모성은 가부장-국가의 전쟁 논리에 동원되었다. 건강한 모체를 강조 하는 기사는 쏟아져 나왔다. "건강한 민족은 배 속에서 된다."(《동아일보》 (1937. 11. 11)), "건강한 제2세는 모태로부터 된다."(《동아일보》(1940. 1. 3)) 임신 초기의 주의 사항은 민족과 국가의 이름으로 홍보되었다. 신문 지면 에는 '2세 국민의 건강', '제2세의 건강'이라는 말이 자주 등장했다. 차세 대의 국민들로는 영유아부터 유소년 아동이 포함되고 여성은 아이의 생 산체이자 양육 주체로서 국민의 자격을 부여받았다. 여성에게는 "생식하 는 육체", 즉 "인구를 생산하는 주체로서 몸을 단련할 것을 조건부로 하 여 국민으로서의 자격과 의무를 부여하게 된 것"[74]이다.

차세대 국민의 건강을 강조하는 차원에서 모체의 성 질환도 다루어 졌다. 모체의 병증이 소아에게 유전된다는 식이었다. 어느 매독약 광고 (1934)에는 "소아 허약과 유전 매독"이라는 문안과 함께 병든 소아의 사

진이 게재되기도 했다. 여성은 성적 쾌락의 주체로서는 인정받지 못했으나 기능적인 역할은 신성시되었다. 국민 체위의 향상은 모태로부터 출발한다고 강조됐다. "체위의 향상은 모친으로부터, 아동으로부터.(體位の向上は…… 母親から…… 兒童から.)"[75]

모성은 흔히 생물학적인 기대로 당연시되지만 실은 그렇지 않다. 남성이든 여성이든 인구의 10퍼센트 이상은 불임이다. 어머니는 여성에게 부여되는 성 역할 제도의 산물이다.[76] 모성, 모성애, 모성 본능의 역사는 18~19세기 민족주의, 제국주의 발흥과 맞물려 있다. 아동이 '민족의 씨앗'이나 국가의 자원으로 인식되고 나아가 인구와 인종의 증식이 국가의 관심사가 되면서 모성은 강조되기 시작한다.[77] 아이의 존재 의미가 발굴되면서 모성도 재발견된 것이다.

자모(慈母), 현모(賢母)와 같은 전통적인 어머니상은 근대 자본주의 구조에서 재탄생한다. 가부장적 자본주의 체제하에서 모성이란 임금 노동이 유예되는 아동기를 책임지는 어머니의 역할을 가리킨다. 대가족이 이루는 전통적 농가와 달리 바깥일과 집안일이 구분되면서 바깥일 하는 '아버지', 집안일 하는 '엄마'가 탄생한다. 대가족 체제하의 공동 육아는 엄마의 일로 자리 잡고, 근대적인 현모상은 아이 양육자로 여겨지게 된다.[78]

상품 시장은 근대적 현모상인 어머니와 아이의 조합을 적극 활용했다. 아이는 어머니의 손에 맡겨진 존재, 어머니는 아이를 책임져야 할 존재로 그려졌다. 임신과 출산, 수유, 양육과 관련된 제품이 어머니를 호출했고 육아용품이 특화되어 나오기도 했다. 근대적인 현모의 실체는 새로운 육아용품을 구입하는 소비자들이었다. 아이를 '과학적으로' 양육한다는 의미는 양육 과정에서 다양한 육아 관련 상품을 소비한다는 의미

광고 11 **다양한 모성의 모습이 등장한 광고** "태양조경환으로 귀한 아들(貴子)을 낳은(生혼) 증거."
부인병 약, 태양조경환,《매일신보》(1915. 3. 11).

광고 12 출산을 독려하는 광고 "여성의 건강은 국가의 힘(力), 체위 향상 낳으라 불리라······고 소리 높이 외치는 때입니다." 여성 강장제 중장탕, 《조선일보》(1939. 10. 15).
광고 13 '국가의 아들'을 위한 약 "국가의 성가신 짐이 되지 않는 건강한 소아를 만드는 구급, 치병, 보건의 양약, 미래의 황취대(荒鷲隊)의 모(母)로서의 준비는 양약(良藥)의 상비로부터, 그러면 천하의 어머님께!" "소아 양약" 기응환(奇應丸),《조선일보》(1938. 9. 15).

이기 때문이다.

근대적인 어머니를 호출하는 제품 광고들이 있다. 한국 화평당약방의 태양조경환(광고 11)은 1930년대까지 활발하게 광고했던 여성 강장제다. 광고의 청자로 호출된 이들은 "생산치 못한 부인 제씨(諸氏)"다. 생산물을 안고 있는 부인이 긍정적인 모델로 제시되었다. "귀자(귀한 아들)"나 "아들 아기", "옥동자"는 제품이 약속하는 결과물이었다. 광고는 각 지역별(서울, 인천, 대구, 천안, 영동 등지)로 갓난아이와 함께 있는 여성의 도안을 썼다.

모두 "태양조경환을 복용하시고 생산하신 부인의 증거 사진"들이다. 광고 12는 일본의 유명 여성 강장제, 중장탕이다. "낳으라, 불리라(불어나게 하라)."라는 구호와 여성들의 갈채가 어우러진 도안이 인상적이다.

광고는 모두 출산을 약속하거나 독려하고 있다. 1910년대 나온 광고 11이나 1930년대 후반에 나온 광고 12나 모두 여성을 아들 출산의 생산체로 호출했다. 하지만 아들의 의미도, 어미의 의미도 달라졌다. 1910년대 중반에 나온 광고 11에서 아들은 대를 이을 자손이라는 의미가 강하다. 자손 중에 첫 남자, 즉 장남은 아버지의 지배권을 이양받을 것이다. 지배권의 다른 이름은 억압이다. 시인 이상은 무력한 장남이었는데 장남으로서 답답한 심경을 토로한 구절이 있다. "나와나의아버지와나의아버지의아버지와나의아버지의아버지의아버지의노릇",(「오감도(烏瞰圖) 2호」(1934)) 띄어쓰기가 하나도 되어 있지 않은 시구는 엄청난 '아버지들'의 무게와 압박을 효과적으로 전해 준다.

1930년대 후반 광고에 나온 아들을 보면 그 의미는 달라져 있다. 광고 12에서 생산물로서의 아들이나 생산 매개체로서의 모성은 모두 국력, "국가의 력(力)"으로 자리매김되었다. 생산의 목표 역시 국가로 수렴되어 있다. 이 '국가'는 전통적인 가부장제를 전유한 새로운 가족 국가의 형태다. 일본의 천황제 가족 국가 이데올로기는 조상의 대를 잇고 국가에 봉공할 국민을 길러 내는 양육의 공적 의미를 강조했다.

일본의 가족 국가 사상은 전통적인 가부장제에 국가사상을 덧입힌 산물이자, 서구식 부부 중심의 개인주의적 사고방식을 축출한 결과물이다. 자유연애와 핵가족주의는 보수적인 시각에서 쉽게 비판받아 왔지만 가족 국가 사상이 팽배한 전시기에 철퇴를 맞았다. 일본의 가족 국가 이데올로기는 "전통적 유교 규범인 효를 천황에 대한 충성에 일치시킴으로써 전통적인 유교 가부장제를 천황제에 접목시켜 조선인의 일본 황실에 대한 충성과 내선일체를 정당화"[79]하고자 했다.

가부장제의 변용은 어디까지일까? 가부장제라는 전통적인 사회 양식은 자본주의하에서 생산과 소비가 분리되고 가족 내의 안과 밖이 분리되는 형태로 나타났다. 이 가부장제라는 토대를 제국주의와 민족주의가 경합하고 결탁하는 양상에서 확인하는 일은 흥미롭다. 식민지에서 민족주의는 국가를 대신했던 민족 상상으로 종래의 가부장적 가족을 거점으로 삼았다.[80] 가부장제 가족을 놓고 민족주의와 제국주의는 서로 경합했고, 일제 말기가 되면 민족주의의 가족 기반은 '천황제 가부장제'로 병합되었다.

남자 아이는 민족의 자손에서 천황의 아들, 국가의 아들로 전환되었다. 남자 어린이는 "국가의 성가신 짐이 되지 않는 건강한 소아", "미래의 황취대(荒鷲隊)"(광고 13)로 호출되었다. '황취대'는 사나운 독수리라는 의미로 용감한 비행사로서의 '가미카제(神風) 특공대'를 예견하게 만든다. 어린이에게 피와 생명을 요구하는 사회는 전쟁과 궁핍을 반영한다. 광고 13의 품목은 소아용 약품인데 "황취대의 모(母)로서의 준비"로 선전되고 있다.

상품 시장은 '국민 모자'를 적극적으로 공략했다. '애' 대신 '어린이'를 비롯해 '소아'나 '영아', '유아'라는 말이 특화되어 등장했고 그에 상응하는 과학적 보호와 관리가 강조되었다. 건강한 아이의 모습이 광고에 활용되었고 건강 우량아를 선발하는 행사가 잇달아 개최되었다. 우량아 선발은 1920년대 중반부터 지면에 자주 등장하기 시작했다. 우량아의 사진과 함께 육아의 비결과 인터뷰도 게재되었다. 행정 기관과 각종 단체는 선발 대회를 주관했다. 신문사가 '미디어 이벤트'의 일환으로 건강 우량아를 표창하는 사업을 벌이기도 했다.[81] 아이 용품도 시장을 확대해 갔다. 아이 용품은 사용자와 구입자가 다른 경우로, 사용자는 아이이지만 구입자는 어머니다. 따라서 소비자로서 어머니의 역할이 확대되었다.

생식과 수유에 관한 상품은 어머니-되기에 필수적인 물품으로 광고되었다. "낳으라 불리라……고 소리 높이 외치는" 광고 12처럼 일반 위장·영양제가 어머니 만들기의 열풍을 타고 수유 기능을 선전하기도 했다. "어머니들에게 있어서 좋은 젖(乳)이 훨씬 나는 것처럼 기쁜 일은 정말 없을 것입니다!"(위장약 와카모토 광고, 《조선일보》(1939. 7. 9)) 낳고 또 낳아라, 좋은 젖을 만들어 내라는 요구는 참으로 원색적이다.

여성에게 생식 가능성은 국민 되기의 필요조건으로 제시되었다. 민족과 국가가 성원들의 동등한 가치를 호명했을 때 모성은 여성들에게 공식적으로 주어진 성 역할이었다. 1930년대 후반 전쟁 중이었던 많은 국가들은 인구를 확보하는 데 열심이었고 모성에 대한 요구도 많아졌다. "연속 결전에는 연속 증산으로써 보답하지 않으면 안 됩니다."(1936)라는 어느 강장제의 광고 문구는 전시기의 인구 정책을 대변한다. "어떻게 해야 건강한 아이를 많이 낳게 되는지"에 대한 '가족 전람회'가 개최되었다는 해외 토픽이 신문에 실리기도 했다. "애기를 많이 낳을 것, 어떻게 해야 건강한 아이를 많이 낳게 되는지 '가족' 전람회를 개최."(「푸랑크폴드·암·마인 해외 뉴스」, 《동아일보》(1937. 7. 31))

"낳으라 불리라"(광고 12)는 일본에서 출생률이 감소하자 1939년 정부가 내걸었던 유명한 표어다. "낳으라 불리라, 국가를 위해서.(産めよ殖せよ

お國の爲)” 결혼의 사회적, 국가적 의의도 강조되었다. 결혼에 관한 국가적인 지도 방침의 하나로 1941년 일본의 국민우생연맹이 '결혼십훈(結婚十訓)'을 발표하기도 했다. "어린애를 둘 수 있는 힘"이란 건강한 결혼에서 나오며, 우생학적인 결혼의 조건이 홍보되었다.[82]

일본은 1932년 만주국을 세운 무렵부터 인구 정책을 도모했다. 인구 정책은 이민 장려 문제, 위생 문제, 자원 문제를 폭넓게 담고 있었다. 1939년에는 인구 문제를 담당하는 국책 기관(인구문제연구소)이 발족되기도 했다. 동남아시아 일대로 일본의 제국적인 세력이 확대됨에 따라 "인구의 급격하고도 영속적인 발전 증식과 그 자질의 비약적인 향상"[83]이 강조되었다. '건민(健民)'은 곧 '건병(健兵)'이요, 인구 정책의 궁극적 목표였다. 건강한 사람들은 건강한 병사의 토대가 되었다. 결혼과 다산이 장려되고 어머니와 아기를 보호하는 정책의 궁극적 목표 역시 건민과 건병을 육성하는 데 있었다.[84]

한반도에서도 결혼과 출산이 장려되었다. 일본에서만큼 정책적으로 추진되지는 않았지만[85] 인구 증강의 기조는 동일했다. 다산자에 대한 표창을 실시하는가 하면 '모자 보건', '모자 후생'이라는 말이 등장했다. '낳으라 불리라, 국가를 위해서'라는 뜻의 '우메요 후야세요, 오쿠니노 타메니(産めよ殖せよ お國の爲)'가 노래로 불리기도 했다. 흥미로운 것은 전시기의 다산 정책이 전통적인 남아 출산을 위한 다산 풍조와 배치되지 않았다는 점이다. 안태윤의 지적을 인용하면 "다산이 새로운 이데올로기가 아니었"다.[86] 전통적으로 사람들은 아기가 들어서는 대로 낳고 반드시 아들을 낳아야 했다. 아들을 선호하는 풍조 속에서 여성의 다산을 장려하는 가부장적 체제는 달라지지 않았다.

인구 억제와 증식 사이에서: 가족계획 사업

가족계획 사업을 통해 국가 권력은 인구를 통치해 왔다. 가족계획 사업의 표어는 인구 정책의 변천사를 대변한다. 가족계획 사업은 경제 개발 5개년 계획의 일환으로 1962년부터 추진되었다. 정부 방침을 뒷받침하는 법적 근거가 된 모자보건법은 1973년에 공포되어 "모성의 생명과 건강을 보호하고 건전한 자녀의 출산과 양육을 도모함으로써 국민의 보건 향상에 기여"한다는 목적을 내세웠다.(국사편찬위원회, 「'몸'으로 본 한국 여성사」, 339~340쪽) 1961년 출범된 대한가족협회는 현재 인구보건복지협회로 명칭을 바꾸었고 2009년에는 민관 합동으로 아이낳기좋은세상운동본부를 발족한 바 있다.

한국이 출산 억제 정책에서 출산 장려 정책으로 전환한 때는 2005년부터다. '덮어놓고 낳다 보면 거지꼴을 못 면한다'는 1960년대의 구호는 1980~1990년대의 '아들·딸 구별 말자'를 거쳐 오늘날 '아이가 미래입니다'라는 구호로 바뀌었다. 인용한 포스터 중에 "딸·아들 구별 말고 둘만 낳아 잘 기르자."라는 포스터는 1970년대에 나온 것이다. 포스터 속에서 인구는 경제 성장("국민 소득")의 지름길로 선명하게 제시되어 있다. 함께 인용한 포스터는 2000년대에 들어 나온 것인데, 이제는 하나도 버겁다는 풍조를 반영하듯 다산을 장려하는 동생 갖기 캠페인이 눈에 띈다.

오늘날 대한민국은 출산율이 낮고 자살률이 높은 나라다. 이곳에서 출산과 모유 수유는 강조되고 임신 중절 수술은 어려워졌으며 피임약 구입도 석연찮다. 아래 1960년부터 오늘날까지 가족계획 표어를 모아 봤다.(표어는 인구보건복지협회 홈페이지, http://www.ppfk.or.kr)

1960년대

　알맞게 낳아서 훌륭하게 기르자.

　많이 낳아 고생 말고 적게 낳아 잘 키우자.

　덮어놓고 낳다 보면 거지꼴을 못 면한다.

1970년대

　딸·아들 구별 말고 둘만 낳아 잘 기르자.

　내 힘으로 피임하여 자랑스러운 부모 되자.

　하루 앞선 가족계획 십 년 앞선 생활 안정.

1980년대

　적게 낳아 엄마 건강, 잘 키워서 아기 건강.

　잘 키운 딸 하나, 열 아들 안 부럽다.

　신혼부부 첫 약속은 웃으면서 가족계획.

1990년대

　아들 바람 부모 세대 짝꿍 없는 우리 세대.

　사랑 모아 하나 낳고 정성 모아 잘 키우자.

　사랑으로 낳은 자식 아들딸로 판단 말자.

　생명은 하나, 선택이 아닌 사랑으로.

　젊은 꿈을 아름답게, 이성 교제 건전하게.

2000년대 이후

　아빠! 혼자는 싫어요. 엄마! 저도 동생을 갖고 싶어요.

　자녀에게 가장 좋은 선물은 동생입니다.

　자녀에게 물려줄 최고의 유산은 형제입니다.

　하나의 촛불보다는 여러 개의 촛불이 더 밝습니다.

　아이가 미래입니다.

　엄마 젖! 건강한 다음 세대를 위한 약속입니다.

　낳을수록 희망 가득 기를수록 행복 가득.

　가가호호 아이 둘셋 하하호호 희망 한국.

　불임 극복으로 임신 출산의 기쁨을!

　인공 임신 중절! 또 하나의 미래가 사라집니다.

여성에게 부담되었던 임신과 출산에 관한 전통적 관습과 제한은 전시기의 다산 정책에 가장 든든한 버팀목이 되었다. 실제로 피임법을 아는 이는 드물었고, 실행에 옮긴 이는 더욱 드물었다. 산아 제한은 흔히 낙태로 여겨지기 일쑤였고, 산아 제한도, 인공 임신 중절 수술도 금기시되었다.

식민지의 남성 청년들에게 전쟁터에 나아갈 기회가 '동등하게' 주어졌듯이, 여성들에게는 일본 여성들과 동등하게 아들을 전장에 보낼 기회이자 의무가 주어졌다. 내선일체의 생활 실천으로서 전쟁 참여라는 기회가 주어진 것이다. 하지만 사람들이 국가를 위해서 아이를 낳았을까? "전쟁 가서 자꾸 죽으니까, '우메요 후야세요(낳으라 불리라)'를 자꾸"들 했다고, "그때 당시에는 속국이었으니까 아주 듣기도 싫은 말"[87]이었다고 우리네 할머니들은 회고하기도 한다. 한반도의 사람들뿐이었을까. 천황에게 바치기 위해 아들을 낳으라는 말이 일본인들에게는 실제로 얼마나 공감을 얻었을까 궁금하다.

가부장적 구조는 식민지 남성과 제국의 이해가 합치될 수 있는 영역이 되었다. 식민지 시기에 여성은 제국주의의 억압과 식민지 남성의 억압에 의해 이중으로 주변화된 타자, 즉 내부의 식민지 역할을 했다.[88] 식민지의 여성으로서 가장 주변화된 사례로는 전쟁 성폭력 피해 여성의 존재가 있다. 이들은 성으로 치환된 여성이 가부장제 국가를 위한 생식 기능이 아니라 오락 기능으로 동원되었던 사례다. '모성'과 모성의 전단계로서의 '처녀성'이 후방에서 여성을 생식, 생산의 수단으로 점유한 양상이라면, 전쟁 성폭력 피해 여성은 전방에서 소모, 소비를 위해 여성의 성을 요구했던 형태다.

전쟁 성폭력 피해 여성을 가리키는 용어는 많다. 이들은 당시 군인들에게 위안을 제공한다는 의미의 '위안부(慰安婦)'로 불렸고 이후 '전쟁 성노예', '일본군 성노예'로 명명되기도 했다. 흔히 위안부와 혼동되었던 '정신대(挺身隊)'는 여성 노동력을 동원하기 위한 일종의 근로 보국대였다. 남성 군인들의 성폭력, 즉 성적인 형태를 띤 폭력의 대상으로 동원된 여성들에게는 '위안'의 명목이 부여되었다. 일본군 위안소는 "전쟁 중에 대규모로 이루어지는 섹스 시장에서의 여성 판매"의 사례로 "미군 R&R(Rest&Recreation)의 일본판"[89]으로 소개되기도 했다.

전쟁 성폭력은 전쟁의 부산물로 여겨지기 쉽지만 그렇지 않다. 전쟁 성폭력 피해 여성은 "전쟁의 부산물이 아니라 전쟁을 구성하는 핵심 제도"다. 이들은 전쟁의 폭력과 긴장을 완화하기 위한 필수적인 존재들이다. 군대는 여성성으로 규정지어진 나약함, 순종성에 대한 혐오를 기반으로 형성되지만 여성과 여성의 성을 필요로 한다. 군대는 젠더의 산물이며 폭력과 섹스가 결합된 제도이다.[90]

위안부로 모집된 이들은 한국인이 가장 많아 80~90퍼센트까지 추정된다. 나머지는 일본과 중국을 비롯해 대만, 필리핀, 인도네시아, 미얀마, 네덜란드인 여성들이었다. 이들의 숫자는 최소 3만 명에서 40만 명까지 헤아린다. 위안부 가운데는 '가난한 집의 딸'이 많았고 연령대는 20대 전후가 주를 이루었다. 위안부라는 이름의 전쟁 성폭력 피해 여성의 문제에는 가부장적 권력을 비롯해서 민족과 계급, 연령의 위계가 얽혀 있다. 또한 식민주의와 군사 권력이 여성과 남성의 성을 권력 행사의 중요한 장으로 삼아 왔던 역사도 반영되어 있다.[91]

피해 여성들은 사기를 당하거나 납치된 경우가 대부분이었다. 여성들을 매매, 유괴, 징집한 과정에는 일본군과 경찰이 중심에 있었다. 일본인만이 아니다. 한국인 남성도 인신매매 과정에 중간책으로 개입했거나 위안소의 관리인이나 운영업자들, 나아가 성폭행한 군인들 속에 존재했다. 여성들은 감금되고 고립된 상태로 군인들을 상대했다. '니규이치(二九一)'로 불렸던 위안소가 사태의 심각성을 말해 준다. 니규이치는 29대 1이란 속어인데 군인 수로 미루어 볼 때 하루에 여성 1명당 29명의 군인을 상대했다는 계산에서 나온 말이다.[92]

해방 후에도 전쟁 성폭력 피해 여성에게는 낙인이 찍혔다. 가부장제 사회에서 여성의 성은 결혼 및 출산이라는 공식적인 제도 속에서만 허용되기 때문이다. 남성의 성과 달리 여성의 성은 여성의 자아와 인격, 가치를 좌우하는 요소로 간주된다. 따라서 위안부의 존재는 쉽게 버려질 수 있었다. 1990년대 들어서야 전쟁 성폭력 피해가 가시화되었는데 여성의 성 피해가 민족주의의 이해와 일치했던 사정이 컸다.[93] 일본 제국주의가 한국 여성의 정조를 짓밟았다고 하는 민족주의적인 시각의 해석은 가부장적인 여성 순결 이데올로기를 드러낸다. 강간하는 남성의 표상으로 이민족을 상정하고, 강간당하는 여성의 표상으로 자민족을 구성하는 '민족 수난사' 이야기 방식이 그 단적인 사례다.[94]

한국은 위안부 문제를 '민족의 수치'라 보았고 일본 정부는 '자발적 공창'이라 주장했다. 정희진의 말을 빌리면 두 입장은 대립적이지만 다르지 않다. 여성의 성을 남성 공동체의 소유물로 보고 여성을 '순결한' 성폭력 피해 여성과 '타락한' 피해 여성으로 이분화했다는 점에서 그러하다. 순결했느냐/타락했느냐, 자발이냐/강제냐는 모두 성을 기준으로 여성의 존재와 인권을 이분화한 것이다.[95]

위안부 문제는 현실 정치의 이해에 따라 요동치면서 한국에서도 일본에서도 풀기 어려운 문제가 되었다. 한국 정부는 1965년 한일 협정 때 보상금을 챙긴 바 있고 이후 일본은 '민간 기금' 형식으로 보상을 하고 사과한 바 있다. 하지만 일본 정부의 사과 담화(1993년 '고노 담화')나 민간 기금 형식의 보상을 인정하지 않았던 사람들은 다른 방식으로 활동해 왔다.[96] 한국에서는 정대협(한국정신대문제대책협의회)이 중심이 되어 국적을 초월한 여성들 간의 연대와 국제 사회의 지지를 확대해 왔다. 1992년 1월부터 시작된 '정기 수요 시위'는 2011년 12월 14일에 1000회를 넘겼다. 2012년에는 전쟁과여성인권박물관이 9년 여 만에 서울 마포구에 어렵게 개관했다. 이제 후속 세대들에게는 역사를 어떻게 기억할 것인가 하는 숙제와 함께 인권과 평화를 추구하는 지난한 과제가 남았다.

소비 대중에서
국민으로

반드시 입으시오. 이천만 동포시여. 우리 손으로
맨든 값싸고, 모양 좋고, 또 튼튼한, 여름 옷감 해동
저(海東苧)를 반드시 입으시오. 우리 손으로 맨든
옷감을 입어야만 우리도 남과 같이 빛나게 살 수 있
습니다.
―서울 흥일사(興一社)의 해동저 광고, 《매일신보》
(1929. 4. 25)

상품 전쟁에 나선 병정들: 조선제, 일제, 미제

일상 소비재 곳곳에 국산이 등장한다. 국산 화장품도 괜찮다느니, 그래도 외제 차가 폼 난다느니 하는 설왕설래부터 시작해서 식탁에 오르는 먹을거리까지 국산을 따진다. '한우', '한돈(韓豚)'의 명명이나 '우리 땅에서 난 우리 농산물', '생산 이력제'는 모두 국산을 공증하는 다양한 수사들이다.

'국산'은 상품의 국가 기표로서 '외제'를 상대항으로 성립한다. 무조건 비싸고 좋은 것이 외제, 그러니까 미제나 일제, 독일제 혹은 영국제나 프랑스제 정도로 통하던 때도 있었다. 국산이고 외제고 간에 품질과 가격이 우선이라는 선택도 많다. 이름만 보고는 국산인지 뭔지도 모를 제품도 태반이다. 세계 시장을 점령한 중국산은 종종 한국산으로 '둔갑'한다. 오늘날에는 자본과 원산지, 노동력을 확정하기 어려운 상품들도 많은데, 이들은 자본과 노동의 탈영토화 양상을 반영한다.

오늘날 복잡한 경제 전선에서도 상품의 국가색을 정의하려는 시도는 계속되고 있다. 세계화의 물결 속에서도 국민 국가의 표식과 대립 구도는 꽤나 공고하다. 'K-pop 열풍'이나 '숙명'의 한일전, 올림픽과 같은 문화 상품 속에도 국가 기표가 존재한다. 국내 경제와 외국과의 통상이 충돌하여 조정되는 협상 테이블도 잇따라 열리고 있다. 2011년 말에는 경제 대국인 미국과의 무역 협정(FTA)이 날치기로 통과되었고 동시다발적으로 세계 각국과의 무역 협정이 추진 중이다.

흔히 국가, 기업, 가계는 자본주의의 세 주체로 정의된다. 나라가 망하고 일본의 식민지였던 때에도 시장에는 국산이라는 말이 많이 등장했다. 민족 마케팅과 국가 마케팅은 가장 뜨거운 광고 전략 중 하나였다. 국산이라는 개념은 국제간의 활발한 접촉을 전제한다. 물자가 상품화되는 과정에는 자본과 인력, 원료와 기술, 유통, 판권과 같은 요소가 포함된다. 이들을 따질 때야 토산이니, 국산이니, 외제니 할 수 있다. 식민지 시기에 국산은 으레 일본산을 가리켰다. 국산을 대신하여 '토산품', '선산(조선산)', '우리 것'이라는 말도 많이 등장했다. 중고등학교 역사 교과서에도 기록되어 있는 물산 장려 운동은 대표적인 토산품 장려 운동으로 꼽힌다.

국산 운동은 한국뿐 아니라 다른 식민지나 점령지에서도 전개된 바 있다. 1920~1930년대 활발하게 전개되었던 인도의 스와데시 운동이나 중국의 외화(外貨) 배척 운동은 모두 자민족의 물품을 이용하고 나아가 민족 자치와 독립을 이끌고자 했던 움직임이다. 이들은 민족 경제의 부활을 내걸고 지배국이나 점령국에 대항해서 토산 및 국산 운동을 펼쳤다.

그런데 국산 운동이 식민지나 약소국에서 전개되었던 것만도 아니다. 자본주의의 선두 주자였던 영국을 비롯해서 미국, 독일뿐 아니라 일본에서도 국산제는 국가적으로 장려되고 보호되었다. 일찍이 미국은 19세기 후반에 국내 산업의 보호를 꾀했다. 미국은 대량 생산된 값싼 영국제 수입품을 막고 갓 산업화하기 시작한 국내 시장을 보호하는 정책(home-market ideology)을 채택했다. 1930년대 중반에 일본의 섬유 제품은 미국에서 자국의 면방직 산업에 대한 "진정한 위협"[1]으로 간주되기도 했다.

독일도 적극적으로 국내 시장을 보호하는 데 나섰는데, 한국의 잡지한 귀퉁이에 독일 국산 운동의 구호가 인용되기도 했다. "네 몸에 독일서 짠 옷감을 두르고, 네 머리에는 독일서 만든 모자를 올려놓아라. 외국 물건을 사면 내 나라가 가난하여짐을 항상 맘속에 두어라. 네가 가진 돈은 독일 사람 외의 아무 나라 사람에게든지 이롭게 하지 마라."[2] 이는 1930년에 조선물산장려회가 발행하던 잡지에 '독일 사람의 실업(實業) 십계명'이란 제목으로 실렸던 문구다. 여러 선진국의 국산 운동은 물산 장려 운동의 모범적인 선례로 소개되었고 일본도 그중 하나였다. 1차 대전을 계기로 경제 부흥의 발판을 마련했던 일본은 1910년대 후반, 1920년대 초에 적극적으로 국산 장려 정책을 추진한 바 있다.

국산화 운동은 세계적으로 벌어졌던 국민 국가 단위의 경제전 속에서 살필 필요가 있다. 국산화는 보호 무역주의와 지역적인 자급자족(경제 블록) 체제가 구축되어 가던 국제 정세의 편린이다. 식민주의는 보호주의에 의해 강화되었던 국민 경제들 간에 벌어진 정치 경제적인 경쟁의 부산물이라 할 수 있다.[3] 세계 경제는 1차 대전(1918) 이전부터 국가 단위로 통제가 이루어졌다. 산업 혁명 이후 시장의 '보이지 않는 손'을 강조했던 자유(방임) 경제 체제는 바뀌어 갔다. 자본을 집적, 집중한 독점 자본가들은 국가 권력과 연계하여 자본을 확대해 나갔는데 이는 불가피하게 국가 권력에 의한 통제를 필요로 했다.

국가 단위의 경제 통제는 1차 대전 이전부터 실시되었지만, 1929년 세계 공황 이후로 '통제 경제', '계획 경제'라는 말이 자주 등장하기 시작했다. 통제 경제 혹은 경제 통제라는 말은 경제 공황으로부터 자본주의를 '구해 내고자' 자본주의를 수정하는 움직임을 일컫는다.[4] 이들 수정 자본주의의 형태는 영국의 경제학자 케인스의 이름을 딴 '케인스주의 국가', 미국 정부의 '뉴딜 정책'으로 대표되었다. 1970~1980년대에 이르러 국가가 개입하지 않아야 자본주의가 제대로 작동하리라는 신자유주의(이전 이름은 통화주의)가 등장하기 전까지, 국가 자본주의는 세계 경제를 설명하고 움직여 왔다.

　　1930년대 초의 세계 대공황은 자본주의 사상 최악의 불황(이는 2008년 다시 찾아왔다.)으로 일컬어졌다. 대공황은 미국 월스트리트의 주식 폭락을 신호로 시작되었다. 세계 경제를 선도하던 미국의 경제 위기는 여러 나라를 흔들어 놓았고 특히 독점 자본을 구축했던 미국과 독일에 타격이 컸다. 일본의 상황도 좋지 않았다. 일본은 1927년 국내의 금융 공황(1923년 관동 대지진을 수습하기 위한 수표 발행이 공황의 직접적인 원인)을 타개하기도 전에 1929년 대공황을 맞닥뜨린 상황이었다.[5]

　　많은 나라들은 다양한 경제 통제 방식을 써서 위기를 돌파하고자 했다. 그러나 "1930년대의 대공황은 결코 끝나지 않았다. 단지 1940년대의 총력 동원 체제 속으로 사라졌을 뿐이다."[6] 정부가 자본주의를 통제하는 수위는 제한적이었으며 정부가 개입해서 불황이 극복되었다고 볼 수도 없다는 뜻이다. 단기적이지만 가장 효과적인 대안은 대량의 군비 지출, 곧 전쟁이었다.

　　"전쟁은 성장된 경제의 쓰레기 하치장으로서 자본주의에는 없어서는 안 되는 또 하나의 '자연'이었다." "전쟁 역시 통제 경제의 일종"이라 할 수 있다. 자본주의 국가들이 제국주의화되는 경향은 뚜렷해졌다. "군비 확장을 바탕에 깐 식민지 재분할을 통한 시장 점거"[7]가 나타났다. 세계적으로 구축된 3개의 경제 블록, 즉 소련, 독일·이탈리아·일본, 영국·미국의 블록은 2차 세계 대전의 구도를 형성했다. 마르크스가 자본주의 국가들의 제국주의적 침략을 예견한 바에 따르면 시장은 고유한 운동 법칙에 따라 호황과 불황을 거듭하다가 대공황에 빠지는 것을 피할 수 없다. 이를 피하기 위해서는 시장이 '외부'를 발견하는 수밖에 없다. 시장은 외부에 의존하지 않을 수 없으므로 자본주의는 제국주의로 전환될 수밖에 없다. 이 외부가 값싼 노동력을 가리키든, 원료와 식량을 가리키든, 상품 시장을 가리키든 자본주의가 연명해 가는 데 핵심 동력이 되었다.

발터 벤야민의 말을 빌리면 "제국주의적 전쟁은 일종의 기술의 반란이다."[8] 증대하는 생산력의 마지막 출구는 전쟁이다. 생산력이 늘어난 만큼 소비력은 늘어나지 않았다. 생산 수단은 발달했지만 상품 시장은 부족했고 실업률은 올라갔다. 자본주의의 잉여는 조르주 바타이유의 표현에 따르면 일종의 '저주의 몫'과도 같다. 전쟁은 잉여, 즉 일종의 과잉 에너지를 파국적으로 소모하는 행위다.[9]

잉여는 일견 합리적으로 보이는 경제 법칙, 그러니까 공급과 수요의 불균형에서 발생하는 것처럼 보인다. 하지만 잉여는 자본가가 얻는 초과적인 이윤이다. 초과 이윤은 '잉여 노동'과 '잉여 노동 시간'의 결과물이자 노동자들이 희생한 대가요, 자연 자원을 값싸게 활용한 결과다. 마르크스의 『자본론』(1867)에는 노동자들의 수명과 잉여 생산이 교환되었던 과정이 생생하게 기록되어 있다. 삼엄한 징벌 체제로서의 감시 체제는 생산 노동이 자발적인 직업윤리, 즉 '소명'으로 정착되는 과정을 뒷받침했다. 자본의 축적과 함께 인간도 '축적'되어 왔는데, 인구의 증가는 생산 장치의 발달로 해결될 수 있었다. 훈련된 인구가 증가하면서 자본은 축적되어 왔다.[10]

세계적으로 보면 잉여가 이전하면서 자본이 집중되는 경향은 '주변부' 국가로부터 '중심부' 국가로 향했다. 상품 유통은 불평등한 교환의 형태를 띠었다. 자본주의의 중심부는 헐값으로 주변부의 물건을 샀고, 잉여, 즉 이윤은 한 방향으로 이전되었다. 이매뉴얼 월러스틴은 부등가 교환은 역사상 오랜 관행이었지만 자본주의는 수요 공급의 합법적인 거래, 즉 정치와 경제의 분리라는 형태로 은폐할 수 있는 방법을 찾아낸 것이 특징적이라고 말한다. 자본이 집중된 곳에서는 상대적으로 강한 국가 기구가 형성될 만한 재정적 기반과 정치적 동기가 마련되었다.[11]

잉여가 컸던 만큼 전쟁도 대규모로 진행되었다. 일본도 전쟁 당사자 중 하나였다. 일본은 중국의 동북 지방 침략(1931년 '만주 사변')에 이어 '일선만(일본-조선-만주)' 경제 블록을 구축하고 경제 통제를 통해 국내외의 위기를 벗어나고자 했다. 나아가 1937년 일본의 군사 정권은 중국 침공(중일 전쟁)을 감행했다. 일본의 식민지와 점령지를 포괄하는 경제 블록인 '엔(円) 블록'도 구축했다. 전쟁기의 통제 경제(전시 경제 통제)를 배경으로 일본은 전쟁을 위해 물자와 인력을 동원하는 체제로서의 총동원 체제를 확립했다.

'상전(商戰, commercial war)'도 실전과 함께 진행되었다. 상전은 군사 전쟁, 농업 전쟁, 사상 전쟁처럼 상공업 분야에 형성된 경제 전선을 가리키는 용어였다. 흔히 20세기는 '경제 전쟁의 시대'로 불렸다. 경제전에서 승리하면 군사전에서도 승리한다고 여겨졌다. 상전은 제국주의의 교활하고 현대적인 형태로 여겨졌다. 국산 담론은 생산과 소비의 경제 활동을 민족 국가화한 것이다. 외제(외품) 대 국산(토산)의 대결 구도는 국가 간에 구축된 블록 단위의 경제 전선을 배경으로 했다. 보호 관세를 통해 자국의 유치산업(infant industry)을 보호하고 수출 보조금을 지원하는 세계적인 보호 무역주의는 국산 담론의 정치 경제적인 배경이 됐다.

광고는 '상전의 포탄'(《동아일보》(1921. 6. 20~21))으로 일컬어졌다. 시장의 무기는 광고였다. 광고에 등장한 조선산, 토산, 일본산, 미국산과 같은 기표는 경제 전사와 같은 효과를 냈다. 전쟁의 사상적 이데올로기로서 국가와 민족을 정의하는 새로운 어휘와 서사가 활발하게 개발되고 있던 터였다. "민족주의 의식을 창출한다는 것은 늘 경계를 만든다는 것"이다. '외국'과 '자국' 사이에 놓이는 언어적, 문화적, 신화적, 시각적, 물질적인 경계 가운데 국산 운동도 속해 있었다. 국산품 광고나 국산제 일용품 박람회는 그 대표적인 형태였다.[12]

광고는 스포츠나 교육, 언론과 함께 '대중의 국민화'를 꾀하는 강력한 문화제도로 꼽힌다. 상품 시장은 특정한 계급에 속하지 않는 무리를 만들어 내며, 시장이 만들어 낸 이들 대중은 민족과 국민 공동체가 주조되는 빈 주형(鑄型)이 된다.[13] 대중을 국민화하고자 하는 정치 선전전이 치열하게 벌어졌던 전쟁기에 상업 광고는 흔히 '선전(프로파간다)'이라 불렸다.

국산 광고는 국가의 요구와 상공업자의 이해가 교차하는 양상을 보여 준다. 광고 생산자뿐 아니라 수용자를 보아도 마찬가지다. 국산을 구입하는 사람은 소비자이자 동시에 국민이 된다. 하지만 소비자와 국민은 동일하지 않다. 국가와 상인, 국민과 소비자는 어떻게 만나고 어긋날까. 국산 광고가 던져 주는 흥밋거리다.

토산: 조선 사람은 조선 것을 쓰자

광고 1　본국(本邦)의 물산(物産)을 수출하여 해외의 금융을 흡인(吸引)하는
　　　　자도 오직 우리 한양상회요, (중략) 진실로 진정한 대한국인(大韓國
　　　　人)으로 한양상회를 사랑하지 않는(不愛하는) 자는 우리(吾輩)는 일
　　　　찍이 보지 못하였도다(不見하엿도다).

　　　　한양상회,《황성신문》(1910. 6. 30)

광고 2　경제가(經濟家)는 피워 보시오, 민업(民業) 연초를, 우국가(憂國家)는
　　　　피워 보시오, 광강(廣江) 연초를.

　　　　광강상회,《매일신보》(1913. 11. 20)(『한국 광고 100년(상)』, 19쪽 재인용)

광고 3　조선서 제조하는 최양품(最良品). 내지(內地) 제품에 비하면 손색
　　　　무(無).

　　　　대륙파나마 해로원제모소(海老原製帽所),《매일신보》(1917. 5. 17)

광고 4　우리 사람 유일의 공동 분배 기관.

　　　　송영상회,《동아일보》(1924. 10. 14)

광고 5　우리 양행은 우리 사람이 우리를 위하야 영업하는고로 환영하는 것
　　　　은 감사하오나 그보다 우리의 상품이 더 좋고 값이 더 싼 것을 알아
　　　　보시오.

　　　　유한양행,《조선일보》(1928. 1. 24)

광고 6 조선 물산 장려를 위하여 안성맞춤 유기를 쓰시오.

안성맞춤 유기,《동아일보》(1928. 10. 7)

광고 7 반드시 입으시오, **이천만 동포**시여. **우리 손**으로 맨든 값싸고, 모양 좋

고, 또 튼튼한, 여름 옷감 해동저(海東苧)를 반드시 입으시오. **우리 손**

으로 맨든 옷감을 입어야만 **우리도 남과 같이** 빛나게 살 수 있습니다.

흥일사,《매일신보》(1929. 4. 25)

광고 8 우리의 자본으로 만든, 우리의 기술로 만든, 우리의 **노동**으로 만든 빨

랫비누 부(富)표!! 이것을! 쓰면 경제가 됨으로 부자가 된다고 해서

부표라고 한답니다. 우리가 남의 주머니에 넣어주는 빨랫비누, 감히

놀라지 마시오! 1년(一個年)에 150만 원!

부국상회,《조선물산장려회보》(1930. 5)

광고 9 참으로 우리 물건과 우리 손으로 만든 실용품, 품질 견고한 왕골 쓰

레빠.

진원상점,《삼천리》(1930. 10)

광고 10 우리 옷감 태극성 광목.

경성방직,《동아일보》(1938. 9. 15)

위 광고는 모두 한국 제품 광고로 '우리'와 '우리 것'을 강조했다. 1910년
8월 강제 병합 이전에 나왔던 광고는 "대한국인"을 내세웠다.(광고 1) 식

민지가 된 이후에도 "우리 사람", "우리 물건/상품", "우리 옷감", "우리 손", "우리의 기술", "우리의 자본"이라는 문안은 꾸준히 등장했다. 토산품을 강조하는 광고는 1900년대 후반 국채 보상 운동이 벌어졌던 시기와 1920~1930년대 초반 물산 장려 운동이 벌어졌던 시기에 많이 나왔다. 광고 10의 경성방직은 규모 있는 기업이라 이미지 광고를 많이 냈지만, 대체로 한국인 기업이나 상점은 소규모가 많았기에 문안 중심의 설명형 광고를 많이 냈다.

'우리'는 참으로 독특한 말이다. 우리는 쉬 하나가 되지만 남을 만들어 낼 때야 우리가 될 수 있다. "우리가 남이가."라는 말은 특징적인 한국어 관용구 중 하나다. 근대 광고 속에 등장한 '우리'는 외품/외화/외국품, 박래품/수입품, 내지 제품을 타자로 돌려놓은 데서 비롯된 공동체다. 우리의 존재는 "대한국인", "우국가(憂國家)"라든가, "이천만 동포"로 제시됐다. "본국(本邦)", 아(我) 조선, 아국(我國), 민족 기업, 조선 기업으로 우리가 명명되기도 했고, 차별화된 제품명으로 나타나기도 했다. 위 광고에 나온 "안성맞춤 유기"나 "해동저", "부표" 빨랫비누, "태극성" 광목을 비롯하여 한씨고약, 조고약, 박가분과 같은 한자 제품명은 토속적인 느낌을 주었다. 영어와 일본어 제품명이 주류를 이루었기 때문이다.

광고 속에는 '우리'뿐 아니라 '동포', '조선 사람/조선인', '민족', 그리고 드물게 '국민'도 등장했다. 동포부터 국민에 이르는 개념들은 신분 구별이 무너진 후 요청되었던 균질적인 공동체 개념이었다.[14] 이 중에서 '민족'은 붕괴된 국가를 대체하는 상상적인 어휘로 가장 늦게 등장했는데, 대한제국이 거의 붕괴되었던 1909년이 되어서야 등장했다고 한다. '동포'라는 말은 "'모두 다 같은 형제'라는 수사학적 상상력"을 불러일으키며, "일본 제국으로 통합되지 않는 조선의 특수성"[15]을 가리켰다.

'우리'는 배타적인 요청이다. 우리를 제외한 나머지는 '남'이다. '우리'라는 집단적 자기 도식 만들기에서는 흔히 우리의 장점이 강조되고 그들/남들의 나쁜 속성이 강조된다.[16] 광고에는 "우리의 상품이 더 좋고 값이 더 싼 것"(광고 5)이라든가 "내지(內地) 제품에 비하면 손색 무(無)"인 "최양품(最良品)"(광고 3)이라는 점이 강조되었다. 가격과 효능을 공략한 경우도 많았지만 민족적인 호소도 흔했다. "우리도 남과 같이 빛나게 살 수"(광고 7) 있으려면, "남의 주머니에"(광고 8) 돈 들어가게 하지 말고 우리 것을 사라는 식이었다.

우리를 만들어 냈던 그들은 무엇이었을까? 1900년대 초 상품 시장에서는 영국, 미국, 독일, 프랑스, 일본 등속의 제품이 외품, 외화로 묶였다. 대한제국이 일본에 강제 병합된 후에는 일본 제품이 우리 것과 대립하는 외제로 급부상했다. 한 예로 개항기부터 주요 수입 품목이었던 직물을 보면 1880~1890년대에는 영국산 면직물 수입량이 많았으나, 1890년대 후반에 이르면 일본제가 영국제를 압도했다.[17]

식민지 시기 내내 한국의 무역량은 일본에 의존하는 정도가 높았다. 일본에서 수입한 것은 '이입(移入)'이란 항목으로 따로 분류됐는데, 전체 수입액 중 이입 비율은 1910년 63.7퍼센트에서 1944년에는 80.5퍼센트로 늘어났다. 완제품 수입 비율을 보면 일본 이외의 지역에서 수입한 비율은 급감했지만, 일본에서 이입한 비율은 50퍼센트 이상 유지되었다. 식민지 시기 말기로 갈수록 일본 상품의 이입 비율은 늘어났다.[18] 일제나 일본산으로 표시된 제품에는 일본에서 만든 것뿐 아니라 일본이 중개한 서구 제품도 많았다. 사람들이 "입고, 먹고, 쓰고, 먹고, 바르고, 타고" 하는 모든 것이 도쿄와 오사카에서 왔다고도 했는데 이는 사실에 가까웠다.

상품 시장에서 일본은 대적해야 할 대상이었다. 우리 것, 조선산, 토산은 모두 일본산과 충돌하면서 형성된 자기 정체성이었다. '우리 조선'이라는 의식이 일본을 타자로 해서 형성되었다는 점에서 일본은 한반도에서 "일종의 '아(亞) 오리엔탈리즘(sub-orientalism)'의 역할"[19]을 했다고할 수 있다. 일본의 정체성이 서유럽과 미국의 압력을 의식하고 만들어졌듯이 한국의 민족 정체성은 일본을 의식하고 만들어졌다. '조선인으로서의 우리'라는 감각은 일본의 충격에 대응하는 한편으로 일본을 모방하는 가운데 형성된 공동체적인 감각이라 할 수 있다.

일본은 시장의 점령자였지만 동시에 국산 운동의 모범적 사례이기도 했다. 물산 애용 운동의 모델로 "문명국"이 제시될 때도 일본은 빠지지 않았다. 국산 운동은 세계적인 추세로 영국과 독일, 러시아를 비롯해서 "일본, 기타 문명국에서도 여러 방법으로 국산 애용을 장려하는 중"[20]이라고 소개되었다. 식민지에서 벌어진 물산 장려 운동은 자본주의의 선진 국가들이 자국의 산업을 보호, 육성하고 국산화 정책을 추진하던 상황을 고무적으로 받아들였다.

물산 장려 운동은 생산과 소비의 국산화 운동으로 1920년대 초부터 1930년대 초까지 전개되었다. 운동 주체인 조선물산장려회는 1923년에 창립했고 1937년에 해산했다. 조선물산장려회의 핵심 인물은 민족주의자와 상공업자들이었고, 동아일보사는 실질적인 주체 기관으로 알려져 있다. 민족의 경제적인 자립을 위한 산업 진흥과 소비 운동은 1919년 3·1 운동 이후에 물산 운동으로 구체화되었다. 물산 운동이 가장 호응을 얻었던 시기는 1920년대 초반이었고 '우리 물산'에 대한 강조는 1930년대 후반까지 이어졌다. 1922~1923년에 물산 운동은 전국적인 반향을 일으켰으나 이후 순조롭게 진행되지 못했다.[21]

물산 운동을 들여다보면 '우리 것'이 강조되었던 현실적인 배경을 짐작할 수 있다. 일상이 '외화(外貨)'로 채워진 상황에서 조선 상품에 대한 편견은 심했다. "우리의 신변을 돌아보면" "전부가 외화이며 모든 살림살이가 외화 없이는 참으로 살 수가 없는 형편"이었다. 상공업자들은 생산력 증대에 힘쓰지 않고 외국 상품을 취급하며 눈앞의 이익을 추구했다. 소비자들도 마찬가지였다. "우리 조선 것이라 하면 소비 대중이 불신"했고 "덮어놓고 불량한 것으로만 알아서 쓰지 않"는 경향이 많았다. "박래품이나 현해탄 건너서만 온 물품이면 제일이라고 덤비"[22]는 사람들은 수두룩했다.

물산 운동은 소비뿐 아니라 생산력의 증대도 강조했다. '산업 혁명'으로 내세울 만큼 1930년대 한국의 경제는 팽창하고 있었다. 하지만 '조선 경제'의 발전이 '조선인 경제'의 발전과 직결된 것은 아니었다. 조선인 경제와 분리된 조선 경제에 대한 비판적인 목소리도 높았다. 물산장려회는 생산 장려책으로 기술 정보나 사업 설계, 소비 통계를 제공하고 생산 능률을 높이는 방안들을 강구했다.

하지만 식민지의 상황에서 생산 운동은 일정한 한계가 있었다. 생산 운동은 "일본 제국의 식민지인 조선의 처지로 가망이 없는 문제"[23]라고 여겨졌다. 따라서 '애용 장려'가 물산 운동의 초점이 되었다. 하지만 생산이 뒷받침되지 못하는 소비 운동은 근본적으로 한계가 있었다. 흔히 비교되는 인도의 스와데시가 성과를 거두었던 배경에는 수입품 공급이 줄

광고 11 위협적인 만년필 "외국제 만년필"을 내려 찌르는 도안이 인상적이다. 한국 동원상회의 반도만년필,《조선일보》(1925.8.25).

광고 12 위협적인 고무신 일장기를 단 신발을 총검으로 찌르고 있다. 중국 대중화고무회사의 쌍전(雙錢牌, 패(牌)는 브랜드를 가리킴)고무신,《지롄후이칸(機聯會刊)》(1931. 11. 16) 표지 광고(Karl Gerth, *China Made*, p. 338 재인용).

어드는 것과 비슷한 속도로 인도 제품의 공급이 늘어나서 가격을 유지할 수 있었던 사정이 있었다.[24]

식민지나 약소국은 시장을 점령한 식민 통치국과 강대국을 적으로 돌려놓고 토산이나 국산을 규정해 나갔다는 공통점을 지닌다. 토산품 광고는 민족 공동체로서의 우리 찾기에 대한 열망을 담고 있다. 민족주의적인 소비란 가격이나 품질과 동등한 요소로 제품의 민족성을 두는 행위다. 근대 중국에서도 비슷한 국산 운동을 찾아볼 수 있다. 아편 전쟁(1839~1842)에서 패배한 이후에 중국은 여러 강대국들의 조계(租界)가 세워지면서 반(半)식민지적 상황에 놓였는데, 1912년 중화민국이 수립된 이후부터 국산 운동이 펼쳐졌다. 특히 1931년 일본의 침공을 기화로 일본에 대항한 국산 운동이 활발해졌다.

인용한 광고는 1920~1930년대에 나온 한국(광고 11)과 중국(광고 12)의 국산 광고로 퍽 닮아 있다. 광고가 내세운 토산품은 모두 외제와 대적하고 있다. 한국의 만년필 광고와 중국의 고무신 광고는 모두 외국제를 찌르는 형상을 취하고 있다. 한국의 '반도만년필' 촉은 "외국제 만년필"을 쳐 죽일 기세다. 한국 광고에는 건장한 남성이 객관적 상관물로 등장했다. 우리 손으로 만든 반도만년필로 외국제를 쫓아내겠다("자작자급(自作自給)인 이 반도만년필은 외국제(外國製)를 구축(驅逐)ᄒ도다.")는 설명이 달려 있다. 중국 광고에서는 중국 군인이 총검으로 일본 군인(군인으로 의인화된 신발)의 심장부를 찌르고 있다. 쓰러지는 쪽이 일본 병사임을 나타내는 표식은 가슴에 달린 일장기 하나다.

중국의 국산 운동은 일본 상품을 겨냥한 경우가 많았다. 중국의 국산 운동은 "제창국화(提唱國貨)", "일화배척(日貨排斥)"이란 구호로 집약할 수 있다. 국산품 사용은 일상에서 제국주의를 반대하고 민족주의를 실천하는 방법으로, 외화의 공세에 밀리는 국가 경제를 구제할 수 있는 소비 실천으로 여겨졌다.[25] 중국 정부가 1931년 '배일화(排日貨) 운동 5년 계획'을 세운 후 국산 운동을 확대해 간다는 소식이 《동아일보》(1931. 8. 28)에 보도되기도 했다. 중국에서 일본 제품을 사는 것은 매국 행위요, 중국제를 사는 것은 구국의 길로 제시되었다. 반면 많은 일본 회사는 "일본 상품의 지나 개척을 위해"[26] 중국 신문에 광고하고자 했다. 하지만 반일 감정 때문에 중국 신문에 일본 광고를 게재하기는 수월치 않았다.

식민지였던 한반도에서는 '일화배척'이라는 직접적인 구호보다는 "물산 장려", "토산 애용", "자급자족", "자활 운동"과 같은 보다 온건한 구호가 제시됐다. 잘 알려진 "내 살림 내 것으로", "조선 사람 조선 것"은 물산 운동이 내걸었던 대표적인 구호였다. 물산 운동은 "질이 떨어지는 토산품 가격이 폭등할 정도로 민중의 호응"[27]을 받기도 했다. 광고 지면에서도 이른바 민족 마케팅은 활발해서 1938년경까지 신문의 지면에 토산품 광고가 등장한다.

그런데 어떤 상품을 토산품으로 규정하는 데는 일정한 '문식력(literacy)'이 요구된다. 상품의 원료와 자본, 기술과 유통의 요소를 따졌을 때야 '조선제'인지, 아닌지 규정할 수 있다. 토산을 규정하는 문식력은 '소비자'와 '소비되는 것' 사이에 놓인 민족주의적 소비 담론이다.[28] 토산품 소비는 민족주의적인 응시가 내면화되는 과정에 속한다. 토산 소비에는 제품의 민족색을 따지는 자기 규제와 감독의 과정이 필요하다. 무엇이 토산인지 아닌지 알아야 토산 소비 운동에 참여할 수 있다.

'무엇이 조선산이냐'인지 당시의 물산 운동에서도 의견이 분분했다.

"우리 물산으로 자랑할 것이 고무신이냐? 옳지! 그것들은 우리 사람의 회사에서 제조된 것이 경성, 평양 등지에서 상당히 많기는 하다. 그러나 그것을 제조하는 기계가 외래품이고 그것을 제조하는 재료가 외래품인 것을 어찌하느냐." "우리 사람의 회사에서 제조된 것"이라 해도 기계와 기술, 원료가 외제라면 조선 물품이라 할 수 없다는 뜻이다. "태극성(太極星)"이니, "불로초(不老草)"니 하는 경성방직회사의 제품도 "조선인이 경영하는 회사 제품"이지만 기계와 원료가 외래품이라면 "우리 물산"[29]이라 할 수가 있을까?

하나의 상품이 만들어지기까지는 자본, 원료, 기술, 노동, 유통과 같은 여러 요소가 얽혀 있다. 조선 상품이라 했지만 일본 자본이 더 많이 투자된 경우도 흔했고, 제품명이나 물건의 스타일이 '순(純)서양식'일 수도 있었다. 외국인 기술자가 만들었다면 제품은 토산일까, 아닐까? 자본과 노동력의 탈영토화 양상이 두드러지는 요즈음에 이런 엄격한 기준을 적용했다간 토산은 영영 존재하기 어렵다. 어떻게든 토산과 국산은 여전히 만들어지고 있으며 이들은 혼종적일 수밖에 없다.

국산은 단일하지 않다. 국제 교류가 활발해진 이후 제품은 자본부터 유통망까지 혼합된 산물이게 마련이었다. 제품의 국가 소속이나 민족성은 따지기 어려운 문제였다. "순(純)조선 물산"이나 "순(純)중국산"은 존재하기 어려웠다. 특히 산업화의 기반이 약한 약소국이나 식민지에서 자본이나 기술의 토착화를 꾀하기는 힘들었다. 또한 강대국이라 해도 해외로 진출하여 값싼 원료나 노동력을 이용했으므로 외제나, 외제에 대항하는 국산이나 모두 혼종적인 개념이었다. 국산은 시장의 혼종상 속에서 민족색·국가색이 부여된 결과물로서의 '신화'였다.

국산이란?: 순토산, 순국산부터 명예 국산까지

90여 년 전 토산, 국산의 기준을 두고 고민했던 한국의 사례와 중국의 사례가 있다. 한국에서는 '순조선 물산', '준조선 물산'이 등장했고, 중국에서는 '명예 국산'이 등장했다.

1 1920년대 후반 한국에서 토산('조선산')을 규정했던 사례

물산 장려 운동을 이끌었던 조선물산장려회에서는 물품의 민족색을 '순(純)조선 물산', '준(準)조선 물산', '가공(加工) 조선 물산', '비(非)조선 물산'의 4단계로 분류했다. 자본, 원료, 노동의 3요소가 분류 기준이 되었고, 구체적인 제조 회사와 상품명이 제시되기도 했다.(출처: 방기중, 『근대 한국의 민족주의 경제사상』, 109~110쪽)

- 순(純)조선 물산: 조선에서 산출된 원료 + 조선인 자본 + 조선인 노동으로 제조한 상품. 예를 들어 토산 직물류, 화문석, 세죽품, 한지류, 문방구와 같은 지방 특산물.
- 준(準)조선 물산: 가공하지 않은 수입 원료 + 조선인 자본 + 조선인 노동으로 제조한 상품. 예를 들어 고무신과 유리 제품, 기타 가구류.
- 가공(加工) 조선 물산: 약간 가공된 수입 원료 + 조선인 자본 + 조선인 노동으로 제조한 상품. 실생활에 필요한 상품 원료에 한정해서 임시로 인정한 품목들로 조선인 자본가가 생산하는 대다수의 공산품이 해당됐다. 예를 들어 직물류, 약품, 화장품, 유지, 잉크 등속의 공산품.
- 비(非)조선 물산: 상품으로 가공된 원료를 수입해 일부 변조, 첨가해 조선인 상호만 붙인 것으로 물산 장려 대상에서 배제된 품목. 예를 들어 자동차, 재봉침, 만년필, 시계 등.

2 1920년대 후반 중국에서 국산(중국산)을 규정했던 사례

1928년 중화민국 정부는 '국화 증명서(國貨證明書)'를 발급하고, 국산의 기준(중국 국화 잠정 표준(中國國貨暫定標準))을 마련하기도 했다. 국산을 규정하는 기준은 자본, 경영, 원료, 노동의 4요소였고 국산은 7단계로 분류되었다. '명예 국산(參國貨, Honorary National Products)'이라는 생소한 어휘도 등장했는데, 외국 자본이지만 중국인 노동력과 원료를 사용해서 중국 내에서 생산된 물품을 가리켰다.(출처: Karl Gerth, *China Made*, p. 196*)

- 1단계: 중국인 자본, 경영, 원료, 노동.
- 2단계: 중국인 자본, 경영, 노동 + 가공하지 않은 외국 원료를 소량 사용하거나 외국인 기술자를 고용한 경우.

- 3단계: 중국인 경영, 원료, 노동 + 해외 자본을 이용한 중국인이 투자한 경우(외국인 기술자를 고용한 경우도 해당됨).
- 4단계: 중국인 자본, 경영, 노동 + 주원료가 외국 원료일 경우(외국인 기술자를 고용한 경우도 해당됨).
- 5단계: 중국인 경영, 노동 + 해외에서 빌려 온 중국인 자본에다 주원료가 외국 원료인 경우(외국인 기술자를 고용한 경우도 해당됨).
- 6단계: 중국인 경영, 노동 + 해외에서 빌려온 중국인 자본에다 주원료가 가공하지 않은 외국 원료일 경우(외국인 기술자를 고용한 경우도 해당됨).
- 7단계(1930년대에 추가된 사항): 중국인 자본, 경영, 노동 + 100퍼센트 외국 원료를 사용한 경우(외국인 기술자를 고용한 경우도 해당됨).

---

* Karl Gerth, *China Made*, p. 194~197. 5단계와 6단계는 바뀐 게 아닌가 싶지만 원문대로 인용했다. 저자에게 문의한 결과 7단계의 labor는 capital의 오기로 확인해서 수정했다.

조선제라는 단일 신화와 마찬가지로 '우리'라는 공동체 역시 마찬가지였다. 생산 주체를 보면 대자본가와 중소기업가, 가내 수공업자의 이해는 같을 수 없다. 소비자 역시 여러 부류가 있다. 사치품 소비자와 일용품 소비자의 처지는 다르다. '우리'는 계급 면에서 균질적이지 않았지만 단일한 공동체적 주체로 "환유"[30]된 결과물이었다. 우리라는 말은 다양한 이해관계를 봉합하고 민족 단위의 공동체성을 규정해 낸다. 소비자가 '우리-이천만 민-민족'으로 호명된 이상 토산품 애용은 제국주의에 항거하는 수단의 하나로 자리매김했다.

하지만 국산의 품질이나 가격은 문제가 됐다. 대량 생산된 외국 공산품에 비해 자본이 영세하고 가공 기술이 부족한 토산품은 경쟁력이 떨어질 때가 많았다. 사람들이 민족적인 소비에 호응하자 토산품의 가격은 폭등해 버렸고 물산 운동의 열기는 금세 수그러들기 시작했다. 토산품의 상품 가치가 높지 않았다는 이유 외에도 물산 운동의 주체가 된 일부 민족주의자들이 지닌 관념적 성향도 물산 운동의 한계로 작용했다.[31]

또한 물산 운동에는 상인과 자본가의 이해가 얽혀 있었다. 많은 한국인 상공업자들이 민족 마케팅을 통해 이문을 남기는 데 주력했다. 물산 장려의 구체적인 형태는 "소비자의 금전이 우리 상공업자 수중으로 들어가게 하는"[32] 것이었다. 일본의 독점 자본이 활발하게 진출하면서 많은 한국인 중소 자본가들은 어려움을 겪었다. 한국인들이 경영한 공장이나 회사는 많았지만 자본금의 규모는 작았다. 일본의 독점 자본은 1920년대 후반부터 한국에 활발하게 진출하기 시작했다. 1931년 우가키 총독이 취임한 이후 진행했던 이른바 '농공병진(농업과 공업의 동반 발달)'의 방침상 농촌 진흥책 이외에 공업화에 필요한 대규모 자본은 일본의 민간 자본을 유치해야 했다. 당시 한반도에서는 주요 산업의 생산과 판매에 대한 통제가 이루어지지 않았으므로 일본의 독점 자본이 진출하는 데 유리했다.[33]

"조선인 기업가들은 자신의 이해관계를 관철시킬 수 있는 제도적 통로가 없는 식민지 자본주의 체제하의 틈새시장에서 활동 영역을 찾는 수동적 존재"[34]였다고 할 수 있다. 경성방직이나 화신백화점과 같은 규모 있는 토착 자본이 있었지만 이는 소수에 속했다. 식민지 자본주의 체제에서 토착 기업인을 뒷받침할 국가 권력은 존재하지 않았다. 세력권이 침해된 많은 상인 자본은 자신의 활로를 모색하고자 민족 마케팅을 택했다. 따라서 물산 운동은 자본가와 중산 계급을 위한 운동이라는 사회주의자들의 비판에서 자유롭지 못했다.

방기중은 물산 운동의 자본주의적 특성 및 한계점을 지적한 바 있다. 물산 운동으로 이어진, 사람들이 체감했던 경제 위기는 "일본 독점 자본의 발전이라는 발전 주체의 문제였지 그 발전의 자본주의적 방향과 원리는 아니었다." '조선 경제'의 위기는 '조선인'의 경제적 몰락을 가져 왔다는 점에서 문제가 되었다. 식민지의 사람들은 "스스로 자본주의적 생산력 발전을 도모하는 길밖에 없다는 진화론적 관점"[35]을 취했다. 물산 운동이 내세운 민족의식은 더 강력한 민족-국가를 지향하고 있었다.

실제로 물산 운동에서 민족 경제 자립론을 내세웠던 이들은 1930년대 초중반 총독부가 표방한 조선 경제 살리기 정책에 포섭되기도 했다. 문명개화를 지향하는 민족주의적 움직임은 자본주의적 근대성에 복무하는 수순을 밟았다. 그리고 "그 자본주의적 근대성이란 한국의 주권을 획득하기 위해서라기보다는 식민지 체제하에 편입되는 것을 통해 얻을 수 있는 것"으로 귀결될 가능성이 컸다. 물산 운동이 강조했던 조선산이

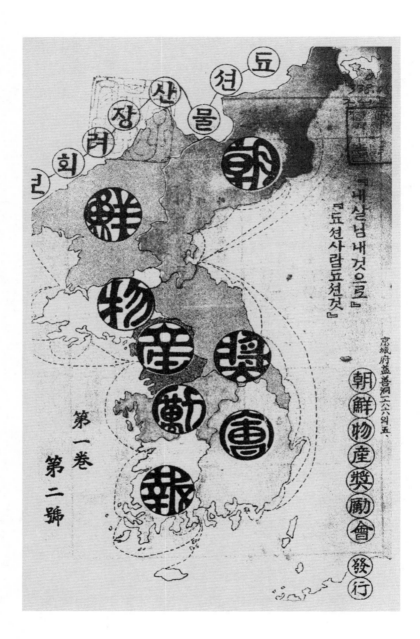

물산 운동 사례 조선물산장려회의 기관지인《조선물산장려회보》의 표지에 한반도 지도가 등장했다. 실제 표지를 보면 색색깔로 화려한데, '조·선·물·산·장·려·회·보'라는 글자가 한반도 지도를 채웠다.(《조선물산장려회보》 1권 2호(1930. 1), 연세대학교 학술정보원 소장) 경성방직이 낸 태극성 광목 광고는 인상적인 문자 디자인을 썼다.(《동아일보》(1936. 6. 5)) 경성방직의 광목 제품은 '태극성'으로 힘차게 빛나고 있다. 광고의 시각 언어에서 빛은 흔히 미래와 희망을 상징한다. 음표와 함께 적힌 것은 물산 운동의 노래다. "조선 동무"와 "이천만 민"이 "우리 힘"과 "우리 재주로 우리가 만들어서 우리가 쓰"면 "거기에 조선이 빛나리로다 거기에 조선이 빛나리로다"라는 가사가 눈에 띈다. 경성방직은 보기 드문 한국인 대규모 자본으로, 설립자인 김성수는 1935년에 동생 김연수에게 경영권을 넘겼다.

란 총독부가 홍보했던 '선산(鮮産, 조선 산품)', 즉 조선에서 생산되는 모든 산물과 구분되지 않았다.[36] 결과적으로 물산 운동이 추구했던 민족 경제 자립은 총독부가 추진했던 조선 경제 진흥책과 구분되기 어려웠다.

그렇지만 자본주의적인 근대성에 대처하기란 녹록하지 않다. 식민지 상황에서는 더욱 그렇다. 한국은 식민지의 형태로 세계 자본주의 체제의 주변부에 편입되었다. '자본주의화-근대화-서구화'는 한 묶음으로 여겨졌고 불가피한 역사적 현실이었다. 그런데 임지현·사카이 나오키가 꼬집듯 "다른 선택이 없는 불가피한 길로서의 근대화, 서구화라는 것을 역사적 조건 속에서 당연한 것으로 정당화하는 것과, 그 불가피성을 역사적 흐름 속에서 인정은 하지만 동시에 그것이 가진 문제점을 지적하는 것은 분명히 다르다."[37]라고 한다면 우리는 어떻게 해야 할까? 식민지 시기를 엿보고 오늘날을 돌아보면서 부닥치는 막다른 질문이다.

1930년대에는 국가 개입을 통해 자본주의의 위기를 극복하고자 하는 움직임이 세계적으로 지지와 동의를 얻고 있었다. 국가가 개입하여 생활 수준을 개선하고 경제 위기를 극복한다는 수정 자본주의는 사회주의에 대한 효과적인 방어책이 되기도 했다. 민족주의 진영이나 사회주의 진영은 공통적으로 일본의 독점 자본을 유치하는 총독부의 정책에는 비판적이었지만, 국가 자본주의에 대해서는 대체로 수긍했다. 일본과 조선 총독부의 통제 경제에 대해 조선의 좌·우 지식인들은 긍정적인 입장을 취했다.[38]

국산: 강한 일본의 국민이 되라

일본에서는 1910년대 중반 이후부터 국산화 정책이 본격적으로 실시되었다. 1차 대전 속에서 일본은 경제 발전의 발판을 마련했다. 전쟁이 발발하면서 서유럽 등지에서 수입해 오던 박래품 수입이 중단되자 국산화가 추진되었다. 일본 경제는 1923년 지진 공황(관동 대지진으로 인한 경제 공황) 이전까지 미증유의 호황을 맞이했다. 세계 대전의 호경기를 타고 축음기, 악기, 카메라 같은 고급 소비재 시장도 확대되었다. 상품 시장이 커지면서 이른바 생활의 합리화로 일컬어지는 '양풍화(洋風化)' 경향도 뚜렷해졌다. 광고 산업도 따라서 팽창했다. 신문과 잡지의 상업화, 기업화 경향도 강해졌으며 대중 잡지가 잇달아 창간되었다. 대표적으로 《가이조

국산을 내세운 광고 사례 각각 라이온 치약(광고 13)과 아지노모도(광고 14) 광고다. 모두 일본 제품이지만 국산으로 광고했다.

(改造)》가 창간된 때는 1919년이었다.[39]

대표적인 일상 소비재인 의약품을 보면 1차 대전 이전에 일본은 서유럽, 특히 독일로부터 약품을 수입했다. 전쟁이 발발한 후 수입 약값이 폭등하자 일본 정부는 '공업 소유권'에 관한 법령을 제정하고 국산화를 정책적으로 추진했다. 그에 따라 제약 공장이 늘어나고 약품·염료 회사가 설립되면서 제약업은 급속히 발전했다. 1910년대 중반을 넘기면서 인단, 중장탕, 로도 안약, 대학목약과 같은 신약 제품이 발매되었고 광고도 활발하게 하기 시작했다.[40]

화장품으로 분류되었던 치약과 비누를 비롯해서 백분, 화장수, 크림,

향수도 속속 국산화되었다. 미소노(御園), 구라부, 레토(レート), 라이온, 카오, 오리지나루(オリヂナル), 미츠와(ミツワ) 비누 등도 신제품으로 발매되었다. 맥주도 청주 이상으로 보급되기 시작했다. 맥주 시장에는 '일본 맥주(아사히, 삿포로, 에비스)'와 '기린 맥주(기린)'의 양대 체제가 확립되었다. 자전거와 전등, 다리미와 같은 가전제품도 국산화되기 시작했다. 1913년에는 자동차를 시범 제작했다고 한다. 특히 화장품이나 자전거 부문에서 일본은 구미를 대신해서 중국과 동남아시아에 수출국으로 등장하기 시작했다.[41]

한국에서는 1880년대 중반에 일본 광고가 처음 등장하여, 1910년대부터 신문과 잡지에 자주 나타나기 시작했다. 일본제를 국산제로 내세운 광고는 1910년대 초반부터 속속 등장했다. 하지만 식민 통치의 초기였던 만큼 '일본국'이라든가, '일본 국산'이 따로 표기되는 경우도 많았다.

광고 13　일본국 대표자의 일(一), 금(今) 치마(齒磨, 치약)로 인하야 아(我) 대일본 제국을 대표한다 하면 그 최적한 자는 실로 라이온 치마라.
　　　　　라이온 치약,《매일신보》(1914. 1. 15)

광고 14　일본의 국산으로 자랑할 것이 있는가? 있다! 있다! 이에 유일한 문화적 조미료 아지노모도가 있다!
　　　　　조미료 아지노모도,《동아일보》(1925. 3. 10)

광고 15　구미의 고급품보다 우수한 일본에서 제일 좋은 구라부 백분.
　　　　　구라부 백분,《동아일보》(1924. 11. 11)

광고 16 동양 제일 카오석감(カオ セツケン). 품질, 공장 설비, 생산액 세 가지
　　　　모두 다 동양 제일.
　　　카오 비누,《별건곤》(1930. 10)

광고 17 파리제라도 못 따릅니다. 일본에서 이런 좋은 연지가 생겨서는!
　　　긴츠루(金鶴) 연지,《조선일보》(1937. 8. 25)

　　광고 13~17는 모두 한글 신문과 잡지에 실린 일본 제품 광고이다. 광
고는 모두 국산제를 내세웠다. 광고의 핵심에 해당하는 제품명이나 슬로
건, 표제어에는 한자나 가타카나, 영어가 쓰였지만, 본문은 대체로 한글
로 옮겨 독자를 폭넓게 확보하고자 했다. 일본어에는 따로 한글 음독이
달려 있기도 하다. 1910년대 중반에 실린 라이온 치약 광고(광고 13)에는
"우리(我) 대일본 제국을 대표", "일본국 대표자의 일(一)"이라는 말이 쓰
였다. 광고에다 국기를 배치한 아지노모도 조미료 광고(광고 14)와 함께
보자면 해외 시장 개척자로서의 상품 및 광고의 역할이 선명히 드러난다.
　　시간이 흐르면서 "일본의 국산"(광고 14)이라는 기표가 등장했다. 일
본 국산제는 서유럽과 미국의 제품을 모방하고 대적한 결과물이다. "일
본에서 제일 좋은" 화장품은 "파리제라도 못 따"(광고 17)르고, "구미의
고급품보다 우수"(광고 15)하다고 선전하고 있다. 미국이나 영국, 독일, 프
랑스의 제품은 흔히 외국-선진-고급 제품으로 여겨졌다. 일본을 통해 박
래품이 중개되는 경우가 많았던 식민지에서는 '조선'→ 일본→서구로
향하는 선망의 도식이 자리 잡았다.
　　식민지 시기 가장 인기 있었던 광고 문구로는 '직수입'을 빼놓을 수

없다. 직수입이란 일본을 거치지 않고 한국이 "선진 외국", "선진국"과 직접 접속했다는 의미를 지닌다. "직수입 전문 회사", "직수입 전문상", "미국 최신식 유행 양화 전문상"과 같은 슬로건은 고급 취향을 시위했다. 유명한 유한양행의 경우 약품 제조를 시작하기 전까지 "미국 직수입 전문상"이라는 기업 슬로건을 내걸기도 했다.

"동양 제일", "동양 일(一)"이라는 말도 등장했다. 1930년대 카오 비누는 '동양 제일'을 제품 슬로건으로 내세웠다.(광고 16) 일본의 동양제 기표는 서양 대 동양이라는 상상적인 지리 구도를 활용했다. 일본은 서양의 물품을 대신해서 중국을 비롯한 동남아시아 시장을 공략하고자 했다. 많은 제품은 국산제라는 상상, 나아가 동양 최고라는 환상을 통해 소비자의 일본화를 꾀했다.

광고의 국민화 기능을 미국 광고사에서 참조할 수 있다. 상업 광고의 발달이 빨랐던 미국에서는 미국화(Americanization)를 위한 광고의 중요성을 일찍이 간파했다. 미국 내에는 다양한 이민 집단을 대상으로 외국어, 즉 비(非)영어 신문이 발간되고 있었다. 비영어 신문을 대상으로 뉴스를 비롯해 광고를 중개했던 광고 대행사(미주판외국어신문협회)에서는 1920년경 "전국 광고(national advertisement)는 미국화를 위해 매우 중요하다."[42]라고 했다. 광고는 다양한 이민자들을 동질적으로 묶어 내는 데 기여했다. 광고는 미국 문화를 확산시키는 역할을 했는데 이때 미국 문화, 미국식 생활 기준은 상품화와 대량 소비를 가리켰다. 할리우드 영화의 등장은 미국 생활의 전체 패턴이 논스톱 광고로 스크린에 나타난 것과 같다고 마셜 매클루언은 말한 적이 있다.[43]

전국 광고는 부드럽고 문화적이며 비정치적인 방식으로 국민성과 애국심을 만들어 냈다. 소비를 통해서는 민족과 계급, 성의 모순이 해소될 수 있었다. 식민지 시기 한국에서도 마찬가지였다. 소비자로서는 민족적인 차별이 존재하지 않았다. 누구나 일본 제일의 제품, 나아가 동양 제일의 제품을 사용하는 소비자가 될 수 있었다. 광고 기업은 수익을 창출하고자 했고 때로는 민족적인 위계도 과감하게 무시하면서 식민지의 소비자를 끌어들이고자 했다.

미국 내 비영어 신문을 관할했던 미주판외국어신문협회처럼 한국에서도 뉴스와 광고 시장을 좌지우지했던 존재가 있었다. 바로 일본전보통신사로 오늘날 한국을 비롯해 아시아 일대에 미디어 네트워크를 구축해가고 있는 덴츠의 전신이다. 덴츠는 1907년부터 1936년까지 한국의 신문에 뉴스를 공급했던 대표적인 통신사이자 대규모 일본 광고를 중개했던 유력한 광고 대행사였다. 통신과 광고를 '장악'했다는 말은 신문의 내용과 재정을 좌우했다는 심각한 의미다. 식민지 시기 일본 광고의 대부분(단적인 예로 1930년대 후반 동아일보사에서 따낸 일본 광고의 8할)이 덴츠를 통해 중개되었던 상황에서 덴츠는 엄청난 마진을 챙겼다고 알려져 있다. 덴츠는 신문의 기사 면과 광고 면(이 둘은 신문의 전부다.)을 지배함으로써 제국주의적인 영향력을 과시했다.[44]

식민지 시기 신문에 실렸던 많은 일본 광고와 그 속에 등장했던 동양 기표 역시 제국적인 확장세를 반영한다. 일본제 동양 기표는 중국을 대신하여 '서양'에 대항하는 동양 대표자라는 논리를 활용했다. 동양 기표는 1930년대 중반 이후에 활발하게 전개되었던 동양 담론을 정치 사회적인 배경으로 하고 있다. 그런데 서양 대 동양의 대결 구도는 영 어색하다. "서양이 아닌 세계 전부"로서의 '동양' 속에 아프리카나 중남미를 상상하기

는 어렵기 때문이다.[45]

동아시아 권역에서 '동양(East, Orient)'이라는 말은 19세기부터 자주 사용됐는데 한자 문화권의 지리적, 문화적인 영토 권역을 가리켰다. 이후 일본은 러일 전쟁을 전후로 중화적인 질서로부터 벗어나고자 동양이라는 말을 사용했다.[46] 동양은 서구 근대 사회의 부정적인 측면에 대한 대립 개념으로 이상화되어 쓰이기 시작했다.

동양이라는 통합적인 개념에는 중국의 몰락, 서구의 기술적·문화적 침투를 비롯해 문화 정체성과 보편적인 인간사에 대한 새로운 문제 제기가 담겨 있다. 1900년대 초 동양론 및 아시아론은 서양의 산업 자본주의 및 식민주의로부터의 해방과 인도주의적인 신문명주의를 담고 있었다. 동시에 동양론에는 동양 문명의 담지자로서의 일본의 특권성도 내재되어 있었다. 1930년대 들어 일본의 제국주의적인 침략이 확대되면서 동양론은 다시 부각되었다.[47]

한국의 문예물과 평론 속에서도 동양론을 둘러싸고 혼란이 일었다. 김기림이 1940년에 발표한 글에는 이런 혼란상이 잘 드러나 있다. "사실 오늘에 와서 이 이상 우리가 근대 또는 그것의 지역적 구현인 서양을 추구한다는 것은 아무리 보아도 우스워졌다. '유토피아'는 뒤집어진 셈이 되었다. 구라파 자체도 또 그것을 추구하던 후열(後列)의 제국(諸國)도 지금에 와서는 동등한 공허와 동요와 고민을 가지고 '근대'의 파산이라는 의외의 국면에 소집된 셈이다."[48]

근대의 "유토피아", 그 "지역적 구현인 서양"을 지향해 왔던 사람들은 전쟁에 직면해서 혼란에 빠졌다. 전쟁이라는 현실은 역사적인 진보주의와 거리가 멀었다. 김남천의 소설에 나온 유명한 비유를 빌리자면 "우리들은 2층에서는 양식을 잡숫고 아래층에 와서는 깍두기를 집어 먹는 그런 사람들"로, 한반도는 "받아들인 문명과 문화는 소화도 하지 못하고 있는데 벌써 구라파 정신은 갈 턱까지 가서 두 차례나 커다란 전쟁을 경험하고"[49] 있었다. 김남천의 소설이나 김기림의 비평은 모두 '서양' 문명을 이상적인 미래태로 설정했던 데 대한 혼란과 모색을 보여 준다.

동양론은 1930년대 후반이 되면 서양의 지배로부터 동양을 해방한다는 대동아 전쟁의 사상적 토대로 확장, 변용되었다. 서구식 근대를 지양하자는 탈근대(근대 초극)는 이런 논의의 명분이 되었다. 일본은 식민지를 구축했고 아시아 중에 유일하게 "백인과 동등한 지위"를 획득할 수 있었다. "유럽이 세계를 삼킴으로써 영예를 얻었다면, 일본은 중국을 격퇴함으로써 영예를 얻었던 셈이다."[50]

하지만 일본은 서양을 흉내 내는 처지로 여전히 "진짜"가 아니었다. 시인 이상은 그토록 그리던 도쿄에 가서는 정작 "표피적인 서구 악취의 말하자면 그나마도 그저 분자식이 겨우 수입이 되어서 진짜 행세를 하는 꼴"이 "아니꼽다"[51]고 말했다. 하지만 서양이 '진짜'가 아니라고 한다면 얘기가 달라질 터. 동양은 그 대안이 될 수 있었다. 그럼에도 "자본주의적 근대의 진보관을 공유"함으로써 "오리엔탈리즘과 옥시덴탈리즘의 적대적 공범 관계"는 유지된다. 그러니까 역사적인 진보의 주체가 바뀌는 것일 뿐 "자본주의의 내면화"[52]로서의 진보는 동일했던 셈이다.

동양론의 우세 속에서 "미국식 비즈니스 시스템"과 '포드주의'는 "비지니스의 능률만 본위로 문화를 통제하는 것"으로 공박당하기 시작했다. 합리주의와 능력주의로 대표되었던 서구 민주주의는 거꾸로 "모든 것에 있어 개성을 살벌하는 문화"[53]로 해석되었다. "대중 소비를 주도한 아메리카의 자유주의(혹은 자본주의적 개인주의)는 어느덧 멀리해야 할 서구의 병폐이자 초극해야 할 근대의 부정면"[54]으로 부각되었다.

문예물 속에도 자본주의적 인간형이 부정적으로 그려졌다. 『무정』의 작가 이광수는 단편 소설도 많이 썼는데 1930년에 발표한 「사랑의 다각형」에는 병든 자본주의적인 인간형이 등장한다. 주인공 송은희는 "배금사상"과 "성적 향락주의"에 물든 아메리카니즘의 화신으로 제시되어 비극적 운명을 예고한다. 그는 자살함으로써 도덕을 설파하는 역할을 맡아 '방탕하고 사치스러운 여성'에 대한 단죄를 보여 준다. 자본주의적 병폐를 지닌 인물은 1930년대의 모더니스트 최명익의 단편에도 비극적인 히로인으로 등장한다. 「봄과 신작로」(1939)의 주인공인 금녀가 죽어야 하는 까닭은 외래의 상징인 신작로에서 온 남성에게 성병이 옮은 탓이다. 금녀네 송아지도 죽는데 "양코대 사는 미국"[55]에서 난 아카시아를 먹었기 때문이다.

근대 비판이 겨냥한 것은 미국식 자유주의와 민주주의였다. 자유로운 개인을 강조했던 자본주의는 국가 자본주의로 대대적인 수정이 이루어지고 있었다. 자유로운 개인과 소비 대신에 국민 단위의 공동체성이 강조되기 시작했다. 상품 전쟁에서는 관세 정책을 필두로 "자유에서 보호로"[56] 방향이 바뀌었다.

국가주의적 소비가 서 있는 지점도 여기다. 국산 애용은 소비를 통해 일본의 국민 되기를 실천하는 방법으로 여겨졌다. 상업 전략은 소비 대중의 무리를 국민으로 호출하는 시대적 담론을 적극 이용했다. 1930년대 후반이 되면 국산품 소비의 현실적인 배경도 덧붙여진다. 박래품 수입이 금지된 것이다. 1937년 10월 총독부령으로 '수출입 금지 제한령'이 공포, 실시되었다. 1938년 9월에는 '수출입품 등 임시 조치법'이 실시되어 수입·수출품뿐 아니라 일반 물자의 제조와 소비를 제한할 수 있는 조치가 마련되었다.[57]

수출입 제한 및 금지 조치는 전쟁기의 경제난에서 비롯되었다. 전쟁에 소요되는 철이나 석유와 같은 원료품 수입이 급증하면서 무역 적자가 불어났고 수입액은 줄여야 했다. 수입이 제한되거나 금지된 품목들 중에서 주요 생활 필수품으로는 면화, 양모, 고무, 목재, 종이, 석유와 석탄을 비롯한 금속 광물 등속이 있었다. 이들 품목에 대해서는 "생산 장려와 대용품의 생산, 또는 폐물 이용"이 권장되었다. 수입이 제한된 품목을 들여오려면 총독부에 허가 신청을 밟아야 했고 신청서에는 품명, 수량, 예상액, 제조지, 적출항(積出港), 수입지(輸入地), 수입 시기 등속을 기재하도록 했다.[58]

사치품과 기호 식품도 금지되었다. "귀금속, 시계, 모피 같은 사치품으로부터 과자, 약품, 화장품 등으로 약 300종"은 "우리 생활에 불가불 필요하다고 할 수 없는 소위 불(不)필요품이라든가 필요해도 급하지 않다고 생각되는 상품"으로 분류되었다. 포도주와 차(茶)도 포함되었는데 커피는 이색적으로 허용되었다.[59]

국산품은 수입품을 대체하는 물품으로 장려되었다. "지금은 대용품 시대"라는 말이 나왔다. 국산품에 대한 수요가 늘어나면서 관련 산업은 호황을 맞았다. 사고 싶어도 살 수 없다든가, 가격이 폭등했다는 사정은 국산품을 선택하는 현실적인 이유가 됐다. 전쟁이 진행되면서 미국과 영국의 연합국에 대한 적대감도 조장되었다. 근대인의 필수 능력으로 여겨졌던 영어도 함께 된서리를 맞았다. 1939년에는 "일본 정신을 철저 고조

이것 먹고 강한 국민이 되라: 비스킷 광고와 은단 광고

일본의 강한 국민 되기를 내세웠던 광고들이 등장했다. 모리나가 비스킷 광고(《동아일보》(1938. 4. 25))에는 당과 국가의 깃발에 경례하는 꼬마 군인들의 모습이 등장했다. 일본, 독일, 이탈리아의 친선 도서를 모집("日·獨·伊 친선 도서 모집")한다는 문구도 눈에 띈다. 2차 대전 당시 연합국에 대항하는 추축국으로 독일, 일본, 이탈리아의 동맹이 광고에 고스란히 재현된 것이다.

인단 광고(《동아일보》(1938. 3. 26))에는 1930년대 말부터 신문과 잡지에 일제히 게재되었던 '황국 신민의 맹세(皇國臣民ノ誓詞)'가 삽입되어 있다. "절취하시어 눈에 띄는 장소에 붙여주십시오."라는 안내 문구가 보인다. 인단은 "강한 국민이 되랴 하면 항상 단련과 이런 심득(心得, 마음가짐)이 절대 필요"하다고 선전했다. 식민지 시기에 인단이 일본 제국과 천황의 이미지를 대중적으로 소비하는 데 기여했다는 권보드래(「仁丹: 동아시아의 상징 제국」(2009))의 지적은 흥미롭다.

시키고자" 영어 간판을 없앤다는 보도가 나왔다. 불필요한 "영자(英字)를 일소(一消)"하겠다는 방침이 기사화되기도 했다. 1940년 봄부터는 대학(경성제대)과 전문학교 입학시험에서 영어 과목이 폐지됐다. 학교의 조선어 교육도 폐지되었다.[60] 모두 '일본화'를 위한 현실적인 조치들이었다.

많은 일본 제품은 강한 국민 되기를 내세워 광고했다. 강한 국민 되기라는 명제는 식민지 사람들에게 불가항력적으로 다가왔던 지점이 있다. 국민 국가가 진보의 개념과 동일시되면서 민족은 부인되거나, 역사의 진보에 따라 더 큰 민족 내부의 지방적인 특질이 되어야 했다. 아니면 동화 과정을 거쳐 실제로 소멸돼 버릴 수도 있었다. 실제로 "'국민'이 되지 않은 민족은 무력"했다. 강한 "국가적 민족"이 되는 것은 일본 제국의 보편성 안에서 한반도의 특수성을 실현하는 방식을 택했던 욕망의 다른 이름인 '친일'의 길과도 닿아 있었다.[61] 민족 정체성을 꾀하는 일은 일본의 국민 되기와 멀리 있지 않았다. 민족성을 구현하는 일 역시 근대적인 진화의 구도 속에서 이루어졌다.

국민화 과정 속에서 조선의 어떤 부분은 동화되고, 어떤 부분은 지방성으로 남았다. 식민지에서 나왔던 국산 광고는 일본적인 것과 조선적인 것을 규정하는 과정에서 생겨나는 배제와 편입, 동화와 잉여의 양상을 예고하고 있었다. 국산 광고는 식민지 시기 말기까지 범람했다. 1940년경부터는 용지 부족으로 신문 지면이 줄어들었고 따라서 광고 지면도 줄어들었다. 광고의 표현 영역이 극도로 제한될 때까지 국가적 요구는 계속되었다. 기업도 열심히 전쟁을 팔았다.

국산이라는 단일 신화: 잉여와 변종의 세계

'일본제'나 '조선제'는 단일한 개념이 아니다. 국산제 안에서 조선제와 일본제는 끊임없이 재규정되었다. 한국인 광고주가 토산 기표를, 일본인 광고주가 일본 기표를 사용한 것도 아니다. 광고주의 민족 문제는 국산 메시지를 규정하지 못했다. 기업이 필요한 것은 소비자이지 민족이 아니기 때문이다. 국산은 조선산을 일부분 배제하고, 또 일부분 편입하고 동화해 낸 인공물이다. 여기에는 국산을 단일하게 정의하는 과정에서 나올 수밖에 없는 잉여와 변종이 존재한다.

먼저 조선이라는 기표가 배제되었던 상황을 보면, 정책적으로는 광고에 나타난 조선색을 규제하는 조치가 있었다. 광고 규제법은 크게 옥외 광고를 대상으로 했던 '광고물 취체 규칙'과 인쇄 광고에 적용되었던 '신문지법' 및 '출판법'이 있었다. 옥외 광고를 단속했던 광고물 취체 규칙은 1922년 '경기도령'으로 공포됐고 1930년대 중반까지 적용되었다.[62] 광고 규제법으로 특화된 것이 옥외 광고물을 대상으로 한 규칙뿐이고, 단일 법령이 옥외 광고를 단속했다는 점은 선전물 단속 체제의 후진성을 보여 준다. 법령이 허술했던 만큼 많은 광고가 난립했고 소수의 규정이 자의적으로 적용될 소지도 많았다. 한편 인쇄 광고는 출판물 관계법의 적용을 받았다. 신문지법과 출판법은 오늘날 풍기 문란이나 미풍양속 저해에 해당할 법한 풍속 교란죄를 비롯해 황실의 존엄을 모독하거나 국헌(헌법)을 문란하게 만드는 내용, 민족주의를 고취하거나 '합병(韓日合倂)' 취지에 어긋나는 내용, 전시기의 '비전론(非戰論)' 등속을 문제 삼았다.[63]

광고에 드러난 민족색이 문제가 되었던 사례는 동아일보사와 조선일보사의 기록을 참고할 수 있다. 해외 망명 지사의 근황을 소개한 잡지

《개벽》(1925. 8)을 광고했다고 해서 《동아일보》는 무기 정간 처분을 받았고, 상해 임시 정부의 국무총리 대리를 역임했던 신규식의 부고 광고(《조선일보》(1922. 10. 6))는 광고 때문에 신문 배포 금지 및 압수 처분이 내려진 최초의 사례로 조선일보사에 기록되어 있다. 또한 유명인의 추천 형식을 많이 활용하던 백보환 광고에서 옛 조선의 이강(李堈) 전하(의친왕)가 애용한다는 문안(《조선일보》(1936. 7. 7))이 문제가 되기도 했다. 추천인으로 등장했던 의친왕은 고종의 다섯째 아들(순종의 이복동생)로 항일 비밀 단체인 대동단(大同團) 사건에 관계한 인물이었다. 대동단은 1919년 11월 조직의 상하이 이전과 함께 의친왕의 망명을 주도했으나 실패했다.[64]

옥외 광고물 중에서는 '삼일(三一)', '배달'이 간판에 쓰여 문제가 되었던 경우(《동아일보》(1930. 3. 2)), '우리', '동포'나 '우리 국산'이 삭제되었던 사례(《중외일보》(1928. 10. 24~27))가 있었다. '대한'이라는 국호를 써서 문제가 된 경우도 있었다.[65] 주로 식민지 상황에서 민족적 반감을 일으킬 만한 광고가 문제가 됐고 삭제나 신문 압수, 정간 처분을 받았다.

그렇다고 조선일보사의 진술처럼 "조선인의 배일 감정과 직결된 조선 왕실에 관한 기사에 지극히 예민했던 총독부는 왕족의 이름만 활자화하여도 무조건 압수 처분을 내리곤 했다."[66]라는 말은 정확하지 않다. 많은 일본 광고가 '이왕가(李王家)', '동포', '조선 국문(國文)'과 같은 문구를 썼기 때문이다. 기업의 이해와 국가의 이해는 일치하지 않는다. 많은 일본 기업은 식민지의 시장에 맞게 광고를 '현지화'하고자 했다. 한국의 기업이든, 일본의 기업이든 민족 감정을 공략하는 것이 유효한 전략이라면 가리지 않고 활용했다.

일례로 일본 레온(レオン) 크림의 광고(《조선일보》(1938. 9. 15))는 '우리

조선', '조선 국문'이라는 말을 썼다. "일본 각지를 위시로 우리 조선의 신가정 여학생계에서 일대 환성"을 받고 있는 제품, "조선 국문으로 된『신가정 미안 요법(新家庭美顔療法)』이란 귀중한 책을 거저 드립니다.'' '우리 동포'나 '조선 국문'이라는 문구는 한국 제품에 등장하면 문제가 됐겠지만, 일본 제품이라 문제 삼지 않았던 모양이다. 일본 제품은 시장을 공략하기 위해 '조선 국문'이라는 금기 어휘까지 동원했던 셈이다.

광고 18, 19의 현지화 전략도 인상적이다. 일본 조미료인 아지노모도의 문안과 도안(광고 18)에는 한국적 미감이 물씬 풍긴다. 한복을 입은 여인네 도안에다가 김치에는 아지노모도를 더해야 맛있다는 표제가 붙었다. "김장에 통배추 김치소도 아지노모도를 쳐야만 더한층 맛있는 김치가 됩니다!" 김장철의 풍미를 강조했지만 일본 제일의 화학조미료, 감칠맛을 발명한 아지노모도의 선전이었다.

이 광고에서 가장 흥미로운 것은 제품 슬로건이다. 조선 이왕가에서 사용하시는 아지노모도("李王家御用達 味の素")라며 예까지 갖춘(존칭접두어인 '어(御)'까지 등장했다.) 슬로건은 왼편에 조그맣게 달렸으나 충분히 이색적이다. 아지노모도는 "일영미(日英美) 특허"나 "문명적·문화적 조미료"와 같은 화려한 권위를 썼는데, 이 권위의 대열에 '이왕가에서 쓴 조미료'도 합류한 셈이다. 옛 왕가에 대한 민족적 정서를 공략하기 위한 전략으로 "미각에는 국경이 없다."라는 아지노모도의 광고 문안이 떠오르는 대목이다. 식민지에 소개되었던 아지노모도 광고에는 한복 모델이 자주 등장했고, 『사계절 조선 요리법(四季朝鮮料理法)』이란 책자를 무료 증정하는 경품 전략을 쓰기도 했다.

그런데 일본의 제품 광고에서 조선적인 기표가 활용되는 과정은 일

광고 18 '현지화'한 일본 조미료 광고   한국의 김장 풍습을 이용했다. 일본 스즈끼 상점 본포(本鋪
鈴木商店)에서 낸 아지노모도 광고,《조광》(1938. 11).

광고 19 민족적 위계를 공략한 광고 한복 차림과 기모노 차림의 여성들을 나란히 내세워 두 민족의 여성을 모두 동등한 소비자로 호출한다. 일본 모모야준텐강(桃谷順天館)의 백색미안수,《동아일보》(1926. 11. 20).

방적이지 않다. 광고가 생산, 수용되는 과정에는 소비자의 욕망이 적극적으로 개입할 수밖에 없다. 식민지 시장에서 많은 광고는 지배자와 피지배자 사이에 존재하는 민족적 위계를 성공적으로 공략했다. 소비의 민주주의와 자유주의는 유혹적이었다. 적어도 광고 속에서 '일본인은 일등 국민이요, 식민지인은 이등 국민'이 아니었다. 특히 식민지의 여성은 민족으로도, 성별로도 이중의 이등 국민이었다. 하지만 소비자로서의 여성은 달랐다. 온갖 기술과 과학을 동원했다는 상품이 누구에게나 차별 없이 '봉사'하는 것처럼 여겨졌다.

일본 화장품 백색미안수의 광고(광고 19)에는 기모노와 한복을 입은 두 여성의 도안이 나란히 등장했다. 한반도를 겨냥한 광고이니 한복 차림의 여성이 전면에 부각되었다. "동경이나 대판에서는 상중류 부인들에게 이 분(粉)이 많이 유행하는 중입니다."라는 문안이 눈에 띈다. 일본의 대도시에 거주하는 중상류층 부인이라는 권위 앞에서는 소도시에 사는 일본인 여성이나 조선인 여성 모두 동등한 소비자들이 된다. 계급성이나 지역성이 문제이지 민족은 문제되지 않는다. 소비자는 평등하다. 어디까지나 만족과 행복을 박탈당한 존재로서 말이다. "누구나 말할 수 없는 아름다운 얼굴"이란 소비에 대해 일시적으로 주어지는 보상이다. "이 분(粉)으로 화장하시는 분은 누구나 말할 수 없는 아름다운 얼굴이 되십니다."

민족 정서가 효과적인 소구점이라면 일본 기업이든, 한국 기업이든 이를 공략했다. 한국인이나 일본인, '서양인'의 도안은 상품의 홍보 전략에 따라 채택되었다. 인종이나 민족색은 전략적으로 선택되었을 뿐만 아니라 아예 혼종적으로 나타나기도 했다. 1930년대 후반에 발간된 잡지 《여성》의 광고를 분석한 연구에 따르면 양복과 한복, 기모노 이외에 모델의 의상 형태를 알 수 없는 경우가 15.96퍼센트나 되었다고 한다.[67]

앞서 살폈던 광고 18의 김장하는 여인네를 떠올려 보면 과연 혼종상을 짐작할 만하다. 한복 차림새의 여성이 팔을 걷어붙이고 배추를 버무리고 있지만 쌍까풀진 눈에 오뚝한 코, 입체적인 얼굴은 '서양인'의 풍모에 가깝다. 여성의 이국적인 얼굴은 신식-화학-문명의 풍미로써 덧입혀진 일종의 성형 장치일지도 모르겠다. 일본 제품 광고에 백인 모델을 등장시켜 일본산의 부족한 권위를 보강하는 효과를 냈던 것처럼 말이다.

광고의 시각 기호뿐 아니라 문자 기호 역시 혼종된 양상을 보인다. 광고 문안에는 일본산과 조선산이 혼재되어 있었고, 이들이 구성하는 국산제는 규정되는 중이었다. 국제 교류가 활발해지면서 국산은 규정되기 시작했고, 조선 토산이나 일본 국산이나 상품의 민족, 국가 기표를 정의하는 논리 구조는 동일했다. 토산이나 국산은 모두 '외제'에 대해 우리 것을 개발한 산물이었다. 여기에다 일본 제국의 한 지방으로서 '조선'이 편입해 갔던 1930년대 후반에 이르면 국산제의 혼종상은 극심해진다.

유명한 한국인 스타를 쓴 일본 광고들

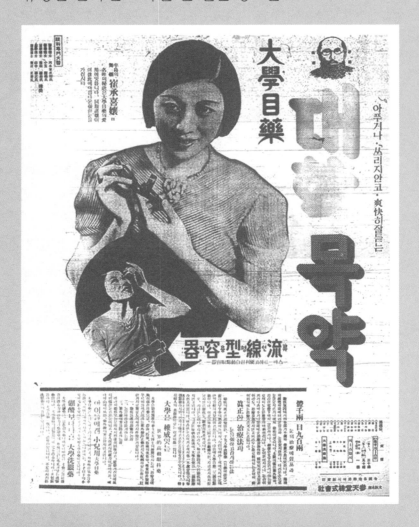

일본 제품은 유명한 '현지인'을 써서 한반도의 소비 시장을 공략하고자 했다. 일본 안약 대학목약 광고(《동아일보》(1937. 9. 5))에는 무용가 최승희가 등장했고, 일본 위장약 헤루프 광고(《동아일보》(1936. 8. 26))는 마라토너 손기정과 남승룡의 올림픽 메달 소식을 활용했다. 최승희와 손기정, 남승룡은 연예계와 체육계에 속했던 유명인으로 한국인 스타 1세대에 속했던 대표적인 인물들이다. 광고는 대중과 미디어가 만들어 낸 스타라는 근대 위인을 적극 활

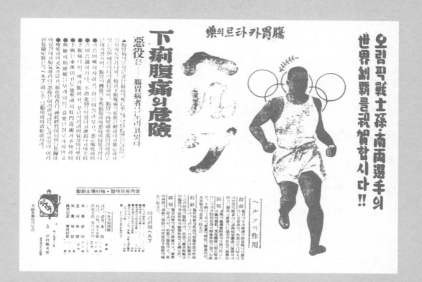

용했다. 유명 스타를 무단으로 광고에 갖다 쓰는 경우도 흔했는데, 정식 모델로 등장했던 최승희의 광고는 한국 유명인 광고의 선구로 기록되어 있다.

무용가로서 최승희의 이력은 화제를 모으기에 충분했다. 그런데 미디어에 비친 최승희는 성공한 직업여성이자 모범적인 아내이자 주부상으로 부각될 때가 많았다. 신식 여성들은 밥 하나 지을 줄 모른다고 흔히 타박받았는데, 최승희는 신식 직업인이면서도 '가정적인' 면모를 잃지 않는다는 점이 부각되었다. 오늘날로 치자면 엄마와 주부, 직장인이 삼위일체가 된 완벽한 워킹맘 이력이랄까? 최승희에 대한 열광은 일본에서도 뜨거웠다. 일본의 지식인들은 "반도의 무희" 최승희에 열광했는데 이는 식민지-이국의-여성에 대한 오리엔탈리즘적인 시각을 반영한다.(임지현·사카이 나오키, 『오만과 편견』, 246쪽) 백인 서구 남성이 흔히 미지의 '동양'을 정복 대상의 여성으로 바라보았던 것과 같은 시선이 내재되어 있는 것이다.

손기정과 남승룡은 인기 절정의 스포츠 스타였다. 1936년 20억 세계가 치른 '성전(聖戰)', 베를린 올림픽에서 당당히 메달을 따낸 손기정과 남승룡은 조선 민족의 자부심을 대표했다. 그들의 우승 소식은 당시의 신문 지면에 시시각각으로 중계되었고 귀국 후에도 화제를 모았다. 마라톤 우승은 한국인들과 일본인들 모두에게 국가적인 경사로 여겨졌다. 그러나 많은 한국인들이 '우리 젊은 조선의 마라소녀(마라토너)', '마라손 조선 만세'와 같은 민족적인 열광을 보냈다면 일본은 달랐다. 일본의 제국적인 건강 담론 속에서 이들 우승자는 모범적으로 성장한 이등 국민으로서 건강 제국의 위세를 세계에 떨친 사례로 여겨졌다.

일본의 제국주의적인 확장세와 더불어 조선성과 조선색은 재발견되었다. '서양'을 초극(超克)하고자 하는 '동양' 문명 공동체로서 조선도, 일본도 재정의되고 있었다.

다음 광고를 보면 국산제를 놓고 처음에 던졌던 질문, 무엇이 조선산이고 일본산이냐, 나아가 국산은 무엇이냐라는 질문으로 돌아갈 수밖에 없다. 일본어 신문《경성일보》에 실린 광고 20은 히라가나와 가타가나로 채워졌지만 "조선산" 애용을 내세웠다. 삿포로와 아사히가 바로 광고 품목이다. 1933년 한국에 진출한 조선맥주 주식회사(삿포로, 아사히)와 소화기린맥주 주식회사(기린)는 각각 오늘날 국내 맥주 시장의 양대 산맥인 하이트진로와 오비맥주의 전신이다.[68] 일본 맥주의 대표 주자들이 1930년대에는 조선제로 홍보되었다. 조선맥주 주식회사가 낸 광고는 영등포 공장에서 맥주가 생산되는 상황을 지도와 화살표를 써서 효과적으로 압축해 냈다. 삿포로와 아사히를 만든 대일본맥주 주식회사는 1933년 영등포에 조선맥주 주식회사를 설립했다.

무엇보다 '반도의 발전이 →조선 제품의 애용에 있고 →(때는 여름이니) 대표적인 조선 제품("鮮産の代表品")인 삿포로, 아사히를 애용하시라'는 스토리라인이 당혹스럽다. 일본제가 자연스럽게 조선제로 탈바꿈하는 것도, 반도의 발전과 일본의 발전이 맞물리는 것도 당혹스럽다. 또한 조선 제품의 애용("鮮産品の愛用")이라고 해서 '안성맞춤 유기'나 '거북선표 고무신'과 같은 토속적인 이름일 필요도 없었다. 낯선 가타가나에다가 여전히 낯선=외래의=세련된 '비루(ビール, beer)'로 제시될 수 있었다.

조선산과 일본산은 혼재되어 있었다. 실제로 조선맥주 주식회사처럼 일본 제품이 한반도에서 생산된 경우도 있었고, 국산제를 개발하는 차원

광고 20 **한반도에서 생산된 상품임을 강조한 광고** "반도의 발전은 우선 조선 산품(鮮產品)의 애용
으로부터……. 여름은 조선산(鮮產)의 대표품, 삿뽀로, 아사히를 애용하십시오." 조선맥주 주식회사
의 삿포로맥주·아사히맥주, 《경성일보》(1937. 8. 19).

拜他主義와
經濟國難

京城南大門通一丁目

朝鮮合同炭礦株式會社
朝鮮炭業株式會社

貯炭場 電話 本局
三四〇一番

事務所 電話光化門
二四九二番

電話光化門
一九六三番

광고 21 국산 애용 합동 광고 "배타주의와 경제 국난"이라는 표제로 조선합동탄광 주식회사, 조선 탄업 주식회사가 낸 국산 애용 광고이다.(《조선일보》(1931. 11. 14)) 내용을 정리하면 다음과 같다. ① 일본 석유 회사가 어느 관청에 제품을 권유했더니 "자사의 자동차는 박래 상등품임으로 내지산은 못쓴다."라고 거절했다더라. ② 하지만 "폐하께서는 승용자동차 가솔린을 늘 국산품을 사신다고" 말 했더니 아무 말도 못했다는 얘기가 있다. ③ 이는 "자기를 비하하고" "경제 국난에 빠지는 바"이므로 "조선 애용을 주창"하고 "조선탄(朝鮮炭) 애용을 널리 장려"하는 바다. ④ 따라서 "조선산의 백미인 봉산(鳳山) 계림탄(鷄林炭)을 애용"해 달라.

에서 조선 토산이 장려되기도 했다. 특히 전시기에 부족한 물자를 보충하고자 대체품 공업은 정책적으로 추진되었다. 수입 대체재로서 국산품이 장려되는 가운데 조선 대용품은 활발하게 개발되었다.

문안으로만 이루어진 광고에서 혼종상은 보다 두드러진다. 광고 21은 경제가 어려우니 국산을 애용해 달라는 어느 탄광 회사의 설명형 광고다. 탄광업은 국가의 기간산업이자 1930년대 가장 뜨거웠던 투기사업으로 일본인 대자본이 많이 진출해 있었다. 광고에는 일본 회사(일본석유회사)와 조선 회사(조선합동탄광 주식회사, 조선탄업 주식회사)가 단일한 우리("자기") 것으로 묶여 있다. "내지산"-"조선산"-"국산품"도 하나로 묶였다. 내지산도 국산품이고, 조선산도 국산품이다. 더욱이 광고 회사의 이름에는 '조선'이 붙었지만 실제로 일본인이 경영하는 회사였던 터라[69] 일본산과 조선산은 더욱 섞이기 쉬웠다.

광범위한 국산이 가능해진 까닭은 "박래 상등품"이 대타자로 제시되었기 때문이다. 서유럽과 미국 제품에 대적했던 일본산은 제국의 확장세에 따라 국산을 규정해 가고자 했다. 일본의 국산은, 서양이라는 상상 지리에 대치하는 동양의 대표로 확장되기도 했다. 조선의 기표는 광고 속에서 자연 자원("조선산의 백미인 봉산(鳳山) 계림탄(鷄林炭)")의 형태로 추상적인 국산제 기표를 구성하고 있다.

식민지 상황에서 조선산과 일본산은 대립적인 기표로 여겨지기 쉽다. 하지만 국산제(일본제)가 상용된다고 해서 조선산이 없어지지 않으며 조선색을 내세운다고 해서 국산(일본산)과 대립하지 않는다. 조선 기표가 효과적인 홍보 전략이 된다면 한국 기업이든 일본 기업이든 광범위하게 활용했다. 민족 마케팅은 폭넓었으며 일본제에 대적한다는 의미로 조선 토산품을 내세우는 것은 민족 마케팅의 한 가지 사례였다.

일제의 국산은 일본산을 비롯해서 조선산과 대만산, 그리고 아시아의 다른 식민지와 점령 지역의 토산이 함께 구성해 갔던 산물이다. 일제의 국산도, 대타자로서의 박래품도 규정되는 중이었다. 국산이 형성되는 과정에서 '조선'은 활발하게 개발되었다. 조선 기표는 함북 회령의 계림탄(광고 21)이라는 자연 자원으로든, 문화 전통의 유산으로든 상품화되었다. 자연은 근대적인 관광 붐을 타고 '자원'으로 개발되었고, 한반도의 자연과 문화유산은 제국의 지방색으로 자리매김했다. 한반도의 민속, 역사, 신화 역시 과학적 연구의 대상으로 각광받았다.

현대적인 조선상도 개발되고 있었다. 1930년대 후반 출판 시장에서는 조선 문학 전집류 발간이 붐을 이루었는데, 이 '조선 문학'에는 개화기 이후에 쓰인 신문학 작품들이 많았다. 딱지본이나 세책(貰冊)의 형태로 유통되던 옛 읽을거리와 일정하게 거리를 두면서 근대 조선의 문예가 상품 시장에 출시된 것이다. 대체로 전집 출판물은 신문과 잡지에 연재된 읽을거리 중 상품성을 인정받은 작품을 묶어 출간했으며 공격적인 마케팅으로 독자를 공략했다. 문학 전집 출판은 문학사적 정전(canon)을 구성하는 과정으로, 문단은 권위의 주체를 자임하면서 조선 문학의 역량을 세우고자 했다.[70]

'조선'의 문화, 경제 자원의 정전화 및 현대화, 과학화는 모두 '근대화'로 묶인 다른 이름들이었다. 이들은 민족 마케팅의 다양한 기표들이다. 국산은 민족 마케팅 속에 존재했다. 제국의 근대적 기획과 기업의 상업 전략이 교차하면서 조선 기표는 다양하게 개발되고 상품으로 매매되었다.

국민으로 포섭되지 않는 소비 인간들

국산이 판매하는 바는 '당신이 이 제품을 쓰면 애국자로서 뿌듯해해도 좋다.'라는 감정이다. 기업은 시대의 애국적인 요구를 활용하고 소비자는 덤으로 애국자의 기표를 얻는다. 국산 속에 나타난 조선 기표의 혼종상은 기업의 이해가 국가의 요구를 벗어나는 일례였다. 소비 행위 역시 자유롭다. 국민이라면 국산을 써야겠지만, 아니 국산 소비는 국민 되기의 생활 실천으로 선전되고 있었지만 모든 소비자가 '국민'은 아니었다.

소비자와 국민은 동일하지 않다. 국민 되기의 요구가 강력했던 때, 사람들이 동일한 국가 운명 공동체로 동원되었던 전쟁기에도 국민을 이탈하고 탈주하는 사람들이 있다. 소비자는 탈주의 이름이 된다. 박태원의 장편 소설 『여인 성장』에 등장하는 '숙경이'가 그 예다. 소설의 제목처럼 숙경은 '성장'이 필요한 여인들 중 하나로 그려진다.

1941년에 발표된 소설은 전쟁 동원기의 일상을 전해 준다. 생활 관리 및 감독 체제인 "호도오렌메이(保導聯盟)"가 등장하고, 지역 단위의 배급 과 공출을 담당했던 "상회(애국 반상회)"도 수시로 열린다. 애국 반상회에 는 식모 대신에 "주부 되는 이가 반드시 나와야만 한다고 말이 많아"졌 다. 식모나 가정부는 흔한 여성 직업군이었지만, 전쟁기에 가계 소비를 절 약하는 차원에서 언론의 타박을 많이 받았다. 술 구하기도 쉽지 않은 일 이 되었다. 인기를 모았던 조미료 아지노모도도 구하기 어려워졌다.[71]

가계의 합리적인 소비가 요구되었다. "신 한 짝이라도" 허투루 버리지 않는, "가정에서부터"의 "철저한 소비 절약"이 강조되었다. "요새 같은 비 상시에 있어서 고무신이라도 뒤축만 찢어지면 내다 주고 엿이나 사 먹을 때와는 지금은 근본적으로 달라졌습니다."(《동아일보》(1938. 7. 6)) 고무신 떨어졌다고 엿 바꿔 먹을 때가 아니라 아끼고 아껴야 했던 때였다. 정책 적으로는 1938년 이후 고무뿐 아니라 주요 원자재와 산업 물자가 제한되 고 배급 통제가 실시되었다.

대용품 사용, 그러니까 박래품을 대체할 수 있는 국산품의 생산과 소 비도 함께 강조되었다. 하지만 "밤낮 가정생활(을) 긴축 생활하라 그러구" 했지만 "절약할 것두 없어, 물자가 있어야지."[72]라고 회고될 만한 시절이 었다. 1938년 9월에는 '수출입품 등 임시 조치법 등'을 통한 원자재 사용 제한과 중요 산업 물자의 배급 통제, 1940년 7월에는 사치품 제조·판매 를 제한하는 '사치품 금령(7·24 금령)', 1941년 3월에는 생필품을 배급 통제하는 '생필 물자 통제령', 같은 해 12월에는 일반 물자의 배급 통제를 내용으로 하는 '물자 통제령'이 실시되었다. 이는 모두 산업 자재와 생활 물자를 제한하고 배급과 통제를 통해 국가적인 지배를 완성하고자 했던 일련의 조치들이었다.[73]

신문과 잡지, 영화, 거리의 삐라로 전해졌던 전쟁의 열기 속에서 죽니 사니 어려운 집이 있는가 하면, 별 탈 없이 잘사는 집도 있었다. 항상 그렇지만 어려운 사람은 늘 어렵다. 당시에도 그야말로 배곯고 지내는 빈농층과 도시 하층민이 있었던가 하면 전쟁의 궁핍에도 탈 없이 잘살았던 상류층이 존재했다.

소설의 주인공 숙경이네는 안온한 상류층의 생활을 보여 준다. 전장의 풍문을 배경으로 일상의 안온함은 부각된다. 애국 반상회에서는 폭격에 대비한 방공호를 만들기 위해 돈을 걷자며 왈가왈부하지만 사람들은 귀찮다. 사람들은 반상회에 가기보다는 서울 제일의 부민관(府民館)에서 열리는 음악회를 가려고 든다. 방공호 논의를 확실하게 처리하지 못하는 반상회는 지루하지만 음악회 나들이는 다르다. 부민관의 음악 콩쿠르는 "딴 때 없이 조선 옷을 맵시 있게" 차려입고 나가는 기분 좋은 나들이로 여겨진다. 전시기로 접어드는 1937년 이후 연예 오락과 유흥 산업은 단속의 대상이 되었지만 여전히 흥행했다. 더구나 해방 후에 이어졌던 한국 전쟁(6·25)과 달리 식민지 시기의 '15년 전쟁기'에는 전장이 분리되어 있었기에 한반도는 '명랑'의 감성 정치가 작동했던 시공간이기도 했다.[74]

국산품 소비도 마찬가지다. 1937년 박래품 수입이 금지된 후 국산 애용이 강제되었던 현실이었지만, 모두가 국산품 소비자가 된 것도 아니었다. 소설 속 숙경은 비상시를 대비해 외제 화장품을 사재기해 두었다. 아래는 숙경이가 올케인 숙자와 나누는 대화다.

> 숙경: 언니! 화장품은 뭘 쓰슈?
>
> 숙자: 뭐라구 특별히……
>
> 숙경: 아아니 그래도 정해 놓구 쓰시는 게 있겠지?
>
> 숙자: 첨에 국산 캄피를 썼기 댐에 요새두 그대루 그걸 쓰구 있죠.
>
> 숙경: 어이 국산 캄피? 언닌 어떤지 몰라두 난 코티가 그중인 것 같애!
>
> 숙자: 허지만 그런 거 지금은 살래야 살 수 없지 않아요.
>
> 숙경: 그러게 내 미리 많이 사 두었거든! 언니.
>
> 박태원, 『여인 성장』, 158쪽(숙경과 숙자는 필자 표시)

대화 속 국산 '캄피'는 일본산 캄피(Copy)일 것이다. 캄피는 '국산 백분'이라는 표제와 문안으로 광고를 많이 했다. 시누이인 숙자는 캄피를 쓰지만 숙경은 다르다. 숙경은 전쟁기에 "살래야 살 수 없"는 상황을 대비해서 프랑스산 '코티(Coty)' 백분을 "미리 많이 사 두었"다. 박래품 중에서도 프랑스산이나 영국산, 미국산은 적국의 물품이었다. 요새 파운데이션은 뭘 쓰냐는 흔한 질문에("그래도 정해 놓구 쓰시는 게 있겠지?") → 계속 캄피를 쓴다고 숙자는 대답하고("첨에 국산 캄피를 썼기 때문에 요새두 그대루 그걸 쓰구 있죠") → 숙경은 코티가 좋다고 대답한다.("난 코티가 그중인 것 같애!")

단 석 줄의 대사가 흥미롭다. "그래두 정해 놓구 쓰시는 게 있겠지?"라는 물음은 광고가 목표로 삼는 '브랜드 로열티(상표 충성도)'를 정확하게 풀이한 말이다. 대량 생산된 상품은 대개 엇비슷하며 육안으로 물건의 품질 차이를 구분하기는 쉽지 않다. 상품은 '그게 그거'일 확률이 높고 신용이 중요해진다. 신용은 다른 게 아니라 상표가 구축된 정도다. 시장을 많이 장악한 상표일수록 많이 팔린다. 따라서 유통 과정에서 가변성을 줄이고 상표로서의 상품을 직접 택하게끔 하는 광고의 역할이 커진다. 대체로 큰 광고주들은 구체적인 가격이나 판매처를 설명하기보다는 상품 및 회사의 이미지를 각인하는 방식을 썼다.

상품이 폭발적으로 보급된 요즘에도 사람들은 브랜드나 디자인을 보고 구입하든가, 그도 아니면 '늘 쓰던 거'를 쓴다. 디자인이든 브랜드든, 습관에 따른 선택이든 모두 상표를 선택하는 범주 내에 있다. 입소문 역시 상표를 선택하는 데 중요한 요소다. 오늘날 구입자들끼리의 상호 소통이 폭발적으로 늘어나고 소비자의 권리가 부각되면서 광고주는 입소문을 보다 적극적으로 관리하고 있다.

숙경과 숙자는 상표 충성도를 지닌 사람들(이들이 바로 소비자들이다.)이지만 상표가 좀 다르다. 코티를 쓰는 숙경은 가장이 은행장인 가계에 부속된 존재로 최상류층에 속한다. 반면 캄피를 쓰는 숙자는 숙경의 오빠와 갓 결혼하여 '신분 상승'을 한 지 얼마 안 된 인물이다. 숙자는 캄피 소비자로서의 애초 이력을 지니고 있다. 코티와 캄피는 구매자의 사회적 지위를 드러내는 기표로 작용한다. 오늘날로 말하면 프랑스제 '랑콤'과 국산 '이자녹스' 정도의 차이랄까?

상품은 새로운 계급 기표다. 취향이나 스타일, 패션은 소비를 통해 드러나는 계급적 지위다. 숙자는 코티를 쓰는 숙경보다는 '못하지만' 조선산, 이를테면 박가분을 쓰는 대다수의 사람들보다는 '우월하다.' 박가분은 획기적인 파운데이션이었지만 납 성분이 많아 문제가 되었다. 일본제 백분은 이를 성공적으로 공략하면서 무연백분임을 내세웠다. 조선산 연분→일본제 백분→프랑스제 백분은 상품의 위계이자 자본이 집중, 축적된 민족적, 국가적 위계를 반영한다.

사회적으로 문제가 되는 것은 코티가 프랑스산이고, 캅피는 국산 즉 일본산이라는 점이다. 전쟁기의 통제 경제 상황에서 사람들은 나라를 위해 소비를 축소하고 절약하는 국민들이 되어야 했다. 국민 만들기의 과정은 동시에 국가의 적(敵)이나 비(非)국민을 양산하는 과정이다. 국산품 소비도 국민 표식의 하나였으며 "국산품 애용 시대, 대용품 시대"에 외제를 쓰는 사람은 '조그만 국적(國賊)'[75]으로 불렸다.

일제 대신 프랑스제를 택하는 숙경은 나라를 어지럽히는 '국적'에 해당한다. 숙경에게 국산이냐, 아니냐는 중요하지 않다. 숙경은 합리적인 소비의 덕목으로 일컬어지는 것들, 즉 유행이나 스타일, 품질이나 가격이 중요한 소비자이다. 국산 애용은 소비의 최상위 덕목에 국가라는 항목을 배치한다. 하지만 "국산품을 애용하지 않으면 안 되는 시대라고 해도 불란서 향수를 자꾸"(《동아일보》(1930. 4. 12)) 쓰는 이들은 많았다.

전쟁이 진행되면서 외제뿐 아니라 화장품 일반이 사치품으로 금기시되고 '간소 화장', '건강 화장'이 화장법으로 강조되었다. 그럼에도 화장품 매출은 감소하지 않았다. 화장품은 이른바 "우리 생활에 불가불 필요하다고 할 수 없는 소위 불(不)필요품"이었지만 화장품 시장은 일본 기업이 꽉 잡고 있었다. 기업의 이해와 사람들의 욕구를 국가가 억압하기는 어렵다. 화장품은 "현금과 같이 문화의 정도가 고도화하게 되면 부인의 자태를 정돈하는 데서 나아가 불가결의 생활 필수품으로까지 되어 왔다."[76]라고 여겨졌다. 화장품 소비는 여성에게 주어진 문명적, 문화적 의례로 자리 잡았으며, 상품을 중심으로 자기 정체성을 규정하는 소비 이데올로기는 뿌리를 내리고 있었다.

숙경은 국민으로 포섭되지 않는 소비 주체의 자유를 단적으로 보여주는 사례다. 다양한 숙경이들, 크고 작은 국적들은 많았다. 이들은 전쟁기의 간편 복장인 몸뻬를 입으래도 "맵시 있는 몸뻬", "몸뻬의 스타일"을 찾고 "나마비루(생맥주)"와 "양주"를 먹으려 들었다.[77] 강건한 몸, 건전한 정신, 근검절약하는 생활 태도가 강조되었지만 '그에 값하는' 사치와 낭비, 실직과 부랑, 난동과 불량 행위가 이어졌다. 유언비어를 퍼뜨리는 사람들을 비롯해서 사치하는 부인, 룸펜이나 걸인, 부랑 소년이나 경제 사범, 유곽촌의 술주정꾼은 모두 국민 생활에 포섭되지 못한 자들이었다.[78]

시장은 멈추지 않았다. 오히려 생산력을 높이고자 시장은 조직, 관리되고 있었다. 상품화된 유흥과 판타지에 대한 수요와 공급도 이어졌다. 연예 오락은 사람들의 낙이자 긴장을 풀어 주는 휴식과 유희의 역할을 했다. "유흥은 극복되어져야 할 것이 아니라 존재의 안정성을 제공하는 '탈현실'의 기제"[79]였다.

유선영은 국책 기조에 어긋나는 연예 유흥 문화의 사례로 열광적인 양화(洋畫) 관람을 들고 있다. 1934년 이후 외국 영화는 수입이 제한됐고 국산 영화가 장려되었다. 1940년 8월에 실시된 영화 통제법은 할리우드 영화 소비를 공식적으로 제한했다. 하지만 식민지의 극장계를 지배하고 있던 일본인 상업 자본의 이윤 문제와 더불어 극장의 영업세, 입장세와 같은 조세 수입은 양화 관람이 지속될 수 있었던 정치 경제적 배경이 되었다.[80] 전시기에 재정을 확보하는 일은 중요했으며, 기업의 이해와 대중의 기호는 막는다고 될 일이 아니었다. 국가 역시 자본주의의 한 주체로서 이들과 공존해야 했다.

대중이 국민화되는 과정은 수월하지 않았다. 대중을 동원했던 정도와 강도는 대중에 대한 정치 권력의 불안을 말해 준다. 이경훈의 표현을 빌리자면 "전선(戰線)은 식민지 민족과 제국 사이에 존재하기보다는 시장과 시장 아닌 것 사이에 또는 소비자와 국민 사이에 그어졌다."[81] 대중들 사이에 그어진 전선은 자유로운 소비자와 그렇지 못한 국민의 경계다. 국민은 소비자이지만 소비자는 국민이 아닐 수도 있다.

소비자와 국민 사이에 형성된 또 하나의 전선이 있다. 바로 '성(젠더)' 간에 형성된 전선이다. 낭비하는 주체들로는 이를테면 '명식'이나 '형식'이 아니라 '숙경'이가 부각됐다. 흥청망청 과소비하는 비국민들 가운데 여성은 쉽게 비난의 표적이 되었다. 여성들은 "반지 끼고 굽 높은 구두 신고 괴물 같은 부인 모자와 파마 등의 총후를 어지럽히게 하는 행동"[82]을 일삼는 자들이었다. '패셔너블한 여성 소비자'라는 표상에 대한 비난은 뿌리 깊다. 이는 애국주의적인 이상을 얻기에 여성이 무능하다고 힐난하는 것이다. 안팎의 분리에 따라 자본주의적인 소비의 주체로 호출되었던 여성들은 다시 과소비의 원흉으로 부각되었다.

낭비하는 여성이 문제가 된 까닭은 이들이 '현모양처'와 정반대였기 때문이다.[83] '숙경이들'이 비난받는 까닭은 낭비도 안 하고 멋도 안 부리는 이른바 "국책형 규수"가 아니기 때문이다. "미용원에만 드나드느니 구경만 좋아하느니 밥 하나 지을 줄 모르느니" 하는 손가락질에서 숙경이들은 자유롭지 않다. 반면 소설에 등장하는 "국책형 규수"인 '명숙'은 다르다. 명숙은 미장원도 모르고 구경도 잘 안 다니고 옷가지도 탐내지 않는다. 결정적으로 명숙은 "어머니를 도와서 똑 가사에만 부지런"[84]한 인물이다.

현모양처의 규율 속에서 명숙이들은 찬양되고 낭비하는 숙경이들은 비난받는다. 신문과 잡지에서 선전되었던 합리적인 가계 소비 주체로서의 여성은 어디까지나 남성 욕망이 승인한 대상이다. 명숙이들은 뭇 여성들이 경쟁적으로 추구해야 할 모델로 제시되었다. 전쟁이라는 자본주의의 낭비전을 배경으로 '가사와 육아를 담당하는 이상화된 어머니'는 '국산 제품을 생산하는 이상화된 민족주의적 아버지'[85]와 짝지어 권장된 여성상이었다.

숙경이처럼 여성이 아니라도 혹은 최상류 계급이 아니라도 낭비하는 비국민은 존재한다. 숙경은 국민으로 포섭되지 않는 소비 주체의 자유와 욕망을 대변하는 이름이다. 숙경의 정체성은 국민보다는 소비자에 가깝다. 숙경은 소비 일상에 주어진 국민 되기의 의무에서 가볍게 벗어난다. 전시기에도 유흥과 오락을 추구하고 사치와 방탕을 일삼는 이들은 존재했다. 일상은 계속되었다. 소비하는 대중들은 국민의 기초 단위가 되었지만 국가 권력은 이들을 쉽게 단속하지 못했다.

그런데 소비하는 숙경이들은 자유로울까? 사람들은 자유롭게 자기가 원하는 대로 소비하는 듯 보이지만 그렇지 못하다. 욕망을 실현하고 쾌락을 추구하지만 욕망과 쾌락은 내 것만이 아니다. 욕망은 항상 누군가의 욕망과 경쟁하며, 상품은 언제나 무궁무진하다. 가져도 가져도 끝이 없다.

소비 행위는 차이화가 강제된 질서("차이화의 강제") 속에서 이루어진다. 사람들은 사물 자체(사용 가치)를 소비하지 못하고 교환 가치를 소비하고, 사물은 타인과 구별 짓는 기호로 조작된다.[86] 상품화된 물건의 사용 가치는 기호적 가치로 쉬 탈바꿈한다. 이를테면 의복은 몸을 보호하는 기능과 필요를 넘어 자신의 사회적인 지위와 취향을 드러내는 기호가 된다. 타인과 자신을 구별 짓는 욕구는 자연스럽다. 하지만 소비의 공고한 체계 속에서 필요와 과시, 욕구(need)와 욕망(desire)은 점점 구별하기 어려워 보인다.

소비자라는
너와 나의 이름들

욕망이여 입을 열어라 그 속에서
사랑을 발견하겠다
—김수영, 「사랑의 변주곡」(1967) 중

사람들이 모여든다. 마트와 백화점에 북적대는 사람들, 박람회와 엑스포를 구경하는 사람들, 극장에 커피숍에 앉아 있는 사람들, 모두 상품 주위로 몰려든 무리들이다. 과거에는 궁핍이 사람들을 한 무리로 느끼게 해 주었다면 이제는 소비가 사람들을 한 무리로 느끼게 만든다. 이 말은 1930년대에 벤야민이 한 말이다. 옥좌에는 상품이 앉고 상품을 둘러싼 광휘에 사람들은 기분이 좋아진다. 상품 주위에 모인 사람들은 언어와 인종, 계급과 젠더의 구분을 가로지르는 새로운 무리들이다. 사람들은 상품 소비를 통해 각자의 욕망을 추구하는 개인으로 분화되는 동시에 균질적인 무리로 탄생했다.

상품 소비는 단순하지 않다. 소비는 그저 소비로 그치지 않는다. 소비 욕구의 창조는 어디까지나 자본주의적 생산에 기여하는 형태로 조직, 조작되어 왔다. '20세기의 소비자 혁명'이라 일컬어지는 포드주의는 대량 생산과 함께 대량 소비자를 산출해 냈다. 포드주의는 노동 과정의 테일러주의적인 조직화, 즉 노동력의 탈숙련화를 도모함으로써 전통적인 장인 형태의 노동력을 문화재나 유산으로 남겨 두었다. "감시와 처벌", 통제의 기술은 인력을 관리하는 토대가 되었다. 해외에서 값싼 원료나 노동력을 구하는 일도 흔했다. 노동 생산성이 급증하면서 저가 소비재가 대량 생산되기 시작했다. 대량 소비의 전략은 생산 노동자를 비롯해 구매력이 없었던 대부분의 사람들을 소비자로 만들어 내기 위한 전략이었다.

그 결과 많은 상품들이 탄생했다. 사회적 능력, 교양, 취미와 취향, 위생과 건강, 애국심에 이르기까지 모두 시장에서 거래되는 상품이 되었다. 스스로를 상품화할 수 있는 생산력을 기르고, 또한 상품을 소비할 수 있는 능력을 기르는 일은 근대인의 임무로 선전되었다. 다양한 미디어 담론들이 소비를 설파했는데 그중에서 광고는 기업의 말을 직접 대변했던 예술 형식이었다. 기업은 새로운 가부장으로 탄생했고 사람들을 소비자로 탈바꿈시키는 데 앞장섰다. 모든 것이 상품으로 통한다는 새 시대의 윤리는 정착되어 갔다. 광고는 소규모 생산-소비 체제와 대적하면서 절제와 절약, 안분지족 대신에 쾌락과 자유, 욕망과 성공을 속삭였다.

전(前)자본주의와 자본주의, 사회주의가 공존하고 갈등하는 근대화 물결 속에서 광고는 자본주의적 성장과 진보를 낙관적으로 전유한 제도였다. 사회적인 능력가, 문화인이자 교양인, 위생인과 건강인, 국민에 이르기까지 광고가 제시한 인간형은 거침없이 아름답다. 너무 거침없어 문제다. 설혹 광고 속에 무능력이나 불(不)건강이 등장했더라도 유능과 건강을 약속하기 위한 장치다. 광고의 말은 양적인 성장과 진보를 약속하는 일종의 미국화를 대변한다. 사람들은 상업주의의 환상을 그대로 믿지 않지만 못내 부럽다. 여전히 상품은 가지지 못해서 문제이지 가질 만한 것이 아니라고 생각되지는 않는다.

대중이라는 말 앞에는 '소비'라는 수식어가 숨겨져 있다. 소비자는 생산자로서 상품을 대면할 수 없는 무리들이다. 소비 대중은 무리를 이루지만 연대하지 못한다. 소비하는 우리들은 익명의 무리 속 각자일 뿐이다. 대중이 지닌 무방향성의 방향성이라 한다면 자본주의적인 생산과 소비에 기여하는 쪽이다. 이 방향은 자본주의가 끊임없이 작동하는 데 노동력을 공급하고 이를 화폐로 바꾸어 더 많이 소비하게 하는 쪽이다.

식민지 시기에 탄생한 소비 대중들은 국가적인 통제를 가능하게 만들었다. 사람들이 상품 형식을 통해 규정되는 동질화된 사람들로 재탄생하지 않았다면 국민 만들기는 불가능했다. 지금으로부터 80여 년 전에는 일본 제국주의의 전쟁 동원이라는 형태로 대중을 국민화하는 과정이 전개되었다. 국가는 없었고, 사람들은 이등이나 삼등 국민의 지위에 있었지만 자본주의적인 근대 국가의 위력을 경험했다.

일본의 강제 점령기에 이루어진 다양한 국민 동원은 해방 이후에 이어진 전쟁 동원 체제, 군부 독재 체제와 접점을 갖고 있다. 물자, 생산력, 인력 동원을 비롯해서 국가사상, 대중 의례, 생활 강령이 국민화 과정에서 요청되었다. 소비 실천과 관련해서는 생활 캠페인의 형태로 이루어진 욕망의 조절 과정이 전개되었다. 신분과 토지에 예속된 상태에서 벗어나 합리적으로 재탄생했던 사람들은 국민화 과정에서 다시 '재주술화'된 셈이다.[1] 탈주술화든, 재주술화든 모두 근대적 합리성의 노정이 조정되는 싸움이고 이는 자본의 논리 속에 있다.

근대의 소비문화를 분석한 스튜어트 유엔의 비유가 재미있다. 정치 영역에서 소비를 이데올로기적으로 활용하게 되면 "베이지색에 회색 무늬를 넣는"² 효과를 낼 수 있다는 것이다. 베이지색에 회색을 보태 봤자 눈에 띄지 않는다. 정치권력과 자본의 이데올로기는 결탁해 있다. 들뢰즈·가타리의 용어를 빌리면 자본주의 국가는 자본과 일체를 이루는 '공리계'로부터 태어난다. "어떠한 국가도 경제력의 징후에 봉사하기 위해 이렇게까지 힘을 들인 적이 없다."³ 이전의 국가들은 생산된 것을 분배하고 소비했던 '반(反)생산 장치'라면, 자본주의 국가의 반생산은 어디까지나 생산의 경제에 기여하는 장치다. 사람들은 모두 자본주의적 욕망에 묶여 있다. 부자이거나 가난하거나 누구나 돈에 대한 욕망을 통해 자본주의의 작동과 지속에 기여하고 있다.

생산자로서 상품을 대면할 수 없는 소비자들이 생겨나기 시작했던 때, 그보다 더 빠르게 소비 이데올로기가 뿌리내렸던 때를 지나서 현재에 이르렀다. 오늘날처럼 물건이 넘쳐나는 시대는 일찍이 없었다. 모두가 생산자는 아니지만 모두가 소비자들이다. 소비 인간(Homo consumus)은 상품을 중심으로 새로운 정체성을 구가하기 시작한 사람들이었고 오늘날 우리 모두의 이름이 되었다. 자본주의의 위기를 거쳐 국가의 역할은 다시 최소화되었고, 기업적 가부장제는 더 은밀하고 더욱 강성해졌다.

"자본만이 '자유'를 얻은 신자유주의 시대"⁴에서 '지속 가능한 삶'을 위한 안팎의 실천은 이어지고 있다. 자본주의의 '바깥', 대중의 주체성을 요청하는 다중(multitude)에 대한 논의부터 거리에서 만나는 반세계화의 시위와 다양한 공동체 구상까지. 이는 거대 체제로서의 자본주의에 대한 질문이기에 앞서 삶에 대한 질문이고 자본주의적으로 뿌리내린 삶의 주소를 찾고자 하는 노력이기도 하다.

희망은 다양하고 절망은 엇비슷하다. 누구나 외롭다. 요즘 광고의 키워드는 '자연주의'를 지나 '힐링(healing)'이 되었다. 힐링이 상처를 시위하는 말이라면 이 상처는 어떤 상처일까. 들여다보는 눈과 실천이 필요하다. 끊임없는 진보의 시대를 지나면서 공생과 공존은 '진보'하지 못했기에 진보도, 공생도 아직 낡은 이름이 아니다.

주

들어가는 말 상품 행진곡, 광고 전쟁

1   피에르 부르디외, 최종철 옮김, 『구별 짓기: 문화와 취향의 사회학(상)』(새물결, 2006), 13쪽('이 책의 이해를 돕기 위해') 참고.

2   앨빈 토플러, 원창엽 옮김, 『제3의 물결』(홍신문화사, 1994), 49~54쪽.

3   Karl Gerth, *China Made: Consumer Culture and the Creation of the Nation* (Harvard University Asia Center, 2003), p. 221. 이전에 빈곤이 사람들을 한 무리로 만들어 냈던 데 반해 이제 시장이 사람들의 무리를 양산한다는 부분은 발터 벤야민, 조형준 옮김, 『아케이드 프로젝트(1)』(새물결, 2005), 869쪽.

4   장 보드리야르, 이상률 옮김, 『소비의 사회: 그 신화와 구조』(문예출판사, 1991), 60쪽. 성장과 민주주의의 연결은 같은 책, 55쪽. 특권을 생산하는 사회로서의 성장 사회는 같은 책, 81쪽 참고.

5   제임스 트위첼, 김철호 옮김, 『욕망, 광고, 소비의 문화사』(청년사, 2001), 77쪽.

6   스튜어트 유엔, 최현철 옮김, 『광고와 대중 소비문화』(나남, 1998), 57쪽 재인용.

7   허영란, 「생활 수준 향상론 비판」, 이승일 외, 『일본의 식민지 지배와 식민지적 근대』(동북아역사재단, 2009), 308, 312쪽.

8   손정목, 『일제 강점기 도시화 과정 연구』(일지사, 1996), 291쪽.

9   킴 라츨 외, 한상필·김대선 옮김, 『현대 사회와 광고』(한나래, 1994), 111쪽.

10   새로 온 군부사령(軍部使令)의 방탕한 행적("二朔月給을 酒肴로 消費ㅎ엿다니")을
     비판하는 기사.(「惡習尙存」, 《황성신문》(1898. 10. 5)) 『고종 시대사』 2집(음력 1883.
     10. 27)과 『국역 승정원일기』(음력 1884. 5. 22)에서 소비라는 말이 나온다.(한국 역
     사 정보 통합 시스템(www.koreanhistory.or.kr) 참고)《한성순보》(1884. 6. 14)의
     기사는 한국언론진흥재단(www.kinds.or.kr) 참고.

11   신인섭·서범석, 『한국 광고사』(나남, 1998), 15~20쪽.

12   국사편찬위원회, 『광고, 시대를 읽다』(두산동아, 2007), 68~74쪽.

13   광고란 말은 인천 조계지를 두고 일본과 맺은 조약에 관한 기록에서 처음 등장한다.
     강화도 조약(1876) 이후 인천 제물포는 일본과 청국을 비롯해 각국의 조계지로 할
     당되었다. 거류지의 땅세(地貰)와 경매 시기를 밝혀 두는 대목에서 광고가 등장하는
     데 거류지 경매는 일본 영사관에 조회, 5일 전에 '광고'해서 영사관 입회하에 해야 한
     다는 내용이다. 원문은 다음과 같다. "住址의 公拍原價는 每方 2'미터'에 대하여 朝
     鮮銅錢 250文으로 정한다. 競賣日期는 日本領事官에게 知照하여 5日 前에 廣告하며
     領事官立會下에 擧行하여야 한다." 한국사 데이터베이스, http://db.history.go.kr/
     url.jsp?ID=gj_002_1883_08_30_0020.

14   한국언론진흥재단(www.kinds.or.kr)에서 검색한 결과다.

15   하루야마 유키오, 강승구 외 옮김, 『서양 광고 문화사』(한나래, 2007), 478쪽.

16   인쇄 기술의 역사에서 한국은 목판 인쇄 선진국으로 기록되어 있다. 경상북도 경주
     의 불국사에 있는 목판본 다라니경(무구 정광 대다라니경)은 세계에서 가장 오래된
     목판 인쇄물로 석가탑이 재건된 751년 이전에 제작되었다고 추정된다. 인쇄 기계를
     활용한 세계 최초의 활자본은 15세기 중반에 완성된 성서였다. 위의 책, 82~83쪽.

17   베네딕트 앤더슨, 윤형숙 옮김, 『상상의 공동체』(나남, 2002), 60~61쪽.

18   《한성순보》와 《한성주보》의 발간 시기는 차배근 외, 『우리 신문 100년』(현암사,
     2001), 24, 29쪽.

19   신인섭·서범석, 『한국 광고사』, 29쪽. 차배근 외, 『우리 신문 100년』, 27쪽. 《한성순
     보》는 순한문이었다. 《한성주보》는 한글을 섞어 쓰다가 국한문 혼용과 한글 전용 기
     사가 점점 줄어 1년쯤 지난 후에는 한문만 사용했다.

20 한국언론인연합회,『한국 언론 100년사(1)』(한국언론인연합회, 2006), 188쪽. 신인섭·
서범석,『한국 광고사』, 27쪽. 한편《한성주보》23호(1886. 7. 5)에 실린 '동수관약방'
광고를 낸 사람, '북해산인(北海散人)'이 한국인이라면 이것이 한국인이 낸 최초의 광
고가 된다.

21 세창양행에 대해서는 김봉철,「구한말 '세창양행' 광고의 경제·문화사적 의미」,《광
고학연구》13권 5호(2002, 겨울), 117~135쪽 참고.

22 국사편찬위원회,『광고, 시대를 읽다』, 85쪽.

23 채백,『독립신문 연구』(한나래, 2006), 307~308쪽.《독립신문》은 처음에 주 3회 발
행되다가 1898년 7월·1일자부터 국문판은 일간, 영문판은 격일간으로 발행됐다.(같
은 책, 111쪽)

24 위의 책, 306~314쪽. 신인섭·서범석,『한국 광고사』, 35~37쪽.

25 김은용,「대한제국 시대 신문 광고에 대한 일고찰」(한국외국어대학교 석사 논문,
1989), 26, 34쪽 참고.

26 위의 글, 29~30쪽. 국사편찬위원회,『광고, 시대를 읽다』, 85~89쪽.

27 안종묵,「한말 황성신문의 광고에 관한 연구」,《이문논총》15집(한국외국어대학교 대
학원, 1995), 94쪽. 신인섭·서범석,『한국 광고사』, 31쪽.

28 한국광고단체연합회,『한국 광고 100년(상)』(사단법인 한국광고단체연합회, 1996),
63쪽.

29 《황성신문》에 나타난 광고주의 국적을 보면 한국인이 평균 78.3퍼센트를 차지했다.
안종묵,「한말 황성신문의 광고에 관한 연구」, 105쪽.《대한매일신보》는 한글판(2면)
과 영문판(4면)이 합쳐서 발행되었던 시기(1904. 8. 4~1905. 3. 8)에 한국인 광고주
가 13퍼센트, 외국인 광고주가 43퍼센트(나머지 44퍼센트는 미상)였다가 한글판이
독립되어 발간된 시기(1907. 5. 23~1910. 8. 28)에 한국 광고주가 91.3퍼센트 규모로
늘어났다. 광고 업종은 약국 25퍼센트, 서적 16.5퍼센트, 사고(社告) 10.8퍼센트, 개
인 10.5퍼센트, 잡화점 6.9퍼센트 순이었다. 한국언론사연구회 엮음,『대한매일신보
연구』(커뮤니케이션북스, 2004), 306~312쪽.

30 『서사 건국지』,『애국 부인전』,『라란(羅蘭)부인전』,『리순신젼』,『애국정신담』등속의
계몽 서적이 광고되었다. 한국언론사연구회 엮음,『대한매일신보 연구』, 316~318쪽.

31 "新聞の土間を買る賣藥屋."(1888) '도마(土間)'는 가부키 극장의 정면 아래층 관람

석 혹은 봉당(토방)을 가리킨다. 內川芳美, 『日本廣告發達史』(電通, 1976), 68쪽. 미국의 만병통치약 광고는 양정혜, 『광고의 역사』(한울아카데미, 2009), 46쪽과 하루야마 유키오, 『서양 광고 문화사』, 206쪽 참고.

32 2010년에는 금융·보험·증권, 컴퓨터 및 정보 통신, 식품, 서비스, 화장품 및 보건용품, 패션 업종이 전체 광고비의 50퍼센트 이상을 차지했다. 제일기획 편집부, 『광고 연감 2011』(제일기획, 2011), 136쪽.

33 홍현오, 『한국 약업사』(한국약품공업주식회사, 1972), 12~22쪽. 한국광고단체연합회, 『한국 광고 100년(상)』, 16쪽.

34 홍현오, 『한국 약업사』, 53~61쪽. 또 다른 인기 상품 '지유사이드'는 유한양행이 1936년부터 1940년까지 "동북아 제패의 사세", 기적적인 성장기를 구가하는 데 기여한 대표적 품목이었다. 유한양행, 『광고로 본 유한양행(1926년~1945년 이전)』(유한양행, 2000), 25쪽.

35 신인섭·서범석, 『한국 광고사』, 46~59쪽 참고.

36 위의 책, 75쪽.

37 위의 책, 90쪽.

38 《매일신보》는 총독부의 재정적 후원을 받아 확보한 기술 인력과 인쇄 시설을 바탕으로 사진을 적극적인 보도 수단과 삽화로 활용했다. 김선영, 「신문 사진의 등장과 한국 근대 대중의 출현: 1910년대《매일신보》군중 사진을 중심으로」(한국예술종합학교 미술원 석사 논문, 2010), 36쪽.《매일신보》의 광고에 대한 논문으로는 이정민, 「일제 무단 정치 시대의 신문 광고에 관한 연구:《매일신보》를 중심으로」(한국외국어대학교 석사 논문, 1997) 참고.

39 신인섭·서범석, 『한국 광고사』, 75, 109, 310쪽.

40 "근래에 경성 시가같이 광고를 함부로 붙이는 곳은 다시없을 것이다." 「시가 체면을 오손하는 추악한 광고지는 더욱 증가, 집주인은 마땅히 거절할 일」, 《동아일보》(1922. 6. 25)(한국광고단체연합회, 『한국 광고 100년(상)』, 441쪽 재인용). 1910년대 광고지 난립 소식은 「광고지의 난첩(亂貼)을 엄중히 금지한다」, 《매일신보》(1918. 12. 12)(같은 책, 439쪽 참고). 인단 광고 소식은 「휴지통」, 《동아일보》(1921. 5. 27)(신인섭·서범석, 『한국 광고사』, 152쪽 재인용).

41 한승인(韓昇寅), 「종로 상가 만평」, 《조광》(1935. 12), 81쪽. 「경성 각 상점 간판 품평

회」,《별건곤》3호(1927. 1), 114~123쪽도 참조할 수 있다.

42   이태준, 「장마」, 『해방 전후 외』(동아출판사, 1995), 106쪽.

43   김진송, 『서울에 딴스홀을 허하라』(현실문화연구, 1999), 154쪽.

44   「엉터리 광고 이야기」,《동아일보》(1933. 9. 9)(한국광고단체연합회, 『한국 광고 100년
      (상)』, 453쪽 재인용).

45   임경일, 『신문』(야담사, 1938), 95쪽.

46   최덕교, 『한국 잡지 100년(3)』(현암사, 2004), 160쪽. 1926년 이후에《개벽》의 속간,
      폐간에 대해서는 최수일, 『《개벽》 연구』(소명출판, 2008) 참조.

47   최수일, 「잡지 《조광》을 통해 본 '광고'의 위상 변화: 광고는 어떻게 '지(知)'가 되었
      나」,《상허학보》32집(2011), 357~404쪽.

48   김대환, 「사이토 총독의 문화 정치와 경성일보」, 『경주대학교 논문집』 17집(2004),
      216~217쪽. 김대환은 1924년 이후 《경성일보》의 광고량이 《조선신문》을 앞질렀다
      고 했으나 정확하게는 1923년부터다. 자료를 확인할 수 있는 『신문 총람』의 1924년
      판이 1923년의 통계 자료이기 때문이다. 《경성일보》는 1945년 10월 31일에 일본인
      발행이 중단된 이후에 한국인 종업원들이 발행했고 현재까지 남아 있는 《경성일보》
      는 1945년 12월 11일 임시 제40호이다.(『경성일보 제본 제1권』(한국통계서적센타,
      2003) 참고)

49   김영희, 「일제 지배 시기 한국인의 신문 접촉 경향」,《한국언론학보》46권 1호(2001),
      47쪽.

50   한원영, 『한국 신문 한 세기: 근대 편』(푸른사상, 2004), 182쪽.《매일신보》의 광고
      수입(1938~1944)도 확인할 수 있다.《매일신보》는 1940년 이후 신문 판매 수입
      과 광고 수입이 눈에 띄게 늘어났다. 정진석, 『언론 조선 총독부』(커뮤니케이션북스,
      2006), 부록 '매일신보 연도별 손익 계산서' 참조.

51   박용규, 「일제하 언론의 자본과 경영」, 김남석 외 엮음, 『한국 언론 산업의 역사와 구
      조』(연암사, 2000), 67~72쪽 참고.

52   위의 책, 63쪽.

53   황태욱(黃泰旭), 「조선 민간 신문계 총평」,《개벽》2권 2호(1935. 3), 16쪽.

54   박용규, 「일제하 언론의 자본과 경영」, 78쪽.

55   이상협(李相協)은《동아일보》를 창간했고(이상협 명의로 발행 허가, 주식회사 발

주

기인 대표가 김성수) 이후 1920년대 중반 《조선일보》 혁신의 주역으로 활동하다가 1926년 《중외일보》를 창간한 인물이다. 《중외일보》 해산 후에 《매일신보》의 부사장 (1934~1941)을 지내기도 했다. 대한언론인회, 『한국 언론 인물 사화(1): 8·15 전편 (前篇)(상)』(대한언론인회, 1992), 436~445쪽. 그는 일본에 가서 광고료 조정을 교섭, 담판하기도 했다고 한다. 김을한, 『한국 신문 사화』(탐구당, 1975), 265~267쪽과 최준, 『한국 신문사』(일조각, 1977), 315~317쪽(신인섭·서범석, 『한국 광고사』, 101쪽 재인용).

56 박용규, 「일제하 언론의 자본과 경영」, 65~66쪽 재인용.

57 김경재(金璟載), 「조선 신문의 대중적 비판」, 《개벽》(1935. 3), 25~27쪽.

58 박용규, 「일제하 언론의 자본과 경영」, 78쪽.

59 천정환, 『조선의 사나이거든 풋뿔을 차라』(푸른역사, 2010), 303쪽. 동아일보사는 일장기 말소 사건을 민족 언론의 대표적 상징으로 기념해 왔는데, 정진석(『일제하 한국 언론 투쟁사』(정음사, 1975))은 《조선중앙일보》가 말소 사진을 게재했던 사실을 처음으로 밝혔다. 이에 관해서는 최인진, 『손기정 남승룡 가슴의 일장기를 지우다』(신구문화사, 2006)와 채백, 『사라진 일장기의 진실』(커뮤니케이션북스, 2008)을 참고할 수 있다. 《조선중앙일보》는 1936년 8월 13일에 일장기를 말소한 사진을 실었고 《동아일보》도 같은 날 사진을 게재했지만(최인진의 연구 참고) 화질이 나빠 문제가 되지 않았다. 문제로 불거진 사진은 비교적 선명하게 말소 흔적이 드러났던 《동아일보》의 1936년 8월 25일자 석간 2면이었고, 《조선중앙일보》가 일장기를 말소했던 이전의 일까지 밝혀지게 되었다. 손기정의 사진이 문제가 되어 《동아일보》는 최장 기간 동안 정간(1936. 8. 29~1937. 6. 2)을 당했고, 여운형이 사장으로 있던 《조선중앙일보》는 휴간 후 재정 상태가 악화되어 폐간의 길을 걸었다. 동아일보사와 조선중앙일보사가 발행했던 잡지인 《신동아》, 《신가정》, 《중앙》도 무더기로 정간당했고 다시 발행되지 못했다.

60 정진석, 『한국 언론사』(나남, 1990), 553~561쪽.

61 강만길 엮음, 『한국 자본주의의 역사』(역사비평사, 2000), 162~165쪽 참조.

62 소비 지출 증가율 수치는 미조구치 히데유키(1975)와 데라사키 야스히로(1984)의 연구로, 허영란의 「생활 수준 향상론 비판」, 301쪽 참고. 자본주의 전개 과정에서 나타나는 평균 소득과 평균 소비의 증가는 같은 글, 291쪽 참고.

63   신동호, 「통신 개방! 정보 식민지 시대가 온다」, 《말》 38(1989. 8), 90~93쪽. 강준만, 「광고 대행사가 지배하는 대중문화」, 《말》 82(1993. 4), 170~175쪽. 1991년부터 한국의 광고 시장은 다국적 광고 대행사들에게 완전 개방되었다.

64   매체에 많이 오랫동안 노출되는 상품은 상표 각인 과정(brand positioning)에서 유리한 고지를 점령할 수밖에 없다. 레버(현 유니레버), 케드베리, 네슬레, 필립스를 비롯하여 미국에 기반을 둔 회사로 포드, 제네럴 모터스, 크래프트, 켈로그, 하인스, 리글리 등이 대표적이다. John Sinclair, *Images Incorporated: Advertising as Industry and Ideology*(London & New York: Croom Helm, 1987), p. 101.

65   "조선의 신문이 동경, 대판(오사카) 물건만 광고해서 조선 사람의 주머니를 가볍게 하니 죄악이라고 했대마는 죄악 여부는 두어두고, 좌우간 그것이 없이는 오늘 신문을 경영해 나갈 수 없지. (중략) 조선 토착 상공업자로는 아직 신문 광고계에 진출할 만한 대(大)업자가 없고 일본과 조선은 경제상으로 일개 단위로 맨 조선 사람이 동경, 대판서 나는 물건을 입고, 쓰고, 먹고, 바르고, 타고, 살고 하니 부득불 그리고 광고 모집을 갈 수밖에 없는 것이 아닌가. 이것은 신문의 죄가 아니라(非新聞之罪也) 즉 조선 상공업 미(未)발달 죄일세. 그런 고로 물산장려를 암만 할래도 성냥 아니 쓰고 부싯돌로 돌아가지 않는다면 동경, 대판 광고 싣는 것도 만부득이하지." 「조선 신문계 종횡담」, 《동광》(1931. 2)(신인섭·서범석, 『한국 광고사』, 165쪽 재인용). '민간 신문사의 광고 수입은 부족하다. 그런데 한국인 광고주는 부족하다. 따라서 신문사가 일본 광고에 열을 올릴 수밖에 없다.'는 요지의 글이다. 논리 정연하나 비난은 거셌다. 신문 역시 상품이지만 사회적 책무가 중요하기 때문이다.

66   고봉(孤峯), 「현 신문의 결함과 민중의 무신경」, 《개벽》(1924. 2), 4~10쪽(박용규, 「일제하 언론의 자본과 경영」, 72쪽 재인용).

67   "조선의 각 신문이 취급하고 있는 대판, 동경 등지의 광고는 조선의 그것보다 두 배, 세 배나 저렴하게 받고 있으며 거기에 월정(月定) 혹은 연정(年定)이나 되면 조선의 그것과 비하면 너무나 큰 차이가 있다. 그리고 광고료도 추후 계산을 한다 하니 놀라지 않을 수 없으며 조선인 광고 취급에 비하야 너무도 친절함에 경이(驚異)의 두 눈이 번쩍 뜨인다. 그러면 조선 안의 광고는 어떻게 취급하느냐 하면 그들은 두 배, 세 배나 더 비싼 단가로서 꼭꼭 현금 요구를 하니 실로 기가 맥힌다. (중략) 좌우간에 나는 최후로 조선 각 신문사에게 한마디 남겨 놓는다. 그대들이 조금이라도 진심이

있으면 동경, 대판 방면에 쓰는 그 '친절 이상의 친절'을 우리 조선 사회에다 쓸 필요가 있지 않느냐!고." 목단봉인(牧丹峯人), 「신문 편집 이면(裏面) 비화(秘話)」, 《개벽》(1935. 3), 95쪽.

68 신인섭·서범석, 『한국 광고사』, 165쪽.

69 참고로 정태헌, 「한성은행의 경영권, 대주주 구성 추이와 일본인 은행화 과정」, 《한국사 연구》 148(2010), 199~239쪽.

70 이승렬, 『제국과 상인』(역사비평사, 2007), 339쪽.

71 정태헌, 「경제 성장론 역사상의 연원과 모순된 근현대사 인식」, 이승일 외, 『일본의 식민지 지배와 식민지적 근대』, 268쪽. 국가 없는 자본주의화, 즉 식민지 자본주의가 근대 문명화로 각인되는 과정(같은 글, 259쪽)은 많은 식민지에서 발견되는 현상이다. ① '자생적인' 근대화는 엄밀히 말하면 영국이 유일하며 나머지는 모두 외부와의 접촉과 대응을 통해 산업화에 성공한 후발국이라는 지적도 타당하다. ② 일본 대자본의 독점적 지위가 보장되면서 조선인 자본에 타격을 주어 중소 자본가와 중소 상인 및 가내 수공업의 몰락을 초래했다는 점은 이송순과 방기중 참조. 이송순, 「1930~40년대 일제의 통제 경제 정책과 조선인 경제 전문가의 인식」, 《한국사학보》 17(2004), 169~207쪽. 방기중, 『식민지 파시즘론』(연세대학교출판부, 2010), 13~62쪽.

72 John Sinclair, *Images Incorporated*, p. 100.

73 한승인, 「종로 상가 만평」, 《조광》(1935. 12), 80~81쪽.

74 《동아일보》와 《조선일보》의 자료는 『신문 총람』에 1920년대 중반부터 기록되어 있으므로 이 시기부터 1930년대 후반까지 《경성일보》나 《매일신보》와 비교해 볼 수 있다. 특히 《조선일보》 서적 광고는 1939년에 '현지' 광고량과 '일본' 광고량이 비슷한 현상을 보이기도 한다. 광고 총행수를 보면 '현내' 12만 9616행, 도쿄·오사카 13만 5239행이었다. 권창규, 「근대 한국에서 전개된 '덴츠'의 정보 제국주의와 광고 제국주의」, 《대동문화연구》 72집(2010), 250~256쪽.

75 차배근 외, 『우리 신문 100년』, 117쪽. "원고난, 경영난, 검열난"은 김동환이 《삼천리》 창간호(1929. 6)의 후기에 밝힌 바이다.

76 신인섭·서범석, 『한국 광고사』, 107쪽.

77 일본 광고의 8할이 덴츠로부터 나왔다는 김승문(金勝文)의 증언은 위의 책, 179쪽. 김승문은 1937년 3월 동아일보사 광고부장직을 맡았고 동년 10월에 도쿄 지사

로 발령이 났다고 한다. 그의 말을 따져 보면, 도쿄 지사에서 직접 본사로 보낸 금액 (4~5만 원)이 1938년 동아일보사 총 광고 수익의 5분의 1 안팎이 된다. 덴츠가 마진을 많이 남긴 정황은 김을한, 『한국 신문 사화』, 265~267쪽(신인섭·서범석, 『한국 광고사』, 100쪽 재인용). 한국의 여러 신문사가 덴츠와 접촉한 기록은 계훈모, 『한국 언론 연표 1: 1881~1945』(관훈클럽 신영연구기금, 1979)에서도 확인할 수 있다. 김병희·신인섭, 「일본 광고 회사 덴츠가 한국 광고 산업의 형성에 미친 영향」, 《광고학 연구》 20권 5호(2009), 116~117쪽 참고.

78 김병희·신인섭, 「일본 광고 회사 덴츠가 한국 광고 산업의 형성에 미친 영향」, 111~129쪽. 권창규, 「근대 한국에서 전개된 '덴츠'의 정보 제국주의와 광고 제국주의」, 235~261쪽. 1936년 국책 통신사 동맹(同盟)이 탄생하기 전까지 덴츠는 신문연합사(新聞聯合社)와 함께 손꼽히는 일본 최대 규모의 뉴스 통신사였다. 덴츠는 광고업에서 돈을 벌어 통신업의 적자를 메꾸는 경영 방식을 취했다. 일본의 대행사들은 통신업과 광고업을 '겸영(兼營)'하는 형태가 많았는데 그중 덴츠가 성공적인 사례로 꼽힌다.

79 임동욱, 「자본주의의 광고, 대중 매체, 그리고 광고 대행사」, 《광고연구》 6(한국방송 광고공사, 1990 봄), 133쪽.

80 강준만, 「광고 대행사가 지배하는 대중문화」, 171쪽 참고.

81 최준, 『한국 신문사』, 315~317쪽(신인섭·서범석, 『한국 광고사』, 103쪽 재인용). 김남석 외 엮음, 『한국 언론 산업의 역사와 구조』, 73쪽.

82 신인섭·서범석, 『한국 광고사』, 192쪽. 외무과 사원이 광고 카피를 썼다는 일화는 1936~1937년에 《조선일보》 광고부에 근무했던 김광섭의 증언. 같은 책, 188쪽.

83 천정환, 『근대의 책 읽기』(푸른역사, 2003), 371쪽.

84 한국광고단체연합회, 『한국 광고 100년(상)』, 49쪽. 화평당은 이후 영신환을 판매했던 조선매약을 사들였다. 1930년대에 들어 등장한 평화당(대표약은 백보환)은 화평당과 상호(商號) 소송을 벌이기도 했다. 홍현오, 『한국 약업사』, 121쪽.

85 한국광고단체연합회, 『한국 광고 100년(상)』, 50쪽.

86 신인섭·서범석, 『한국 광고사』, 192쪽. 유한양행의 사원 모집 광고(1934)의 일례를 보면 "중학 또는 전문 이상 졸업 정도의 학력"과 "외국어(영어 혹은 지나어)에 다소 소양"을 자격 요건으로 내걸었다.

87   신인섭·서범석, 『한국 광고사』, 184~188쪽.

88   김영희, 「일제 지배 시기 한국인의 신문 접촉 경향」, 66쪽.

89   홍랑, 「타락된 민간 신문」, 《제일선》(1933. 2), 7~8쪽(위의 글, 52쪽 재인용). 김영희
      의 말("신문을 구독할 수 있는 경제적 능력")을 인용한 부분은 같은 글, 44쪽이고 신
      문 구독료는 같은 글, 48쪽.

90   길인성, 「일제하 계층 구성과 소득 분배에 관한 소고」, 《서강경제논집》 29권 2호
      (2000), 263쪽.

91   피에르 부르디외, 최종철 옮김, 『구별 짓기: 문화와 취향의 사회학(하)』(새물결,
      2006), 567쪽. 1960~1970년대 프랑스 파리를 배경으로 하고 있는 부르디외의 논의
      에서 취향 생산자에 속하는 신흥 부르주아지들은 관광 회사, 신문 잡지사, 출판사, 영
      화사, 의류업계, 광고 회사, 실내 장식 회사, 부동산 개발 회사의 경영자 및 관리직과
      같은 상징재 혹은 상징적인 서비스의 판매자들로 언급되어 있다.(같은 책, 568쪽)

92   위의 책, 662쪽.

93   천정환, 『근대의 책 읽기』, 322쪽.

94   위의 책, 493쪽. 도시 중간층 100만 명은 농민을 제외한 숫자로 기술자와 공무 자유
      직으로 구성된 새로운 중간층이며 자영업 종사자, 화이트칼라(사무노동자)를 합친 숫
      자다.

95   윤해동, 「식민지 인식의 '회색 지대': 일제하 공공성과 규율 권력」, 《당대비평》 13권
      (2000), 137~160쪽 참조.

96   노영택, 「일제 시기의 문맹률 추이」, 《국사관논총》 51집(국사편찬위원회, 1994), 118,
      131쪽 참조. 김영희 역시 1940년경 30퍼센트의 한글 해독률과 일본어 가능자 16.61
      퍼센트를 고려해 적어도 국민의 20퍼센트 이상이 신문을 읽을 수 있었다고 추정했
      다. 김영희, 「일제 지배 시기 한국인의 신문 접촉 경향」, 47쪽.

97   운전기사 이야기는 「가두(街頭)의 직업인과 일문일답」, 《조광》 창간호(1935. 11),
      116~127쪽. 여점원의 이야기는 「도시의 생활 전선」, 《제일선》(1932. 7), 88~91쪽 참고.

98   크리스 로젝, 김영선 외 옮김, 『여가와 문화』(리체레, 2011), 180쪽.

99   피에르 부르디외, 『구별 짓기(하)』, 699쪽.

100   「대경성 삼부곡(大京城 三部曲)」, 《별건곤》 4권 6호(1929. 11), 권두 화보의 해설 부분.

101   소설 인용은 박태원, 장수익 엮음, 『천변 풍경』(문학과지성사, 2005), 47~49쪽. 우미

관 영화비가 10전이었다는 내용은 유선영, 「근대적 대중의 형성과 문화의 전환」, 《언론과사회》 17권 1호(2009년 봄), 81쪽.

102　《조광》 10호(1936. 8), 권두 화보의 해설 부분.

103　피에르 부르디외, 『구별 짓기(하)』, 844~845쪽. 직접 인용한 부분은 같은 책, 839~840쪽.

104　길인성, 「일제하 계층 구성과 소득 분배에 관한 소고」, 267쪽.

105　손정목, 『일제 강점기 도시 사회상 연구』(일지사, 1996), 139쪽. 노점상·행상·호객 상인은 경성에서는 5위를 차지했으며, 부산에서는 6위, 평양에서는 3위를 차지해 3대 도시에서 모두 높은 비중을 차지했다.(같은 책, 139~140쪽) 조선인이 많은 직업과 일본인이 많은 직업도 구별되었다. 가사 사용인, 날품팔이, 노점상을 비롯하여 기타의 상업 업주, 잡역부, 각종 공장의 직공, 하역부·운반부·지게꾼, 그리고 자동차 운전수, 인력거꾼 등도 조선인의 수가 훨씬 많아졌다. 반대로 일본인이 많은 직업은 군인, 관공리(官公吏)를 비롯해 부기·출납·회계직, 간호원, 토목 건축업자 등이었다. 수위·문지기까지도 일본인이 더 많았다.(같은 책, 140쪽) 도시 인구 비율은 손정목, 『일제 강점기 도시화 과정 연구』, 290~294쪽 참조.

106　허영란, 「일제 시기 서울의 '생활권적 상업'과 소비」, 이태진 외, 『서울 상업사』(태학사, 2000), 488, 501쪽.

107　「대경성 삼부곡」, 《별건곤》(1929. 11), 권두 화보의 해설 부분.

108　길인성, 「일제하 계층 구성과 소득 분배에 관한 소고」, 272쪽.

109　유선영, 「근대적 대중의 형성과 문화의 전환」, 79쪽.

110　마쓰모토 다케노리, 윤해동 옮김, 『조선 농촌의 식민지 근대 경험』(논형, 2011), 37쪽.

111　농가의 가족 노동력은 '수조(手助, 돕는 사람)'로 분류되었는데 여성들이 많았고, 총 직업 인구 950여만 명 중 400만을 넘는 규모였다. 이는 총 직업 인구의 42퍼센트에 해당하는 비율이고 단일 직업군으로 가장 컸다. 이 중 여성들이 60퍼센트를 차지했다. 길인성, 「일제하 계층 구성과 소득 분배에 관한 소고」, 268쪽.

112　춘궁 농가에 대해서는 송규진 외, 『통계로 본 한국 근현대사』(아연출판부, 2004), 139~142쪽. 1930년대 초반 농가의 어려운 사정에 대해서는 같은 책, 139쪽. 1930년대 조선농회(朝鮮農會)가 조사한 『농가 경제 조사』에서 상대적으로 사정이 나은 농가가 조사 대상으로 선정되었던 사정을 감안하면 일반 농가의 적자는 더 심각했을

것이다.

113 1940년부터 1949년까지의 유년기 체험을 기록한 『나의 해방 전후』에 나오는 말이다. "반드시 전쟁 말기라고 해서가 아니라 가난은 아주 보편적인 현상이었다." 유종호, 『나의 해방 전후』(민음사, 2004), 98쪽.

114 마쓰모토 다케노리, 『조선 농촌의 식민지 근대 경험』, 37~41쪽.

115 소작료 비율은 1932년 통계다. 송규진 외, 『통계로 본 한국 근현대사』, 144쪽. 지주, 자작, 자작 겸 소작, 소작, 화전민, 농업 노동자로 나뉘는 영농 종류별 농가 호수는 같은 책, 133~134쪽 참조. 1910년대 40퍼센트 내외였던 소작농 비율은 1932년부터 50퍼센트를 넘어섰다. 참고로 1942년은 53.8퍼센트였다.

116 이경란, 「1930년대 농민 소설을 통해 본 '식민지 근대화'와 농민 생활」, 연세대학교 국학연구원 엮음, 『일제의 식민 지배와 일상생활』(혜안, 2004), 425~426쪽 참조.

117 1931년 우가키 총독이 부임한 이후부터 전개된 농촌 진흥 운동은 1938년부터 시작된 국민정신 총동원 운동과 합쳐진다. 농촌 진흥 운동은 개별 농가 갱생을 목표로 농산물 증산, 가계 부채 근절, 근면 절약을 강조했다. 대공황의 여파로 농산물 가격이 폭락하면서 지주의 소작농 수탈이 심해졌고 소작 쟁의도 자주 일어났다. 사회주의 운동에 대한 경계가 높았으며 지주에게 절대적으로 유리한 식민지 지주제를 바꿀 필요도 있었으므로 농촌 운동이 실시되었다. 마쓰모토 다케노리, 『조선 농촌의 식민지 근대 경험』, 182쪽. 농촌 운동의 배경은 같은 책, 185쪽 참고. 1935~1938년 사이에는 소작 쟁의가 빈번했는데 마쓰모토는 농촌 진흥 운동이 소작 쟁의의 원인으로 작용했다고 분석한다.

118 1940년에 들면 동원 계획은 일본과 만주에서 나아가 대만, 사할린 및 괌, 팔라우를 비롯한 남태평양 일대의 섬(남양 군도)까지 확대되었다. 안자코 유카, 「조선 총독부의 '총동원 체제'(1937~1945) 형성 정책」(고려대학교 박사 논문, 2006), 130쪽. 노동력 동원의 일방적인 수급 구조는 같은 글, 128쪽 참고.

119 손정목, 『일제 강점기 도시화 과정 연구』, 292쪽.

1 입신출세하려면 이들처럼

1 중국은 '부녀(婦女)', 일본은 '부인(婦人)'이 근대의 여성 호칭으로 자리 잡았다. 최경희, 「젠더 연구와 검열 연구의 교차점에서」, 한국학의세계화사업단·연세대학교 국학연구원 엮음, 『일제 식민지 시기 새로 읽기』(혜안, 2007), 167쪽.

2 이매뉴얼 월러스틴, 나종일·백영경 옮김, 『역사적 자본주의/자본주의 문명』(창비, 1993), 27쪽 참고.

3 1920년대 들어 여학생과 기생 사이에는 "거리의 쟁탈전"이 벌어졌다. 권보드래, 『연애의 시대』(현실문화연구, 2003), 43쪽.

4 주디스 윌리암슨, 박정순 옮김, 『광고의 기호학』(커뮤니케이션북스, 2007), 135쪽 참고.

5 평화당의 백보환, 《매일신보》(1936. 11. 25).

6 장 보드리야르, 『소비의 사회』, 53쪽.

7 앨빈 토플러, 『제3의 물결』, 49~54쪽 참조.

8 물신숭배는 인간 노동의 생산물이 상품으로 변환되자마자 생기는 환상이다. 카를 마르크스, 김수행 옮김, 『자본론 I(상)』(비봉, 2001(제2개역판)), 93쪽.

9 슬라보예 지젝, 이수련 옮김, 『이데올로기라는 숭고한 대상』(인간사랑, 2002), 55쪽.

10 정지용, 「다방 '로빈' 안에 연지 찍은 색시들」, 『정지용 전집(2): 산문』(민음사, 1999), 163쪽.

11 그믐달 인용은 백석, 「미명계」(1936), 김재용 엮음, 『백석 전집』(실천문학사, 2001), 28쪽. 별 이미지에 관한 인용은 이상, 「수상(隨想), '슬픈 이야기': 어떤 두 주일 동안」, 《조광》(1937. 6), 257쪽.

12 이경훈, 『오빠의 탄생』(문학과지성사, 2003), 85쪽.

13 위의 책, 80, 85쪽.

14 유종호, 『다시 읽는 한국 시인: 임화, 오장환, 이용악, 백석』(문학동네, 2002), 252~258쪽 참조.

15 박태원, 최혜실 엮음, 『소설가 구보 씨의 일일』(문학과지성사, 2006), 45쪽.

16 위의 책, 32, 51쪽.

17 이진경 편저, 『문화 정치학의 영토들』(그린비, 2007), 27쪽. 상품이 교환 가치이면서

사용 가치이듯이 기호도 기표임과 동시에 기의다. 보드리야르는 경제 활동의 영역과 의미 작용의 영역을 상동적으로 구조화하는 작업을 한다. 장 보드리야르, 이규현 옮김, 『기호의 정치 경제학 비판』(문학과지성사, 1998(2판)), 158, 162쪽.

18 이진경 편저, 『문화 정치학의 영토들』, 27쪽.

19 발터 벤야민, 조형준 옮김, 『아케이드 프로젝트(1)』(새물결, 2005), 122쪽.

20 장 보드리야르, 『소비의 사회』, 106~107쪽.

21 "Every advertisement is an advertisement for success." Roland Marchand, *Advertising the American Dream: Making Way for Modernity, 1920~1940* (University of California Press, 1985), p. 285.

22 천정환, 『근대의 책 읽기』, 190쪽.

23 이매뉴얼 월러스틴, 『역사적 자본주의/자본주의 문명』, 88~90쪽 참고.

24 "한국 시대(韓國時代) 관비 유학생"들에게 박영효가 했던 말로 제시됐다. 박태원, 「최노인전 초록」(1937), 『소설가 구보 씨의 일일』, 141쪽.

25 송호근, 『인민의 탄생』(민음사, 2011), 19쪽.

26 우용제 외, 『근대 한국 초등 교육 연구』(교육과학사, 1998), 90쪽. 1920년대 초반만 해도 서당은 보통학교에 입학하기 전에 수학하는 곳으로 서당을 거쳐 보통학교에 간다고 여겼다. 1920년대 들어 보통학교 입학률이 높아지면서 서당은 쇠퇴하기 시작했다.

27 박상만, 『한국 교육사(중)』(대한교육연합회, 1957), 54~55쪽. 이 책의 발행 연도는 단기 4829년으로 표기되어 있으며, 감수자는 연희대학교(지금의 연세대학교) 최현배 선생이다.

28 김진균·정근식 편저, 『근대 주체와 식민지 규율 권력』(문화과학사, 1997), 293쪽.

29 오성철, 『식민지 초등 교육의 형성』(교육과학사, 2000), 133쪽. 김부자는 남녀 모두 취학이 급증하고 중도 퇴학률이 안정된 시기를 1933년 이후로 잡고 있다. 김부자, 조경희·김우자 옮김, 『학교 밖의 조선 여성들』(일조각, 2009), 93쪽.

30 김부자, 『학교 밖의 조선 여성들』, 112쪽.

31 윤치후, 「500년 유래의 사환심을 버리라」, 《신민(新民)》(1927. 3)(우용제 외, 『근대 한국 초등 교육 연구』, 96~97쪽 재인용).

32 천정환, 『근대의 책 읽기』, 188쪽.

33 장신, 「1919~43년 조선 총독부의 관리 임용과 보통 문관 시험」, 《역사문제연구》

8(2002), 50쪽.

34 송규진 외,『통계로 본 한국 근현대사』, 371쪽.

35 한국의 미국 유학률은 인구 대비 일본의 5배, 중국·인도의 30~40배 규모를 기록했
다. 김대호,「한국 사회에 대한 새로운 통찰과 모색」, 사회디자인연구소 창립 기념 심
포지움 '한국 사회를 다시 디자인한다'(2008. 7. 12), 28~29쪽(강준만,『입시 전쟁
잔혹사』(인물과 사상사, 2009), 295쪽 재인용).

36 강준만,『입시 전쟁 잔혹사』, 306쪽.

37 학교 제도에 대한 허무주의적 시각이든 진보주의적 시각이든 둘 다 불평등에서 출발
해서 불평등으로 되돌아온다는 점에서는 같다. 자크 랑시에르, 양창렬 옮김,『정치적
인 것의 가장자리에서』(길, 2008), 123쪽.

38 고마고메 다케시, 오성철 외 옮김,『식민지 제국 일본의 문화 통합: 조선·대만·만주·
중국 점령지에서의 식민지 교육』(역사비평사, 2008), 140쪽.

39 위의 책, 123쪽.

40 오성철,『식민지 초등 교육의 형성』, 427쪽.

41 위의 책, 427쪽.

42 「치숙」 속 조카가 '치숙'에게 하는 말이다. 일본 잡지《킹구》에 실렸던 나폴레옹의 말
이라며 조카가 인용했다. 채만식,「치숙」, 방민호 엮음,『채만식 중·단편 대표 소설 선
집』(다빈치, 2000), 106쪽.

43 이 말은 1920년 후반부터 독서 교육을 줄이고 실업 교육을 강화해야 한다는 맥락에
서 나왔다. 오성철,『식민지 초등 교육의 형성』, 426쪽 재인용.

44 소영현,「근대 인쇄 매체와 수양론·교양론·입신출세주의」,《상허학보》 18호(2006),
213쪽. "치열한 경쟁" 속 수양의 기능에 대해 직접 인용한 부분은 천정환,『근대의 책
읽기』, 190쪽.

45 노베르트 엘리아스, 박미애 옮김,『문명화 과정 Ⅱ』(한길사, 1999), 319, 333쪽.

46 소영현,「근대 인쇄 매체와 수양론·교양론·입신출세주의」, 206~207쪽. 식민지 시기
의 위인전기물에 대해서는 김성연,『영웅에서 위인으로』(소명출판, 2013) 참조.

47 천정환,『근대의 책 읽기』, 186~187, 189쪽.

48 김성연,『영웅에서 위인으로』, 289쪽. 오늘날 자기 계발의 모델에 대해서는 서동진,
『자유의 의지 자기 계발의 의지』(돌베개, 2009), 270쪽.

49 김우봉, 「근대 한일 수신 교과서(修身敎科書)에 제시된 "모범 인물" 비교 연구: 니노미야 손토쿠(二宮尊德)를 중심으로」, 《일본어교육》 43권(2008), 185~206쪽 참고.

50 최명익, 「역설」(1938), 신형기 엮음, 『비 오는 길』(문학과지성사, 2004), 122쪽. "황금 행진곡"을 인용한 부분은 김기림, 「황금 행진곡」(《삼천리》(1933. 1)), 『김기림 전집(5)』(심설당, 1988), 301쪽.

51 한수영, 「하바꾼에서 황금광까지: 식민지 사회의 투기 열풍과 채만식의 소설」, 연세대학교 국학연구원 엮음, 『일제의 식민 지배와 일상생활』, 276쪽.

52 이태준의 단편 소설 「돌다리」(1943)에 나오는 아버지의 말이다. "돈 있다구 땅이 뭔지두 모르구 욕심만 내 문서 쪽으로 사 모기만 하는 사람들, 돈놀이처럼 변리만 생각허구 제 조상들과 그 땅과 어떤 인연이란 건 도시 생각지 않구 헌신짝 버리듯 하는 사람들"은 아버지에게는 "괴이한 사람들"이다. 아버지에게 땅은 선조가 "피땀" 흘려 일구어 낸 땅이며, 기억이자 역사며 생활신조다. "느르지 논둑에 선 느티나무 할아버님께서 심으신 거구, 저 사랑 마당엣 은행나무는 아버님께서 심으신 거다. 그 나무 밑에를 설 때마다 난 그 어른들 동상(銅像)이나 다름없이 경건한 마음이 솟아 우러러보군 헌다." 이태준, 「돌다리」, 『해방 전후 외』, 261쪽.

53 최명익, 『비 오는 길』, 341쪽(신형기 해설 부분).

54 피에르 부르디외, 『구별 짓기(상)』, 13쪽. 자본주의적 생활 관습 및 감각에 대해서는 피에르 부르디외, 최종철 옮김, 『자본주의의 아비투스』(동문선, 2002) 참조.

55 천정환, 『근대의 책 읽기』, 182쪽.

56 위의 책, 190쪽.

57 직장 생활을 하면서 도움이 되지 않는 스펙으로는 고학력에 이어 토익 점수, 사회 경험, 학벌과 학점, 자격증이 뒤를 이었다고 한다. 최재호, 「스펙 무용론」, 《광주일보》(2011. 2. 10), http://kwangju.co.kr/read.php3?aid=1297263600422742087.

58 「작년 자영업자 6명 중 1명 문 닫았다」, 《경향신문》(2012. 10. 18), http://media.daum.net/economic/others/newsview?newsid=20121018214517681&RIGHT.COMM=R3.

59 조선인의 관리 임용을 평가하는 장신의 말이다. 장신, 「1919~43년 조선 총독부의 관리 임용과 보통 문관 시험」, 54쪽.

60 "시험은 개인들의 정체성의 표지를 부여하여 각각의 개인들을 명확히 붙잡아 정의하

려는 것." 다이안 맥도넬, 임상훈 옮김, 『담론이란 무엇인가』(한울, 1992), 148~149쪽 참고.

61 김진균·정근식 편저, 『근대 주체와 식민지 규율 권력』, 105~109쪽. 이 책에서는 보통학교 교육이 지향했던 '병사형 인간'과 '노동자형 인간'을 논하고 있다.(같은 책, 101~109쪽) 노동자형 인간 만들기에 대한 다른 의견은 오성철, 『식민지 초등 교육의 형성』, 366~368쪽 참조.

62 손정목, 『일제 강점기 도시 사회상 연구』, 200쪽.

63 마쓰모토 다케노리, 『조선 농촌의 식민지 근대 경험』, 92~93쪽. 해방 후에 한국의 제헌 국회와 읍면 회의에서 식민지 시기 읍면 이원을 경험한 사람이 일정한 비율을 차지했다.

64 손정목, 『일제 강점기 도시 사회상 연구』, 198~199쪽.

65 우수한 학생을 일본의 본과로 보냈던 만주국 육군군관학교는 "가난하지만 명석한 조선인들에게 일본군 엘리트로 진입할 수 있는 문을 열어 주었다." 카터 J. 에커트, 「식민지 말기 총력전·공업화·사회 변화」, 박지향 외, 『해방 전후사의 재인식(1)』(책세상, 2006), 641~644쪽 참고.

66 도쿄 소재 일본 통신대학 법제 학회의 '보통 문관 강의' 광고, 《조광》(1938. 12).

67 피에르 부르디외, 『구별 짓기(하)』, 844~845쪽.

68 "활동사진에 나오는 직업 처녀들처럼, 깨끗한 아파트의 방을 얻고 일요일이면 베란다에 걸터앉아 푸른 하늘을 바라보며 종달새 같은 꿈을 꾸는 그런 현대미 있는 명랑한 생활 설계." 이태준, 『딸 삼형제』(깊은샘, 2001), 218쪽.

69 장 보드리야르, 『소비의 사회』, 194쪽. "사회적으로 필요한 몸의 표상"부터 "몸과 사회의 관계를 설정"한다는 인용은 다비드 르 브르통, 홍성민 옮김, 『근대성과 육체의 정치학』(동문선, 2003), 182쪽.

70 장 보드리야르, 『소비의 사회』, 131~132쪽.

71 피에르 부르디외, 『구별 짓기(상)』, 350쪽.

72 식민지 시기 취업 인구의 성비를 따져 보면 여성은 40퍼센트대(1930년대 전반 경제 공황 때는 30퍼센트대)를 차지했으며, 농수산업에 종사하는 비율이 높았다. 1935년에는 취업 남성의 82.3퍼센트, 취업 여성의 90.9퍼센트가 농수산업에 종사했다. 김경일, 『여성의 근대, 근대의 여성』(푸른역사, 2004), 342~343쪽('여성/남성 취업자

의 직업별 분포' 표) 참조. 근대적 산업 부문의 여성 취업자는 (여성 취업 인구의) 10퍼
센트에도 미치지 못하지만 이를 두고 근대적 경험을 논하는 것이라는 강이수의 말도
참조할 수 있다. 강이수, 「일제하 여성의 근대 경험과 여성성 형성의 '차이'」, 《사회과
학연구》 13권 2호(2005), 114쪽. 취업 여성 중에 전문직 여성은 1퍼센트 미만이었다.
여성이 진출할 수 있는 직업은 한정되어 있었고 결혼과 양립할 수 있는 직장도 드물
었다. 미혼, 기혼, 이혼 여성별로 직업을 파악했던 1930년 통계는 김경일, 『여성의 근
대, 근대의 여성』, 354쪽 참조.

73 윤지현, 「1920~30년대 서비스직 여성의 노동 실태와 사회적 위상」, 《여성과역사》
    10권(2009), 113, 115쪽 재인용.

74 무라사와 히로토, 송태욱 옮김, 『미인의 탄생』(너머북스, 2010), 179, 182~183쪽 재
    인용. 미쓰 유타카(三須裕)의 『화장 미학』(1924)에 실린 말로 소개되어 있다. 미쓰 유
    타카는 미쓰코시 백화점 선전부를 거쳐 1918년에 시세이도 의장부(意匠部)로 옮겨
    이 책을 집필했다. 이후 구라부 화장품으로 옮겼으며 잡지나 단행본의 집필 활동을
    활발히 했다.

75 전완길, 『한국 화장 문화사』(열화당, 1994), 58, 61쪽.

76 신명직, 『모던 뽀이, 경성을 거닐다』(현실문화연구, 2003), 87, 97쪽.

77 강이수, 「일제하 여성의 근대 경험과 여성성 형성의 '차이'」, 122쪽. 직장 여성의 능
    력보다는 여성성이나 섹슈얼리티에 대한 논의가 대부분이라는 지적은 같은 글,
    119~120쪽.

78 김경일, 『여성의 근대, 근대의 여성』, 340쪽.

79 김남천, 정호웅·손정수 엮음, 『김남천 전집 Ⅱ』(박이정, 2000), 214~215쪽.

80 이상이 쓴 편지 속에 등장하는 말이다. "저는 지금 사람 노릇을 못하고 있습니다. 계집
    은 가두에다 방매하고 부모로 하여금 기갈게 하고 있으니 어찌 족히 사람이라 일컬으
    리까." 이상, 김주현 주해, 『정본 이상 문학 전집(3): 수필』(소명출판, 2005), 257쪽.

2 무릇 문화인이자 교양인이라면

1 행정 구역을 기준으로 했을 때 도시 인구는 읍 단위 이상에 거주하는 인구를 이른

다. e-나라지표, http://www.index.go.kr/egams/stts/jsp/potal/stts/PO_STTS_
IdxMain.jsp?idx_cd=1200&bbs=INDX_001&clas_div=C&rootKey=1.48.0
참고. 서울 인구는 줄어들고 있다. 「서울 인구 23년째 순유출…… 주식 자산도 빠져
나가」, 《연합뉴스》(2012. 11. 27), http://www.yonhapnews.co.kr/bulletin/2012/
11/26/0200000000AKR20121126168000008.HTML?did=1179m.

2   염복규, 「일제하 경성 도시 계획의 구상과 시행」(서울대학교 박사 논문, 2009), 5~6쪽.

3   1920년 도시 인구는 부(府)와 지정면(指定面)을 합산한 수치고, 1944년에는 부와
     읍의 인구를 합산한 수치다. 손정목, 『일제 강점기 도시화 과정 연구』, 290~292쪽.
     서울 인구는 1942년에 114만 명, 1944년에 98만 명이었다.(같은 책, 293쪽)

4   한국전력 전기박물관 홈페이지, http://www.kepco.co.kr/museum/history/
     K_history.html. 서울특별시 수도박물관 홈페이지, http://arisumuseum.seoul.
     go.kr/main/main.jsp.

5   김동식, 「풍속·문학·문학사」, 《민족문학사연구》 19집(2001), 75쪽.

6   니시카와 나가오, 한경구·이목 옮김, 『국경을 넘는 방법』(일조각, 2006), 162~163쪽.
     일본은 서구 열강의 식민지화를 피하기 위해 문명화된 국민(진정한 네이션)을 꾀했
     다.(같은 책, 204쪽) 문화와 문명의 개념은 노베르트 엘리아스, 박미애 옮김, 『문명화
     과정 I』(한길사, 1996), 1부('문명'과 '문화' 개념의 사회적 발생) 참조.

7   김남천, 「풍속 수감」(1940) 중 '유행', 『김남천 전집 II』, 189쪽.

8   피에르 부르디외, 『구별 짓기(상)』, 420쪽.

9   소영현, 『문학청년의 탄생』(푸른역사, 2008), 128쪽.

10   김진송, 『서울에 딴스홀을 허하라』(현실문화연구, 1999), 171쪽.

11   강준만, 『대중 매체 이론과 사상』(개마고원, 2009), 242쪽. "광고는 예전의 철학, 도
     덕, 종교, 미학의 자리에 대신 들어섰다."(같은 책, 219쪽. 앙리 르페브르 재인용.)

12   장 보드리야르, 이규현 옮김, 『기호의 정치 경제학 비판』(문학과지성사, 1998(2판)),
     77~78쪽. 긴 치마가 거리를 쓸고 다닌다는 비아냥은 임정혁(任貞爀), 「여자 유행계
     의 1년」, 《신가정》(1933. 12), 40~44쪽(이화형 외, 『한국 근대 여성의 일상 문화(3):
     복식』(국학자료원, 2004), 110쪽 재인용).

13   "What was new was desirable." Roland Marchand, *Advertising the
     American Dream*, p. 9.

14 움베르트 에코, 이현경 옮김, 『미의 역사』(열린책들, 2005), 376~377쪽.

15 商店界編輯部, 『廣告圖案文案集』(東京: 誠文堂, 1932)(연세대학교 소장).

16 진노 유키, 문경연 옮김, 『취미의 탄생: 백화점이 만든 테이스트』(소명출판, 2008), 5(문경연 서문), 17쪽.

17 김병도·주영혁, 『한국 백화점 역사』(서울대학교출판부, 2006), 48~56쪽.

18 하야시 히로시게, 김성호 옮김, 『미나카이 백화점』(논형, 2007), 130쪽. "일본발 백화점"을 두고 하야시 히로시게는 "한국인은 '일본 감추기(Japan Masking)'를 한 일본의 마케팅을 매우 선호하고 현재도 좋아하고 있다."라고 말한다.(같은 책, 166쪽) 조지아, 히라타, 미나카이가 지방 도시에 분점을 냈다는 사실은 같은 책, 86쪽.

19 가시마 시게루, 장석봉 옮김, 『백화점의 탄생』(뿌리와이파리, 2006), 36쪽.

20 김기림, 「도시 풍경 1, 2」(《조선일보》(1931. 2. 21~24)), 『김기림 전집 5』, 386~387쪽.

21 장원정, 「사진으로 만나는 근대의 풍경: 박람회」, 《민족21》 81호(2007), 135쪽. 백화점을 비롯한 구경거리들이 유희와 오락, 감각을 대규모로 조직해 낸 이벤트라는 부분은 김진송, 『서울에 딴스홀을 허하라』, 154쪽.

22 "스타가 입은 것, 사용하는 것, 먹는 것은 모두 이제까지 꿈에서도 본 적이 없는 광고가 되었던 것"이다. 마셜 매클루언, 박정규 옮김, 『미디어의 이해』(커뮤니케이션북스, 1997), 331~332쪽. 박람회에 대한 설명은 김영희, 「조선 박람회와 식민지 근대」, 정용화·김영희 외, 『일제하 서구 문화의 수용과 근대성』(혜안, 2008), 107~110쪽 참조. 1920년대 중반까지는 씨름, 줄타기, 제비뽑기와 같은 전통 오락도 있었지만 후반으로 갈수록 활동사진, 기생 무용, 자전거 경주, 궁술 대회, 생화 분재(生花盆栽) 대회, 연주 대회와 같은 근대적인 오락이 주류를 이루었다.(같은 글, 109쪽) 박람회에 사람들이 구름 떼처럼 모여든 광경은 부산박물관 학예연구실, 『사진엽서로 보는 근대 풍경(8)』(민속원, 2009), 329쪽에서 구경할 수 있다. 조선 통신사가 발행한 사진엽서 속에는 조선 물산 공진회 때(1915. 10. 11) 광화문 밖에 운집했던 사람들의 모습이 담겨 있다.

23 피에르 부르디외, 『구별 짓기(상)』, 343쪽.

24 "原料 優等의 製造, 高尙한 最新式의 經濟靴." 《매일신보》(1919. 6. 5).

25 이윤재, 「첫 번 양복 입던 때 이야기」, 《신가정》(1935. 4), 76~79쪽.

26 김소현, 「서울의 의생활 연구: 20세기 전반기를 중심으로」, 《배화논총》(2002. 5), 347쪽 (김태수, 『꽃가치 피어 매혹케 하라』(황소자리, 2005), 351쪽 재인용).

27 　김남천, 「풍속 시평」 중 「의상」(《조선일보》(1939. 7. 7)), 『김남천 전집 II』, 142쪽.

28 　몸뻬라는 "국가적 동원과 호출의 패션"이 "오랫동안 '고향'과 '어머니'의 한(恨)을 감상적으로 표상하기까지 했던 것". 이경훈, 『오빠의 탄생』, 317쪽.

29 　이화형 외, 『한국 근대 여성의 일상 문화(3): 복식』, 11~12쪽(맹문재 해제 부분).

30 　"휩싸고 다니게"는 '휘돌아다니게'로 바꾸어 인용했다. 윤성상(尹聖相), 「유행에 나타난 현대 여성」, 《여성》(1937. 1), 48~49쪽(이화형 외, 『한국 근대 여성의 일상 문화(3): 복식』, 150쪽 재인용).

31 　"야만의 기록이 없는 문화란 있을 수 없다." 발터 벤야민, 반성완 편역, 『발터 벤야민의 문예 이론』(민음사, 1983), 347쪽. 김남천의 표현은 김남천, 「풍속 시평」 중 「두발」(《조선일보》(1939. 7. 9)), 『김남천 전집 II』, 144쪽.

32 　김남천, 「풍속 시평」, 『김남천 전집 II』, 143~144쪽. 참고로, 인력거와 자전거, 자동차가 교차하는 서울의 거리 풍경은 《조광》(1936. 8), 권두 화보를 보라.

33 　일본어 구사 능력과 양복이 동일시되듯이 하이칼라나 양복쟁이는 근대적 제도라는 시니피에와 결합된 일종의 시니피앙이다. 이경훈, 『오빠의 탄생』, 114쪽.

34 　김태수, 『꽃가치 피어 매혹케 하라』, 352쪽.

35 　「외국인의 눈으로 본 조선 의복의 장처단처(長處短處)」, 《신여성》(1924. 11), 18~23쪽(이화형 외, 『한국 근대 여성의 일상 문화(3): 복식』, 60쪽 재인용).

36 　현진건, 김종년 엮음, 『현진건 단편 전집』(가람기획, 2006), 304쪽. "중국복 입은 부인"과 "조선 사람으로 보이지 않는 인물"은 「경성 가두 전람」, 《별건곤》(1929. 11), 권두 화보의 해설 부분.

37 　"「고향」의 주인공의 복장은 근대화 과정에서 여러 겹으로 배제된 타자의 위치를 기호화한다." 이경훈, 『오빠의 탄생』, 115쪽.

38 　에드워드 사이드, 박홍규 옮김, 『문화와 제국주의』(문예출판사, 2005), 43쪽. "극장"이란 말은 같은 책, 23쪽.

39 　"겨우 여섯 달을 견디나 마나한 전발(電髮)"을 두고 "퍼머넨트"라는 말을 쓴다. "언어의 타락의 뒤에는 반드시 '모랄'의 타락이 배경이 되어있다는 것은 퍽 재미있는 일이다." 김기림, 「퍼머넨트」(《조선일보》(1940. 7. 17)), 『김기림 전집(5)』, 238쪽.

40 　신명직, 『모던 뽀이, 경성을 거닐다』, 97, 194쪽.

41 　크리스 로젝, 『여가와 문화』, 164쪽 참조.

42   김성희, 「노동 시간 단축의 사회 경제적 의미와 효과(상)」, 《매일노동뉴스》(2012. 9. 10), http://www.labortoday.co.kr/news/articleView.html?idxno=113558.

43   김기림, 「도시 풍경 1, 2」(1931), 『김기림 전집(5)』, 387~389쪽.

44   구보가 묘사한 퇴근하는 샐러리맨들의 풍경이다. "생활을, 생활을 가진 온갖 사람들의 발끝은 이 거리 위에서 모두 자기네들 집으로 향하여 놓여 있었다. 집으로 집으로, 그들은 그들의 만찬과 가족의 얼굴과 또 하루 고역 뒤의 안위를 찾아 그렇게도 기꺼이 걸어가고 있다." 박태원, 『소설가 구보 씨의 일일』, 58쪽.

45   김기림, 「'커피'잔을 들고」, 『태양의 풍속』(1939), 『김기림 전집(1)』, 43쪽.

46   "요리집에다 기생집을 좀 더 첨단화시킨 이 시장이 유행에 뒤지지 않으려는 모뽀의 선도로 쓸쓸한 북촌 거리 여기저기에 몰려오고 있다." 「경성 앞뒤골 풍경」, 《혜성》(1931. 11)(김진송, 『서울에 딴스홀을 허하라』, 280~284쪽 재인용). "다방에 있는 그들 또한 현재 조선 사회가 낳은 특별한 종족 가운데 하나." 김사량, 「천마(天馬)」(1940), 『빛 속으로』(소담출판, 2001), 174쪽.

47   영화, 과학, 스포츠의 3S는 「삼행 상식실」 참고.(《조광》(1937. 6), 299쪽) 3S는 "스포-쓰, 스피-드, 쎈쓰"로 일컬어지기도 했다.(김활란, 「조선 여성과 단발」, 《동광》(1932. 9) 참고) 축국(공차기, 제기차기)이나 격방(골프), 장구(하키), 설마(스키)는 심승구, 「한국의 근대 스포츠와 여가의 탄생」, 《한국학논총》 34집(2010), 1367쪽.

48   이경훈, 『오빠의 탄생』, 207~208쪽.

49   김진송, 『서울에 딴스홀을 허하라』, 158쪽.

50   김태수, 『꼿가치 피어 매혹케 하라』, 204쪽. 일례로 1930년 4월부터 10월 사이에 야구 중계를 무려 70회나 했다고 한다.

51   올림픽은 청춘의 축복이며 인류의 영원한 청춘의 제전이었다. 연전 농구부 코치 정상윤, 「스포-츠 단상: 운동선수와 운동 정신」, 《조광》(1938. 4), 280~287쪽.

52   "본래 비행기를 동경하든 나는 비행가는 되지 못할지언정 비행기를 타고 시합을 간다는 것은 여간 유쾌"하지 않았다. 현해남, 「권투가 현해남의 미국 원정 결심기」, 《조광》(1937. 5), 117쪽. 이영민의 글에는 "과학적으로 하는 경기"라는 말이 나온다. 이영민, 「은퇴하는 명투수: 야구 생활 15년 기(記)」, 같은 책, 76쪽.

53   최명익, 『비 오는 길』, 335쪽(신형기 해설 부분). "속력은 실로 현대의 그것의 상징이다."라는 말은 김기림, 「스케(이)트 철학」(《조선일보》(1935. 2. 14)), 『김기림 전집(5)』,

210쪽.

54   김기림, 「스케(이)트 철학」, 『김기림 전집(5)』, 210쪽.

55   참고로 김주리, 「식민지 시대 소설 속 해수욕장의 공간 표상」, 《인문연구》 58호 (2010), 157~188쪽. 함경남도 원산의 신풍리 스키장은 1926년 한반도에서 1호 스키장으로 개장했다. 부산박물관에서 펴낸 『사진엽서로 보는 근대 풍경(6)』(278쪽)에서 신풍리 스키장을 구경할 수 있다. 스키 역사에 대해서는 홍승안, 「광복 이전 한국 근대 스키의 발전 과정에 관한 연구」(중앙대학교 석사 논문, 2006), 36쪽. 참고 자료로 대한스키협회, 『한국 스키 70년사』(1999).

56   이운곡(李雲谷), 「해변 일기 초(抄)」, 《조광》(1938. 7), 143쪽. 배경은 원산 해수욕장이다.

57   『순애보』의 첫 장면은 원산 송도 해수욕장에서 펼쳐진다. "자줏빛 해수욕복"을 입은 여자의 곡선이 묘사되고 눈 가리고 알아맞히기 놀이를 하는 젊은 여자와 남자가 등장한다. 이어서 문선과 명희의 재상봉이나 문선과 인순의 우연한 만남 역시 원산 송도 해수욕장에서 펼쳐진다. 소설 『딸 삼형제』에서 정란과 차 의사의 우연한 만남과 연애 무드의 급진전은 원산 해수욕장에서 가능하다. 이태준, 『딸 삼형제』, 101쪽.

58   "별천지의 해수욕장"은 이운곡, 「해변 일기 초」, 《조광》(1938. 7), 142쪽. 새로운 시간과 계절의 감각을 시위하듯 "해수욕의 시계(時季)가 래(來)ᄒᆞ얏스니."라는 문구가 화장수 호가액(ホカ液) 광고에 나온다.(《매일신보》(1919. 7. 25))

59   국사편찬위원회 엮음, 『여행과 관광으로 본 근대』(두산동아, 2008), 113쪽.

60   위의 책, 27쪽.

61   이경훈, 『오빠의 탄생』, 7쪽.

62   최진석, 「근대의 공간, 혹은 공간의 근대」, 이진경 편저, 『문화 정치학의 영토들』(그린비, 2007), 233~234쪽. 근대적 시간관에 대해서는 최진석, 「근대적 시간: 시계, 화폐, 속도」, 같은 책, 167~203쪽 참고. "시계로 계산되는 시간, 화폐로 가치 환산되는 시간, 속도에 의해 극한화하는 시간이 근대적 시간의 주요 이미지들이다." 같은 책, 173쪽. 고미숙의 말, "밤과 잠과 꿈을 빼앗긴 시대"는 고미숙, 『나비와 전사』(휴머니스트, 2006), 45쪽.

63   정근식, 「시간 체제의 근대화와 식민화」, 공제욱·정근식 엮음, 『식민지의 일상, 지배와 균열』(문화과학사, 2006), 118쪽. 출퇴근 시간 지키기, 근무와 휴양 시간 구별, 집

회 시각에 늦지 않기, 거래 약속 어기지 않기, 방문 시간 미리 약속하기, 면회는 용건부터 말하기 등이 생활 개선 차원에서 제시된 항목들이었다. 양력 사용은 같은 글, 113, 115쪽. 전통적인 농촌 사회의 시간 리듬에 대한 설명은 이정희, 「사진으로 만나는 근대의 풍경: 시간표와 시계」, 《민족21》 89호(2008), 144쪽.

64 정근식, 「시간 체제의 근대화와 식민화」, 공제욱 · 정근식 엮음, 『식민지의 일상, 지배와 균열』, 130~131쪽.

65 박완서, 『그 많던 싱아는 누가 다 먹었을까』(웅진지식하우스, 2005(2판)), 102쪽. "신·구 양력에서 헤매고, 세모 대매출에 날뛴다", 「세모 풍경」, 《조선일보》(1934. 12. 16) 도 참고.(신명직, 『모던 뽀이, 경성을 거닐다』, 289쪽에 전문이 인용되어 있다.)

66 참고로 《조선일보》는 1924년 11월 조석간제(朝夕刊制) 발행과 함께 부인·가정란을 신설, 학예란을 독립시켰다. 『조선일보 80년사(상)』, 241쪽.

67 "생활과 취미", 「부인 만담」, 《동아일보》(1928. 2. 5).

68 진노 유키, 『취미의 탄생』, 17쪽.

69 피에르 부르디외, 『구별 짓기(하)』, 837쪽.

70 《신가정》 창간호(1921. 7), 30~31쪽(이화형 외, 『한국 근대 여성의 일상 문화(4): 여가』(국학자료원, 2004), 23쪽 재인용). "십수 년간 문명적 교양(文明的 教養)이 필요"하다는 말은 이경훈, 『한국 근대 문학 풍속사 사전 1905~1919』(태학사, 2006), 175쪽.

71 유선영 외, 『한국의 미디어 사회 문화사』(한국언론재단, 2007) 참고. 영화가 "값싸고 화려하고 재미있는 오락"이자 "서양 원판 예술"이라는 부분은 하소(夏蘇), 「영화가의 백면상(白面相)」, 《조광》(1937. 12), 231~241쪽(같은 책, 255쪽 재인용). 영화 시설(특히 조선인들이 가는 극장의 시설)은 열악했으나 영화는 당대의 경쟁 미디어였던 라디오나 서적보다 단연 영향력 있는 매체였다. 1922년 '경성부' 주민은 연간 4번꼴로 영화를 보았다. 이 관람객이 영화팬을 주도하고 있었다.(같은 책, 257쪽)

72 1990년대 한국 영화계의 세대교체에 대해서는 위의 책, 291쪽 참고. 「장화홍련전」(1924)은 조선인의 자본, 기술, 인력으로 만들어진 최초의 영화로 꼽힌다. 서유럽과 할리우드, 일본 영화에 대한 평은 같은 책, 254쪽 참고.

73 「가을과 여자의 독서」, 《신여성》(1926. 10), 4~7쪽(이화형 외, 『한국 근대 여성의 일상 문화(4): 여가』, 84쪽 재인용).

74 노영택, 「일제 시기의 문맹률 추이」, 《국사관논총》 51집(국사편찬위원회, 1994), 130쪽.

김영희, 「일제 지배 시기 한국인의 신문 접촉 경향」, 47쪽.

75 설문 '내가 영향을 받은 외국 작가' 중 김환태, 김남천, 현덕, 정비석, 김동리의 대답도 참조.《조광》(1939. 3), 256~272쪽. '명작'의 탄생에 대해서는 박숙자, 『속물 교양의 탄생』(푸른역사, 2012) 참고.

76 "장편 소설이라면 으레 신문의 연재소설"이며 "신문사 측의 요구에 의하여 독자의 통속 취미를 참작해서 흥미 중심으로 씌어졌을 것"이다. 백철, 『신문학 사조사』(신구문화사, 1968), 526쪽. 고전 소설이 농한기의 가정 오락물로 인기를 얻었다는 부분은 천정환, 『근대의 책 읽기』, 176쪽.

77 천정환, 『근대의 책 읽기』, 70, 111쪽 참고. 광고 7은 이른바 한국의 '신문학' 전집(단편 소설집, 시가집, 수필 기행집, 희곡집, 평론집) 광고다. 현대 문학 전집의 선례가 되었을 전집 출판물은 1930년대 중후반에 걸쳐 많이 제작되었다. 전집 출판물에 대한 설명은 같은 책, 428~441쪽 참고.

78 김문집, 「문단의 걸작적 기현상과 그의 사적 의의」,《삼천리》(1939. 6)(천정환, 『근대의 책읽기』, 311쪽 재인용). 당시 독서 설문("장서 중 보배가 무엇이냐?")에서는 이효석의 답변 참고.《조광》(1937. 3))

79 김남천, 『김남천 전집 Ⅱ』, 116쪽.

80 Roland Marchand, *Advertising the American Dream*, p. 64.

81 피에르 부르디외, 『구별 짓기(상)』, 450쪽.

82 위의 책, 142쪽. 취향은 일종의 육화된 혹은 자연화된 계급 문화다.(같은 책, 343쪽) 지식이나 교양이 가혹하며 교활한 문화적인 격리의 계기가 된다는 부분은 장 보드리야르, 『소비의 사회』, 70쪽.

83 우에노 치즈코, 이승희 옮김, 『가부장제와 자본주의』(녹두, 1994), 184쪽. '아버지-남편-주인'인 통치자와 '어머니-아내-안주인'인 피통치자의 모형은 에릭 홉스봄, 정도영 옮김, 『자본의 시대』(한길사, 1998), 442쪽.

84 우에노 치즈코, 『가부장제와 자본주의』, 186쪽.

85 "가옥에 단란의 화(花)를 피이게 한다."는 카오 비누의 광고 문안이다. 광고 속의 양옥 도안은 겨울 카오의 온욕(溫浴)이 만드는 "별천지"라는 문안과 연결된다.《매일신보》(1925. 12. 25)) 조미료 광고는 킷코만 장유 광고(《조광》(1937. 11))이고, 가정약 광고는 대학목약 광고(《조선일보》(1938. 1. 15))이다.

86　스튜어트 유엔, 『광고와 대중 소비문화』, 127쪽. 대량 생산을 처음으로 시도했던 헨리 포드는 "산업의 권위를 가족 관계 속으로 확장시킨 선구자"라 할 수 있다.(같은 책, 125쪽)

87　순서대로 《여성》(1937. 2)에 실린 광고와 국사편찬위원회 『광고, 시대를 읽다』, 113쪽에 인용된 광고.

88　스튜어트 유엔, 『광고와 대중 소비문화』, 124쪽.

89　에릭 홉스봄, 『자본의 시대』, 442쪽. 홉스봄은 크리스마스 행사를 예로 들어 설명했다.

90　크리스 로젝, 김문겸 옮김, 『자본주의와 여가 이론』(일신사, 2000), 34쪽.

91　'설문', 《여성》(1937. 7), 54~55쪽(이화형 외, 『한국 근대 여성의 일상 문화(4): 여가』, 389~393쪽 재인용).

92　「김병희의 '광고 TALK'(16): 소리가 머무는 기계」, 《동아일보》(2012. 5. 30), http://news.donga.com/3/all/20120530/46610136/1.

93　신현준, 「소리 미디어의 사회 문화사」, 유선영 외, 『한국의 미디어 사회 문화사』, 385쪽.

94　이승원, 『소리가 만들어 낸 근대의 풍경』(살림, 2005), 60쪽 참고.

95　백미숙, 「라디오의 사회 문화사」, 유선영 외, 『한국의 미디어 사회 문화사』, 316쪽. 가정용은 축음기의 이상적인 용도라는 말은 신현준, 「소리 미디어의 사회 문화사」, 387쪽 참고.

96　잡지 《신가정》의 창간사에서 따온 말이다. 창간사는 "450만이라는 가정 분자" 중 주부의 역할을 강조했다. 《신가정》(1933. 1), 2쪽.

97　경성방송국의 조선어방송과장 윤백남의 말이다. "조선의 방송 사업은 먼저 가정을 목표로 프로그램을 작성해야 한다." 윤백남, 《매일신보》(1932. 12. 27), 7~9면(유선영 외, 『한국의 미디어 사회 문화사』, 324쪽 재인용).

98　빅타 음반(가정 음악 명반집) 광고, 《여성》(1936. 4). 이 광고는 서범석 외, 『근대적 육체와 일상의 발견』(경희대출판부, 2006), 116쪽에도 실려 있다.

99　홍난파, 「가정과 음악」, 《여성》(1937. 1), 50~52쪽(이화형 외, 『한국 근대 여성의 일상 문화(4): 여가』, 344쪽 재인용).

100　아도르노·호르크하이머, 김유동 옮김, 『계몽의 변증법』(문학과지성사, 2001), 189쪽. 문화 산업에 대한 설명은 크리스 로젝, 『자본주의와 여가 이론』, 168, 170쪽 참조.

101 피에르 부르디외, 『구별 짓기(상)』, 460쪽. 미디어 정보는 광고 비용을 지불하지 않고
도 얻어지는 광고 효과라 할 수 있다. Michael Schudson, *Advertising, the Uneasy
Persuasion*(Basic Books, 1984), p. 91.

102 피에르 부르디외, 『구별 짓기(하)』, 699쪽.

103 「유행가와 각계(各界) 관심」, 《신가정》(1933. 2), 78~85쪽(이화형 외, 『한국 근대 여
성의 일상 문화(4): 여가』, 125~126쪽 재인용).

104 작곡가와 가수는 일본 회사가 대다수였던 축음기-레코드 산업과 전속 관계를 맺고
활동하는 경우가 많았다. 신현준, 「소리 미디어의 사회 문화사」, 386쪽. 음악계를 구
분하는 방식은 권도희, 『한국 근대 음악 사회사』(민속원, 2004), 245~248쪽(신현
준, 같은 글, 385쪽 재인용).

105 「유행가와 각계 관심」, 《신가정》(1933. 2), 78~85쪽(이화형 외, 『한국 근대 여성의 일
상 문화(4): 여가』, 128쪽 재인용). 창가 계통(한 예로 「카추-샤의 노래」)은 유행가의
주류를 이루었다. 그 밖에 조선 민요 계통과 '째즈 계통'이 유행가에 속했다. 구라파
나 아메리카의 유행가나 재즈 송("째즈·송", 서양 음악의 멜로디에 조선말 가사 붙인
경우로 「다이나」, 「파리의 지붕 밑」이 대표적인 예)은 인기를 얻었다. 음악 평론가 김
관, 「유행가 이야기」, 《家庭の友》(1939. 6), 17~22쪽(이화형 외, 『한국 근대 여성의 일
상 문화(4): 여가』, 499쪽 재인용).

106 네이버 한국 민족 문화 대백과(한국정신문화연구원)에서 '건전가요' 항목 참고.

107 천정환, 「근대의 문학, 탈근대의 문화」, 『한국 근대성 연구의 길을 묻다』(돌베개,
2006), 84~93쪽 참고. "아직 돈만으로 다 안 되는, 내지는 돈의 장악이 지닌 모순이
감춰지지 않고 그대로 드러나는 전쟁터"는 천정환, 「'문화론적 연구'의 현실 인식과
전망」, 《상허학보》 19집(2007), 33쪽.

108 장유정, 『오빠는 풍각쟁이야』(민음인, 2006), 214쪽.

3 건강! 건강! 건강합시다

1 박영준 외, 『광고 언어론』(커뮤니케이션북스, 2006), 78쪽.

2 제품 슬로건은 "신체를 건강케 하는 포도주는 赤玉, 赤玉 ポートワイン." 건강 향상의

단계는 계단 도안으로 그려지기도 했다. "一滴의 血液 一杯의 元氣 赤玉 포-트 와인에 依하야 吾人의 健康은 一步一步 向上된다."(《매일신보》(1928. 3. 25))

3   이희복·김대환, 『광고로 읽는 여성』(한경사, 2007), 64쪽.

4   정근식, 「맛의 제국, 광고, 식민지적 유산」, 《사회와역사》 66집(2004), 66~99쪽 참고. '문화적', '문명적' 조미료로 홍보했던 아지노모도가 오늘날 'NO MSG'에 밀리는 걸 보면 역사의 흐름이 느껴진다. MSG는 글루탐산과 나트륨의 결합물(Monosodium Glutamate)이다. 오늘날 식료품 광고에서 'MSG 무첨가'는 인기 표어가 되었다. 'MSG 무첨가'의 표제는 합성/인공/화학 보존제에 피로해진 현대인들의 거부감을 공략하고 있다. 하지만 'NO MSG'는 기업의 노이즈 마케팅 차원에서 효과적으로 활용된 측면이 크다고 하는데 MSG의 글루탐산이 중요한 아미노산의 하나이기 때문이라고 한다. 「MSG·카제인나트륨…… 정말 인체에 해로울까?」, 《한겨레》(2012. 5. 14), http://www.hani.co.kr/arti/science/kistiscience/532746. html. AtomicWriter, 「MSG, 언론에 의해 피해를 입은 비운의 조미료?」, Berkeleyopinion(2011. 2. 2), http://berkeleyopinion.com/57.

5   객관적 상관물에 대한 설명은 주디스 윌리암슨, 『광고의 기호학』, 38~41쪽.

6   박노자, 『씩씩한 남자 만들기』(푸른역사, 2009), 179쪽. "애국적 남성의 훈련된 신체"는 같은 책, 177쪽.

7   번역어로서의 건강은 鹿野政直, 『健康観にみる近代』(朝日新聞社, 2001), 8쪽 참고. 양심과 양육으로서의 양생은 박윤재, 『한국 근대 의학의 기원』(혜안, 2005), 70쪽.

8   만국위생회(萬國衛生會), 《한성순보》(1884. 5. 5)(박윤재, 『한국 근대 의학의 기원』, 30쪽 재인용).

9   미셸 푸코, 이규현 옮김, 『성의 역사(1)』(나남, 2004(2판)), 46~47쪽.

10   문장을 손보아 인용했다. 위의 책, 159쪽. 이전에 권력이 물건과 시간, 육체, 생명을 탈취하는 특권에서 절정을 이루었다면 19세기에 들어서면 권력은 "생명을 관리하고 최대로 이용하며 생명에 관해 정확한 통제와 전체적 조절을 실행하려고 시도"한다.(같은 책, 152~153쪽)

11   "제국의 몸"부터 식민지의 "비위생적인 인구 집단"에 대한제국의 의학 전략은 이종찬, 『동아시아 의학의 전통과 근대』(문학과지성사, 2004), 228~231쪽 참고.

12   미셸 푸코, 『성의 역사(1)』, 157~158쪽.

13 新村 拓,『健康の社会史』(法政大学出版局, 2006), 94쪽. 일본과 한국에서 나타난 위생의 용례는 박윤재,『한국 근대 의학의 기원』, 29~30쪽. 이영아,『육체의 탄생』(민음사, 2008), 72쪽.

14 국사편찬위원회,『광고, 시대를 읽다』, 103쪽.

15 전완길,『한국 화장 문화사』, 109쪽.

16 기업 광고 형식에 대한 설명은 박영준 외,『광고 언어론』, 159쪽.

17 제임스 트위첼,『욕망, 광고, 소비의 문화사』, 62쪽. 김태수,『꽃가치 피어 매혹케 하라』, 217~218쪽.

18 순수함의 전략은 계급적, 인종적 열망을 공략했다. 밝은 비누색은 전통적으로 노동하지 않는 계급의 상징인 흰 피부에 대한 열망을 자극한다. 또한 흰 피부는 근대 이후 우등한 인종으로 부상한 '백인'의 피부색에 대한 동경을 자극할 만했다. "햇볕 아래서 일하는 사람들과 구별 짓고 싶어 하는 영국 상류 계층의 욕구를 향해 포지셔닝"한 '페어스(Pears)' 비누의 전략도 참조. 제임스 트위첼,『욕망, 광고, 소비의 문화사』, 62쪽.

19 전완길,『한국 화장 문화사』, 107~110쪽. 김태수,『꽃가치 피어 매혹케 하라』, 214쪽.

20 신동원,『호열자 조선을 습격하다』(역사비평사, 2004), 79쪽. 세균을 보았다는 쪽의 지시대로 위생적인 환경을 만들 수밖에 없었다는 부분은 이영아,『육체의 탄생』, 65쪽. 오창섭,「위생 개념의 출현과 디자인」,《한국디자인문화학회지》17권 4호(2011), 260~263쪽.

21 고미숙,「《독립신문》에 나타난 '위생' 담론의 배치」, 이화여대 한국문화연구원,『근대 계몽기 지식 개념의 수용과 그 변용』(소명출판, 2008), 311쪽. 전염병의 원인에 대한 전통적인 해석은 김영미 외,『전염병의 문화사: 고려 시대를 보는 또 하나의 시선』(혜안, 2010), 209쪽.

22 鹿野政直,『健康観にみる近代』, 21쪽.

23 달성(達成),「청결날 저녁」,《신여성》(1923. 10), 60쪽. "가을 봄 한 해 두 번씩 하는 소위 대청결이라고 하는 날"은 "귀찮은 날"이지만 "청결을 하고 나니까" 몸과 마음이 깨끗하다는 내용을 담고 있다. 가내 청결(살림의 과학화)의 전담자로서의 여성을 호명하는 관점이 두드러진 글이다.

24 박윤재,『한국 근대 의학의 기원』, 372쪽. 18세기 중상주의 시대에 '의사 경찰'에 대

해서는 이종찬, 『동아시아 의학의 전통과 근대』, 206~207쪽 참고.

25 이화형 외, 『한국 근대 여성의 일상 문화(8): 가정 위생』(국학자료원, 2004), 43쪽 재
    인용.

26 입이 "반사회적인 세균의 온상"이라는 부분까지 제임스 트위첼, 『욕망, 광고, 소비의
    문화사』, 88~101쪽 참고.

27 "머리의 치장은 위생의 한 방식." 「아가씨 좌담회」, 《조선일보》(1940. 1. 5).

28 장 보드리야르, 『소비의 사회』, 194, 208쪽.

29 미셸 푸코, 문경자·신은영 옮김, 『성의 역사(2)』(나남, 2004(2판)), 58쪽. 푸코가 아리
    스토텔레스를 인용한 부분이다. "결핍 없는, 욕망하는 것이 부족하지 않은, 결과적으
    로 어떤 고통도 섞이지 않은 욕망은 있을 수 없다."

30 장 보드리야르, 『소비의 사회』, 213쪽.

31 노베르트 엘리아스, 박미애 옮김, 『문명화 과정 I』(한길사, 2006), 292쪽.

32 다모라 크림 광고로 광고의 표제는 "겻땀과 악취에 다모라(タモラ)"이다. 오사카 무전
    병위(武田兵衛) 상점이 낸 광고다.(《조광》(1936. 7))

33 인용한 순서대로 "일을 가지지 못한 사람"은 박태원, 『소설가 구보 씨의 일일』, 33쪽.
    "밤낮으로" 쏘다니는 소설가라는 부분은 같은 책, 15쪽. "정력가형 육체"는 같은 책,
    38쪽.

34 위의 책, 59쪽.

35 위의 책, 38쪽.

36 위의 책, 42쪽.

37 위의 책, 81쪽.

38 "의료의 실제 효과보다 의료를 받는다고 하는 의식적(儀式的)이고 공희적(供犧的)인
    소비." 장 보드리야르, 『소비의 사회』, 210쪽.

39 "이미 한 것의 환자에 틀림없다."는 임의대로 "이미 하나의 환자에 틀림없다."로 바꾸
    어 썼다. 박태원, 『소설가 구보 씨의 일일』, 81쪽. 그가 술자리의 좌충우돌 후에 의학사
    전을 뒤져 "음주 불감증", "갈주증"과 같은 증세를 진단해 내는 대목에서 나온 말이다.

40 위의 책, 18쪽. "구차한 내 나라"는 같은 책, 77쪽.

41 연세대학교 의학사연구소 엮음, 『한의학, 식민지를 앓다』(아카넷, 2008), 147쪽. 조선
    이 "약의 나라"라는 인용은 박형우·박윤재, 『사람을 구하는 집, 제중원』(사이언스북

스, 2010), 171쪽.

42   박윤재, 『한국 근대 의학의 기원』, 324쪽. 의사, 제약사(약제사), 약종상 이외에 제약자(특정한 약품을 제조, 판매하는 자)와 매약업자가 새로 생겨났다.

43   박형우·박윤재, 『사람을 구하는 집, 제중원』, 171~172쪽.

44   홍현오, 『한국 약업사』, 66쪽.

45   박윤재, 『한국 근대 의학의 기원』, 314~315쪽. 제약업자 규정은 같은 책, 324쪽.

46   홍현오, 『한국 약업사』, 38쪽.

47   홍현오의 책에 소개된 약장수의 구변이 재미있다. "에~ 이 약으로 말할 것 같으면 ××× 선생이 금강산과 지리산에서 다년간 연구한 끝에 조선 총독부 경무국 제××호의 허가와 특허로서 제조한 약으로서~ 애들은 조금 물러나거라. 그 누런 코는 집에 가서 풀고~." 위의 책, 125쪽.

48   국사편찬위원회, 『광고, 시대를 읽다』, 93쪽 참조.

49   광고의 출처는 제임스 트위첼, 『욕망, 광고, 소비의 문화사』, 48쪽.

50   홍현오, 『한국 약업사』, 120쪽.

51   장 보드리야르, 『소비의 사회』, 210쪽.

52   제임스 트위첼, 『욕망, 광고, 소비의 문화사』, 53쪽.

53   홍현오, 『한국 약업사』, 38, 109쪽.

54   강상중, 이경덕·임성모 옮김, 『오리엔탈리즘을 넘어서』(이산, 1997), 101~102쪽.

55   가라타니 고진, 박유하 옮김, 『일본 근대 문학의 기원』(민음사, 1997), 148쪽.

56   권보드래, 『한국 근대 소설의 기원』(소명출판, 2000), 286쪽. 1900년대 신약은 "아직 실제적인 효능이라기보다 일종의 '기호'이자 '비유'"로 먼저 작용했다.(같은 책, 287쪽)

57   루쉰, 「자서(自序)」(1922), 김시준 옮김, 『루쉰 소설 전집』(을유문화사, 2008), 11쪽. 루쉰은 "첫 번째 중요한 일은 그들의 정신을 고치는 데 있다."라고 생각했기 때문에 센다이 의학 전문학교를 도중에 그만두었다. 루쉰이 말하는 그들은 중국의 "우매한 국민"이다.(같은 책, 12쪽)

58   Roland Marchand, *Advertising the American Dream*, p. 267~269.

59   우생학은 인간의 몸을 과학적 방식으로 통제하고, 인간의 사회 체제를 유전의 측면에서 이해하려는 근대적 담론의 또 다른 기획이었다. 권오신, 「서평: 김호연, 『우생학, 유전자 정치의 역사: 영국, 미국, 독일을 중심으로』(아침이슬, 2009)」, 《미국사연구》

30권(2009), 200쪽. '이상 아동 보호법'과 '국민 우생법' 실시는 최규진 엮음, 『근대를 보는 창 20』(서해문집, 2007), 124쪽.

60 박진빈, 「끝나지 않은 이야기: 미국의 우생학 연구」, 《서양사론》 90권(2006), 190쪽.

61 권오신, 「서평: 김호연, 『우생학, 유전자 정치의 역사: 영국, 미국, 독일을 중심으로』(아침이슬, 2009)」, 200쪽.

62 일례로 「健康週間 遞信局에서 實施」, 《동아일보》(1938. 10. 28). 「國民健康週를 實施 五月 二日~八日間 全朝鮮的으로 擧行 體力向上 健康知識을 普及」, 《동아일보》(1940. 4. 14). 「健康都市建設에 三大計劃立案, 面目 一新할 釜山」, 《동아일보》(1937. 10. 16). 「健康保險法案, 朝鮮에 實施는 無望? 醫療機關不足한 現狀에 鑑하야 爲先 公醫 百名을 增置」, 《동아일보》(1937. 7. 27). 부정적인 우생학(negative eugenics) 과 긍정적인 우생학(positive eugenics)의 분류는 박진빈, 「끝나지 않은 이야기」, 195쪽 참고.

63 신동원, 『호열자, 조선을 습격하다』, 78쪽. 총력전하의 체위 향상은 다카오카 히로유키, 「전쟁과 건강」, 《당대비평》 27권(2004), 342쪽. 총력전 개념은 같은 글, 333쪽 참고.

64 고마고메 다케시, 『식민지 제국 일본의 문화 통합』, 278쪽.

65 권창규, 「근대 한국에서 전개된 '덴츠'의 정보 제국주의와 광고 제국주의」, 250~256쪽 참고.

66 「각계 1년의 타진」, 「가두 소묘」, 《조광》(1937. 12).

67 한국의 신기신성당 약품직수입주식회사가 낸 빈대약 '빈대팔진미(八珍味)' 광고다.(《조선일보》(1937. 7. 31))

68 Mary Louise Pratt, *Imperial Eyes: Travel Writing and Transculturation* (Routledge, 1992), p. 144~155.

69 "각 산업 분야의 10대 기업이 각 분야에서 차지하는 비중은 통신 산업 86퍼센트, 살충제 산업 85퍼센트, 컴퓨터 산업 70퍼센트, 제약 산업 35퍼센트 순이다." 웨인 엘우드, 추선영 옮김, 『자본의 세계화, 어떻게 헤쳐 나갈까?』(이후, 2007), 92쪽.

70 이종찬, 『동아시아 의학의 전통과 근대』, 230쪽.

71 러일 전쟁기에 시작되었던 위문대는 점점 불특정 다수의 병사들을 상대로 보내는 일이 많아졌다고 한다. 町田 忍, 『戰時広告図鑑: 慰問袋の中身はナニ?』(WAVE出版,

1997), 68쪽. 이 책은 1894~1895년 청일 전쟁기부터 러일 전쟁, 만주 사변, 중일 전쟁, 태평양 전쟁기에 나온 전시 광고를 묶은 책이다.

72 양정혜, 『광고의 역사』, 101쪽.

73 로도 안약은 한동안 "신용기의 로-도 안약"을 제품 슬로건으로 써서 "휴대용" "신용기"라는 점을 강조했다.(《삼천리》(1932. 3)) 《조선일보》(1932. 2. 17)에도 로도 용기의 선전이 실렸다. "만주 용기"는 인단 광고에서 나왔다.(《동아일보》(1932. 11. 15)) 그 외 "방공 용기", "체육 용기" 역시 인단 광고에서 나왔다.(《조선일보》(1938. 9. 5))

74 광고는 한국광고단체연합회, 『한국 광고 100년(상)』에서 인용한 것인데, 해당 날짜의 《동아일보》, 《조선일보》, 《매일신보》에는 실려 있지 않았다. 《조선중앙일보》는 사실상 폐간된 이후다.

75 차승기, 「추상과 과잉: 중일 전쟁기 제국/식민지의 사상 연쇄와 담론 정치학」, 《상허학보》 21호(2007), 280~284쪽. 황민화 정책은 실질적으로 제도(예를 들어 참정권 부여, 통혼 장려, 징병제 시행)를 개선하는 데는 소극적이면서 교육 및 교화 정책에 과도하게 기대를 걸고자 했던 산물이었다. 고마고메 다케시, 『식민지 제국 일본의 문화 통합』, 280~286쪽.

76 카터 J. 에커트, 「식민지 말기 총력전·공업화·사회 변화」, 646~650쪽 참고.

77 김예림, 「전쟁 스펙터클과 전장 실감의 동력학: 중일 전쟁기 제국의 대륙 통치와 생명 정치 혹은 조선·조선인의 배치」, 《동방학지》 147권(2009), 183쪽.

78 김명식(金明植), 「대륙 진출과 조선인 문제」, 《조광》(1939. 4), 46~49쪽.

79 천광싱, 백지운 외 옮김, 『제국의 눈』(창비, 2003), 143쪽. 천광싱의 연구는 1990년대 초 당시 국민당 출신의 리덩후이(李登輝, 1988년 최초 본성인 출신으로 총통에 취임) 총통이 동남아 진출을 강화하기 위해 동남아 주요 국가를 순방했던 이른바 '남진 정책'에 호응하여 학계와 언론이 동남아 연구와 '남향 특집'을 마련했던 풍조를 비판한 연구다. 남향 정책은 타이완이 주변에서 중심으로 진출하려는 피식민자의 욕망, 즉 천광싱의 표현에 따르면 '하위 제국(준(亞, quasi) 제국)'(같은 책, 38쪽)에 대한 욕망이 작동한 것이다. 남향 정책은 일본 제국주의가 대동아 공영권의 일부로 타이완을 남진을 위한 중심 지점으로 삼았던 기획을 계승한 것이다.(같은 책, 277쪽(백영서와의 대담 부분))

80 박완서, 『그 많던 싱아는 누가 다 먹었을까』, 122쪽. "동무들하고 싸울 때도 쨍골라라

고 놀려 주는 게 가장 심한 모욕이 되었다." 같은 책, 121쪽.

81 윤해동, 『식민지 근대의 패러독스』(휴머니스트, 2007), 26쪽.

82 권명아, 『역사적 파시즘』(책세상, 2005), 468쪽.

4 성(性)스러운 인간들

1 정근양, 「성 생리학(4)」, 《여성》(1936. 12), 42~43쪽(이화형 외, 『한국 근대 여성의 일
   상 문화(8): 가정 위생』, 183쪽 재인용). 의학 박사의 말을 직접 인용한 부분은 정근
   양, 「성병과 결혼」, 《여성》(1939. 10), 62~63쪽(같은 책, 300쪽 재인용).

2 TS, 「미혼한 처녀에게: 성, 연애, 결혼에 관하야(조카딸을 위하야 숨김없이 쓰는 편
   지)」, 《신여성》(1925. 2), 26~31쪽(이화형 외, 『한국 근대 여성의 일상 문화(1): 연애』
   (국학자료원, 2004), 125쪽 재인용).

3 미셸 푸코, 『성의 역사(1)』, 46~47쪽.

4 이명선, 「식민지 근대의 성 과학 담론과 여성의 성(sexuality)」, 《여성건강》 2권 2호
   (2001), 104쪽.

5 이화형 외, 『한국 근대 여성의 일상 문화(1): 연애』, 125쪽 재인용.

6 천정환, 『근대의 책 읽기』, 199쪽.

7 장 보드리야르, 『소비의 사회』, 203쪽. 현대인은 섹스를 비롯한 요리, 문화, 과학, 종교
   등속에 관한 보편적 호기심을 갖는다. 자신의 잠재력인 소비 능력을 부단히 동원하
   는 데 신경 쓰지 않으면 행복해질 권리가 없다.(같은 책, 104~105쪽)

8 성병 약 시장에 등장한 제품의 이름을 모아 보았다.
   ① 매독약('매독근치제'): 네오스피로진(ネオスピロヂン), 아지아환, 요도가리환, 베
   루쓰환(스즈끼(鈴木) 상점), 육육환(六六丸), 606호, 914호.
   ② 임질약: 바로-루, 락구링, 네오지린(ネオヂリン), 아우토린(アウトリン), 겐-고루, 살
   타림(殺打淋, サッタリム), 리베루, 유전(有田) 또락구, GU사이드(유한양행), 당선임약
   (當選淋藥, 평화당), 세파지루(セパゾル).
   ③ 여성 강장제 및 '부인병' 약: 미신환(美神丸), 태양조경환(胎養調經丸, 평화당), 백
   보환(百補丸, 평화당), 중장탕(中將湯, 진촌순천당), 치치노하하(命之母), 독소환(毒

素丸).

④ 정력 강장제: 정력환, 정력강진제, 돈익구(敦益救), 해초정(보혈 강장제), 후루치정(フルチ錠), 네오스 A, 에비오스, 포리타민, 킹 오브 킹스, 하리바, 부루도제, 회춘원, 헤루프.

⑤ 성 기능 장애 치료기기: 호리츠크(ホリツク), 스페루마(スペルマ).

9 「부인의 화류병」,《신여성》(1933. 4), 93~99쪽(이화형 외,『한국 근대 여성의 일상문화(8): 가정 위생』, 126쪽 재인용).

10 스티븐 컨, 이성동 옮김,『육체의 문화사』(의암출판, 1996), 157쪽.

11 1936년에 임질약 '겐-고루'(동경 일동제약 합명회사)는 급성, 만성, 부인용으로 나온 '보급약'의 형태가 1원 90전, 17일분이 무려 3원 80전이었다. 매독약 '네오스피로진(ネオスピロヂン)'(경성 대동제약)은 5원~7원을 호가했다.(《조선일보》(1936. 6. 30)) 정력 보강제 '돈익구(敦益救)'(보인당약방)는 15일분이 2원 50전, 1달분이 4원, 2달분이 7원이었다.(《조광》(1936. 5)) 606호 가격은 박형우·박윤재,『사람을 구하는 집, 제중원』, 267쪽.

12 신기신성당의 매독약 '푸로다' 광고,《조선일보》(1937. 7. 28).

13 박형우·박윤재,『사람을 구하는 집, 제중원』, 267쪽. 매독이 인간 사회의 퇴보와 관련된 문제라는 점은 스티븐 컨,『육체의 문화사』, 69쪽.

14 "문명은 매독이라던 시대는 벌서 지나가고 '문명은 폐병'이란 시대가 닥쳐온 줄을 우리들은 먼저 기억하여야 할 것"이다. 의학 박사 정석태,「민족 보건의 공포 시대(폐병 요양소의 설치 제의)」,《삼천리》(1929. 9), 41쪽. "그 이름을 문명병이라고 할 만치 현대인에게 많은 성적(조○)"라는 광고 문안도 나왔다. '조○'는 조루를 가리킨다. 성병은 "문화병이라고도 하는 만큼 문화 향상과 아울러 더 많어질 것"라는 말도 참조할 수 있다.「민중 보건 좌담회」,《조광》(1938. 8), 100쪽.

15 「민중 보건 좌담회」,《조광》(1938. 8), 101쪽.

16 위의 글, 100쪽. 조선 시대 매독에 대한 설명은 네이버 한국 민족 문화 대백과, '성병' 항목, http://terms.naver.com/entry.nhn?docId=575559&mobile&categoryId=1609 참고.

17 박정애,「일제의 공창제 시행과 사창 관리 연구」(숙명여자대학교 박사 논문, 2007), 64쪽. 일본의 공창제와 식민지 조선의 공창제의 차이점에 대해서는 같은 글, 58~70

쪽 참조.

18 후지에 유키, 김경자·윤경원 옮김, 『성의 역사학』(삼인, 2004), 55쪽.

19 박형우·박윤재, 『사람을 구하는 집, 제중원』, 270쪽. 전쟁과 섹스의 결합에 대한 언급은 정희진, 『페미니즘의 도전』(교양인, 2005), 268쪽.

20 후지에 유키, 『성의 역사학』, 11쪽.

21 「영화 산업×5〈 성매매 산업」, 《한겨레21》 887호(2011. 11. 28), http://h21.hani.co.kr/arti/cover/cover_general/30837.html. 한국 성매매의 현대사에 대해서는 강준만, 『매매춘, 한국을 벗기다: 국가와 권력은 어떻게 성을 거래해 왔는가』(인물과사상사, 2012) 참고.

22 성 판매 여성에 대한 감금, 구타, 강간, 인신매매를 단적으로 보여 주었던 2002년 군산 성매매 업소 화재 참사는 2004년에 성매매 방지법이 제정되는 계기가 되었다. 국가가 법을 제정한 이유는 악명 높은 인신매매와 '여자 장사'로 인한 국제적인 망신을 피하기 위해서라는 의견이 지배적이다. 정희진, 『페미니즘의 도전』, 222쪽. 성 판매 여성의 인권과 성매매의 정치학에 대해서는 같은 책, 201~239쪽 참고. 성 판매 여성들은 법이 제정된 이후 '근절'이냐, '허용'이냐의 이분법에 갇혀 논란의 대상이 되었다. 법이 시행되는 과정에서 여성의 성판매가 강제냐/동의냐, 생계형이냐/유희형이냐에 따른 여러 가지 현실적인 고려와 논란이 계속되고 있다. 정희진의 지적을 따르면 이 논란에는 "왜 언제나 사는 사람은 남성이고 파는 사람은 여성인가"라는 문제/구조 분석이 포함되어야 하고 "찬반 논쟁을 넘어서는 다른 방식의 사유와 언어"도 필요하다.(같은 책, 209, 226쪽) 젠더와 섹슈얼리티를 비롯해 계급과 인종이 얽힌 성매매 산업의 현황에 대해서는 같은 책, 234~237쪽 참고. 캐슬린 배리의 책에서 한국이 언급된 부분은 캐슬린 배리, 정금나·김은정 옮김, 『섹슈얼리티의 매춘화』(삼인, 2002), 161쪽.

23 캐슬린 배리, 『섹슈얼리티의 매춘화』, 79~80쪽.

24 「민중 보건 좌담회」, 《조광》(1938. 8), 92~103쪽.

25 1876년 강화도 조약 이후 부산, 원산, 인천 등지가 속속 개항되면서 일본인 거류지에서 밀매춘은 번성해 나갔고, 청일 전쟁과 러일 전쟁을 거친 후에는 마침내 공창제가 허용되었다. 권보드래, 『한국 근대 소설의 기원』, 280~282쪽.

26 박형우·박윤재, 『사람을 구하는 집, 제중원』, 265~266쪽.

27 《동아일보》(1920~1930)에서 접객 여성을 대상으로 실시했던 위생 검사 보도를 뽑
아 보았다.

1920. 4. 26. 원산(元山) 경찰서에서 창기(唱妓), 요리(업자), 이발사 등에 대한 건강
검진 시행.

1921. 5. 2. 안변(安邊) 경찰서에서 관하(官下) 각 음식점 영업자의 건강 진단 실시.

1921. 5. 2. 원산 경찰서에서 요리 영업, 이발업 등 각종의 접객업자 건강 진단.

1923. 9. 10. 기생 건강 진단, 13일부터 종로 경찰서 관내 기생 300여 명에게.

1923. 9. 14. 건강 진단으로 경찰서가 꽃밭, 사흘 동안에 약 2500명의 이발업, 음식
업, 기생 등을 진단.(사진도 첨부되어 있다.)

1923. 9. 16. 종로 경찰서의 접객업자 건강 진단의 결과, '도라홈(trachoma, 결막
염)'이 극히 많았다고.

1923. 9. 25. 대구에 접객업자 건강 진단.

1924. 1. 13. 인천 창기 건강 상태 검사.

1924. 5. 1. 창기 건강 진단, 2일과 3일에.

1924. 5. 4. 종로(경찰)서에서 기생의 건강 진단.

1925. 7. 11. 홍군(紅裙)의 비탄, 기생도 건강 진단 검사해, 황주(黃州) 기생 대(大)
분개.

1928. 1. 20. 사창(私娼) 건강 진단, 손님 접촉 영업 여자 조사, 4할(割) 7분(分) 이
상 환자.

1928. 2. 11. 건강 진단에 나타난 예기녀(藝妓女)의 화류병, 매독 임질 연감 등의
모든 병, 1월말 현재의 인구수.

1929. 7. 5. 사창 건강 진단.

1929. 8. 6. 이발업자 건강 진단.

1929. 8. 11. 백화난만(百花爛漫)한 본정(本町) 경찰서, 요리점과 여관 등의 접객
여자.

1929. 8. 18. 접객업자 건강 진단.

1930. 9. 2. 접객업자 건강 진단.

1930. 11. 2. 일상(적인) 접객업자 중 환자가 200여 명, 예기(藝妓)와 고녀(雇女),
이발업자 중에(경기도 위생계).

유흥 서비스업에 종사하는 여성을 대상으로 실시된 위생 진단은 경기도를 비롯해 서울(종로, 본정(本町, 충무로 일대)), 원산(元山), 안변(安邊), 대구, 인천, 황주(黃州) 등지의 대도시를 중심으로 이루어졌다. 서비스업 여성의 성병 비율("일상 접객업자 중 병자"의 숫자나 "손님 접촉 영업 여자" 중 "환자"의 비율)이 표시되기도 했다. 서비스업 여성들을 검사하느라 "경찰서가 꽃밭"이 됐다, 꽃이 핀 듯 요란("백화난만")했다는 수사도 등장했다.

28 김미영, 「일제하《조선일보》의 성병 관련 담론 연구」,《정신문화연구》29권 2호(2006년 여름), 403쪽.

29 "病禍를 子孫에 遺傳하는 十萬餘花柳病者 民族을 망케 하는 두려운 화류병."《동아일보》(1933. 1. 3).

30 캐슬린 배리,『섹슈얼리티의 매춘화』, 162쪽.

31 전완길,『한국 화장 문화사』, 57~58쪽.

32 권명아, 「여성 수난사 이야기와 파시즘의 젠더 정치학」, 김철·신형기 외,『문학 속의 파시즘』(삼인, 2001), 287쪽.

33 여성의 정조를 둘러싼 민족 서사와 통속 서사의 연결에 대해서는 권창규, 「1930년대 정조 서사의 판타지:『삼봉이네 집』과『순정해협』,『순애보』를 중심으로」,《여성문학연구》21(2009), 205~239쪽 참고. 이영아는 신소설에 나타나는 '행복해질 자격이 없는 여성들'('위험한 여성들')로 첩, 간음녀, 악비, 뚜쟁이, 기생을 논의했다. 이영아,『육체의 탄생』, 272~298쪽. 이혜령은 1920~1930년대 소설에서 하층 계급 여성들이 관능과 욕망의 덩어리로 치부되었던 섹슈얼리티의 서사를 지적한 바 있다. 이혜령,『한국 근대 소설과 섹슈얼리티의 서사학』(소명출판, 2007).

34 성 기능 장애 치료기기 스페루마(スペルマ) 광고,《조광》(1938. 6).

35 볼프강 F. 하우크, 김문환 옮김,『상품 미학 비판』(이론과실천, 1991), 153, 155쪽.

36 순서대로 "세계적 부인 양약"은 부인 강장제 중장탕 광고(《매일신보》(1919. 6. 5), 신인섭·김병희,『한국 근대 광고 걸작선 100』(커뮤니케이션북스, 2007), 161쪽 재인용), "여자 40~50세 시대" 문안은 난소 실질 호르몬 '오오호루민(オオホルミン)' 광고(1934. 8. 17, 한국광고단체연합회,『한국 광고 100년(상)』, 326쪽 재인용).

37 순서대로 "철이 아니다."라는 문안은 '정력 최신 강장제'(동경국제호르몬연구소) 광고(《조선일보》(1937. 8. 25)), "애기를 못 낳는 원인"이란 문안은 부인병약 '명지모(命

之母, 치치노하하) 광고(《매일신보》(1937. 12. 15)).

38 허신(許信), 「성(性)의 신비」, 《신여성》(1933. 9), 152~156쪽(이화형 외, 『한국 근대 여성의 일상 문화(8): 가정 위생』, 142쪽 재인용).

39 C生, 「결혼의 목적은 무엇이냐?」, 《여자시론(時論)》 창간호(1920. 1), 32~34쪽(이화 형 외, 『한국 근대 여성의 일상 문화(1): 연애』, 24쪽 재인용). 남편의 성적 포용이 여 성 성 경험의 일반태라는 점은 스티븐 컨, 『육체의 문화사』, 151쪽 참고. 여성의 성도 덕을 엄격하게 규제하는 차원에서 19세기 말, 20세기 초에 행해졌던 음핵 제거 수술 도 소개되어 있다.(같은 책, 139쪽)

40 장 보드리야르, 『소비의 사회』, 206~207쪽 참고. 보드리야르가 인간 해방을 말하는 대목에서 언급하는 이들은 여성과 젊은이들이다. 이들의 "구체적이지만 상대적인 것 에 불과한 해방"은 "신화로서의 대상화(사물화)를 분신으로 하여 생긴다."

41 미셸 푸코, 『성의 역사(1)』, 57, 70쪽.

42 안자코 유카, 「조선 총독부의 '총동원 체제'(1937~1945) 형성 정책」, 253쪽. 총동원 체제에 대한 정의는 같은 글, 23쪽 참고.

43 윤해동, 『식민지 근대의 패러독스』, 43~45쪽. '16년 전쟁'이 식민지 총력전 체제를 매 개로 했으며, 총력전 체제가 해방 후 복지 시스템이 결여된 '제3세계 동원 체제' 구축 의 중요한 매개체였다는 점에서 한국의 해방을 단절의 논리로만 구성할 수 없다.(같 은 책, 45쪽)

44 이영아, 『육체의 탄생』, 26쪽. "인간의 몸은 조상으로부터 부모로, 부모로부터 그 자 자손손으로 '가문'이 존속하기 위해 필요한 것이었다."

45 근대 '국/가' 사상은 권보드래, 「공화(共和)의 수사학과 일부일처제」, 《문화과학》 24 호(2000년 겨울), 228~231쪽. 유교의 충효 일치 사상은 유교 대사전 편찬위원회 엮 음, 『유교 대사전』(성균관, 2007), 2262쪽 참고.

46 矢橋生, 「皇國臣民の本領」, 《皇民》 창간호(1938. 12), 8~20쪽.(발행처는 재단법인 (조선) 광제회(廣濟會)다.)

47 1937년 독일과 일본의 합작 영화 「새로운 땅(新しき土)」에 나온 대사라고 한다. 신하 경, 『모던 걸, 일본 제국과 여성의 국민화』(논형, 2009), 310쪽.

48 권명아, 『역사적 파시즘』, 52쪽. 이혜령, 『한국 근대 소설과 섹슈얼리티의 서사학』, 190쪽.

49 矢橋生,「皇國臣民の本領」,《皇民》(1938. 12), 14쪽.

50 "조국을 수호하는 것은 청년의 힘이다. 국민 체위의 향상과 남성 생○기의 관계."《동
    아일보》(1938. 3. 26).

51 안연선,『성 노예와 병사 만들기』(삼인, 2003), 166쪽.

52 김철,『식민지를 안고서』(역락, 2009), 203~204쪽.

53 1939년 6월에 시행된 '국민 등록 제도'는 조선 남성들 중에서 기술 노동자를 등록하
    게 하여 군수 산업의 생산력을 확충하는 데 목적이 있었다. 국민 등록 제도의 적용
    대상은 16세부터 50세 미만의 조선 남성들로 한정되어 있다. 안자코 유카,「조선 총
    독부의 '총동원 체제'(1937~1945) 형성 정책」, 131쪽. 근로 보국대에 대한 설명은 허
    수열,「일제 말 조선 내 노동력 동원의 강제성에 관한 고찰」,『진실과 화해, 미래를 위
    한 진상 규명』(일제강점하강제동원피해진상규명위원회 출범 1주년 기념 국제 심포
    지엄 자료집)(일제강점하강제동원피해진상규명위원회, 2005), 62~70쪽.

54 이상의,「1930~40년대 일제의 조선인 노동력 동원 체제 연구」(연세대학교 박사 논
    문, 2002), 119쪽. 1930년대 공업화 정책이 추진되면서 조선 내 노동력 동원은 북부
    지방(황해도, 함경도, 평안북도, 강원도 등지)과 대도시로 집중되었다. 농업 인구는
    점점 감소하고 토목, 광산, 공업 노동자의 비율이 늘어났다.

55 위의 글, 178쪽. 애초 95만 명을 동원할 계획이었으나 미달했다. 동원된 66만 명 중
    63만 명은 일본으로, 나머지는 사할린과 남양(南洋)으로 동원됐다. '노무 관리'에 대
    해서는 같은 글, 197쪽 참고.

56 히구치 유이치,「징병과 조선 민중 동원 체제」,『진실과 화해, 미래를 위한 진상 규명』,
    38쪽.

57 위의 글, 49쪽.

58 김철,『식민지를 안고서』, 215쪽.

59 이상의,「1930~40년대 일제의 조선인 노동력 동원 체제 연구」, 269~286쪽 참고.

60 이는 1940년 중등학교 시험 개정안에 "체력 검사"가 보강되었다는 기사 중에 나온
    말이다.《조선일보》(1940. 1. 5)) 1937년 전쟁 이후 일제의 3대 교육 강령인 국체명
    징, 내선일체, 인고단련 중 인고단련은 체육과 밀접하게 관련되어 있다. 한 예가 황국
    신민 체조다. 최규진 엮음,『근대를 보는 창 20』(서해문집, 2007), 89쪽.

61 "어린 아가 웨 때려요? 아파 아파 웨 때려요? 어른네는 일이 본색, 아가들은 장난 본

색, 내 본색 나 하는데, 아빠 나를 웨 때려요? 때리면은 아프지요. 욕먹으면 분하지요. 아빠 아빠 따르는 걸 아파 아파 웨 때려요? 때리신다 사람 되나. 아빠 본만 받는 아가." 어린이날 노래로 실린 춘원 이광수의 「아빠 아빠」, 《조선일보》(1934. 5. 6), 특간 (特刊) 1면.

62 　박완서, 『그 많던 싱아는 누가 먹었을까』, 92, 149쪽.

63 　유종호, 『나의 해방 전후』, 102쪽.

64 　'병사와 모성'의 결합은 若桑みどり, 『戰爭がつくる女性像: 第二次世界大戰下の日本 女性動員の視覺的プロパガンダ』(筑摩書房, 1995), 42쪽.

65 　정확하게는 후생국과 조선체육진흥회가 발표한 지도 요강이다. 신주백, 「일제 말기 체육 정책과 조선인에게 강제된 건강」, 《사회와역사》 68권(2005), 269~271쪽. 1942년 "경기 본위의 체육에서 전략 증강 국방 체육 내지는 전시 체육"으로 체육 정책이 전환되면서 "체육의 군사화 경향"은 뚜렷해졌다.

66 　정희진, 『페미니즘의 도전』, 55쪽.

67 　여성 강장제 중장탕 광고, 《조광》 42호(1939. 4).

68 　나카무라 미츠오 외, 이경훈 외 옮김, 『태평양 전쟁의 사상』(이매진, 2007), 314쪽.

69 　윤해동, 『식민지 근대의 패러독스』, 23쪽.

70 　일본 여성들과 달리 조선 여성들에게는 모성보다는 생산 노동력(나아가 '창부')의 역할이 강조되었다는 일본 학자들(가와 가오루, 우에노 치즈코)의 지적에 대해서는 장미화, 「일본의 아시아·태평양 전쟁기 여성 동원 정책에 관한 연구」(한양대학교 박사 논문, 2007), 176~179쪽 참고. 장미화 역시 비슷한 관점을 취하고 있다. 일본의 젠더 분리 정책에 대해서는 우에노 치즈코, 이선이 옮김, 『내셔널리즘과 젠더』(박종철출판사, 1999), 65쪽 참조.

71 　송규진 외, 『통계로 본 한국 근현대사』, 180~181쪽.

72 　여성이 가외 노동력으로 동원되었던 법령과 상황에 대해서는 장미화, 「일본의 아시아·태평양 전쟁기 여성 동원 정책에 관한 연구」, 166~176쪽 참고. 민간 산업 부문과 시국 산업 부문으로 나누어 남녀 노동력을 동원했다는 점은 이상의, 「1930~40년대 일제의 조선인 노동력 동원 체제 연구」, 168쪽.

73 　안태윤, 『식민 정치와 모성』(한국학술정보, 2006), 229쪽(구술 인터뷰 부분).

74 　이영아, 『육체의 탄생』, 138쪽.

75　강장제 하리바(ハリバ) 광고,《경성일보》(1937. 8. 31).

76　정희진,『페미니즘의 도전』, 53쪽.

77　안태윤,『식민 정치와 모성』, 24~32쪽 참고.

78　성인 남성 노동자들이 노동 시장을 독점하면서 모성과 유년기/아동기, 나아가 은퇴
가 발명되는 과정은 이매뉴얼 월러스틴,『역사적 자본주의』, 27쪽과 우에노 치즈코,
『가부장제와 자본주의』, 182쪽 참고. 참고로 일본의 현모양처 사상에 대한 논란은
장미화,「일본의 아시아·태평양 전쟁기 여성 동원 정책에 관한 연구」, 95~96쪽.

79　안태윤,『식민 정치와 모성』, 149쪽.

80　"식민지 규율 권력이 가장 심층적으로, 또 광범위하게 작용하는 지점은, 바로 식
민 지배 정책의 방식과 의도가 식민지가 종래에 가지고 있는 사회적 의식의 양식
과 결합될 수 있는 곳이라고 할 수 있다. 그것은 바로 가부장제였던 것이다." 이
혜령,『한국 소설과 골상학적 타자들』(소명출판, 2007), 225쪽. 민족주의적 담론
과 가부장적 젠더 담론의 유사성에 대해서는 빌헬름 라이히, 황선길 옮김,『파시
즘의 대중 심리』(그린비, 2006), 103쪽 참고. 채터지가 민족주의와 가부장제 담론
의 유사성을 지적한 부분은 Partha Chatterjee, *The Nation and Its Fragments:
Colonial and Postcolonial Histories*(Princeton University Press, 1993),
p. 120.

81　일본 신문사가 벌였던 미디어 이벤트로서의 건강 우량아 표창 사업은 津金澤 聰廣·
有山輝雄,『戰時期日本のメディアイベント』(世界思想社, 1998), 10쪽 참고. 식민지를
포함해서 전국 소학교에서 우수한 남녀 한 사람씩을 뽑는 '일본 제일의 건강 우량아'
표창 제도는 1930년부터 시작되었다. 기본적인 체격 검사를 비롯해 운동 능력 시험
이 포함되기도 했다. 鹿野政直,『健康觀にみる近代』, 61쪽.

82　안태윤,『식민 정치와 모성』, 107쪽과 132쪽. "낳으라 불리라 국가를 위해서"라는 표
어는 鹿野政直,『健康觀にみる近代』, 91쪽.

83　후지에 유키,『성의 역사학』, 330~332쪽.

84　일본에서 후생성이 주도하는 각종 보건 운동(1938)은 '건민'이 장식했다. 다카오카
히로유키,「전쟁과 건강」, 347쪽. 징병제 실시에 대비하여 '아동 애호 운동'라는 이름
으로 어린이의 신체도 관리되었다. 안태윤,『식민 정치와 모성』, 141쪽.

85　일본과 비교할 때 모자 보건이나 인구 증가책이 정책적으로 추진되었다고 볼 수는

없다. 우에노 치즈코는 전시기 인구 증강 정책은 일본 '내지'에 한정되었다고 본다. 안태윤, 『식민 정치와 모성』, 126~137쪽 참고.

86 위의 책, 192쪽.

87 위의 책, 197쪽(구술 인터뷰 부분).

88 이혜령, 『한국 소설과 골상학적 타자들』, 226쪽. 가부장제가 식민지 남성과 제국의 이해가 합치되는 영역이라는 언급은 전경옥 외, 『한국 여성 정치 사회사』(숙명여자대학교 아시아여성연구소, 2004), 79쪽 참고.

89 캐슬린 배리, 『섹슈얼리티의 매춘화』, 166쪽.

90 정희진, 『페미니즘의 도전』, 266~270쪽.

91 안연선, 『성 노예와 병사 만들기』, 73쪽. 위안부로 동원된 여성들의 규모는 고려대학교 민족문화연구원 한국사연구소, 『'위안부' 관련 이해를 위한 기초 입문』(여성부, 2002), 25~27쪽.

92 안연선, 『성 노예와 병사 만들기』, 94쪽. 피해 여성을 징집하는 과정에 일본군과 경찰이 중심에 있었다는 대목은 같은 책, 82~87쪽 참고.

93 정희진, 『페미니즘의 도전』, 141쪽. 성이 여성의 자아와 인격을 좌우하는 요소로 간주된다는 점은 같은 책, 139쪽.

94 권명아, 「수난사 이야기로 다시 만들어진 민족 이야기」, 김철·신형기, 『문학 속의 파시즘』, 235~279쪽.

95 정희진, 『페미니즘의 도전』, 166~167쪽. 정희진은 "한국 남성에게 성폭력 당하면 '개인적인 일'이고, 일본 남성에게 당하면 '민족의 아픔'인가?" 묻고 있다. 같은 책, 140쪽. 일본 정부와 한국 정부의 입장에 대해서는 윤미향, 『20년간의 수요일』(웅진주니어, 2010), 161~183쪽 참고.

96 1965년 한일 협정에서 이루어졌던 개인 보상(이를 당시 정부가 챙겼다는 사실이 공개되었고 추후 보상이 이루어지기도 했다.)은 일본이 국회 입법에 의한 국가 배상 형태를 취하지 않았던 근거가 됐다. 박유하, 『제국의 위안부』(뿌리와 이파리, 2013), 167~176쪽.

5 소비 대중에서 국민으로

1 카터 J. 에커트, 「식민지 말기 조선의 총력전·공업화·사회 변화」, 612쪽. home-market ideology는 Karl Gerth, *China Made*, p. 58.

2 「독일 사람의 실업 십계(實業十戒)」, 《조선물산장려회보》(1930. 3), 6쪽.

3 에릭 홉스봄, 김동택 옮김, 『제국의 시대』(한길사, 1998), 157, 184쪽.

4 이송순, 「1930~40년대 일제의 통제 경제 정책과 조선인 경제 전문가의 인식」, 169~170쪽.

5 김윤식, 『염상섭 연구』(서울대학교출판부, 1986), 315~319쪽.

6 존 케네스 갤브레이스 말을 재인용했다. 크리스 하먼, 「또다시 위기에 빠진 자본주의」, 정성진 외, 천경록·이수현 옮김, 『21세기 대공황과 마르크스주의』(책갈피, 2009), 36쪽.

7 김윤식, 『염상섭 연구』, 319쪽. 전쟁이 자본주의에 필요한 "자연"이라는 말은 우에노 치즈코, 『가부장제와 자본주의』, 190쪽. 전쟁이 "통제 경제의 일종"이라는 말은 같은 책, 197쪽. "자본주의가 제국주의로 전환되지 않을 수 없는 필연성은 이 시장의 '외부'에 대한 노골적인 의존성의 표현." 같은 책, 189쪽.

8 발터 벤야민, 『발터 벤야민의 문예 이론』, 231쪽.

9 조르주 바타이유, 조한경 옮김, 『저주의 몫』(문학동네, 2000), 64쪽.

10 미셸 푸코, 오생근 옮김, 『감시와 처벌』(나남, 2003(2판)), 338쪽. 마르크스가 노동자들의 잉여 노동 시간을 기록한 부분은 카를 마르크스, 『자본론 I(상)』, 310~352쪽.

11 이매뉴얼 월러스틴, 『역사적 자본주의/자본주의 문명』, 33~35쪽.

12 Karl Gerth, *China Made*, p. 281.

13 19세기 중반 "산책자가 즐기는 이 '군중'은 70년 후 민족 공동체가 주조되는 빈 주형이다." 발터 벤야민, 조형준 옮김, 『아케이드 프로젝트(1)』(새물결, 2005), 820~821쪽. 광고가 '대중의 국민화'를 꾀하는 강력한 문화 제도라는 점은 임지현·사카이 나오키, 『오만과 편견』(휴머니스트, 2003), 182쪽 참고.

14 임지현·사카이 나오키, 『오만과 편견』, 50쪽 참조.

15 이화여대 한국문화연구원, 『근대 계몽기 지식 개념의 수용과 그 변용』, 125쪽. 민족 개념의 늦은 등장은 "붕괴된 국가를 대체할 새로운 공동체가 상상되었다는 것"을 의

미한다.

16 앨런 벨·피터 개럿 외, 백선기 옮김, 『미디어 담론』(커뮤니케이션북스, 2004), 51쪽.

17 김동운, 『박승직 상점, 1882~1951』(혜안, 2001), 55~56쪽 참고. 국사편찬위원회 엮음, 『장시에서 마트까지 근현대 시장 경제의 변천』(두산동아, 2007), 215~216쪽.

18 수출입 통계에서 일본과의 무역은 '이출(移出)'과 '이입(移入)'으로 따로 분류되어 있다. 수출 역시 일본 의존도가 높았는데 식료품과 원료품이 이출의 대부분을 차지하는 데서 식량과 원료의 공급지이자 상품 시장으로서의 조선의 역할이 드러난다. 식민지 시기 수출/수입량의 증가폭보다는 이출/이입의 증가폭이 컸다. 수입/수출 면에서는 '만주국'이 1932년에 수립된 이후 주요 수입/수출 지역으로 부상했다. 송규진 외, 『통계로 본 한국 근현대사』, 194~209쪽.

19 임지현·사카이 나오키, 『오만과 편견』, 227쪽.

20 「조선 경제 진흥책 좌담회기(記)」, 《실생활》(1932. 6), 26쪽. 1932년 3월부터 6월까지 《실생활》에 실린 조선물산장려회 주최의 「조선 경제 진흥책 좌담회기」는 1920년대 초부터 전개된 물산 운동의 성과를 정리한 글이다. 《실생활》은 1931년 10월부터 1932년 11월까지 발간되었던 조선물산장려회의 기관지이다.

21 물산운동 개요는 방기중, 『근대 한국의 민족주의 경제사상』(연세대학교출판부, 2011), 33~220쪽 참고.

22 《조선물산장려회보》(1930. 3), 12쪽. "외화 없이는 참으로 살 수가 없는 형편"이라는 부분은 《실생활》(1932. 3), 28쪽. "우리 조선 것이라 하면 소비 대중이 불신"했다는 부분은 같은 책, 30쪽.

23 《실생활》(1932. 3), 31쪽.

24 박섭, 『식민지의 경제 변동: 한국과 인도』(문학과지성사, 2001), 118쪽. 인도인 기업가의 지지를 기반으로 하고 있던 인도 의회의 활동은 같은 책, 75쪽 참고.

25 Karl Gerth, *China Made*, p. 365.

26 日本電報通信社, 『電通社史』(東京: 日本電報通信社, 1938), 623쪽. 중국 내 반일 운동의 기세가 등등하여 일본 상품의 판로 개척은 호락호락하지 않았는데 광고가 일종의 '판매 허가증'이 되기도 했던 에피소드도 소개되어 있다.(같은 책, 960쪽)

27 이승렬, 「일제 파시즘기 조선인 자본가의 현실 인식과 대응: 부르주아 민족주의 민족관을 중심으로」, 《사회와역사》 67(한국사회사학회, 2005), 176쪽. 1920년대 전반의

이야기이기는 하다. 조선품 가격의 폭등은 물산 운동이 실패한 요인 중 하나가 되었다.(같은 글, 183쪽) 물산 운동은 채 6개월도 지나지 않아 열기가 식었지만, "3·1 민족 해방 운동 이래 민중의 관심과 호응을 가장 많이 받았던 민족 운동"이었다.(같은 글, 198쪽) 조선물산장려회는 민족주의 경제 운동 단체 중에서도 농촌 운동에 주력한 조선농민사, YMCA와 같은 종교 단체를 제외하면 일관된 목표를 세우고 장기간 활동한 드문 경우다.(방기중, 『근대 한국의 민족주의 경제사상』, 82쪽) 물산 운동의 구호는 《동아일보》(1923. 2. 16)(『동아일보사사(1)』, 213쪽) 참고. 한편 근대 광고사에서도 토산품에 대한 호응을 확인할 수 있다. 동아일보사는 1926년 광고 도안 인기 투표(1926. 11. 3)를 주최한 바 있는데 일본 광고는 의도적으로 제외했다.(신인섭·서범석, 『한국 광고사』, 114쪽) 광고 시장에서 영향력 있는 광고주는 대개 일본 기업이었고 출품작 중에는 일본 기업 역시 다수 포함되어 있었지만 당선되지 않았다. 참고로 1등은 경성방직, 2등은 동아부인상회, 3등은 화평당이 차지했다. 당선 소식에는 모두 우수한 민족 기업이라는 점이 강조되었다. 당선 소식을 알리는 문구는 다음과 같다. "내 살림 내 것으로, 기미년에 창립"한 경성방직, "신선한 경험과 풍부한 지식으로 큰 백화점이 되는 동아부인상회", "조선 매약계 선진(先進)" 화평당.

28 "A discourse of nationalistic consumption between consumer and consumed." Karl Gerth, *China Made*, p. 192.

29 김석중(金奭中), 「생산 장려가 급무이다」, 《조선물산장려회보》(1930. 3), 17~18쪽.

30 "'우리'의 환유적, 은유적 전환." 사카이 나오키, 후지이 다케시 옮김, 『번역과 주체』(이산, 2005), 247쪽.

31 방기중, 『근대 한국의 민족주의 경제사상』, 100쪽.

32 《실생활》(1932. 3), 29쪽.

33 반면 일본에서는 '중요 산업 통제'가 1931년 4월부터 시행되고 있었다. 방기중, 『식민지 파시즘론』, 23쪽. 공업화, 산업화가 진행되었던 1930년대 말(1938) 자료를 보면 일본인 경영, 조선인 경영 공업 회사 수는 비슷했지만 납입 자본금 비율은 일본인이 87.7퍼센트, 조선인은 12.3퍼센트에 지나지 않았다.(송규진 외, 『통계로 본 한국 근현대사』, 185쪽) 공업을 포함한 전체 회사의 납입 자본금 비율 역시 비슷한데, 해당 통계는 조선 내 본점을 둔 회사만의 통계로 일본이나 외국에 본점을 두고 조선에 지점을 둔 지점 회사의 통계를 포함하면 조선인의 비율은 훨씬 낮다고 추정된다.(같은 책,

236쪽)

34   정태헌, 「경제 성장론 역사상의 연원과 모순된 근현대사 인식」, 이승일 외, 『일본의 식민지 지배와 식민지적 근대』, 254쪽.

35   방기중, 『근대 한국의 민족주의 경제사상』, 181쪽.

36   위의 책, 108쪽. 자본주의적 근대성이란 "식민지 체제하에 편입되는 것을 통해 얻을 수 있는 것"이라는 부분은 앙드레 슈미트, 정여울 옮김, 『제국 그 사이의 한국』(휴머니스트, 2007), 323쪽. 문명개화를 지향한다는 점에서 민족주의자와 식민주의자는 접점을 가진다.(같은 책, 117쪽)

37   임지현·사카이 나오키, 『오만과 편견』, 210쪽.

38   이송순, 「1930~40년대 일제의 경제 통제 정책과 조선인 경제 전문가의 인식」, 203쪽.

39   內川芳美, 『日本広告発達史(上)』, 176~186쪽.

40   위의 책, 186~187쪽.

41   위의 책, 187~191쪽.

42   스튜어트 유엔, 『광고와 대중 소비문화』, 63쪽 재인용.

43   마셜 매클루언, 『미디어의 이해』, 331~332쪽. "스타가 입은 것, 사용하는 것, 먹는 것은 모두 이제까지 꿈에서도 본 적이 없는 광고가 되었던 것"이다.

44   자세한 논의는 권창규, 「근대 한국에서 전개된 '덴츠'의 정보 제국주의와 광고 제국주의」, 249~256쪽 참고.

45   전형준, 「같은 것과 다른 것」, 최원식·백영서 엮음, 『동아시아인의 '동양' 인식: 19~20세기』(문학과지성사, 1997), 286쪽.

46   위의 책, 285~286쪽.

47   위의 책, 16~17쪽(백영서 서문). 동양이라는 개념에 담긴 문제 제기는 스테판 다나카, 「근대 일본과 '동양'의 창안」, 정문길 외 엮음, 『동아시아, 문제와 시각』(문학과지성사, 1995), 187쪽.

48   김기림, 「조선 문학에의 반성」(《인문평론》(1940. 10)), 『김기림 전집(2)』, 49쪽. 김기림의 다른 글에 비해서 논조가 거칠고 과격한 편이라는 점을 밝혀 둔다.

49   김남천, 「맥」(1941), 채호석 엮음, 『맥』(문학과지성사, 2006), 333~334쪽.

50   인도네시아 작가 프라무디아의 소설에 나오는 말이다. "Europe had obtained its glory from swallowing up the world, and Japan from overrunning China."

Pramoedya Ananta Toer, Translated by Max Lane, *Child of All Nations* (Penguin Books, 1996), p. 48~49.

51 이상은 도쿄를 두고 "キザナ 표피적인 서구 악취의 말하자면 그나마도 그저 분자식이 겨우 수입이 되어서 ホンモノ 행세를 하는 꼴"이라고 편지에 썼다. 김주현 주해, 『이상 문학 전집(3)』(소명출판, 2005), 250쪽.

52 임지현·사카이 나오키, 『오만과 편견』, 207쪽.

53 「장마」 속의 '나'는 마을 단위의 '동'이나 '리'를 모두 '정'으로(예를 들어 안국동이 아니라 안국정) 만든 것에 대해 불만을 갖고 있다. 나중에는 "시민의 성명까지도 무슨 방법으로든지 통제할는지도 모른다. 모든 것에 있어 개성을 살벌하는 문화는 고급한 문화는 아닐 게다." 이태준, 「장마」(1937), 『해방 전후 외』, 107쪽. 이 목소리는 일본 제국주의의 파시즘적 통제에 대한 경계를 담고 있다.

54 최명익, 『비 오는 길』, 343쪽(신형기 해설) 참고.

55 최명익, 「봄과 신작로」, 『비 오는 길』, 161쪽. "배금(拜金)사상"과 "성적 향락주의"는 이광수, 「사랑의 다각형」, 『이광수 전집(7)』(삼중당, 1963), 416쪽.

56 손봉조, 「관세 정책, 상품 전쟁, 자유에서 보호로」, 《동아일보》(1930. 4. 1).

57 '조치법(수출입품 등 임시 조치법)'에 대해서는 김인호, 『식민지 조선 경제의 종말』(신서원, 2000), 338쪽 참고.

58 「수출입 금지 제한령 금일부터 공포코 실시」, 《동아일보》(1937. 10. 13).

59 「수입의 제한과 금지가 가정에 주는 영향(1)」, 《동아일보》(1937. 10. 14).

60 손정목, 『일제 강점기 도시 사회상 연구』, 183쪽. 영어 간판 및 영자 관련 기사는 한국 광고단체연합회, 『한국 광고 100년(상)』, 84, 453쪽 참고.

61 임지현·사카이 나오키, 『오만과 편견』 참고. 머저리티는 '보편성'으로, 마이너리티는 '특수성'으로 번역해 인용해 보았다. "'국민'이 되지 않은 민족은 무력"했다는 부분은 나카무라 미츠오 외, 『태평양 전쟁의 사상』, 207쪽. 국민 국가가 진보의 개념과 동일시되면서 민족이 부인, 소멸되거나 더 큰 민족 내부의 지방적인 특질이 된다는 부분은 에릭 홉스봄, 『자본의 시대』, 205쪽 참고.

62 '광고물 취체 규칙'은 1922년 5월 21일, 경기도령 7호로 공포됐다.(《조선총독부관보》 2926호(1922. 5. 17). 국립중앙도서관(www.nl.go.kr)에서 열람할 수 있다.) 이때 서울은 경기도에 포함됐다. 단속 사항 중에는 미관을 해칠 만한 것, 안전사고의 위험이

있는 것, 풍기를 문란하게 하는 것 등속이 눈에 띈다. 하지만 간판이나 벽보 이외에 전단지나 이동 간판, 쇼윈도 장식 등은 제대로 단속되지 않았다. 법령이 선전 삐라 등속을 단속할 수 없어 문제라는 보도(1935. 2. 9)는 한국광고단체연합회, 『한국 광고 100년(상)』, 455쪽 참고.(같은 책, 22쪽에 취체 규칙에 대한 설명도 참고.) 전단지 공해나 간판 난립에 대한 불평은 1910년대 말부터 나왔다. 자본이 무분별하게 침투하던 상황에서 조망권이나 생활권은 뒷전이었다.

63 1920년대 언론 관계법에 관한 논의로는 이재진·이민주, 「1920년대 일제 "문화 정치" 시기의 법치적 언론 통제의 폭압적 성격에 대한 재조명」, 《한국언론학보》 50권 1호 (2006), 221~252쪽 참고. 논문에는 신문법, 출판법뿐 아니라 보안법, 치안 유지법, 경찰범 처벌령이 함께 언급되어 있다. 신문법과 출판법의 골자는 같은 글, 233~235쪽 참조.

64 정간된 《개벽》 광고에는 해외 망명 지사의 근황이 개인별로 소개되어 있었다.(『동아일보사사 1』, 257쪽) 김사섭(金社燮)의 부고 광고(《동아일보》(1928. 2. 26))도 압수된 바 있다.(같은 책, 490쪽) 신규식의 부고 광고는 『조선일보 80년사』, 190쪽. 조선일보사는 백보환 건을 광고 때문에 압수 처분을 받은 두 번째 사례로 소개했다.(『조선일보 80년사』, 448쪽) 조선일보사는 1936년 7월 7일자에 실린 해당 광고로 압수 처분을 받았다고 하는데, 1936년 7월 1일부터 7월 13일까지는 신문이 발간되지 않았던 시기로 확인된다.

65 《동아일보》 사례는 한국광고단체연합회, 『한국 광고 100년(상)』, 446쪽. 《중외일보》 사례는 국사편찬위원회, 『광고, 시대를 읽다』, 106쪽. '대한'이 논란이 됐던 사례는 『조선일보 80년사』, 189쪽 참조.

66 『조선일보 80년사』, 448쪽. 이 말은 이강 전하가 애용한다는 문구로 문제가 되었던 백보환 광고(《조선일보》(1936. 7. 7))를 두고 한 말이다.

67 《여성》은 1936년 4월부터 1940년 12월까지 발간된 조선일보사 출판부의 여성 잡지다. 해당 연구는 여성 모델이 1명 이상 등장한 263편의 광고를 대상으로 삼았다. 이희복·김대환, 『광고로 읽는 여성』, 33쪽.

68 2012년 매일유업은 삿포로를, 롯데는 아사히를, 하이트진로는 기린 맥주를 수입, 유통했다. 오늘날 수입 맥주의 인기는 높다. 국산 주류 업계는 수익성을 보완하고자 수입 맥주를 확대하는 전략을 펴고 있다. 2011년 수입 맥주의 국내 점유율은 미국의

버드와이저, 일본의 아사히, 네델란드의 하이네켄, 벨기에의 호가든 순이었다. 이 중
에서 버드와이저와 호가든은 국내에서 생산된 외국 브랜드 맥주다. 「맥주 시장 춘
추 전국 시대, 롯데 가세 삼파전…… 日 맥주 인기몰이」, 《매일경제(매경이코노미)》
(2012. 2. 11), http://news.mk.co.kr/newsRead.php&year=2012&no=93280.

69 광고주로는 계림탄광, 조선합동탄광 주식회사, 조선탄업 주식회사가 얽혀 있다. 조
선탄업 주식회사는 1937년 조선합동탄광의 대주주로 참여해 있었다. 계림탄광은
1921년부터 1925년까지 기록을 찾을 수 있는데, 1925년 계림탄광의 대표는 橫倉英
次郞(『朝鮮銀行會社要錄』(1925)), 소재지가 함북 회령(中村資良, 『朝鮮銀行會社組合
要錄』(東亞經濟時報社, 1933))이었다.(한국사데이터베이스, db.history.go.kr 참고)

70 천정환, 『근대의 책 읽기』, 428~441쪽 참고.

71 술 구하는 장면은 박태원, 『여인 성장』(깊은샘, 1989), 204, 365쪽. "아지노모도는 또
못 샀어! 이삼 일 있다가 다시 와 보라는데?"라는 대목은 같은 책, 189쪽. 가솔린 절
약 정책의 일환으로 자가용이 폐지되기도 했다.(같은 책, 404쪽)

72 안태윤, 「정책과 현실 사이의 '불온한' 균열」, 하야카와 노리요 외, 이은주 옮김, 『동
아시아의 국민 국가 형성과 젠더』(소명출판, 2009), 201쪽.

73 김인호, 『식민지 조선 경제의 종말』, 366쪽. '수출입품 등 임시 조치법'(1938. 9)은
338쪽 참조.

74 "일제 말기 감성 정치의 핵심으로 '명랑'이 부상"했던 점은 김숙자, 「'통쾌'에서 '명랑'
까지: 식민지 문화와 감성의 정치학」, 《한민족문화연구》 30(2009. 8. 31), 213쪽. "전
쟁은 정말 그들의 일이었을까?" 하는 김철의 질문도 참조. 김철, 「우울한 형/명랑한
동생: 중일 전쟁기 '신세대 논쟁'의 재독」, 《상허학보》 25집(2009), 168쪽.

75 「국산품 애용 시대」, 《동아일보》(1930. 4. 12).

76 원문을 그대로 옮겨 둔다. "현금과 같이 문화 정도가 고도화하게 되면 부인의 자태를
정돈하는 우에 있어서 불가결의 생활필수품으로까지 되어 왔다." 「상점 매장에서 본
대용품 면면(3)」, 《동아일보》(1938. 12. 1).

77 이경훈, 「긴자(銀座)의 추억: 식민지 문학과 시장」, 《현대문학의연구》 39(2009. 10),
330쪽.

78 일례로 인천 지역의 생활 통제 균열 양상에 대해서는 오미일, 「총동원 체제하 생활 개
선 캠페인과 조선인의 일상」, 《한국독립운동사연구》 39권(2011), 261~264쪽 참조.

79 유선영, 「황색 식민지의 서양 영화 관람과 소비의 정치, 1934~1942」, 공제욱·정근식 엮음, 『식민지의 일상, 지배와 균열』, 485쪽.

80 일본인 상업 자본의 문제와 극장의 조세 수입을 지적하는 대목은 각각 위의 글, 482, 480쪽.

81 이경훈, 「긴자의 추억」, 335쪽.

82 오미일, 「총동원 체제하 생활 개선 캠페인과 조선인의 일상」, 258쪽 참조.

83 Karl Gerth, *China Made*, p. 286. 애국주의적 이상을 얻기에 여성을 무능하다고 비난하는 부분은 같은 책, p. 287.

84 이경훈, 「긴자의 추억」, 335쪽. "미용원에만" 드나든다는 직접 인용은 박태원, 『여인 성장』, 163쪽.

85 Karl Gerth, *China Made*, p. 298.

86 장 보드리야르, 『소비의 사회』, 72쪽.

나오는 말 소비자라는 너와 나의 이름들

1 윤해동, 『식민지 근대의 패러독스』, 89쪽.

2 스튜어트 유엔, 『광고와 대중 소비문화』, 84쪽.

3 질 들뢰즈·펠릭스 가타리, 최명관 옮김, 『앙띠 오이디푸스: 자본주의와 정신 분열증』 (민음사, 1994), 374쪽.

4 조한혜정, 『다시 마을이다』(또하나의문화, 2007), 17쪽.

부록

신문의 광고량, 광고 수익, 발행 부수

일본전보통신사가 발간했던 자료를 참조하면 광고량이 많았던 매체는 단연 《경성일보》다. 《동아일보》와 《조선일보》는 정간과 같은 법적 규제나 회사의 재정 상황에 따라 광고량이 들쭉날쭉한데 1930년대 중반에 들어서면 《조선일보》의 광고량이 《동아일보》를 앞질렀다. 총독부의 한글 기관지 격이었던 《매일신보》는 공공기관의 광고를 독점하다시피 했으므로 꾸준한 광고량을 기록했다. 1930년대 말이 되면 《경성일보》가 광고량이 가장 많았고, 그다음이 《매일신보》, 《조선일보》, 《동아일보》 순이었다.

신문사의 양대 수입원은 신문 판매 대금과 광고다. 오늘날 광고 수입은 매체의 70~80퍼센트에 육박한다. 자료가 남아 있는 《동아일보》를 보면 식민지 시기 한글 민간 신문사의 광고 수익을 짐작할 수 있다. 광고는 동아일보사 총수익의 29~45퍼센트에 이른다. 1926년부터 1930년까지는 30퍼센트 후반대의 수익률이 이어졌다. 광고 수익은 1929년 경제 공황이나 1937년 중일 전쟁의 여파로 감소한 때도 있었지만(1936년 후반부터 1937년 전반기까지는 소위 일장기 말소 사건으로 《동아일보》가 최장 기간 정간을 당했던 때이기도 하다.) 대체로 증가 추세를 보였다. 44~45퍼센트 대의 가장 높았던 광고 수익은 모두 1930년대 중후반에 나왔다.

광고 수익을 구독료와 대비한 통계도 있는데, 1939년에 조선일보사와 동아일보사의 광고료를 각각 구독료 대비 70퍼센트 이상, 90퍼센트 이상으로 추산하기도 했다.(조선일보사 사료연구실, 『조선일보사 사람들』,

신문의 광고량(광고 총행수)

	동아일보	조선일보	매일신보	경성일보
1926	726,860	781,595	745,353	2,315,661
1927	946,810	795,256	763,125	2,469,092
1928	980,006	584,346	840,722	2,710,901
1929	1,068,490	833,670	857,334	2,814,558
1930	673,935	1,069,590	1,103,891	2,919,149
1931	881,668	990,056	1,270,321	3,001,643
1932	1,043,074	591,899	1,311,330	3,016,354
1933	1,271,100	635,847	1,251,508	3,149,170
1934	1,700,479	1,452,320	1,293,617	3,371,576
1935	2,042,024	2,238,577	1,455,328	3,592,334
1936	1,690,432	2,654,895	1,799,948	4,042,063
1937	772,476	3,158,181	2,476,005	4,525,888
1938	2,191,111	3,463,829	2,305,882	4,437,487
1939	2,399,694	3,443,805	2,260,057	4,851,773
1940	1,416,704	1,979,076	2,603,421	4,505,557

日本電報通信社, 『新聞總攬』(1910~1942)(東京: 大空社, 1993~1995), 각 연도 판(1927~1941) 참고. 1925년판, 1927년판에 각각 《동아일보》와 《조선일보》의 자료가 처음 실렸다.

356쪽) 《매일신보》의 광고 수익(1938~1944)은 정진석의 『언론 조선 총독
부』(405쪽)에서 참고할 수 있다. 참고로 1920년 《동아일보》와 《조선일보》
가 등장하기 이전의 신문들을 보면 《독립신문》(1896~1899)이 1897년에
올린 광고 수입은 총수입의 10퍼센트 정도였고 구독료 수입이 60퍼센트
를 넘었다.(채백, 『독립신문 연구』, 306~314쪽) 《황성신문》(1898~1910)의
광고 수입은 전체 수입에서 차지하는 비율이 22퍼센트 정도였다.(안종묵,
「한말 황성신문의 광고에 관한 연구」, 94쪽)

동아일보사의 수익 구성

연도	신문광고 수익		신문 판매 수익		기타 수익	합계
	금액(원)	비율(%)	금액	비율	비율	금액
1922	84,335.77	32	172,559.46	65	3	264,546.82
1923	107,126.65	36	184,721.45	62	2	296,261.41
1924	83,438.44	32	172,978.85	65	3	263,996.90
1925	102,441.51	34	192,019.03	64	2	300,445.07
1926	98,981.99	31	215,900.78	67	2	321,777.01
1927	143,269.65	38	225,159.24	61	1	370,593.97
1928	139,251.91	37	226,315.80	59	4	380,762.05
1929	153,948.62	39	237,155.56	59	2	399,901.71
1930	107,476.00	40	150,096.49	56	4	267,145.86
1931	127,263.87	32	261,211.48	67	1	392,093.06
1932	146,617.56	32	301,164.64	67	1	453,789.00
1933	200,865.77	37	337,012.42	61	2	551,069.10
1934	246,539.95	44	303,380.64	54	2	560,032.58
1935	264,644.99	44	326,529.65	54	2	600,777.33
1936	277,715.46	45	324,967.62	53	2	615,708.57
1937	73,948.73	29	151,049.79	59	12	255,219.78
1938	279,514.76	45	326,473.15	53	2	621,414.85

『동아일보사사(1): 1920~1945』(동아일보사, 1975), 409쪽 참고.

신문의 발행 부수

			1929년		1939년
동아일보	국내	30,772	37,802	45,821	55,977
	해외	7,030		10,156	
조선일보	국내	21,477	23,486	51,799	59,394
	해외	2,009		7,595	
조선중앙일보	국내	13,995	14,267	1937년 폐간	
	해외	272		(1936년 32,782)	
매일신보	국내	22,286	23,033	93,276	95,939
	해외	747		2,663	
경성일보	국내(일본인)	23,315	26,352	39,093	61,976
	국내(한국인)	2086		15,795	
	해외	951		7,088	

정진석, 『한국 언론사』(나남, 1990), 553, 556쪽 참고.

직업별 인구 분포

직업별로 인구를 살피면 남녀 차이가 크다. 식민지 시기 말기에 농수
산업에 종사하는 남성은 70퍼센트대로 떨어진 반면, 여성은 식민지 시기
내내 90퍼센트대를 유지했다.(1942년에는 89.1퍼센트)

	농수산업 (%)		상업 교통업 (%)		공업 (%)		공무 자유업 (%)		기타 (%)		총 취업 인구(명)	
	남	여	남	여	남	여	남	여	남	여	남	여
1922	88.9	92.8	5.1	3.6	1.8	1.1	1.7	0.6	2.2	1.9	4,783,215	3,364,382
1932	83.8	90.6	4.6	3.5	1.8	0.7	2.5	0.8	7.0	4.4	5,208,627	3,312,275
1942	74.4	89.1	7.6	3.8	4.6	1.4	3.7	1.1	9.5	4.6	5,575,246	3,809,491

※ 공무 자유업: 교육과 언론, 예술, 종교, 의료 종사자.
김경일, 『여성의 근대, 근대의 여성』(푸른역사, 2004), 342~347쪽 재구성.

1930년대 도시 직업인들의 생활상*

1 상층과 중간층

1퍼센트도 안 되는 상층에 속했던 직업인들은 변호사, 의사, 은행원을 비롯해서 고급 관료, 사업가, 지주와 극소수의 봉급생활자들이었다. 상층에 이은 '중간층'이 존재했지만 이들의 삶은 안정적이지 않았다. 일부 기술직과 공직(전차 차장, 파출소 순사, 우편배달부)은 중하층으로 분류해 함께 표를 만들어 보았다. 표에 기재된 직업인들은 대개 남성들이고, 여성인 경우에 따로 표기했다.

	직업	임금 (월급/일급/시급)	노동 시간	지출
상 층 ②	변호사	일정하지 않음	일정하지 않음	한 달 200원가량.
	의사 (개원의 아님)	월 75원 (개원하면 수입이 훨씬 많다.)	오전 9시~오후 4시	
	은행원	월 70원 (60원 월급＋ 연 2회 보너스)	8~9시간 근무	한 달 반찬 값 15원, 쌀값 14원, 나무 값 10원(겨울)/2~3원(여름), 술값 10원, 집세 15원, 의료비 5원, 아이들 학비 2원, 옷감 값 α.

＊ 이 부분에 실린 표들을 작성하는 데 바탕이 된 자료는 다음과 같으며, 표에는 번호로만 표시해 두었다.

① 이성환, 「부인과 직업 전선」, 《신여성》(1932. 3), 13~19쪽.

② 「도시의 생활 전선」, 《제일선(第一線)》(1932. 7), 88~91쪽.

③ 「제1선상의 신여성: 직업여성의 생활상 모음」, 《신여성》(1933. 12), 56~64쪽.

④ 「가두의 직업인과 일문일답」, 《조광》 창간호(1935. 11), 116~127쪽.

⑤ 「직업여성 순례 방문기」, 《사해공론》(1937. 7), 55~59쪽.

중간층②	신문 기자	월 50원	오전 10시~오후 4시	한 달 적자 10여 원(하숙비 20원, 양복비 등속 월부 15원, 술값 15원, 담배값 6원, 양말 값 1원, 기타 10원).
	신문 기자 (여성)/ '부인 기자', '여자 기자'	월 60원	평균 7시간	한 달 35원가량.
		월 30원~50원③	"바쁜 때는 무척 바쁘고 한가한 때는 무척 한가"	
		※ 자격: 중등학교 이상 전문학교 출신, 회화와 글쓰기에 능한 사람. ※ 지금은 "부인 기자 몰락 시대"로 "부인 기자가 있던 자리에 모두 다른 남자 기자가 차지".		
	교원(여성)	월 45원	오전 8시~오후 4시	한 달 25원(남는 돈과 상여금은 저금).
	목사	월 40~50원	일정하지 않음 (예배날 일하고 그 밖에 교회의 자잘한 일을 한다.)	식구가 많아 늘 빚을 진다.
중하층②	파출소 순사	월 36원	이틀에 24시간 근무	다섯 식구의 유일한 수입원이라 생활이 어렵다.
	우편배달부/ 체전부④	※ "두 발로 걷기만 해서 서울의 구석구석을 찾는 고통."		
	전차 차장	시급 13전 (회사에서 1원씩 저금하도록 한다.)	평균 10시간	생활이 어렵다. (연말에 상여금이 나오는데 그 때문에 빚에 더 쪼들린다.)
	운전수/ '운전기사'	월 38원	평균 11시간	한 달 12원가량 부족.
		월 50원④ (사고가 나면 자신이 배상해야 한다)	일정하지 않음 ("무시"(無時))	"생활이 안정되지 않고 노동 시간은 과해서 죽을 지경."

2 넓게 포진했던 도시 하층민들

(1) 공장 노동자와 일용직 노동자

공장 노동자는 소년, 소녀와 부인, 성인 남성별로 작업 내용이나 임금이 구분되어 있었다. 일용직 노동자들은 '날품팔이', '자유노동자'로 불렸는데, 대도시의 직업인들 중에 가장 많은 직업 인구 중 하나였다.

	직업	임금(일급)	노동 시간	지출
남성	인쇄공② (소년)	25전	오전 7시~오후 5시 (점심시간 30분: 12시~12시 반)	
	연초 공장 직공 (12세~30세)①	20전(소년)~35전에서 60전 ※ 성인의 경우 월 수입 9원~17원	오전 8시~오후 6시 (12월~3월), 오전 7시~ 오후 5시(4월~11월) (식사 및 휴식 시간 1시간)	
	※ 위험한 작업 환경: "까딱 잘못하면 기계에 손발을 끊기거나", 더 큰 사고도 "종종" 일어난다.			
	일용직 노동자 /'자유노동자' (짐 하역부)②	벌이가 있을 때도 있고, 없을 때도 있다.	일거리 따라 하루 종일 할 때도 있고, 밤에 할 때도 있다.	"하루 살아가자면 그저 50전만 벌면 족합니다." 그렇지만, 요즘은 일거리가 없다.
여성	제사(製絲) 직공 (12~19세)①	초임 20~30전 (극소수의 숙련공은 1원 이상)	오전 6시 30분~오후 7시 (식사 및 휴식 시간 1시간)	
	※ 주로 12~13세 소녀들로 평균 근무 기간은 4~5년에서 6~7년. 보통 20세 이전에 관두고 결혼한다. ※ 전원 기숙사 생활. ※ 서울의 '동방' 공장과 '조선' 공장에 5000여 명이 있고, 기타 공장에도 수천 명이 있다.			
	고무 공장 정미소·제사 직공①	15~50전 (평균 20전가량)	오전 6시~ 오후 6시 (12시간 이상 근무)	가계의 유일한 수입원인 경우도 흔하다.("대개는 오막살이집에 늙고 병든 부모를 모시고 어린 동생들이 보채고 기다"리는 형편.)
	※ '서울 대륙고무 공장'에만 수백 명의 부인들이 근무. 서울 시내에 있는 정미소 30여 곳에도 근무. ※ 고무 공장·정미소·제사 직공을 포함한 전 조선의 "수만 명" "부인 노동 계급"이 비슷한 근무·생활 환경 속에 있다.			

(2) 배달부와 노점상

도시의 많은 노점상과 행상은 일용노동자와 함께 '하루 벌어 하루 사는' 생활을 이어 갔다. 표 속의 노점상들은 모두 서울의 노점상들이고, 편의상 솜틀집 노동자도 함께 실었다.

	직업	임금	노동 시간	지출
배달부 (서울) ②,④	음식 배달부④	한 그릇에 1전 (그릇판을 떨어뜨리면 자신이 물어내야 한다.)		"생활에 곤란해서 견딜 수가 없"다.
	※ 자전거를 타고 배달을 다니니 여름과 겨울이 괴롭다.			
	냉면 배달부②	월 평균 24~25원	오전 10시 ~ 오후 12시	주인집에서 숙식 해결
노점상 행상 (서울) ②	배추 장사		온종일 목 터지게 소리치고 돌아다녀도 다 팔까 말까 한다.	"쓰기는 그저 버는 대로."
	※ 왕십리에서 배추 한 짐을 사서 사대문 안에 들어와 판다.			
	아이스크림 장사		아침 일찍부터 온종일 아이스크림 통 들쳐 메고 목 터지게 외고 다닌다.	여름 벌어 여름 동안 먹고살고, 잘되면 가을 옷을 살 수 있다.
	신기료 장수 (옷과 신발 수선)	하루 50~60전 벌기 어렵다.	온종일 돌아다닌다.	"생기는 대로 다 먹지요."
	떡 장수	50전 (하루 2원어치 팔 때) ※ 10전에 인절미 11개	새벽 2시에 떡 만드는 데 일을 해 줘야 한다, 하루 종일 돌아다닌다.	떡집에서 숙식 해결
	※ 호떡과 모단빵에 밀려 인절미가 잘 안 팔린다.			
	두부 장사	"하루에 잘 생겨야 30~40전"		
솜 트는 영감②		하루 70~80전 벌기 어렵다.	아침 일찍부터 저녁까지	"그저 하루 벌이, 하루 살지요."

(3) 많은 여성 직업인들

여성 직업인들 중에는 도시의 하층민에 포함된 이들이 많았다. 일례로 점원/판매원은 일정한 교육이 요구되었던 신종 직업이었지만 대우는 형편없었다. 여성 직업인들 가운데는 미혼 여성들이 많았고 가계 수입을 책임지는 이들도 흔했다. 하지만 여성 직업인들이라고 해서 곧바로 하층민은 아니었는데, 가장이 아니라면 비교적 여유 있게 생활하면서 문화 소비 계층을 형성하기도 했다.(예를 들어 타이피스트의 경우)

학교 교육이 필요한 경우

	학력	임금	노동 시간	지출
		월 25, 26원 ①	평균 8~12시간 근무 (45분~1시간마다 교대)	
전화 교환수/ '교환수양'/ '할로걸 (hello girl) ①,③	※ 서울 중앙 전화국(광화문, 용산 분국)에만 400여 명이 있고 그 외 관청과 회사, 은행, 신문사처럼 "구내전화가 있는 곳마다 수 명씩" 있다.			
		월 40원 ※ 1년에 2차례 보너스③	직원들 출근하기 1시간 전에 출근~5시까지 근무(2시간 일하고 1시간 휴식) ※ 이틀에 한 번은 저녁 7시에 퇴근, 일요일에는 교대로 출근	ー 부모님의 수입이 있음. ー 고등보통학교에 다니는 동생 뒷바라지(월사금 포함 약 20원), 전차표와 점심 값, 화장품, 의복 값을 합쳐 7~8원, 때때로 영화 보고 동무들과 식당에 놀러가서 더 쓰기도 한다. ※ 동생이 학교를 졸업하면 가정주부가 될 것이다.
	※ "목소리의 응접"을 담당하는 "정교한 기계"로 비유된다. ※ 취직난이 심해 40원씩 월급을 받는 직업이나 직업 같은 직업은 구하기 어렵다.			

	학력	임금	노동 시간	지출
타이피스트 ③		월 30원	오전 8시 30분, 9시~오후 5시 ※ 비교적 "한가한 직업"("마치 치레 삼아 있는 모양") ※ 여름휴가와 겨울휴가가 1주일씩 있음	― 부양 의무가 없어 모두 용돈("포케트 머니")으로 씀. ― 전차표 3원, 책과 잡지 3원, 화장품 1원 50전, 점심 값 3원(보통은 도시락), 양복과 코트("오-바")는 보너스로 사고 그 외 옷감, 파라솔, 핸드백, 목도리는 용돈을 줄여서 구입. 그 밖에 신발 수선, 머리하는 비용, 극장 구경, 음악회 나들이, 편지지와 그림엽서 구입.
	※ 화장품은 비교적 "고급품"을 선택해서 오래 쓰려 한다. "양말은 인조견 양말을 딱 감고 신습니다. 그래도 가끔 때로는 실크를 사기도 합니다."			
간호사 ('간호부') ①	보통학교 졸업 후 간호부 양성소에서 1~2년간 전문 기술을 습득	월 25~62원	평균 8시간 이상 근무	
	※ 대부분 미혼이며 기숙사 생활. ※ "병자의 하인 노릇"을 하며 "놀림거리"로 취급받을 때가 많다. ※ 경성대학부속병원 150여 명, 세브란스병원 80여 명, 의학전문부속병원 40여 명, 기타 사설 병원과 전국 각지의 병원에 근무.			
'버스 걸' ③	보통학교 졸업 5~18세 사이)	시급 7전 (6전 8리~9전) ※ 월 23원 가량	오전 6시 30분 시작, 평균 10~12시간 근무 (손님이 많을 때는 14시간까지 근무)	
	※ 2교대 근무: '하야방(早番)'은 아침 일찍부터 저녁 일찍까지, '오소방(遲番)'은 아침 늦게부터 저녁 늦게까지 근무.			

	학력	임금	노동 시간	지출
(전차) '여차장' ⑤	(공립) 보통학교 졸업	시급 6전 (초임) ※ 월 20원 가량(1년 경력자의 경우)	평균 10시간 근무 ※ 휴식 시간은 정해져 있지 않음	─ 가계의 유일한 수입원. (모친과 어린 동생을 부양) ─ 월세(서울 신당의 움집 방 한 칸) 2원 50전. ─ 의복은 회사에서 지급하지만 화장을 조금만 덜해도 회사에서 야단이다.
	※ 급료는 3개월에 시간당 5리 씩 인상 ※ 월세 내고 사는 움집은 빈한하다.("집이 남부끄러워 말씀 못해요.")			
'엘리 베이터 걸' ③	중학교 ('여학교') 졸업	일급 70전 ※ 월 20원 가량	오전 8시~ 오후 5시, 때로는 오후 10시까지 (1시간씩 교대라 무리스럽지 않다) ※ 정기 휴일은 한달에 한 번	─ 의복과 신발이 제공됨. ─ 전차 값 2원, 그 외 3,4원, 나머지는 모두 어머니에게 드린다.
	※ 30대 1의 경쟁률을 뚫고 선발됐다.(300명 지원자 중에 10명 선발)			
점원 ②		월 21원 (하루 평균 70전꼴)	10시간 이상 근무	근무 공간에 어울리도록 "남의 눈에 추하게 보이지 아니하게" 옷을 차려입자면 월급을 다 써도 모자랄 지경이다.
백화점 점원 ('백화점 숍걸') ③,④	중학교('여자고등보통학교') 졸업생 다수④	일급 50~60전	"저녁때면 다리가 휘고 뼈가 녹는 것" 같다. ※ 정기 휴일은 한 달에 한 번	"벤또" 2개로 점심과 저녁 해결. ※ "3년만 되면 몸이 약해서 일 보기가 어렵"다.
	보통학교부터 중학교 졸업('고등과 출신')까지③	일급 60전 (중학교 졸업생의 경우, 월 20원 가량)	오전 8시 30분~오후 10시	집에 재산은 조금 있어, 결혼 비용을 저축하고자 했지만 여의치 않다.
	※ "백화점의 꽃"이라 불린다. ※ 물건 값을 잘 기억해야 한다.(정가도 있지만 그렇지 않은 것도 있다.)			

학교 교육이 필요하지 않은 경우

	직업	임금	노동 시간	지출
가내 서비스 ②	보모 ('오모니')	월 6원	아이가 일어날 때 부터 잘 때까지	주인집에서 숙식 해결.
연예 ②	'여배우'	극단에서 주는 전차 삯만 받고 다닌다. ※ "조선서 배우가 수입이 있어요?"라고 반문.	"일이야 저녁마다 하지요."	
유흥 서비스 ②	기생	시급 90전	일정하지 않음	※ 조합에 빚이 500~600원, 전당표도 많다.
	카페 여급	하루 1원 미만~ 5,6원	오후 2시~ 새벽 2시	옷값이 많이 들어 빚만 진다.
		평균 하루 2원④ (※ 손님 팁만으로 생활)		─ 카페에서 숙식 제공. ─ 손님을 끌려면 "옷을 화려하 게" 입고 "모양 나는 구두"도 신 어야 하고 "화장품이니 무에니 무에니 다 제하고 나면 남는 게 얼마 안" 된다.
		※ "소란한 재즈가 우는 카페"에서 "술 취해 덤비는 사내들에게" "써-비스"하 는 일을 한다.		

참고 문헌

일차 자료

1 신문

《경성일보》,《대한매일신보》,《독립신문》,《동아일보》,《매일신보》,《제국신문》,《조선중앙일보》,《조선일보》,《한성순보》,《한성주보》,《황성신문》.

2 잡지

《개벽》,《동광》,《모던일본》,《별건곤》,《사해공론》,《삼천리》,《신가정》,《신동아》,《신여성》,《실생활》,《여성》,《제일선》,《조광》,《조선물산장려회보》,《학지광》,《혜성》,《황민》.

3 단행본

• 광고 및 사진·엽서 자료집

부산박물관,『사진엽서로 보는 근대 풍경(1~8)』(민속원, 2009).

한국광고단체연합회,『한국 광고 100년(상)』(사단법인 한국광고단체연합회, 1996)(비매품).

大伏 肇,『資料が語る 近代日本広告史』(日本: 東京堂出版, 1990).

町田 忍,『戦時広告図鑑: 慰問袋の中身はナニ?』(日本: WAVE出版, 1997).

林升栋,『中国近现代经典广告创意评析: 《申报》七十七年』(中國: 南京东南大学出版社, 2005).

• 잡지 및 잡지 기사 자료집

모던일본사, 윤소영·홍선영·김희정·박미경 옮김,『일본 잡지 모던일본과 조선 1939: 완역 《모던일본》조선판 1939년』(어문학사, 2007).

_____, 홍선영·박미경·채영님·윤소영 옮김,『일본 잡지 모던일본과 조선 1940: 완역《모던 일본》조선판 1940년』(어문학사, 2009).

이화형·허동현·유진월·맹문재·윤선자·이정희,『한국 근대 여성의 일상 문화(1~8)』(국학 자료원, 2004).

• 조선 총독부, 일본전보통신사가 발간한 자료집

朝鮮總督府,『朝鮮總督府 統計年報(1908~1942)』(오성사, 1982~1987).

日本電報通信社,『新聞總攬(1910~1942)』(東京: 大空社, 1991~1995)(영인본, 연세대학교 소장본).

• 1920~1930년대 문학 자료

『원본 신문 연재소설 전집: 1930年代~1940年代』(깊은샘, 1987).

김기림,『김기림 전집(1)』(심설당, 1988).

_____,『김기림 전집(5)』(심설당, 1988).

김남천, 정호웅·손정수 엮음,『김남천 전집 Ⅱ』(박이정, 2000).

_____, 채호석 엮음,『맥』(문학과 지성사, 2006).

김남천·유진오, 윤대석 엮음,『김남천·유진오 단편선: 김 강사와 T 교수』(현대문학, 2011).

김사량, 오근영 옮김,『김사량 작품집: 빛 속으로』(소담출판사, 2001).

나혜석, 오형엽 엮음,『나혜석 단편집』(지식을만드는지식, 2011).

박계주, 곽승미 엮음,『순애보』(지식을만드는지식, 2010).

박태원, 최혜실 엮음,『소설가 구보 씨의 일일』(문학과지성사, 1998).

_____, 장수익 엮음,『천변 풍경』(문학과지성사, 2005).

_____,『여인 성장』(깊은샘, 1989).

백석, 김재용 엮음,『백석 전집』(실천문학사, 1997).

이광수,『이광수 전집(2): 재생, 혁명가의 아내, 삼봉이네 집』(삼중당, 1963).

_____,『이광수 전집(7): 그 여자의 일생, 사랑의 다각형』(삼중당, 1963).

_____,『이광수 전집(10): 자녀 중심론 외』(삼중당, 1971).

이상, 김주현 주해,『이상 문학 전집(3): 수필 기타』(소명출판, 2005).

이태준,『딸 삼형제』(깊은샘, 2001).

_____,『해방 전후 외』(동아출판사, 1995).

정지용, 이숭원 엮음,『원본 정지용 시집』(깊은샘, 2003).

_____, 김학동 엮음,『정지용 전집(2): 산문』(민음사, 1988).

채만식, 방민호 엮음,『채만식 중·단편 대표 소설 선집』(다빈치, 2000).

최명익, 신형기 엮음,『비 오는 길』(문학과지성사, 2004).

현진건, 김종년 엮음,『현진건 단편 전집』(가람기획, 2006).

4 사전 및 온라인 자료

유교 대사전 편찬위원회 엮음,『유교 대사전 1~3(천, 지, 인)』(성균관, 2007(개정증보판)).

이경석 엮음,『동아시아 언론 매체 사전: 1815~1945』(논형, 2010).

이경훈,『한국 근대 문학 풍속사 사전: 1905~1919』(태학사, 2006).

황호덕·이상현 엮음,『한국어의 근대와 이중어 사전(1~11)』(박문사, 2012).

국가통계포털, www.kosis.kr.

국립중앙도서관, www.nl.go.kr.

네이버 뉴스 라이브러리, newslibrary.naver.com.

동국대학교 한국음반아카이브연구소, sparchive.dgu.edu.

한국언론진흥재단, www.kinds.or.kr.

한국사데이터베이스, www.db.history.go.kr.

한국역사정보통합시스템, www.koreanhistory.or.kr.

e-나라지표, www.index.go.kr.

이차 자료

1 한국에서 발간된 자료

강내희, 「영어 교육과 영어의 사회적 위상」, 공제욱·정근식 엮음, 『식민지의 일상, 지배와 균
　　　열』(문화과학사, 2006), 401~432쪽.

강만길 엮음, 『한국 자본주의의 역사』(역사비평사, 2000).

강상중, 이경덕·임성모 옮김, 『오리엔탈리즘을 넘어서』(이산, 1997).

강이수, 「일제하 근대 여성 서비스직의 유형과 실태」, 《페미니즘연구》5호(2005), 89~131쪽.

강이수, 「일제하 여성의 근대 경험과 여성성 형성의 '차이'」, 《사회과학연구》13권 2호(2005),
　　　96~130쪽.

강준만, 「광고 대행사가 지배하는 대중문화」, 《말》82호(1993. 4), 170~175쪽.

＿＿＿, 『대중 매체 이론과 사상』(개마고원, 2009).

＿＿＿, 『입시 전쟁 잔혹사』(인물과사상사, 2009).

＿＿＿, 『매매춘, 한국을 벗기다』(인물과사상사, 2012).

고려대학교 민족문화연구원 한국사연구소, 『'위안부' 관련 이해를 위한 기초 입문』(여성부,
　　　2002).

고미숙, 「《독립신문》에 나타난 '위생' 담론의 배치」, 이화여대 한국문화연구원, 『근대 계몽기
　　　지식 개념의 수용과 그 변용』(소명출판, 2004), 305~329쪽.

＿＿＿, 『나비와 전사』(휴머니스트, 2006).

고병철, 「일제 시대 건강 담론과 약의 구원론: 매일신보 약 광고 분석을 중심으로」, 《종교연
　　　구》30(2003), 285~310쪽.

공임순, 『식민지의 적자들』(푸른역사, 2005).

공제욱·정근식 엮음, 『식민지의 일상, 지배와 균열』(문화과학사, 2006).

국사편찬위원회 엮음, 『광고, 시대를 읽다』(두산동아, 2007).

＿＿＿, 『장시에서 마트까지 근현대 시장 경제의 변천』(두산동아, 2007).

＿＿＿, 『여행과 관광으로 본 근대』(두산동아, 2008).

권명아, 「수난사 이야기로 다시 만들어진 민족 이야기」, 김철·신형기 외, 『문학 속의 파시즘』
　　　(삼인, 2001), 235~279쪽.

＿＿＿, 「여성 수난사 이야기와 파시즘의 젠더 정치학」, 김철·신형기 외, 『문학 속의 파시즘』

(삼인, 2001), 280~313쪽.

_____, 『역사적 파시즘: 제국의 판타지와 젠더 정치』(책세상, 2005).

권보드래, 「공화(共和)의 수사학과 일부일처제」, 《문화과학》 24호(2000. 겨울), 221~232쪽.

_____, 『한국 근대 소설의 기원』(소명출판, 2000).

_____, 『연애의 시대: 1920년대 초반의 문화와 유행』(현실문화연구, 2003).

_____, 「1910년대의 새로운 주체와 문화: 《매일신보》가 만든, 《매일신보》에 나타난 대중」, 《민족문학사연구》 36호(2008), 147~169쪽.

_____, 「仁丹: 동아시아의 상징 제국」, 《사회와 역사》 81집(2009), 95~127쪽.

권오신, 「서평: 김호연, 『우생학, 유전자 정치의 역사: 영국, 미국, 독일을 중심으로』(아침이슬, 2009)」, 《미국사연구》 30권(2009), 197~204쪽.

권창규, 「1930년대 정조(貞操) 서사의 판타지: 『삼봉이네 집』과 『순정해협』, 『순애보』를 중심으로」, 《여성문학연구》 21호(2009), 205~239쪽.

_____, 「근대 한국에서 전개된 '덴츠'의 정보 제국주의와 광고 제국주의」, 《대동문화연구》 72집(2010), 235~261쪽.

_____, 「근대 문화 자본의 태동과 소비 주체의 형성」(연세대학교 박사 논문, 2011).

길인성, 「일제하 계층 구성과 소득 분배에 관한 소고」, 《서강경제논집》 29권 2호(2000), 255~278쪽.

김경일, 『여성의 근대, 근대의 여성』(푸른역사, 2004).

김남석 외, 『한국 언론 산업의 역사와 구조』(연암사, 2000).

김대환, 「사이토 총독의 문화정치와 경성일보」, 《경주대학교 논문집》 17집(2004), 203~227쪽.

김동운, 『박승직 상점, 1882~1951년』(혜안, 2001).

김동식, 「풍속·문학·문학사」, 《민족문학사연구》 19집(2001), 71~104쪽.

김미선, 「근대적인 '직업여성'의 여성 정체성과 직업의식의 형성 과정에 관한 연구」, 《여성과 역사》 10권(2009), 141~186쪽.

김미영, 「일제하 《조선일보》의 성병 관련 담론 연구」, 《정신문화연구》 29권 2호(2006. 여름), 389~417쪽.

김백영, 「식민지 시기 한국 도시사 연구의 흐름과 전망」, 《역사와 현실》 81호(2011), 395~411쪽.

김병도·주영혁, 『한국 백화점 역사』(서울대학교출판부, 2006).

김병희·신인섭, 「일본 광고회사 덴츠가 한국 광고 산업의 형성에 미친 영향」, 《광고학 연구》 20권 5호(2009), 111~129쪽.

김선영, 「신문 사진의 등장과 한국 근대 대중의 출현: 1910년대 《매일신보》 군중 사진을 중심으로」(한국예술종합학교 미술원 석사 논문, 2010).

김성연, 『영웅에서 위인으로』(소명출판, 2013).

김성일, 「대중의 탈근대적 변환과 참여적 군중에 관한 연구」(고려대학교 박사 논문, 2010).

김수진, 『신여성, 근대의 과잉』(소명출판, 2009).

김영미·이현숙·김순자·이정숙·권복규, 『전염병의 문화사: 고려 시대를 보는 또 하나의 시선』(혜안, 2010).

김영연·오창섭, 「조미료 광고를 통해 본 미각의 근대화 과정」, 《디자인학 연구》 21권 4호 (2008), 203~214쪽.

김영희, 「일제 지배 시기 한국인의 신문 접촉 경향」, 《한국언론학보》 46권 1호(2001.1), 39~71쪽.

_____, 「조선 박람회와 식민지 근대」, 정용화·김영희 외, 『일제하 서구 문화의 수용과 근대성』(혜안, 2008), 81~125쪽.

김예란, 『경성 뉴스와 연성 뉴스, 그 효용의 실제』(미디어연구소, 2003).

김예림, 「전시기 오락 정책과 '문화'로서의 우생학」, 정용화·김영희 외, 『일제하 서구 문화의 수용과 근대성』(혜안, 2008), 217~247쪽.

_____, 「전쟁 스펙터클과 전장 실감의 동력학: 중일 전쟁기 제국의 대륙 통치와 생명 정치 혹은 조선·조선인의 배치」, 《동방학지》 147권(2009), 165~205쪽.

김우봉, 「근대 한일 수신 교과서에 제시된 "모범 인물" 비교 연구: 니노미야 손토쿠(二宮尊德)를 중심으로」, 《일본어교육》 43권(2008), 185~206쪽.

김윤식, 『염상섭 연구』(서울대학교출판부, 1986).

김은용, 「대한제국 시대 신문 광고에 대한 일고찰」(한국외국어대학교 석사 논문, 1989).

김을한, 『한국 신문 사화(史話)』(탐구당, 1975).

김응화, 「근대 상품 광고로 본 신여성의 이미지」(동국대학교 박사 논문, 2010).

김인숙, 「'아시아' 소설에 나타난 내셔널리즘의 논리」(연세대학교 박사 논문, 2012).

김인호, 『식민지 조선 경제의 종말』(신서원, 2000).

김주리, 「식민지 시대 소설 속 해수욕장의 공간 표상」, 《인문연구》 58호(2010), 157~188쪽.

김진균·정근식 편저, 『근대 주체와 식민지 규율 권력』(문화과학사, 1997).

김진송, 『서울에 딴스홀을 허하라』(현실문화연구, 1999).

김철, 『'국민'이라는 노예: 한국 문학의 기억과 망각』(삼인, 2005).

_____, 『복화술사들: 소설로 읽는 식민지 조선』(문학과지성사, 2008).

_____, 『식민지를 안고서』(역락, 2009).

_____, 「우울한 형/명랑한 동생: 중일 전쟁기 '신세대 논쟁'의 재독」, 《상허학보》25집(2009), 153~191쪽.

김태수, 『꽃가치 피어 매혹케 하라: 신문 광고로 본 근대의 풍경』(황소자리, 2005).

김한식, 「잡지의 서적 광고와 내면화된 근대: 《청춘》과 《개벽》을 중심으로」, 《상허학보》16집 (2006), 119~152쪽.

김호기·김영범·김정훈 편저, 『포스트포드주의와 신보수주의의 미래』(한울아카데미, 1995).

김흥순, 「인구 지표를 통해 본 우리나라의 도시화 성격: 일제 강점기와 그 전후(前後) 시기의 비교」, 《한국지역개발학회지》23권 2호(2011. 6), 19~46쪽.

김희숙, 『화장 문화사: 화장 문화와 화장 기법』(청구문화사, 2000).

노영택, 「일제 시기의 문맹률 추이」, 《국사관논총》51집(1994), 109~159쪽.

다카오카 히로유키, 「전쟁과 건강」, 《당대비평》27권(2004), 332~353쪽.

대한언론인회, 『한국 언론 인물 사화(1): 8·15 전편(前篇)(상)』(대한언론인회, 1992).

동아일보사, 『동아일보사사(1): 1920~1945』(동아일보사, 1975).

마정미, 『광고로 읽는 한국 사회 문화사』(개마고원, 2004).

마정미·신인섭·서범석·김대환·신기혁, 『광고라 하는 것은: 1876~2008년 신문 광고와 사회 변화』(커뮤니케이션북스, 2009).

목수현, 「욕망으로서의 근대: 1910~1930년대 한국 신문 광고의 신체 이미지」, 《아시아문화》26호(2010), 5~27쪽.

문경연, 「식민지 근대와 "취미" 개념의 형성」, 《개념과소통》7권(2011), 35~71쪽.

박노자, 『씩씩한 남자 만들기』(푸른역사, 2009).

박상만, 『한국 교육사(중)』(대한교육연합회, 1957).

박섭, 『식민지의 경제 변동: 한국과 인도』(문학과지성사, 2001).

박숙자, 「'통쾌'에서 '명랑'까지: 식민지 문화와 감성의 정치학」, 《한민족문화연구》30집 (2009. 8), 213~238쪽.

_____, 『속물 교양의 탄생』(푸른역사, 2012).

박영준·김정우·안병섭·송민규, 『광고 언어론』(커뮤니케이션북스, 2006).

박영원, 『광고 디자인 기호학』(범우사, 2003).

박완서, 『그 많던 싱아는 누가 다 먹었을까』(웅진지식하우스, 2005(2판)).

박용규, 「일제하 언론의 자본과 경영」, 김남석 외, 『한국 언론 산업의 역사와 구조』(연암사, 2000), 45~102쪽.

박유하, 『제국의 위안부』(뿌리와이파리, 2013).

박윤재, 『한국 근대 의학의 기원』(혜안, 2005).

박은경, 『일제하 조선인 관료 연구』(학민사, 1999).

박이택, 「조선 총독부의 인사 관리 제도」, 《정신문화연구》 29권 2호(2006), 287~318쪽.

박정애, 「일제의 공창제 시행과 사창 관리 연구」(숙명여자대학교 박사 논문, 2007).

박지영, 「1920년대 '책 광고'를 통해서 본 베스트셀러의 운명」, 《대동문화연구》 53집(2006), 121~165쪽.

박지향·김철·김일영·이영훈 엮음, 『해방 전후사의 재인식(1)』(책세상, 2006).

박진빈, 「끝나지 않은 이야기: 미국의 우생학 연구」, 《서양사론》 90권(2006), 183~202쪽.

박형우·박윤재, 『사람을 구하는 집, 제중원』(사이언스북스, 2010).

박혜진, 「개화기 신문 광고 시각 이미지 연구」(이화여자대학교 석사 논문, 2009).

방기중, 『근대 한국의 민족주의 경제사상』(연세대학교출판부, 2010).

_____, 『식민지 파시즘론』(연세대학교출판부, 2010).

백미숙, 「라디오의 사회 문화사」, 유선영 외, 『한국의 미디어 사회 문화사』(한국언론재단, 2007), 305~380쪽.

백철, 『신문학 사조사』(신구문화사, 1968).

서동진, 『자유의 의지 자기 계발의 의지』(돌베개, 2009).

서범석·원용진·강태완·마정미, 「근대 인쇄 광고를 통해 본 근대적 주체 형성에 관한 연구: 개화기~1930년대까지 몸을 구성하는 상품 광고를 중심으로」, 《광고학연구》 15권 1호(2004. 봄), 227~266쪽.

서범석·원용진·정과리·강태완·마정미·김동식·이병주, 『근대적 육체와 일상의 발견』(경희 대출판부, 2006).

서울신문사 100년사 편찬위원회 엮음, 『서울신문사 100년: 1904~2004』(서울신문사,

2004).

서은아, 「일제 시대 광고 언어의 특징 연구」, 《한말연구》 19호(2006. 12), 145~175쪽.

서효진, 「20세기 초 《申報》 광고로 본 근대 상해(上海) 소비문화: 민족주의, 근대성, 그리고 여성을 중심으로」(경북대학교 석사 논문, 2012).

소영현, 「근대 인쇄 매체와 수양론·교양론·입신출세주의」, 《상허학보》 18집(2006), 195~227쪽.

_____, 『문학청년의 탄생』(푸른역사, 2008).

손남기, 「일제 무단통치 시대의 잡지 광고에 관한 연구: 1911~1919」(중앙대학교 석사 논문, 1990).

손정목, 『일제 강점기 도시화 과정 연구』(일지사, 1996).

_____, 『일제 강점기 도시 사회상 연구』(일지사, 1996).

송규진·변은진·김윤희·김승은, 『통계로 본 한국 근현대사』(아연출판부, 2004).

송호근, 『인민의 탄생』(민음사, 2011).

수요역사연구회 엮음, 『식민지 조선과 매일신보』(신서원, 2002).

신기욱·마이클 로빈슨, 도면회 옮김, 『한국의 식민지 근대성』(삼인, 2006).

신기혁, 「한국 근대 광고 형성과 발전에 미친 미국과 일본의 영향」(중앙대학교 박사 논문, 2003).

신동원, 『호열자, 조선을 습격하다』(역사비평사, 2004).

신동호, 「통신 개방! 정보 식민지 시대가 온다」, 《말》 38호(1989. 8), 90~93쪽.

신명직, 『모던 뽀이, 경성을 거닐다』(현실문화연구, 2003).

신인섭, 『광고학 입문』(나남, 1985).

_____, 『광고로 본 유한양행: 1926년~1945년 이전』(유한양행, 2000)(비매품).

_____, 『광고로 보는 한국 화장의 문화사』(김영사, 2002).

신인섭·서범석, 『한국 광고사』(나남, 1998(개정판)).

신인섭·문춘영, 『중국의 광고』(한국광고방송공사, 2005).

신인섭·김병희, 『한국 근대 광고 걸작선 100: 1876~1945』(커뮤니케이션북스, 2007).

신주백, 「일제 말기 체육 정책과 조선인에게 강제된 건강」, 《사회와역사》 68집(2005), 252~280쪽.

신하경, 『모던 걸, 일본 제국과 여성의 국민화』(논형, 2009).

신현준, 「소리 미디어의 사회 문화사」, 유선영·박용규·이상길 외, 『한국의 미디어 사회 문화사』(한국언론재단, 2007), 381~436쪽.

신형기, 『분열의 기록』(문학과지성사, 2010).

심승구, 「한국의 근대 스포츠와 여가의 탄생」, 《한국학논총》 34집(2010), 1347~1391쪽.

안연선, 『성노예와 병사 만들기』(삼인, 2003).

안영희, 「아지노모토의 신문 광고와 미각의 근대화」, 《일본학연구》 30집(2010), 163~189쪽.

안자코 유카, 「조선 총독부의 '총동원 체제'(1937~1945) 형성 정책」(고려대학교 박사 논문, 2006).

안종묵, 「한말 황성신문의 광고에 관한 연구」, 《이문논총》 15집(1995), 89~129쪽.

안태윤, 『식민 정치와 모성』(한국학술정보, 2006).

_____, 「정책과 현실 사이의 '불온한' 균열」, 하야카와 노리요 외, 이은주 옮김, 『동아시아 국민 국가 형성과 젠더: 여성 표상을 중심으로』(소명출판, 2009), 182~205쪽.

야마시다 영애, 「식민지 지배와 공창 제도의 전개」, 《사회와역사》 51집(1997. 봄), 143~181쪽.

양정혜, 『광고의 역사』(한울아카데미, 2009).

연구공간 수유+너머 근대매체연구팀, 『신여성: 매체로 본 근대 여성 풍속사』(한겨레신문사, 2005).

연세대학교 국학연구원 엮음, 『일제의 식민 지배와 일상생활』(혜안, 2004).

연세대학교 의학사연구소 엮음, 『한의학, 식민지를 앓다』(아카넷, 2008).

염복규, 「일제하 경성 도시 계획의 구상과 시행」(서울대학교 박사 논문, 2009).

오미일, 「총동원 체제하 생활 개선 캠페인과 조선인의 일상」, 《한국독립운동사연구》 39권(2011), 235~277쪽.

오성철, 『식민지 초등 교육의 형성』(교육과학사, 2000).

오진석, 「일제하 박흥식의 기업가 활동과 경영 이념」, 《동방학지》 118권(2002), 93~151쪽.

오창섭, 「위생 개념의 출현과 디자인」, 《한국디자인문화학회지》 17권 4호(2011), 258~267쪽.

우용제·류방란·한우희·오성철, 『근대 한국 초등 교육 연구』(교육과학사, 1998).

유선영, 「황색 식민지의 서양 영화 관람과 소비의 정치, 1934~1942」, 공제욱·정근식 엮음, 『식민지의 일상, 지배와 균열』(문화과학사, 2006), 433~488쪽.

_____, 「근대적 대중의 형성과 문화의 전환」, 《언론과 사회》 17권 1호(2009. 봄), 42~101쪽.

유선영·박용규·이상길 외, 『한국의 미디어 사회 문화사』(한국언론재단, 2007).

유종호, 『다시 읽는 한국 시인: 임화, 오장환, 이용악, 백석』(문학동네, 2002).

_____, 『나의 해방 전후』(민음사, 2004).

유한양행, 『유한 50년』(유한양행, 1976).

_____, 『광고로 본 유한양행(1926년~1945년 이전)』(유한양행, 2000).

윤미향, 『20년간의 수요일』(웅진주니어, 2010).

윤지현, 「1920~30년대 서비스직 여성의 노동 실태와 사회적 위상」, 《여성과 역사》 10권 (2009), 93~139쪽.

윤해동, 「식민지 인식의 '회색 지대': 일제하 공공성과 규율 권력」, 《당대비평》 13권(2000), 137~160쪽.

_____, 『식민지 근대의 패러독스』(휴머니스트, 2007).

이강수, 『매스커뮤니케이션 사회학』(나남, 1987).

이경란, 「1930년대 농민 소설을 통해 본 '식민지 근대화'와 농민 생활」, 연세대학교 국학연구원 엮음, 『일제의 식민 지배와 일상생활』(혜안, 2004), 387~441쪽.

이경훈, 『오빠의 탄생: 한국 근대 문학의 풍속사』(문학과지성사, 2003).

_____, 「긴자(銀座)의 추억: 식민지 문학과 시장」, 《현대문학의연구》 39권(2009), 309~344쪽.

이경훈 편역, 『한국 근대 일본어 평론·좌담회 선집: 1939~1944』(역락, 2009).

이두원·김인숙, 「근대 신문 광고(1886~1949년) 내용 분석 연구: 근대 소비문화 형성 과정을 중심으로」, 《광고학연구》 15권 5호(2004), 101~129쪽.

이명선, 「식민지 근대의 성 과학 담론과 여성의 성(sexuality)」, 《여성건강》 2권 2호(2001), 97~124쪽.

이상의, 「1930~40년대 일제의 조선인 노동력 동원 체제 연구」(연세대학교 박사 논문, 2003).

이송순, 「1930~40년대 일제의 통제 경제 정책과 조선인 경제 전문가의 인식」, 《한국사학보》 17권(2004), 169~207쪽.

이승렬, 「일제 파시즘기 조선인 자본가의 현실 인식과 대응: 부르주아 민족주의 민족관을 중심으로」, 《사회와역사》 67집(2005), 166~206쪽.

_____, 『제국과 상인』(역사비평사, 2007).

이승원, 『소리가 만들어 낸 근대의 풍경』(살림, 2005).

이승일·김대호·정병욱·문영주·정태헌·허영란·김민영, 『일본의 식민지 지배와 식민지적 근대』(동북아역사재단, 2009).

이영아, 『육체의 탄생』(민음사, 2008).

이유경·김진구, 「우리나라 양복 수용 과정의 복식 변천에 대한 연구」, 《복식》 26호(1995), 123~143쪽.

이재진·이민주, 「1920년대 일제 "문화 정치" 시기의 법치적 언론 통제의 폭압적 성격에 대한 재조명」, 《한국언론학보》 50권 1호(2006), 221~252쪽.

이정민, 「일제 무단 정치 시대의 신문 광고에 관한 연구: 《매일신보》를 중심으로」(한국외국어대학교 석사 논문, 1997).

이정희, 「사진으로 만나는 근대의 풍경: 시간표와 시계」, 《민족21》 89호(2008), 142~147쪽.

이종민, 「전시하 애국반 조직과 도시의 일상 통제」, 《동방학지》 124권(2004), 839~881쪽.

이종찬, 『동아시아 의학의 전통과 근대』(문학과지성사, 2004).

이진경, 『자본을 넘어선 자본』(그린비, 2004).

이진경 편저, 『모더니티의 지층들』(그린비, 2007).

_____, 『문화 정치학의 영토들』(그린비, 2007).

이태진 외, 『서울 상업사』(태학사, 2000).

이혜령, 『한국 근대 소설과 섹슈얼리티의 서사학』(소명출판, 2007).

_____, 『한국 소설과 골상학적 타자들』(소명출판, 2007).

이화여대 한국문화연구원, 『근대 계몽기 지식 개념의 수용과 그 변용』(소명출판, 2008).

이희복·김대환, 『광고로 읽는 여성』(한경사, 2007).

임경일, 『신문』(야담사, 1938).

임동욱, 「자본주의의 광고, 대중 매체, 그리고 광고 대행사」, 《광고연구》 6(1990. 봄), 127~143쪽.

임지현·사카이 나오키, 『오만과 편견』(휴머니스트, 2003).

장미경, 「한·중·일 일러스트레이션 속의 근대 여성 이미지 재현 방식에 관한 비교 연구: 1900~1940년대 광고 포스터와 잡지 표지를 중심으로」(서울대학교 박사 논문, 2007).

장미화, 「일본의 아시아·태평양 전쟁기 여성 동원 정책에 관한 연구」(한양대학교 박사 논문, 2007).

장석만·권보드래·김석근·신동원·오성철·유선영·윤해동·천정환,『한국 근대성 연구의 길을 묻다』(돌베개, 2006).

장신,「1919~43년 조선 총독부의 관리 임용과 보통 문관 시험」,《역사문제연구》8(2002), 45~77쪽.

장원정,「사진으로 만나는 근대의 풍경: 박람회」,《민족21》81호(2007), 142~147쪽.

장유정,『오빠는 풍각쟁이야』(민음인, 2006).

전경옥·유숙란·이명실·신희선,『한국 여성 정치 사회사 — 한국 여성 근현대사(1): 개화기 ~1945년』(숙명여자대학교 아시아여성연구소, 2004).

전완길,『한국 화장 문화사』(열화당, 1987).

전형준,「같은 것과 다른 것」, 최원식·백영서 엮음,『동아시아인의 '동양' 인식: 19~20세기』(문학과지성사, 1997), 278~297쪽.

정과리,『들어라 청년들아: 정과리 문화 읽기』(사문난적, 2008).

정근식,「맛의 제국, 광고, 식민지적 유산」,《사회와역사》66집(2004), 66~99쪽.

_____,「시간 체제의 근대화와 식민화」, 공제욱·정근식 엮음,『식민지의 일상, 지배와 균열』(문화과학사, 2006), 107~134쪽.

정병욱,「경제 성장론의 '인력 개발' 인식 비판」, 이승일 외,『일본의 식민지 지배와 식민지적 근대』(동북아역사재단, 2009), 186~212쪽.

정선이,「일제 강점기 고등 교육 졸업자의 사회적 진출 양상과 특성」,《사회와역사》77집(2008), 5~38쪽.

정성진·장시복·크리스 하먼·로버트 브레너·짐 킨케이드, 천경록·이수현 옮김,『21세기 대공황과 마르크스주의』(책갈피, 2009).

정용화·김영희,『일제하 서구 문화의 수용과 근대성』(혜안, 2008).

정진석,『한국 언론사 연구』(일조각, 1985, 증판).

_____,『한국 언론사』(나남, 1990).

_____,『언론 조선 총독부』(커뮤니케이션북스, 2006).

정태헌,「경제 성장론 역사상의 연원과 모순된 근현대사 인식」, 이승일 외,『일본의 식민지 지배와 식민지적 근대』(동북아역사재단, 2009), 244~285쪽.

_____,「한성은행의 경영권, 대주주 구성 추이와 일본인 은행화 과정」,《한국사연구》148권(2010), 199~239쪽.

정희진, 『페미니즘의 도전: 한국 사회 일상의 성 정치학』(교양인, 2005).

제일기획, 『광고 연감 2011』(제일기획, 2011).

조선일보사, 『조선일보 80년사(상)』(조선일보사, 2000).

조선일보사 사료연구실, 『조선일보사 사람들: 일제시대』(랜덤하우스중앙, 2005).

주익종, 『대군의 척후: 일제하의 경성방직과 김성수·김연수』(푸른역사, 2008).

조한혜정, 『성찰적 근대성과 페미니즘: 한국의 여성과 남성(2)』(또하나의문화, 1998).

_____, 『다시 마을이다』(또하나의문화, 2007).

차배근·오진환·정진석·이광재·임준수·신인섭, 『우리 신문 100년』(현암사, 2001).

차승기, 「추상과 과잉: 중일 전쟁기 제국/식민지의 사상 연쇄와 담론 정치학」, 《상허학보》 21
　　집(2007), 255~293쪽.

채백, 『독립신문 연구』(한나래, 2006).

_____, 「동아일보의 일장기 말소 사건 연구」, 《한국언론정보학보》 39권(2007), 7~39쪽.

채완, 「일제 시대 광고문의 형식과 전략」, 《이중언어학》 27호(2005), 227~151쪽.

천정환, 『근대의 책 읽기』(푸른역사, 2003).

_____, 「근대의 문학, 탈근대의 문화」, 장석만 외, 『한국 근대성 연구의 길을 묻다』(돌베개,
　　2006), 71~94쪽.

_____, 「'문화론적 연구'의 현실 인식과 전망」, 《상허학보》 19집(2007), 11~48쪽.

_____, 『조선의 사나이거든 풋뽈을 차라: 스포츠 민족주의와 식민지 근대』(푸른역사,
　　2010).

최경희, 「젠더 연구와 검열 연구의 교차점에서: '여성' 및 근대 여성 담론의 식민지적 특수성
　　에 대한 시론」, 한국학의세계화사업단·연세대학교 국학연구원 엮음, 『일제 식민지
　　시기 새로 읽기』(혜안, 2007).

최규진 엮음, 『근대를 보는 창 20』(서해문집, 2007).

최덕교, 『한국 잡지 백년(1, 2, 3)』(현암사, 2004).

최수일, 「잡지 《조광》을 통해 본 '광고'의 위상 변화: 광고는 어떻게 '지(知)'가 되었나」, 《상허
　　학보》 32집(2011), 357~404쪽.

최원식·백영서 엮음, 『동아시아인의 '동양' 인식: 19~20세기』(문학과지성사, 1997).

최인진, 『손기정 남승룡 가슴의 일장기를 지우다』(신구문화사, 2006).

최진석, 「근대의 공간 혹은 공간의 근대」, 이진경 엮음, 『문화 정치학의 영토들』(그린비,

2007), 204~239쪽.

최효찬, 『일상의 공간과 미디어』(연세대학교출판부, 2009).

카터 J. 에커트, 「식민지 말기 총력전·공업화·사회 변화」, 박지향 외, 『해방 전후사의 재인식 (1)』(책세상, 2006), 601~654쪽.

하신애, 「식민지 말기 박태원 문학에 나타난 시장성: 『여인 성장』의 소비 주체와 신체제 대응 양상을 중심으로」, 《상허학보》 32집(2011), 313~355쪽.

한국기호학회 엮음, 『문화와 기호《기호학연구》 1집)』(문학과지성사, 1995).

한국언론사연구회 엮음, 『대한매일신보 연구』(커뮤니케이션북스, 2004).

한국언론인연합회, 『한국 언론 100년사(1)』(한국언론인연합회, 2006).

한만수, 「만주 침공 이후의 검열과 민간 신문 문예면의 증면, 1929~1936」, 《한국문학연구》 37권(2009), 255~285쪽.

한수영, 「하바꾼에서 황금광까지: 식민지 사회의 투기 열풍과 채만식의 소설」, 연세대학교 국학연구원 엮음, 『일제의 식민 지배와 일상생활』(혜안, 2004), 233~276쪽.

한양명, 「안동 지역 양반 뱃놀이(船遊)의 사례와 그 성격」, 《실천민속학연구》 12권(2008), 197~236쪽.

한원영, 『한국 신문 한 세기: 근대 편』(푸른사상, 2004).

함부현, 「한국 근대 신문 광고 디자인의 변화에 관한 사회사적 고찰」(중앙대학교 박사 논문, 2007).

허수열, 「일제 말 조선 내 노동력 동원의 강제성에 관한 고찰」, 『진실과 화해, 미래를 위한 진 상 규명』(일제강점하강제동원피해진상규명위원회 출범 1주년 기념 국제 심포지엄 자료집)(일제강점하강제동원피해진상규명위원회, 2005), 54~73쪽.

허영란, 「일제 시기 서울의 '생활권적 상업'과 소비」, 이태진 외, 『서울 상업사』(태학사, 2000,) 485~539쪽.

_____, 「생활 수준 향상론 비판」, 이승일 외, 『일본의 식민지 지배와 식민지적 근대』(동북아 역사재단, 2009), 286~317쪽.

홍승안, 「광복 이전 한국 근대 스키의 발전 과정에 관한 연구」(중앙대학교 석사 논문, 2006).

홍현오, 『한국 약업사』(한국약품공업주식회사, 1972).

히구치 유이치, 「징병과 조선민중 동원 체제」, 『진실과 화해, 미래를 위한 진상 규명』(일제강 점하강제동원피해진상규명위원회, 2005), 37~53쪽.

2 한국어로 번역된 해외 자료

가라타니 고진, 박유하 옮김, 『일본 근대 문학의 기원』(민음사, 1997).

가시마 시게루, 장석봉 옮김, 『백화점의 탄생』(뿌리와이파리, 2006).

고마고메 다케시, 오성철·이명실·권경희 옮김, 『조선·대만·만주·중국 점령지에서의 식민
　　지 교육』(역사비평사, 2008).

김부자, 조경희·김우자 옮김, 『학교 밖의 조선 여성들』(일조각, 2009).

나카무라 미츠오·니시타니 게이지, 이경훈·송태욱·김영심·김경원 옮김, 『태평양 전쟁의
　　사상: 좌담회 '근대의 초극'과 '세계사적 입장과 일본'으로 본 일본 정신의 기원』(이매
　　진, 2007).

노르베르트 엘리아스, 박미애 옮김, 『문명화 과정 Ⅰ』(한길사, 1996).

＿＿＿, 박미애 옮김, 『문명화 과정 Ⅱ』(한길사, 1999).

니시카와 나가오, 한경구·이목 옮김, 『국경을 넘는 방법』(일조각, 2006).

＿＿＿, 윤대석 옮김, 『국민이라는 괴물』(소명출판, 2002).

다비드 르 브르통, 홍성민 옮김, 『근대성과 육체의 정치학』(동문선, 2003).

다이안 맥도넬, 임상훈 옮김, 『담론이란 무엇인가』(한울, 1992).

루쉰, 김시준 옮김, 『루쉰 소설 전집』(을유문화사, 2008).

마셜 매클루언, 박정규 옮김, 『미디어의 이해』(커뮤니케이션북스, 1997).

마쓰모토 다케노리, 윤해동 옮김, 『조선 농촌의 식민지 근대 경험』(논형, 2011).

무라사와 히로토, 송태욱 옮김, 『미인의 탄생』(너머북스, 2010).

미셸 푸코, 이규현 옮김, 『성의 역사(1)』(나남, 2004(2판)).

＿＿＿, 문경자·신은영 옮김, 『성의 역사(2)』(나남, 2004(2판)).

＿＿＿, 이혜숙·이영목 옮김, 『성의 역사(3)』(나남, 2004(2판)).

＿＿＿, 오생근 옮김, 『감시와 처벌』(나남, 2003(2판)).

발터 벤야민, 반성완 편역, 『발터 벤야민의 문예 이론』(민음사, 1983).

＿＿＿, 조형준 옮김, 『아케이드 프로젝트(1)』(새물결, 2005).

＿＿＿, 조형준 옮김, 『아케이드 프로젝트(2)』(새물결, 2006).

베네딕트 앤더슨, 윤형숙 옮김, 『상상의 공동체』(나남, 2002).

볼프강 F. 하우크, 김문환 옮김, 『상품 미학 비판』(이론과실천, 1991).

볼프강 쉬벨부쉬, 이병련·한운석 옮김, 『기호품의 역사』(한마당, 2000).

빌헬름 라이히, 황선길 옮김, 『파시즘의 대중 심리』(그린비, 2006).

사카이 나오키, 후지이 다케시 옮김, 『번역과 주체』(이산, 2005).

스테판 다나카, 「근대 일본과 '동양'의 창안」, 정문길·최원식·백영서·전형준 엮음, 『동아시아, 문제와 시각』(문학과지성사, 1995), 170~193쪽.

스튜어트 유엔, 최현철 옮김, 『광고와 대중 소비문화』(나남, 1998).

스티븐 컨, 이성동 옮김, 『육체의 문화사』(의암, 1996).

슬라보예 지젝, 이수련 옮김, 『이데올로기라는 숭고한 대상』(인간사랑, 2002).

아도르노·호르크 하이머, 김유동 옮김, 『계몽의 변증법』(문학과지성사, 2001).

아르준 아파두라이, 차원현·채호석·배개화 옮김, 『고삐 풀린 현대성』(현실문화연구, 2004).

앙드레 슈미트, 정여울 옮김, 『제국 그 사이의 한국』(휴머니스트, 2007).

야먀자키 미쓰오, 김광석 옮김, 『일본의 명약』(신한미디어, 2002).

앨런 벨·피터 개럿 외, 백선기 옮김, 『미디어 담론』(커뮤니케이션북스, 2004).

앨빈 토플러, 원창엽 옮김, 『제3의 물결』(홍신문화사, 1994).

에드워드 사이드, 박홍규 옮김, 『문화와 제국주의』(문예출판사, 2005).

에릭 홉스봄, 김동택 옮김, 『제국의 시대』(한길사, 1998).

_____, 정도영 옮김, 『자본의 시대』(한길사, 1998).

요아임 히르쉬, 「포드주의와 포스트포드주의」, 김호기·김영범·김정훈 편역, 『포스트포드주의와 신보수주의의 미래』(한울아카데미, 1995), 44~74쪽.

우에노 치즈코, 이승희 옮김, 『가부장제와 자본주의』(녹두, 1994).

_____, 이선이 옮김, 『내셔널리즘과 젠더』(박종철출판사, 1999).

움베르트 에코, 이현경 옮김, 『미의 역사』(열린책들, 2005).

웨인 엘우드, 추선영 옮김, 『자본의 세계화, 어떻게 헤쳐 나갈까?』(이후, 2007).

이매뉴얼 월러스틴, 나종일·백영경 옮김, 『역사적 자본주의/자본주의 문명』(창비, 1993).

자크 랑시에르, 양창렬 옮김, 『정치적인 것의 가장자리에서』(길, 2008).

장 보드리야르, 이상률 옮김, 『소비의 사회 그 신화와 구조』(문예출판사, 1991).

_____, 이규현 옮김, 『기호의 정치 경제학 비판』(문학과지성사, 1998(2판)).

제임스 트위첼, 김철호 옮김, 『욕망, 광고, 소비의 문화사』(청년사, 2001).

조르주 바타이유, 조한경 옮김, 『저주의 몫』(문학동네, 2000).

조지 L. 모스, 임지현·김지혜 옮김, 『대중의 국민화』(소나무, 2008).

주디스 윌리암슨, 박정순 옮김, 『광고의 기호학』(커뮤니케이션북스, 2007).

진노 유키, 문경연 옮김, 『취미의 탄생: 백화점이 만든 테이스트』(소명, 2008).

질 들뢰즈·펠릭스 가타리, 최명관 옮김, 『앙띠 오이디푸스: 자본주의와 정신 분열증』(민음사, 1994).

천꽝싱, 백지운 외 옮김, 『제국의 눈』(창비, 2003).

카를 마르크스, 김수행 옮김, 『자본론 I(상)』(비봉출판사, 2001(제2개역판)).

카터 J. 에커트, 주익종 옮김, 『제국의 후예: 고창 김씨가와 한국 자본주의의 식민지 기원, 1876~1945』(푸른역사, 2008).

캐슬린 배리, 정금나·김은정 옮김, 『섹슈얼리티의 매춘화』(삼인, 2002).

크리스 로젝, 김문겸 옮김, 『자본주의와 여가 이론』(일신사, 2000).

_____, 김영선·최석호·지현진 옮김, 『여가와 문화』(리체레, 2011).

크리스 하먼, 이수현 옮김, 「또다시 위기에 빠진 자본주의」, 정성진 외, 『21세기 대공황과 마르크스주의』(책갈피, 2009), 15~59쪽.

킴 라츨·제임스 해프너·찰스 샌디지, 한상필·김대선 옮김, 『현대 사회와 광고』(한나래, 1994).

피에르 부르디외, 최종철 옮김, 『구별 짓기: 문화와 취향의 사회학(상, 하)』(새물결, 2006).

_____, 최종철 옮김, 『자본주의의 아비투스』(동문선, 1995).

하루야마 유키오, 강승구·김관규·신용삼 옮김, 『서양 광고 문화사』(한나래, 2007).

하야시 히로시게, 김성호 옮김, 『미나카이 백화점』(논형, 2007).

하야카와 노리요 외, 이은주 옮김, 『동아시아 국민 국가 형성과 젠더: 여성 표상을 중심으로』(소명출판, 2009).

해리 하르투니언, 윤영실·서정은 옮김, 『역사의 요동』(휴머니스트, 2006).

후지에 유키, 김경자·윤경원 옮김, 『성의 역사학: 근대 국가는 성을 어떻게 관리하는가』(삼인, 2004).

3 해외 자료

John Sinclair, *Images Incorporated: Advertising as Industry and Ideology* (London; New York: Croom Helm, 1987).

Karl Gerth, *China Made: Consumer Culture and the Creation of the Nation*

(Cambridge: Harvard University Asia Center, 2003).

Mary Louise Pratt, *Imperial Eyes: Travel Writing and Transculturation*(London: Routledge, 1992).

Michael Schudson, *Advertising, the Uneasy Persuasion*(New York: Basic Books, 1984).

Partha Chatterjee, *The Nation and Its Fragments: Colonial and Postcolonial Histories*(Princeton: Princeton University Press, 1993).

Pramoedya Ananta Toer, Translated by Max Lane, *Child of All Nations*(USA: Penguin Books, 1996(Reprint)).

Roland Marchand, *Advertising the American Dream: Making Way for Modernity, 1920-1940*(Berkeley: University of California Press, 1985).

內川芳美,『日本広告発達史(上)』(電通, 1980(再版)).

鹿野政直,『健康観にみる近代』(東京: 朝日新聞社, 2001).

北田暁大,『広告の誕生: 近代メディア文化の歴史社会学』(東京: 岩波書店, 2000).

新村 拓,『健康の社会史』(東京: 法政大学出版局, 2006).

若桑みどり,『戦争がつくる女性像: 第二次世界大戰下の日本女性動員の視覺的プロパガンダ』(東京: 筑摩書房, 1995).

日本電報通信社,『電通社史』(東京: 日本電報通信社, 1938)(고려대학교 소장본).

商店界編輯部,『廣告圖案文案集』(東京: 誠文堂, 1932)(연세대학교 소장본).

津金澤 聰廣・有山輝雄,『戰時期日本のメディアイベント』(東京: 世界思想社, 1998).

찾아보기

용어

매체명

231, 237, 244, 271, 278, 283, 292, 298, 315~317, 324, 331, 334, 342, 345, 348, 350, 357, 361, 378~380, 382, 398, 400, 406, 407, 410, 412, 413, 419, 422~424

《매일신보》 38, 39, 42, 43, 45, 48, 51, 54, 57, 78, 79, 86, 105, 191, 192, 267, 283, 294, 307, 316, 317, 334, 378~380, 382, 387, 394, 397, 399~401, 407, 412

《부산일보》 42

《삼천리》 41, 105, 169, 231, 317, 382, 390, 399, 407, 409
《소년》 79
《슈후노모도(主婦之友)》 42
《신동아》 41, 100, 133, 380
『신문 총람』 41~43, 48, 379, 382
《실생활》 419, 420

《오사카 마이니치(大阪每日)》 45
《오사카 아사히(大阪朝日)》 45

《제국신문》 31, 33
《조선물산장려회보》 317, 331, 417, 419, 420
《조선신문》 379
《조선일보》 38, 42~45, 48, 54, 55, 62, 78, 81, 87, 100, 106, 118, 139, 156, 160,

178, 183, 191, 192, 195, 196, 199, 218, 220, 234, 255, 273, 282, 289, 295, 298, 316, 322, 335, 345, 354, 380, 382, 383, 394~396, 398, 399, 404, 406, 407, 409, 412, 414, 415, 423
《조선중앙일보》 45, 380, 407
《중앙》 41, 169, 380
《중외의약신보》 37
《중외일보》 55, 345, 380, 423
《지렌후이칸(機聯會刊)》 322

《킹구(King)》 42

《한성순보》 25, 26, 28, 376, 402
《한성주보》 28~31, 376, 377
《황성신문》 27, 31, 33, 35, 36, 316, 376, 377

인명, 작품명

강한인 59, 220
괴테 172
김기림 62, 136, 137, 151, 156, 159, 162, 259~261, 338, 339, 390, 394~397, 421
김남천 129, 145, 175, 338, 339, 392~395, 399, 421
김내성 173
김동인 57, 174
김말봉 173

상품의
시대

1판 1쇄 펴냄 2014년 3월 3일
1판 2쇄 펴냄 2014년 11월 25일

지은이 　권창규
발행인 　박근섭 · 박상준
펴낸곳 　(주)민음사

출판등록 　1966. 5. 19. 제16-490호
주소 　　(135-887) 서울특별시 강남구 도산대로1길 62
　　　　강남출판문화센터 5층
대표전화 　515-2000 ｜ 팩시밀리 　515-2007
홈페이지 　www.minumsa.com

ISBN 978-89-374-8879-5 （93910）